杭州机场轨道快线（19号线）关键技术研究与工程实践

Hangzhou Airport Metro Express (Line 19): The Key Technologies and Its Engineering Applications

贺恩怀 张 戈 主编

中国建筑工业出版社

图书在版编目（CIP）数据

杭州机场轨道快线（19号线）关键技术研究与工程实践 = Hangzhou Airport Metro Express (Line 19): The Key Technologies and its Engineering Applications / 贺恩怀，张戈主编 . —北京：中国建筑工业出版社，2022.8
ISBN 978-7-112-27832-9

Ⅰ.①杭⋯ Ⅱ.①贺⋯ ②张⋯ Ⅲ.①城市铁路—轨道交通—工程技术—杭州 Ⅳ.①U239.5

中国版本图书馆CIP数据核字（2022）第159713号

本书重点介绍了杭州机场轨道快线（19号线）工程设计、施工中的关键技术措施，以及技术创新和实际工程的应用成果。

全书分为八章，主要内容包括：本线的功能定位与重要区段的线站位方案研究，以及所采取的主要关键技术介绍；特殊情况下的工程地质勘察方法及措施；复杂车站特别是枢纽站的建筑方案设计思路及特点；以工程案例为基础，对地下结构与高架桥梁重难点技术措施进行的分析研究；基于快线的特点，介绍了本线车辆与机电系统的重难点和技术亮点；介绍了车辆基地重难点问题和技术解决方案；介绍了全线工程安全性评价及风险控制的关键技术和实践；工程建设中新技术与新工艺的应用。

本书可为城市轨道交通快线及类似工程的勘察、设计、施工等专业技术人员提供参考和借鉴。

责任编辑：朱晓瑜
责任校对：李欣慰

杭州机场轨道快线（19号线）关键技术研究与工程实践
Hangzhou Airport Metro Express (Line 19): The Key Technologies and Its Engineering Applications
贺恩怀　张　戈　主编

*

中国建筑工业出版社出版、发行（北京海淀三里河路9号）
各地新华书店、建筑书店经销
华之逸品书装设计制版
北京富诚彩色印刷有限公司印刷

*

开本：880毫米×1230毫米　1/16　印张：28　字数：673千字
2023年5月第一版　　2023年5月第一次印刷
定价：299.00元
ISBN 978-7-112-27832-9
（39984）

版权所有　翻印必究
如有印装质量问题，可寄本社图书出版中心退换
（邮政编码100037）

本书编委会

主编单位

杭州市地铁集团有限责任公司
北京城建设计发展集团股份有限公司

参编单位

浙江省长三角标准技术研究院
中铁二院工程集团有限责任公司
中国铁路设计集团有限公司
中铁第四勘察设计院集团有限公司
中国联合工程有限公司
中国电建集团华东勘测设计研究院有限公司
中铁第六勘察设计院集团有限公司
深圳利德行投资建设顾问有限公司
北京全路通信信号研究设计院集团有限公司
浙江省工程勘察院
杭州市勘测设计研究院
浙江华东建设工程有限公司
北京城建勘测设计研究院有限责任公司
同济大学

编审委员会

主　任：朱春雷　王汉军
顾　问：龚晓南
副主任：赵　毅　毛海和
成　员：崔彦凯　孙云祥　卜　铭　姜叶翔　赵洪楚　赵丙君　赵　强　沈瑞宏　王　红

编审组

主　编：贺恩怀　张　戈
副主编：夏　青　朱　慧　贺　旭　邓铭庭　陈用伟　潘海洋　王松平　奚　健　孙敬伟
　　　　孙　宇　季　玮　叶向前　孙　枫　肖治强　张　莉　王绍亮　郭　攀
编委会：赵　磊　储强锋　徐秀峰　王鲁平　黄启友　马春景　白　雷　石　磊　王　冲
　　　　刘金磊　谢鑫波　吴敏慧　张丙乾　刘　波　沈　杰　吴　超　孟凡祥　孙海明
　　　　赵　兵　徐杭杰　马培培　黄　栩　刘　冰　余玉梅　张彦梅　余　晶　李亚强
　　　　唐　旭　杜　贺　金　磊　陈　磊
主　审：张金荣　刘兴旺
审　稿：秦建设　张　存　曾庆谊　胡卫民　夏继豪　沈霄云　陈光林　孙俊岭　李驰宇
　　　　于德新　杨立新　赵　新

各章节主要编撰人员

第一章　功能定位与线站位方案研究
夏　青　张　戈　马春景　赵红军　黄启友　荆　敏　刘建超　余惠林

第二章　工程地质与勘察
王松平　熊　鑫　汪　星　魏志范　赵世豪　叶向前　沈华骏　李　洋　方拥华

第三章　车站建筑
余　晶　万中胜　王浩杰　杜　贺　张朴楠　郭　瑾　吴　邦　葛澄宇　贺　旭
李永明　贺腊妮　沈霄云　胡晨路　马培培　肖治强　陈光林　唐　旭

第四章　地下结构与高架桥梁
蔡宗洋　金　磊　刘亚威　冯立富　梁克鹏　汤友生　应卫超　赵　兵　孙海明
黄　栩　季文刚　周　彪　司华光

第五章　车辆与机电系统
刘建超　章　义　王鲁平　师　可　郭志奇　弓　剑　白　雷　杨礼桢　李　莎
陈巧辉　余惠林

第六章　车辆基地
熊健旭　金永乐　李　晨　管德政　彭　婷　刘　冰　孔永波　汪振宇　郭镇洲
杨　力　姚　飚　黄　栩　汪振宇

第七章　工程安全性评价及风险控制
刘亚威　金　磊　孟凡祥　吴　超　叶　麒　蔡宗洋　赵　磊　徐杭杰　马洪超
朱一凡　潘鹏飞　黄　栩

第八章　新技术与新工艺
徐秀峰　张　帆　刘亚威　金　磊　陈　鹏　段玉振　张宏亮　段海滨　张光明
金文强

杭州机场轨道快线（19号线）西湖文化广场站地下二层站厅层（1）

地下二层站厅层（2）　　　　　　　　地下一层换乘厅层

杭州机场轨道快线（19号线）西湖文化广场站地下五层站台层

公轨合建跨钱塘江大桥(彭埠大桥)

御道站站厅层

御道站站台层(1)

御道站站台层(2)

火车西站站站厅层（1）

火车西站站站厅层（2）　　　　　火车西站站站厅层（3）

火车西站站站台层

杭州机场轨道快线(19号线)火车东站站地下一层站厅层(1)

火车东站站地下一层站厅层(2)

与国铁、地铁1号线、4号线换乘厅

杭州机场轨道快线(19号线)火车东站站地下五层站台层

萧山国际机场站站厅层(1)

萧山国际机场站站厅层(2)

萧山国际机场站站厅层(3)

萧山国际机场站站台层

西溪湿地北站站厅层（1）

西溪湿地北站站厅层（2）　　　西溪湿地北站站台层（1）

西溪湿地北站站台层（2）

沈塘桥站站厅层（1）

沈塘桥站站厅层（2）

沈塘桥站站台层

文三路站站厅层

公轨合建段高架区间

车辆实景图（1）　　　　车辆实景图（2）

车辆实景图（3）　　　　车辆实景图（4）

超深埋盾构隧道管片足尺加载试验现场（1）

超深埋盾构隧道管片足尺加载试验现场（2）

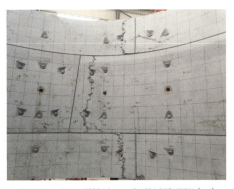

超深埋盾构隧道管片足尺加载试验现场（3）

新型预制轨道道床板现场（1）

新型预制轨道道床板现场（2）

19号线西湖文化广场站与既有1号线、3号线车站换乘通道和既有车站站厅改造区域运营情况

2022年9月22日杭州机场轨道快线正式通车运营

19号线西湖文化广场站从地下层换乘厅至地下五层站台层换乘扶梯运营情况和站台区域运营情况

序言

《杭州机场轨道快线（19号线）关键技术研究与工程实践》一书，坚持理论与实践相结合，对杭州机场轨道快线（19号线）设计和建设过程中的关键工程技术进行全面总结，归纳提升。近百万字的书稿，内容丰富，重点突出，条缕分明，图文并茂。该书对后期城市快速轨道交通工程的设计、建设和发展，以及业内技术交流，具有借鉴和指导意义。

杭州历史悠久，自古就有"人间天堂"之美誉，孕育了古老的吴越文化；互联网及数字经济的发展，孕育了杭州的现代文明，具有"独特韵味，别样名城"的独特魅力。机场轨道快线（19号线）的建设，如何引领和带动城市的发展？如何展示杭州的历史和现代文化元素？如何体现"以人为本"的服务理念？如何将地铁车站功能与综合交通枢纽无缝衔接和融合？如何使地铁车站出入口、风亭等地面设施与周边环境相协调？如何在建设和运营期不影响市民的正常生活？本书体现了建设者们在这些方面所作出的努力。

本条线于2017年开始前期研究工作，2019年8月初步设计批复，2019年9月开工建设，2022年9月22日全线通车试运营。建设者们统筹布局、科学组织，认真吸取了国内其他城市和杭州本地已建成轨道交通的成功经验，并有颇多的创新之处，如国内首次应用超深埋钢纤维混凝土管片；新型预制道床板的应用；5G专网及混合定位技术的应用；公安线网云平台的应用等。对各种工程难点事前谋划，采取了针对性的工程措施。该线通车运营以来，客流不断创新高，其"快捷舒适"的乘坐体验获得乘客的赞誉和认可。

在杭州地铁成功建成运营516km线路之际，《杭州机场轨道快线（19号线）关键技术研究与工程实践》一书出版，本人为之庆贺，乐于为序。

浙江大学教授
中国工程院院士 龚晓南

目录

1 第一章 功能定位与线站位方案研究　　001
- 第一节 工程概况　　002
- 第二节 功能与定位　　012
- 第三节 运营组织方案研究　　016
- 第四节 杭州火车西站站综合交通枢纽中轨道线路布局研究　　022
- 第五节 未来科技城区域线站位方案研究　　026
- 第六节 公轨共走廊线路方案比选及综合技术分析　　032

2 第二章 工程地质与勘察　　039
- 第一节 沿线主要土层物理力学指标的统计分析研究　　040
- 第二节 苕溪古河道区域承压水含水层特性　　050
- 第三节 地下车站抗浮设防水位研究（以萧山区段为例）　　057
- 第四节 地下浅层沼气分布规律及工程处理措施　　063
- 第五节 西溪湿地区段深厚软土特性勘察　　070

3 第三章 车站建筑　　079
- 第一节 杭州西站综合交通枢纽中地铁车站建筑方案研究　　080
- 第二节 基于大客流换乘背景下的文三路站换乘方案研究　　090
- 第三节 永盛路站三线换乘方案研究　　097
- 第四节 火车东站站与既有线换乘方案研究　　103
- 第五节 与既有1号线、3号线西湖文化广场站换乘改造方案研究　　109
- 第六节 客流仿真评价技术在西湖文化广场站设计中的应用　　117
- 第七节 海创园站与文一西路地下快速路合建方案研究　　125

| 第八节 | 车站装修设计方案 | 133 |

第四章　地下结构与高架桥梁　　139

第一节	深厚软土超深基坑关键技术研究	140
第二节	大型换乘车站盖挖逆作关键技术研究	150
第三节	火车东站站相邻超深基坑同步开挖变形分析研究	160
第四节	软土地层深埋区间风井轨排井结构方案研究	167
第五节	既有车站封闭有限空间内盾构接收及解体关键技术研究	172
第六节	盾构穿越拟改建铁路动车所方案研究	178
第七节	高架桥梁选型及关键技术研究	184

第五章　车辆与机电系统　　191

第一节	120km时速下A型车关键技术研究	192
第二节	120km时速下压力波控制关键指标研究	198
第三节	120km时速下弓网关系分析研究	204
第四节	120km/h速度等级关键技术实施方案	209
第五节	地铁长大区间火灾救援方案研究	212
第六节	空调二次泵系统在地铁车站中的应用	222
第七节	车站多类照明纳入智能照明控制系统方案	228
第八节	给水排水及消防系统的标准化设计	232
第九节	疏散平台设计方案研究与工程实践	237

第六章　车辆基地　　243

第一节	全自动车辆基地设计及资源共享	244
第二节	基于一体化设计理念的车辆基地厂前区设计	248
第三节	段型选择及咽喉区纵向设计研究	252
第四节	超大尺寸盖板盖下消防设计	254
第五节	仓前车辆基地桩基选型研究	260
第六节	首层盖板防水及排水设计研究	264

第七章 工程安全性评价及风险控制　271

第一节　圆砾泥岩复合地层超深埋盾构下穿紫金港隧道风险控制研究　272

第二节　三线盾构穿越萧山国际机场安全性评价及风险控制　285

第三节　既有隧道上方超大卸荷比基坑工程关键技术研究　296

第四节　深基坑开挖对邻近浅基础建筑物保护关键技术研究　307

第五节　邻近承压水层矿山法联络通道设计、施工关键技术研究　314

第六节　盾构下穿高铁路基沉降控制技术研究　319

第七节　新建四条盾构隧道连续下穿既有多条运营盾构隧道结构沉降变形研究　324

第八节　盾构穿越既有建筑物群关键技术研究　334

第八章 新技术与新工艺　341

第一节　盾构隧道管片设计关键技术　342

第二节　超深埋盾构隧道钢纤维混凝土管片结构足尺试验研究　356

第三节　WSS工法在软土地层区间矿山法联络通道中的应用　370

第四节　公铁合建段钢桥减振降噪分析研究及工程实践　378

第五节　新型预制道床板在杭州机场轨道快线中的应用　386

第六节　杂散电流防护新技术应用　395

第七节　超深埋机械法联络通道关键技术研究　403

第八节　公安线网平台方案　411

第九节　5G专网及混合定位技术　416

参考文献　425

第一章
功能定位与线站位方案研究

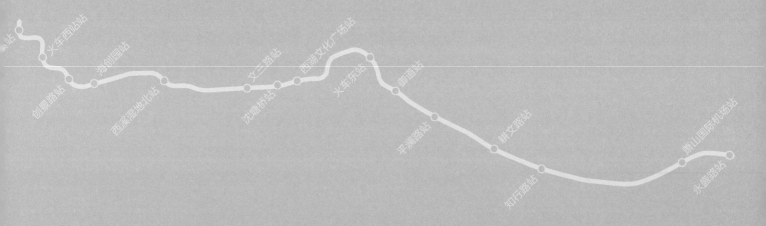

第一节
工程概况

一、概述

杭州机场轨道快线(线网编号为19号线)是杭州第一条穿越城市中心区域的轨道快线,线网规划定位为城市轨道快线,连接了杭州火车西站、杭州火车东站及萧山国际机场等杭州最主要的对外交通枢纽。

杭州机场轨道快线起于余杭区的苕溪站,止于钱塘区的永盛路站,线路全长约59.1km,包含地下线长度47.1km,高架线长度12.0km(其中与杭甬高速合建段长10.266km)。设车站15座,包含地下站11座,高架站4座,平均站间距3.43km。设1座仓前车辆基地(其与3号线车辆段合建)和1座靖江停车场,4座主变电所,控制中心共享七堡控制中心,8座区间风井(其中2号、3号、5号风井按车站预留),仓前车辆基地和靖江停车场均预留了上盖开发的条件(图1-1)。

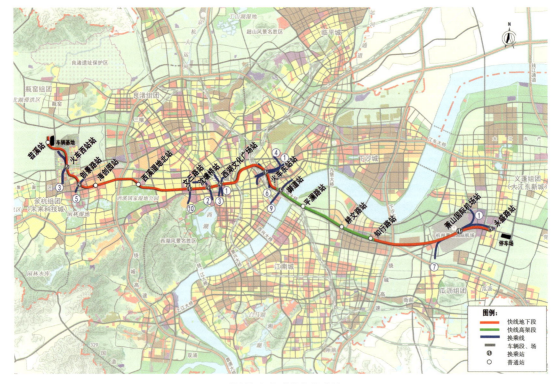

图1-1 杭州机场轨道快线线路总平面图

正线设计最高运行速度120km/h，平面最小曲线半径800m，困难地段350m。车辆采用6辆编组的A型车，初、近期采用单一交路，远期采用大小交路套跑，高峰最大开行对数分别为15对/h、16对/h、24对/h，系统最大设计能力30对/h。

轨道采用标准轨距1435mm，无缝线路，无砟整体道床，减振地段分别采用浮置板道床、道床垫、减振扣件等减振措施。

地下车站采用框架结构，明挖顺作或逆作法施工；高架车站采用"桥-建"合一的框架结构体系，支架现浇法施工。地下区间采用预制管片拼装结构，盾构法施工，隧道内径6.1m，管片厚度40cm；高架区间采用预应力混凝土简支箱梁、预应力混凝土连续箱梁、钢-混连续箱梁、钢箱梁等结构。

供电系统采用集中式、110kV/35kV两级电压供电方式；牵引供电系统采用DC1500V架空接触网供电，走形轨回流方式，全线设电力监控系统、杂散电流腐蚀防护系统、防雷与接地系统。

杭州机场轨道快线2017年开始方案研究，2019年8月取得初步设计批复，2022年9月建成运营，建成后实现了东西两大产业走廊与主城区30min内快速到达，有效缩短时空距离，实现两个产业区与主城区的联动发展，实现外围组团和城市内部快速直通的要求。

二、工程特点和难点

1. 是杭州首条最高时速120km的穿城快线

杭州机场轨道快线是一条横贯杭州东西主轴、穿越中心城的轨道快线，两翼连接城西科创大走廊和城东智造大走廊。西端头衔接杭州西站，中部经过杭州东站，东端衔接萧山国际机场。规划的时间目标是杭州西站至萧山国际机场之间可45min内到达。为实现规划时间目标，结合设站条件，车站采用大站间距（平均车站间距3.43km），主要选择和南北向的线路换乘，选用最高运行速度为120km/h的车辆。

受实施条件限制，本工程主要采用了地下敷设和高架相组合的方式。为尽量提高经济性，供电制式选用了直流1500V接触网供电。为保证列车在实际运行中能尽量按照120km/h的速度运行，信号的极限速度设置为128km/h。

为保障列车高速行车过程中的乘客舒适度，隧道选择6.1m内径，隧道阻塞比控制在0.4以下；同时提高了列车气密性，车内的压力变化值按小于800Pa/3s控制；在区间风井及高架地下过渡段采用了泄压措施。

隧道内采用刚性接触网的情况，提高了受电弓的导高，改善弓网关系；对轨道扣件进行了优化设计，防止扣件弹条运营过程中发生断裂。

全线优化线路条件，平均旅行速度目标值为64km/h，达速比为53%，基本能够发挥快线的速度效益。

2. 是服务门户枢纽、换乘站多、换乘形式多样的枢纽线

杭州机场轨道快线串联了杭州火车西站、杭州火车东站、萧山国际机场等大型交通枢纽，综合考虑了各种交通功能之间的接驳、交通流线、综合换乘的便捷性，并使建筑空间高度融合。

杭州西站采用了竖向立体换乘方式，4条地铁线路均位于国铁站房正下方，其中机场轨道快线和

3号线与站房垂直，规划12号线和20号线车站和站房平行，地下一层为地铁站厅层，与枢纽到发功能流线、地下交通接驳功能、建筑空间高度融合，在国铁杭州西站的十字光谷中实现立体换乘。

杭州机场轨道快线全线15座车站，均为换乘站，其中与已运营线路换乘站9座，与规划线路换乘站6座。与已运营线路车站实现换乘，做好对既有线保护的同时，须对运营车站改造，实现付费区的换乘。与在建线路换乘尽量做到同厅、同台、T形节点换乘，实现便捷换乘。与规划线路换乘，重点是预留换乘节点和换乘接口条件。

3. 是高标准高品质的亚运服务线

鉴于本线为服务亚运的轨道快线，综合考虑全线站间距大、换乘站多、服务机场和国铁枢纽换乘旅客等特点，全线提高了车站设计标准，提升乘客舒适度，增强客流吸引力。

（1）针对杭州机场轨道快线车站埋深大和携带行李乘客出行的特点，为提高站内通行效率，提升乘客舒适度，地下二层车站公共区扶梯数量达到5部，地下三层及以上车站扶梯可达6部，T形节点换乘车站预留台台扶梯换乘条件。站内和站外采用1.6t垂直电梯，杭州西站、萧山国际机场站等采用不小于2台2t垂直电梯。

（2）火车西站站、文三路站、海创园站首次采用台台扶梯换乘方式，相对传统的"台-台"楼梯换乘，该换乘方案不但提高了乘客的舒适度，也解决了常规换乘节点处换乘时常拥堵的难题。大型交通枢纽站，预留了相互免安检的条件。

（3）为改善站内空间环境品质和灵活性，本线提高了站内空间高度：站厅层公共区装修后净高≥3600mm，站台层公共区装修后净高≥3200mm。车站有效站台长140m，侧站台宽度不小于2.8m；地下站以岛式站台为主，换乘站站台宽度14m，枢纽换乘站站台宽度不小于16m，侧式站站台宽度不小于6.9m；4座高架站中的3座站为公轨合建车站，采用侧式车站，站台宽度不小于8.5m。

（4）为响应杭州市"厕所革命"要求，提升车站公共卫生间服务标准，本线地下换乘站站厅和站台均设卫生间，公共区非付费区设男女卫生间、母婴室、第三卫生间，站台设男女卫生间、第三卫生间。

（5）本线车辆清晰雅致，列车上首次配置了行李架，座位首次配置了USB手机充电口，车厢首次配备手机无线平台。

4. 是集约空间廊道的杭州首条公轨合建线

为集约空间廊道，实现土地资源的节约利用，杭州机场轨道快线在跨钱塘江段及萧山部分段与杭甬高速抬升项目实行公轨上下合建，合建长度约10.27km。合建车站3座，合建桥梁为上下两层，上层为双向8车道的杭甬高速公路，下层为杭州机场轨道快线车站或区间。地铁线路线型与公路线路高度拟合，为保证线路平顺，车站均采用了侧式站台。

本线是杭州第一条采用公轨合建的城市轨道交通线路，本线跨江桥梁也是第一座采用公路和轨道交通合建跨越钱塘江的两用特大桥。

5. 是一条风险源多、技术难度异常突出的攻坚克难之线

全线风险源中一级风险源41处，二级风险源238处，实施难度大，工程技术难度异常突出。

（1）两大超深基坑：西湖文化广场站最大开挖深度约为36.2m；火车东站站B区基坑开挖深度约36.6m，C区开挖深度约38.0m；两站均为复杂环境下深厚软土超深基坑工程，也是杭州地铁三期最

深的三大基坑,基坑均邻近既有运营地铁线路,项目实施难度大。

(2)六处穿越运营隧道:其中沈塘桥站~西湖文化广场站软土地层近距离下穿2号线、3号线、1号线等7管既有运营盾构隧道(最小净距2.4m),火车东站站~御道站同一区域下穿1、4号线4管运营隧道,工程极具挑战性。

(3)两段超深埋隧道区间:西溪湿地北站~3号风井盾构区间下穿西溪湿地生态保护区,隧道顶埋深最大达41.0m,西湖文化广场站~火车东站站区间下穿6号线构桔弄站,区间最大埋深约44.0m。在如此埋深的软土地层盾构隧道,常规盾构管片设计已难以满足承载力要求。两段区间应用钢纤维混凝土解决超深埋管片承载力及裂缝问题,属全国首创。

(4)两处下穿铁路:其中杭州机场轨道快线西湖文化广场站~火车东站站区间下穿13股普铁路基、10股高铁路基段;通过优化线路及盾构机选型,采取压注"克泥效"及加强二次注浆等多效并举,保障了运营铁路安全。

(5)两处既有线上方开挖基坑:其中西湖文化广场换乘厅东接杭州机场轨道快线西湖文化广场站主体结构,南接换乘通道,上跨1号线区域,基坑底距离1号线左线仅1.66m,基坑卸荷比高达0.85,既有线的保护难度之大,国内罕见。

(6)六处下穿既有建筑群:其中火车东站站主城区段某区间以曲线600m半径下穿某社区34栋房屋。该建筑群均为4~7层民宅,建设年代较早,多为$\phi 377$夯扩桩基础。下穿区间盾构隧道拱顶距离房屋桩底仅11~14.5m,建筑保护难度大。

(7)一座大体量的盖挖逆作车站:文三路站为杭州机场轨道快线与10号线换乘站,因地面交通疏解原因,是本线唯一一座采用盖挖逆作法施工的车站,车站体量大、周边环境复杂、施工工序复杂,工程难度大。

针对以上重难点,设计时秉承适用、安全、经济、可靠和促进可持续发展等理念,攻坚克难,在节能减噪、土建技术、设备技术、安全风险控制等方面有所突破,采用新技术、新工艺,取得了明显的良好效果,确保工程安全顺利地实施。

三、工程创新与新技术的应用

1. 国内首次选用6100mm内径、400mm厚度的盾构隧道

结合本线工程特点,经线路、限界、通风、结构等各专业综合比较分析,国内既有120km设计时速线路的隧道管片设计已不适用于本工程。

根据国内近几年的研究成果,当列车速度为100km/h及以下时,阻塞比为0.45~0.5;或当列车速度为120km/h时,阻塞比小于0.4,区间隧道内压力变化率能满足规范要求。

对于设计最高时速为120km的A型车采用内径为6000mm圆形隧道时,其阻塞比为0.41;采用内径为6100mm圆形隧道时,其阻塞比为0.385,小于0.4。因此,杭州机场轨道快线地下区间隧道内径选定为6100mm,鉴于软土地层盾构隧道管片刚度要求,管片选取厚度400mm、环宽1.5m的通用型管片。

6100mm内径、400mm厚度的盾构管片为国内城市轨道交通中的首次应用,实践证明,该类型的管片不仅满足了行车阻塞比要求,其综合刚度相比常规5500mm内径、350mm管片有所增加,抗变

形能力有一定幅度的提升。

2. 时速120km的A型车的新技术与新工艺

杭州机场轨道快线是一条以通勤客流为主，兼顾机场客流的功能复合型线路。为提高服务水平，实现各交通枢纽间快速连接，选用时速120km的A型车。

通过对本线120km时速A型车的气密性和噪声控制方案的分析，将整车气密性指标分解到各部件，同时对噪声声源声压级进行明确，对噪声向车内传播过程中各部件的隔声性能进行了分析，对120km时速的A型车在设计、生产过程中的气密性指标和噪声指标进行了明确，有效提高乘客在乘坐列车时的舒适性，提高全线服务水平。

综合本线线路功能定位、隧道内径尺寸、车速等参数，最终确定本线列车气密指数≥3s，车厢内压力变化≤800Pa/3s，整车试验标准采用2600Pa降低至1000Pa的时间≥15s。在车门系统密封性方面，重点从车门选型和密封措施方面保证车站系统的密闭性。司机室和客室车门采用单开电动气密塞拉门，通过密封胶条、护指胶条、辅助锁等辅助措施，保证车门部件系统的整体气密性。

同时，为提高本线服务标准，在座椅和每节车厢端部分别设置了USB和无线充电处，车窗玻璃采用OLED智慧车窗系统，提高本线列车科技性。

3. 杭州首次规模化应用新型预制道床板技术

预制装配式建造技术是我国基础设施建设发展的重要方向之一，有利于我国建筑工业化的发展，提高生产效率、节约能源，并且有利于提高和保证工程质量。与现浇施工工法相比，装配式结构有利于绿色施工，更能符合节地、节能、节材、节水和环境保护等要求，降低对环境的负面影响，包括降低噪声，防止扬尘，减少环境污染，清洁运输，减少场地干扰，节约水、电、材料等资源和能源，遵循可持续发展的原则。

针对目前城市轨道交通工程施工精度低、施工周期长、钢轨异常波磨严重且附带环境污染等问题，新型预制道床板技术可进一步提高线路轨道精度，提高施工效率，减缓轨道各类病害。

杭州机场轨道快线有约10km采用新型预制装配式轨道系统，实践证明，该技术使轨道的平顺度有了较大幅度的提升，同时也保障了轨道铺装作业的效率和质量，也为后期轨道的大修预留了便捷的条件。

为了指导该项技术的顺利实施，本线制定了《预制轨道板铺设施工质量及验收技术规程》《预制轨道板生产及验收技术规程》《预制板式无砟轨道铺设用钢纤维细石混凝土技术规程》等杭州地铁集团企业标准。

4. 国内首次应用钢纤维管片解决软土超深埋隧道管片设计难题

西湖文化广场站～火车东站站区间下穿6号线构桔弄站，区间最大埋深约44m，超过35m的超深埋区间总长约1.8km，且区间所处地层存在深厚淤泥质粉质黏土，无法形成有效"卸荷拱"效应。

西溪湿地北站～西文区间风井3区间全长约2730m，区间下穿建（构）筑物众多，其中下穿紫金港隧道处区间隧道最大埋深近41m，为超埋深隧道。

在如此埋深的软土地层盾构隧道，常规盾构管片设计已难以满足结构承载力要求。本线通过浙江省住房和城乡建设厅科研课题《钢纤维混凝土盾构隧道结构受力机理及其在超深埋隧道的应用研究》的科研攻关，在盾构管片中掺入30kg/m³抗拉强度不低于1500MPa的钢纤维，充分利用钢纤维的抗裂性能，对管片采用减筋设计，成功解决了超深埋管片承载力及裂缝的难题。应用钢纤维管片解决软土超深埋隧道管片难题，在全国尚属首次。

鉴于钢纤维混凝土管片浇筑工艺的特殊要求，本线制定了地铁集团企业标准《钢纤维混凝土预制管片生产技术规程》，用以指导钢纤维混凝土管片浇筑，确保管片质量。

5. 杭州首次规模化应用盾构区间机械法联络通道

盾构隧道的机械法联络通道首次在宁波轨道交通中应用，近几年逐渐在全国范围内推广应用。机械法联络通道为解决传统矿山法工期久、后期融沉大的缺点，采用如下设计思路：①微加固：采用可切削洞门和特殊结构设计，实现微加固施工；②全封闭：套箱始发、接收，实现施工过程全封闭，提高安全性；③强支护：采用机械化支撑体系，确保施工全过程结构安全；④可切削：实现狭小空间全机械化施工。

结合地层特点及施工进度要求，杭州机场轨道快线首次规模化应用机械法联络通道，数量达19座。

其中，杭州机场轨道快线新风风井5～火车东站站区间3号联络通道最大埋深34.0m，沈塘桥站～西湖文化广场站区间1号、2号联络通道最大埋深分别为32m、29.5m，2号联络通道长度达29.7m，这也是机械法联络通道首次应用于埋深超过30.0m的盾构区间。

在作业面及机械设备充分保障的情况下，机械法联络通道较常规冻结法联络通道施工工效有较大幅度的提升，单座联络通道平均施工时间为24～30d（含机械组拆）。

机械法联络通道管片成型质量总体良好，工后沉降控制较冻结法联络通道有大幅提升。

6. 5G专网及混合定位技术的应用

5G通信技术在城市轨道交通中的应用是推动城市轨道交通更自动化、智能化、标准化、系统化、规范化、绿色化发展的关键技术。

杭州机场轨道快线工程通信系统在建设5G系统专网时，做了大量的技术论证与实验验证，综合考虑了5G技术的发展模式及地铁专网的安全专业性，采用专用5G+边缘云的方式构建轨道交通5G专网，边缘云UPF和MEC采用专建专用的建设方式，轨道交通各类业务功能体现基于MEC实现，终端业务的分组路由和转发功能基于UPF实现。

采用5G专网技术大上行、广连接、低时延技术特性可支持全专业智能运营，采用混合定位技术可实现高精度定位，提高地铁乘客体验感、提升运维效率等。

7. 公安线网平台的应用

随着杭州地铁建设进度的加快，地铁运营已全面进入网络化运营时代，为快速应对各种突发事件、有效化解公共事件带来的各种危机，同时能为线网调度员提供视频服务，实现地铁指挥现代化和管理智能化，构建新的公安通信视频监视线网平台已迫在眉睫，因此，本工程实施了杭州机场轨道快线公安线网平台。

杭州机场轨道快线公安线网平台（以下简称"新线网平台"）基于开放包容的设计理念进行设计；平台按照硬件云化、功能模块化、服务微化、场景具化的原则进行构建。

新线网平台在架构上考虑了轨道交通智慧安防建设需求，围绕标准化互联、扁平化扩容、智能化模块伸缩、智能化运维等方面进行了功能设计，为未来智慧应用的不断丰富与扩展创造了条件。该技术行业领先，具有较强的示范作用：

（1）国内首次实现基于虚拟化云平台的线网中台和多系统的线网应用；

（2）国内首次实现线网中台自主感知以及资源的弹性伸缩；

（3）实现面向地铁智慧安防的开放式统一融合架构；

（4）建立基于统一数据库的线网智慧安防系统；

（5）提升了自动化程度，加强了系统联动；

（6）建立统一指示层平台，为综合指挥调度创造了条件；

（7）智能化运维，提升系统的可靠性；

（8）形成了统一的接入建设标准。

8. 公铁合建钢桥的轨道减振降噪综合技术

近年来，钢桥及钢-混组合桥在铁路、城市轨道交通中得到广泛应用。列车经过钢桥和钢-混组合桥梁时引起的结构噪声辐射问题相比混凝土桥更为突出，对沿线居民造成的影响更大，重庆千厮门大桥就是典型案例。由于该桥距离周围居民小区太近（最近的距离不到5m），当列车经过时产生的车致噪声显著，对沿线居民的日常生活影响较大。

杭州机场轨道快线工程跨钱塘江采用钢桁梁公轨两用桥，该段桥梁分为上下两层，其中上层为双向8车道杭甬高速公路，下层中间为杭州机场轨道快线高架区间，下层两侧为人非混行车道。经计算分析和工程类比，在未采取特殊措施的情况下，车辆运行时对跨江大桥两侧慢行系统及周边环境的振动噪声有较大影响。

设计基于车辆-轨道-桥梁耦合振动理论，并结合统计能量法，建立了轮轨噪声及钢桁梁桥结构噪声预测模型，对跨江大桥不同水平距离、慢行系统处及邻近小区敏感点附近的钢桁梁桥噪声特性进行了详细分析，研究了不同减振轨道结构下钢梁桥轮轨噪声、桥梁结构噪声以及综合噪声的分布特点和影响规律。

跨江大桥最后采用的减振降噪措施有：减振垫浮置板道床+3.0m高声屏障。通车运营后，经实测，钢桥段噪声及振动均满足规范和设计要求，效果良好。本项目减振降噪的成功实施，为杭州乃至国内同类工程的设计提供了技术支撑及经验借鉴。

四、主要技术标准

1. 参考的主要规范

杭州机场轨道快线设计时速为120km，超出了《地铁设计规范》GB 50157—2013的适用范围，本线技术标准主要参考了《市域快速轨道交通规划与设计导则》RISN-TG032—2018、《市域快速轨道交通设计规范》T/CCES 2—2017两本规范。

2. 线路、限界、车辆及轨道等主要技术标准

（1）线路

1）正线最小曲线半径：

在不限速情况下，最小平面曲线半径800m。

限速情况：在一般条件下，最小半径不宜小于500m；在困难条件下，根据A型车的要求，最小半径不小于350m。

2）区间正线圆曲线最小长度：区间正线圆曲线长度不宜小于0.5v（单位为m），其中v为该曲线段通过速度（单位为km/h），并不得小于25m；联络线、出入线、道岔附带曲线等非载客运行线路或其他过渡性线路不受上述限制。

3）相邻曲线间夹直线最小长度：区间正线无超高的夹直线长度不少于0.5v（单位为m），其中v为列车通过夹直线的运行速度（单位为km/h），困难情况下不得小于25m。道岔缩短渡线时，其曲线间夹直线可缩短为10m。

4）缓和曲线长度

圆曲线与直线之间应设置螺旋形抛物线型缓和曲线，缓和曲线长度按以下规定取值：

① $L \geq h \cdot v/3.6f$（或 $\geq 0.007vh$，$f=40$mm/s时）计算取整；式中，h为圆曲线实设超高（mm）；v为通过速度（km/h）；f为超高时变率。本条是舒适性标准。

② 满足曲线超高2‰顺坡率要求：$L \geq 1000h/2$；最小长度25m（难度情况可取20m），为安全性标准。

③ 当正线圆曲线计算超高小于10mm时，可不设缓和曲线，其曲线轨道超高应在圆曲线两端的直线地段按2‰递变，但需确保递变起点距下一曲线ZH点或递变起点的距离不小于25m。

5）竖曲线半径

纵断面变坡点坡度代数差等于或大于2‰时，应设置竖曲线，区间正线竖曲线一般情况下取7500m，车站端取3000m（停车线车站端7500m，单渡线车站端5000m）。

（2）车辆

1）车型及编组：选用直流1500V接触网供电，最高运行速度120km/h的A型车。采用6辆编组，四动两拖。

2）轴重：≤17t。

3）气密性要求：采用非密闭车辆，气密指数不小于3s。

（3）限界与轨旁

1）车辆限界及设备限界采用《地铁限界标准》CJJ/T 96—2018中的A型车。

2）建筑限界与设备限界之间的间距，一般情况下不小于300mm，困难条件下不小于200mm。

3）圆形隧道建筑限界直径为5800mm，隧道阻塞比不大于0.4。

4）疏散平台断开间隔及疏散平台与站台间隔不大于80m，困难条件下不大于100m。

（4）轨道

1）轨距：采用1435mm标准轨距。按照《市域快速轨道交通设计规范》T/CCES 2—2017要求进行加宽。

2）超高：最大超高值为150mm，车站有效站台范围最大超高为15mm，未平衡超高一般条件下不宜大于61mm，困难时不应大于75mm；为避免出现反超高，车场线小半径曲线设置5mm的超高。

（5）车站建筑

1）车站有效站台长140m，侧站台宽度不小于2.8m；地下站以岛式站台为主，换乘站站台宽度14m，枢纽换乘站站台宽度不小于16m，侧式站站台宽度不小于6.9m；高架站为公轨合建车站，采用侧式车站，站台宽度不小于8.5m。

2）为提升节点换乘的舒适度和便捷性，采用台-台楼扶梯换乘方式。换乘节点交通设施采用两部扶梯、1部楼梯，楼梯净宽不应小于1.8m。

（6）地下结构与防水

1）位于深厚软土且埋深超过30m的超深基坑，采取"明挖＋暗挖"相结合的实施工法（即下一层或两层楼板采取逆作法施工）。

2）地下盾构区间采用钢筋混凝土平板型管片单层衬砌，其接头采用M33弯螺栓，弯螺栓强度等级为8.8级，标准管片厚度为400mm；推荐采用1.5m管片环宽；盾构管片采用通用楔形圆环、错缝拼装方案。管片分块采用6块，环宽1.5m；推荐采用通用楔形圆环。

3）盾构隧道断面内径6100mm，采用C50的抗渗混凝土管片。对于超深埋区段，隧道顶部覆土超过35m时，采用钢纤维混凝土管片。

4）装配式衬砌宜采用接头具有一定刚度的柔性结构，管片密封垫在长期水压作用下，要求在接缝张开量为6～8mm、错缝15mm时能长期抵抗埋深水头的3倍水压。

（7）高架结构

标准梁推荐采用30m跨简支组合小箱梁，单建段标准墩推荐采用Y形墩，合建段采用门形墩。全线桥梁均按屏障预埋设计。

（8）供电系统

接触网采用DC1500V架空受电方式，地下采用刚性架空接触网（接触线距轨面高度不小于4400mm），地面及场、段内采用柔性架空接触网。

（9）动力照明系统

车站疏散照明及地下区间道床面疏散照明最低水平照度不应小于3.0lx；车站内正常工作时的动力照明电缆选用低烟、无卤、不低于B_1级的阻燃铠装电缆。

（10）通风空调系统

1）地上线高架站设置半高站台门，其中站台层公共区设置机械通风及空调候车室，站厅层设置多联分体空调。

2）空气压力舒适度标准为：不大于800Pa/3s。

3）地下车站站台公共区排烟方案，采用开启站台层两侧站台门的首尾各两个滑动门（总共开启8个滑动门），利用隧道通风机（TVF和TEF风机）辅助排烟，保证站厅到站台的楼梯或扶梯口处具有不小于1.5m/s的向下气流。

（11）给水排水与水消防系统

公共卫生间母婴室和第三卫生间洗手盆设置厨宝进行热水供应；车站公共区便民服务设施设置局部自动喷水灭火系统；地下车站室外消火栓设计流量不应小于20L/s；室内消火栓系统采用临时高压环网系统并设置稳压装置，高架区间不设消火栓系统。

（12）站台门系统

地下车站采用全高封闭式站台门系统，高架车站采用半高非封闭站台门系统。

（13）自动扶梯与电梯系统

1）自动扶梯：重载荷公共交通型，具备节能变频控制功能。

2）自动人行道：在长换乘通道内采用公共交通型自动人行道，具备节能变频控制功能。

3）电梯：为提高全线服务水平，选用额定载重为1.6t电梯，重点枢纽换乘站选用额定载重2.0t电梯。

（14）声屏障系统

1）U形槽设置不小于100m长全封闭声屏障，降低列车经过洞口区域车内的压力变化。

2）公轨合建段按环评要求设置全/半封闭声屏障。

（15）弱电系统

1）ISCS采用以电调、环调为核心的适度集成的监控系统平台，站站设置服务器。

2）火灾自动报警系统在车站级由ISCS集成，FAS车站级不再独立设置图形显示工作站。

3）自动检票机采用拍打门检票机，采用NFC支付、二维码扫码过闸、银联云闪付方案。

4）弱电系统（通信、ISCS、AFC、BAS、ACS等）采用集中供电，由通信专业统一设置UPS。

5）专用传输系统采用40Gb/s的PTN设备；公务电话及专用电话系统均采用软交换技术。

6）专用无线系统采用TETRA800MHz数字集群技术。

7）视频监视系统采用H.265的高清数字技术。

8）PIS车地无线技术采用WLAN技术，802.11ac标准，LTE-U技术作为备选。

9）信号系统正线采用基于无线通信的移动闭塞ATC系统（CBTC）。

10）车地无线网络采用TD-LTE技术单独组建，采用A/B独立双网的冗余设计，采用双漏缆覆盖。

（16）车辆基地

1）检修指标，如表1-1所示。

检修指标　　　　表1-1

类别	检修修程	检修周期指标		检修时间（d）
		走行里程（万km）	时间间隔	
定期检修	大修	150	10年	35
	架修	75	5年	20
日常检修	定修	20	1.25年	8
	三月检	4	3月	2
	双周检	0.6	0.5月	0.5
	列检	—	每两天	—

2）运用库预留全自动运行的土建条件，为尽端式车库，两列位之间的距离不小于20m，后一列位车尾距车挡距离不小于15m。

3）停车列检库每两股道设置成一防护分区，分区之间通过栅栏隔开。

4）双周/三月检库、定临修库、大架修库，设置为有人区。

5）周月检线、定修线均按照一线一列位设计。

（17）人防地下车站及相连的区间隧道按防常规武器6级、防核武器6级、防化丁级进行设计，其中重点设防站防化丙级。设防车站战时作为紧急人员掩蔽部、物资储备库，战时通风考虑清洁式通风和隔绝式防护，重点站增设滤毒式通风方式。

第二节
功能与定位

一、概述

杭州的轨道交通网研究可追溯至20世纪80年代，并于2003年稳定框架，2005年获得国家发展和改革委员会批复建设。2005～2016年的10年间建设轨道交通干线，形成主要框架。自2016年开始建设部分加密线路，基本实现了轨道交通在主城区和副城区的覆盖。自2017年开始，富阳、临安撤市设区使得杭州市区范围极大地扩展，重点打造城西科创大走廊及大江东产业集聚区东西两翼两个产业平台，使得杭州空间结构在东西方向尺度拉大。杭州西站落位未来科技城、杭州萧山国际机场T4航站楼的建设，均对轨道交通的布局产生了深远影响。目前，杭州轨道交通主要为中心放射状的市域（郊）线，随着轨道交通线路的不断发展，杭州亟须一条符合城市空间结构特征、区别于常规地铁线路的轨道交通线路。在此背景下，杭州机场轨道快线应运而生。

二、经验借鉴

1.按旅行速度分类

《城市轨道交通线网规划标准》GB/T 50546—2018中5.2.1条提出："轨道交通线网的功能层次应按照不同空间层次交通需求构成特征和服务水平要求确定，宜由不同技术标准、不同系统制式轨道交通线路组合而成。"轨道交通线路可分为普线和快线，旅行速度小于45km/h的轨道线路称为普线，旅行速度为45km/h及以上的轨道线路称为快线，普线和快线在站点设置数量、运营组织方式上均有差异。

2.按运量分类

轨道交通线网中的线路根据运量的不同又区分为大运量、中运量和低运量等层次。大运量系统一般是线网中的干线，设置在城市发展的主要客流走廊上，所采用的车型和中、低运量系统也有差异。

3.按作用分类

城市轨道交通经过区域存在小汽车、电动车（自行车）、出租车、大巴车、步行、常规公交等多种地面出行方式。轨道交通作为公共交通的组成部分，在城区部分一般修建在地下，在城市外围一般修建为高架，是一种较立体的交通方式，也是一种准时、快速、便捷的高品质公共交通工具。根据其在城市发展中承担的作用，一般分为交通型和引导型。交通型主要是解决居民现状交通出行需求，提供高品质的公交服务，是居民日常出行的首选交通工具；引导型指的是依托轨道交通调整沿线用地发展布局，引导居民出行习惯。

4.按是否衔接机场分类

对于轨道交通线路是否衔接机场，可分为机场线和非机场线。轨道交通机场线按服务对象和运营模式可分为机场专线、市区轨道交通的延长线和混合线路3种类型。机场专线站点少，一般机场作为终点站，主要服务点到点机场客流，具有速度高、服务品质高、票价高等特征。对于市区轨道交通的延长线，一般是从中心城延伸到机场的线路，以城市轨道交通制式为主，站点多、站间距小，设计时速和常规地铁一致，主要以通勤客流为主，兼顾机场客流。对于快慢车运营的混合线路，其轨道交通制式也是以地铁为主，线路长度和站间距与市区轨道交通线趋于一致，通过快慢车运营组织对不同服务对象提供差异化的服务。

三、杭州机场轨道快线功能定位分析

1. 它是穿越中心城区的城市轨道交通快线

根据《杭州市轨道交通线网规划局部调整》（2018年），三期建设完成后共形成11条轨道线路，其中杭州机场轨道快线功能为快线，其他线路均为普线。规划采用最高运行速度为120km/h的车辆，通过减少车站设置数量，可将杭州西站到萧山国际机场的全程运行时间控制在45min以内。杭州机场轨道快线的出现，标志着杭州轨道交通线网进入"增服务→提效率"的新阶段（图1-2）。

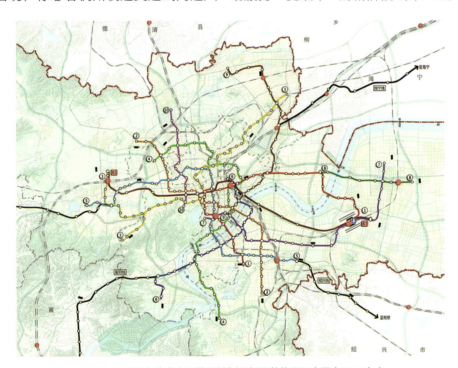

图1-2　杭州市轨道交通线网规划局部调整线网示意图（2018年）

项目建成后，萧山国际机场服务时效性大幅提升，"45min"服务区域由钱江新城区域拓展至杭州西站、城北地区。杭州西站"45min"服务区域由武林广场地区拓展至钱江世纪城、萧山国际机场地区（图1-3）。项目注重提升全出行链乘客体验，可提高轨道交通网络的整体出行效率。作为市区快线，丰富了杭州城市轨道交通网络的层次。

综上，在轨道交通线网规划的众多线路中，本线是一条穿越中心城区的快线，也是轨道交通干线。

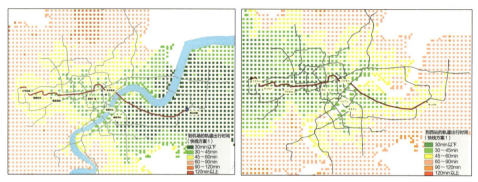

图1-3　杭州机场轨道快线对萧山国际机场、杭州西站的时效性分析

2. 它是一条功能复合型的机场线

杭州机场轨道快线分别在起点位置、线路中部和线路末端串联了杭州西站、杭州东站和萧山国际机场，这三个站点均是杭州市的门户型枢纽。杭州机场轨道快线衔接了三个枢纽，是连接杭州西站、杭州东站、萧山国际机场的枢纽联络线（图1-4）。

萧山国际机场2017年旅客吞吐量3557万人次，突破3000万人次。根据萧山国际机场总体规划，至2035年实现年旅客吞吐量9000万人次，其规划目标是发展成为"亚太门户枢纽"。2020年，国家发展和改革委员会发布《关于促进枢纽机场联通轨道交通的意见》（发改基础〔2020〕576号），文中提出国际枢纽机场应联通干线铁路、城际铁路、市域（郊）铁路或城市轨道交通。杭州萧山国际机场规划衔接4条轨道、1条高铁和3条城轨。地铁1、7号线是普线，杭州机场轨道快线是快线，实现了轨道交通的差异化服务。杭州机场轨道快线分担了轨道交通出行61%的客流，具有重要的收集和输送机场客流的功能。杭州机场轨道快线全线设置15座车站，萧山国际机场站是其倒数第二站。根据客流预测结果显示，机场客流是全线总客运量的9%。从客流组成看，本线主要还是以通勤客流为主，机场客流为辅。

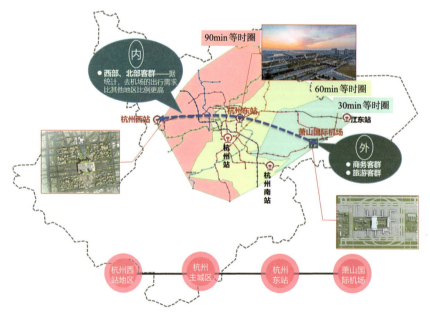

图1-4　杭州机场轨道快线沿线经过的枢纽示意图

因此，本线是一条以通勤客流为主，兼顾机场客流的功能复合型机场线。

3.它是服务中心城区通勤客流的城市轨道干线

杭州机场轨道快线与杭州地铁1号线、2号线、3号线、4号线、5号线、6号线、7号线、9号线、10号线、11号线、12号线、14号线换乘，全线18座车站中（包含3座按车站预留的风井）有17座换乘站，换乘客流占日客运量的54%，换乘客流是本线主要客流来源。杭州机场轨道快线状如鱼骨，作为轨道交通中的东西向大动脉，通过和南北向的线路换乘，实现线路之间的联络作用，提高网络效率且客流效益较好（图1-5）。线路建成后，初期全日客运量29.2万人次，初期客运强度0.50万人次/km，周转量817.3万人次·km/d；远期全日客运量59.8万人次，客运强度0.86万人次/km，远期高峰小时断面客流2.3万人次，周转量1339.5万人次·km/d。从建成初期到远期在线网中承担的客流量比重看，客运效益较好，是网络中的东西向干线和大中运量系统。

杭州机场轨道快线自西向东依次经过了余杭仓前科创新城、未来科技城、城西居住区、西湖文化广场、城东新城、萧山科技城、空港新城等人口和岗位较为集中的区域，沿线聚集大量的人口和岗位（表1-2）。根据直接影响区的GIS分析，初期站点周边岗位和人口总量27.11万，远期站点周边岗位和人口总量41.79万。因此，本线是解决沿线居民公交出行的通勤线。

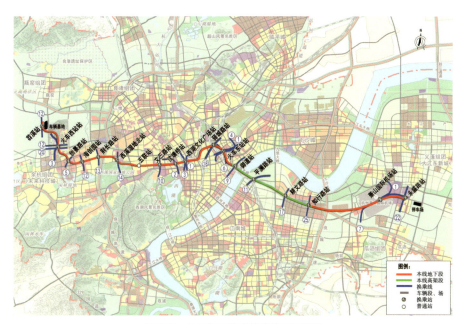

图1-5 杭州机场轨道快线换乘示意图

杭州机场轨道快线各站点直接影响区内人口岗位分布　　　　表1-2

站点	初期		近期		远期	
	人口	岗位	人口	岗位	人口	岗位
苕溪站	1421	73	1923	109	2124	120
火车西站站	1998	9011	2543	12615	3633	18021
创景路站	2953	14653	3914	21362	5277	28803
海创园站	1920	20417	2313	27061	2909	34029
西溪湿地北站	4102	20085	4623	24900	5195	27980
文三路站	10592	12525	13953	18149	18343	23859

续表

站点	初期		近期		远期	
	人口	岗位	人口	岗位	人口	岗位
沈塘桥站	20626	13712	27020	19759	35848	26215
西湖文化广场站	21926	10422	26030	13609	33900	17725
火车东站站	11607	20305	14883	28640	19464	37457
御道站	14954	2612	17094	3285	22725	4367
平澜路站	3278	6304	4768	10087	5960	12609
耕文路站	8257	8229	12010	13166	15012	16458
知行路站	600	6689	890	10925	909	11148
萧山国际机场站	0	15000	0	20000	0	25000
永盛路站	8358	4962	11397	7443	12663	8270
合计	112591	158499	143361	223611	183963	283859

四、总结

综上，通过对本线在线网规划及交通体系中承担的作用进行分析，可看出本线的主要功能是一条承担通勤客流为主的"穿心"轨道快线，也是轨道干线；本线衔接杭州西站、杭州东站及萧山国际机场，是一条名副其实的枢纽集散快线，同时也是一条功能复合型的机场线。

第三节
运营组织方案研究

一、研究背景

根据客流预测结果，杭州机场轨道快线初期2025年日客运量将达到29.2万人次，客运强度达到0.50万人次/km，早、晚高峰最高断面单向客流量分别为1.1万人次、0.9万人次；远期2047年日客运量将达到59.8万人次，客运强度达到0.86万人次/km，早、晚高峰最高断面单向客流量分别为2.3万人次、1.9万人次。杭州机场轨道快线中间段经过用地成熟的主城区，东西两头沿线用地有较大的发展空间，初、近期本线总体客流增长较快，年平均增长率4.9%。随着轨道运营成熟和城市用地建设完成，客流量趋向稳定，近、远期客流增速放缓，年平均增长率2.4%。

本线通勤客流较大、换乘站多，对换乘便捷性的要求较高，这就要求本线是大运量系统，具备高密度发车的能力，同时发车频率必须合理，与线网中已运营线路的发车频率相匹配。因此，结合本线的功能定位对其运营组织模式进行研究。

二、运营交路方案研究

1. 运营交路设置原则

（1）列车运营交路设计应以客流出行特征为基础，实现客流、车流流向一致。

（2）列车运营交路设计需从全线客流需求出发，考虑近期和延伸的需求，满足不同阶段线路通车的需要。

（3）列车运营交路设计还应考虑杭州城市轨道交通网络化发展需求，以实现网络化运营的需求。

（4）切实贯彻地铁系统"以人为本"的服务理念和服务宗旨，方便乘客在不同时段、不同区段的出行要求，并且保持适当的服务水平。

（5）小交路折返点选取需充分考虑客流需求，最大限度减少乘客换乘次数，有效发挥城市轨道交通系统的运能效益，同时又可以有效控制运营成本支出，提高满载率。同时，中间折返点的选择还应适当考虑客流预测的不确定性，适当留有运能裕量，为后期运营留有调整空间。

（6）初、近、远期的小交路设置应尽可能保持连续性，小交路折返站的选址及配线形式要结合工程的具体情况，结合站址周边环境及工程的可实施性，综合考虑配线布设形式。

（7）在满足运营组织和服务水平的前提下，要尽量减少配属车辆，节省列车的购置费用，降低运营成本，提高运营效益。

（8）列车交路是一个运营概念，针对不同的运营状态，系统应有不同的运营交路方案。

2. 运营交路方案研究

（1）交路方案选择

结合线路的功能定位与网络的换乘关系，考虑萧山国际机场、杭州西站交通枢纽的服务水平，推荐初、近期采用单一大交路，远期线路延伸后，推荐大小交路。各阶段推荐交路方案如下：

1）初期列车运行交路

初期线路运营范围是苕溪站～永盛路站，结合断面客流特征和配线设置情况，初期推荐单一交路。

杭州机场轨道快线以及1～10号线在2022年全部建成通车，杭州轨道交通基本形成网络化运营，本线运营交路设计及高峰开行对数需满足网络化运营需求，各换乘线的客流特征见表1-3。

杭州机场轨道快线运营初期各换乘线的客流特征 表1-3

线路名称	高峰小时断面客流（km/h）	采用车型及编组	高峰小时开行对数	最小发车间隔
1号线	2.8	6B	22	2min45s
2号线	3.0	6B	20	3min
3号线	2.56	6Ah	21	2min52s
4号线	2.0	6B	18	3min20s
5号线	2.7	6Ah	20	3min
6号线	1.7	6Ah	15	4min
7号线	1.0	6A	12	5min
8号线	0.5	6A	12	5min

续表

线路名称	高峰小时断面客流（km/h）	采用车型及编组	高峰小时开行对数	最小发车间隔
9号线	1.4	6B	15	4min
10号线	0.9	6A	12	5min

目前，杭州地铁1号线、2号线、4号线、9号线采用B型车，6辆编组；3号线、5号线、6号线采用Ah型车，6辆编组；7号线、8号线、10号线采用A型车。杭州机场轨道快线建成后，与网络中的1号线、2号线、3号线、5号线、6号线、7号线、9号线、10号线8条线路换乘。

机场轨道快线是线网中的新增线路，将与线网中众多线路进行换乘。杭州机场轨道快线开通运营时，1号线已经通车10年，最小行车间隔约2min45s；2号线全线通车5年，最小行车间隔约3min；4号线开通7年，最小行车间隔约3min20s；5号线通车3年，最小行车间隔约3min。

根据客流需求和换乘线路发车间隔，机场轨道快线初期高峰小时开行列车15对，最小发车间隔4min，与换乘线路的发车间隔基本相当，匹配性较好（图1-6）。初期早高峰期间最大断面客流1.1万人次/h，运能裕量为45.7%。运能裕量较大，结合本线客流需求及线网运营功能定位来看，本线贯穿城市东西主轴，横穿中心城区，衔接了重要的交通枢纽，初期客流具有大客流风险，实际开通时客流规模预计比预测客流值大。

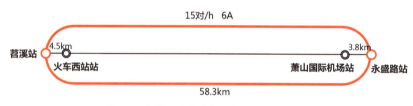

图1-6　初期早高峰全线列车运行交通图

2）近期列车运行交路

近期线路运营范围和初期保持一致，结合断面客流特征，近期仍然推荐开行单一交路。早高峰最大断面客流量为1.5万人次/h，高峰小时开行列车16对，最小行车间隔3.75min，运能裕量是25.93%（图1-7）。由于近期的开行对数不影响初期投资及远期段场规模，因此可结合实际客流需求对交路方案进行调整。

图1-7　近期早高峰全线列车运行交通图

3）远期列车运行交路

远期，线路东延两站，延伸至江东火车站。由断面客流可知，经过永盛路站后，断面客流明显下降，同时结合永盛路站出入线设置，推荐开行大小交路。小交路折返站选择停车场接轨站永盛路站。交路方案见图1-8，大交路范围是苕溪站～江东火车站，小交路范围是苕溪站～永盛路站。大小交路开行比例是1:1，高峰开行对数是24对/h，最小行车间隔是2.5min，运能裕量为29.01%。

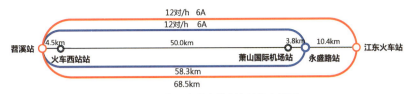

图1-8　远期早高峰全线列车运行交通图

4）系统规模控制

城市轨道交通是百年工程，设计阶段所能预测的范围为运营25年后的远期，远景发展难以预判，因此应在有条件时预留弹性空间。考虑到本线具有大客流风险，为了给实际运营提供足够的列车，段场用地规模按照全线大小交路（20+10）对/h进行预留（图1-9）。

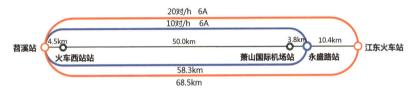

图1-9　针对段场建设规模运行交通图

（2）备用交路折返点（应对客流风险的交路设计）

由于客流预测具有众多的不确定性，以客流为基本依据的交路设计也就存在一定的风险。为应对不确定性，提出了"备用交路"的设计理念，力求在确定的设计系统及土建规模下，尽可能地保证实际运营交路的灵活性。提倡在今后的轨道交通设计中重视交路的灵活性，使设计与实际运营结合得更加紧密。

本线自西向东依次串联了未来科技城区域、西溪湿地、城西区域、西湖文化广场、城东新城、萧山科技城、空港新城。其中未来科技城区域规划为创新产业园区，分布在城西科创大走廊上。若该区域发展不如预期，将导致海创园站以西站点断面客流和客流量规模大幅下降。在这种情况下，为提高运营组织经济效益，减少列车空驶运行，使得提供的运输能力与客流规模需求更匹配，可将小交路折返点东移至海创园站。

备用交路方案见图1-10。

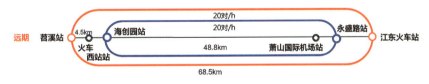

图1-10　备用交路方案

三、运营组织模式分析

1. 站站停模式可行性分析

本线是复合功能线路，串联了市中心和航空港区。从机场客流需求上看，远期开行24对/h已经能为机场客流提供较高的服务水平；从系统运能上看，远期运能裕量为29%；从提高投资效益和运输效率角度看，本线不适合采用机场专线的运营模式。

机场客流中到达机场全程用时在30min～1h的占比最高，达到了42.4%。对于杭州本地乘客，在

30min内到达的占24%，1h内到达的占77%。乘客乘坐机场轨道快线到达机场的途径有两种：①家→接驳时间→本线运行时间→机场；②家→接驳时间→普通轨道交通运行时间→换乘时间→本线运行时间→机场。

机场客流对交通方式的出行时间敏感性较强，为提高机场轨道快线综合交通竞争力和服务水平，加强杭州机场轨道快线对客流的吸引力，提高机场客流轨道交通出行比例，乘客从杭州西站到达机场的时间宜控制在45min左右，西湖文化广场至机场出行时间宜控制在30min内，并且应全程为乘客提供宽敞舒适的乘车环境。

对全线进行牵引计算可知，本线采用站站停模式基本可以满足出行时间目标值。

2. 快慢车开行模式可行性分析

本线采用站站停模式基本满足出行时间目标值，为了进一步提高本线竞争力，吸引客流，提高客流效益，在不增加较大土建成本的条件下预留快慢车开行的条件（图1-11）。并根据客流需求和线路工程特征，分区段、分时段进行快慢车运营方案的研究。

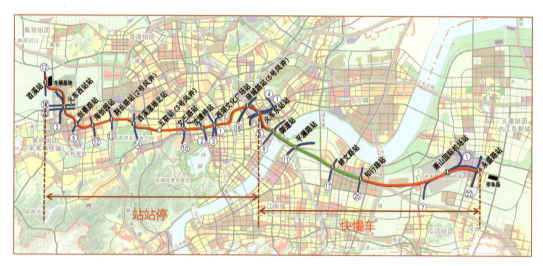

图1-11 提速运营组织模式研究

本线在钱塘江以东区段，设置了高架区间，且以机场客流为主，具有快速联通市区和机场的运营需求；在钱塘江以西区段，均为地下线，且均为换乘站，以通勤客流为主，乘客对于运输能力要求较高，适宜开行站站停方案，吸引沿线各站的客流。

为了实现快慢车混跑的运营模式，需要在适当的车站设置越行线用于慢车待避、快车越行。设置越行线将加大车站的土建规模，增加工程投资。通过铺画列车运行图，本线可选择在知行路站为待避站，该站为高架站，在此设置越行线对工程投资影响不大。

对于不同时段的运营模式，借鉴日本运营经验，为了保证线路在高峰小时的运输能力，高峰时段提供的服务以普速列车为主，具体的运能设计和快慢车组合比例与线路高峰时段的大量交通需求相关。而平峰时段在保证线路基础运输能力的前提下，进一步提供更高层次的列车服务以增加线路的可达性。这就意味着对于快慢车共轨运营模式的线路，应对高峰时段和平峰时段的线路运能和列车服务功能层次分别进行设计。

结合本线的功能定位和客流需求，在知行路站设置越行线待避线，可实现外快内慢的快慢车运营模式(图1-12～图1-14),初、近期可越行4站(御道站、平澜路站、耕文路站、知行路站),快车节省约4min。远期随着客流规模的增大、开行对数的增加,在设置一个避让站(知行路站)的前提下,只能越行3站(平澜路站、耕文路站、知行路站),快车节省约3min。从开行时段上看,初、近期全天开行快慢车,开行比例为1:2;远期高峰时段站站停,平峰时段开行快慢车,开行比例为1:2。

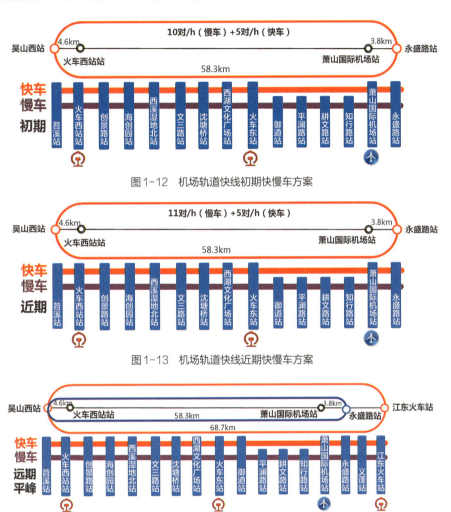

图1-12　机场轨道快线初期快慢车方案

图1-13　机场轨道快线近期快慢车方案

图1-14　机场轨道快线远期快慢车方案

杭州机场轨道快线开行快慢车后的运营效果见表1-4。采用快慢车模式,可以进一步增强本线客流吸引力和竞争力,能够提高本线的时间效益以及社会效益。

杭州机场轨道快线开行快慢车后的运营效果评价　　表1-4

时期	开行时段	开行比例	越行效果	全天快慢车开行列数	受影响慢车占比	受影响慢车延误时间	全天时间节省
初期	全天	快慢车1:2	4min/快车列	开行快车116列;开行慢车234列	所有慢车不受影响	无影响	约9.7h
近期	全天	快慢车1:2	4min/快车列	开行快车148列;开行慢车296列	受影响慢车34列,占慢车11%,占全部车7.6%	2.6min/慢车列	约11.9h
远期	平峰	快慢车1:2	4min/快车列	开行快车191列;开行慢车383列	受影响慢车154列,占慢车40%,占全部车26.8%	3min/慢车列	约17.6h

四、结论

本线自西向东依次串联了未来科技城、西溪湿地、城西、西湖文化广场、城东新城、萧山科技城、空港新城等区域，线路长、换乘线路多，客流风险大。运营交路设计方案，务求在确定的设计系统及土建规模下，尽可能地保证实际运营交路的灵活性。

本线采用站站停模式基本满足出行时间目标值，为了进一步提高本线竞争力，吸引客流，在不增加较大土建成本的条件下预留快慢车开行的条件，并根据客流需求和线路工程特征，分区段、分时段组织快慢车运营组织方案。

第四节
杭州火车西站站综合交通枢纽中轨道线路布局研究

一、研究背景

2017年7月，中国铁路总公司、浙江省人民政府联合批复的《杭州铁路枢纽规划（2016—2030年）》中提出形成杭州站、杭州东站、杭州西站、杭州南站以及江东站"四主一辅"客运站布局。杭州西站是"十三五"重点建设的杭州第四个重大客运枢纽。规划为集高铁、城际铁路、长途客车、地铁、公交、出租车、社会车等交通出行方式为一体的对外交通枢纽与市内换乘枢纽双重功能的综合交通枢纽，是杭州城西联系上海、江苏、安徽、河南等地区干线铁路的新通道。主要办理新增商合杭、沪乍杭、杭温、杭临等铁路作业。以服务长三角地区的中短途城际客流为主，兼顾东西向跨区域客流的分流功能。规划11个站台，20条到发线。规划2040年铁路年发送量3796万人，日均10.4万，远期6240人/h。

杭州西站是建设杭州机场轨道快线的起因之一，铁路枢纽作为影响城市交通、用地功能布局的重大基础设施，往往对轨道交通线网布局产生深远影响。在杭州机场轨道快线研究之初，需结合高铁杭州西站的规划情况，从网络的角度对接入高铁杭州西站的轨道交通线路进行分析，研究接入线路路径及工程，并以城市轨道与高铁立体高效换乘为目标，以轨道交通线路间便捷换乘为导向研究轨道交通车站布局。

二、杭州西站（高铁站）的规划情况

1. 选址

根据铁路总公司与杭州市多方案研究比选，确定杭州西站选址在320国道（东西大道）以东、良睦路以西、留祥路西延以南、老宣杭铁路以北区块，规模为11台20线，车站站房总建筑面积10万 m^2。

2.站场及站房规划

杭州西站由杭临绩场和湖杭场组成,站场规模为11台20线,为高架车场,其中湖杭场6台11线,杭临绩场5台9线。

杭州西站最重要的设计理念是站城一体化,城市综合体分别位于国铁站房南、北两端,在地下与地铁车站站厅通过接口通道或下沉广场进行衔接。杭州西站南区综合体由云门和四栋塔楼组成,北区综合体由4幢超200m超高层组成,其中400m高的杭州第一高楼位于北区综合体。

三、轨道线网服务杭州西站研究

1.接入杭州西站轨道数量

结合杭州西站发送量及周边配套商业设施客运需求,经综合分析,线网规划中考虑接入四条轨道。分别为地铁3号线、12号线、杭州机场轨道快线及规划20号线。

3号线为线网中的骨干线,整体呈现自西向东走向,途经西站高铁新城、城西居住区、黄龙体育中心、武林广场、西湖文化广场、朝晖大型居区、大关、新天地、城北居住区及丁桥、天都城、临平新城。设计时速为80km,采用Ah型车,6节编组。因3号线是穿越杭州中心城的干线,服务西站,为高铁乘客到杭州中心城提供通路,因此,推荐其接入杭州西站。

杭州机场轨道快线研究之初就是考虑作为杭州三大门户型枢纽的连接线,三个枢纽的地理区位恰好位于西、中、东部,因此,杭州机场轨道快线需接入杭州西站。

在西站谋划过程中,参考其他城市铁路枢纽和轨道的衔接情况,预留另外两个轨道接入条件,后续在线网规划研究阶段确定规划12号线及20号线接入西站。12号线作为杭州西部南北向的线路,位于城西科创大走廊的轴线上,接入杭州西站是必要的。规划20号线部分线路区段拟利用既有老宣杭铁路(东西向),具有接入杭州西站的先天条件,因此,推荐20号线接入杭州西站。

2.杭州西站区域轨道线路布局研究

杭州西站站场和站房呈东西向布置,设置两个铁路场。南侧为湖杭高铁场、北侧为杭临绩铁路场。从开发时序看,南侧湖杭高铁以及南侧站前广场有限投入使用,北侧随着铁路线路的推进后续投入使用。

根据枢纽乘客行为习惯、国铁功能布局和流线组织等因素,为便于乘客换乘、使客流引导更加清晰,推荐近期实施的3号线和杭州机场轨道快线设置在高铁站房下方呈南北向布置,与高铁站场和站房垂直设置。因12号线和规划20号线建设时序不确定,且杭州西站南北广场拟进行TOD开发,轨道站点还需进行服务开发,考虑12号线和20号线分别布置于北、南广场(图1-15)。

(1)地铁和高铁换乘关系

高铁站房为地上四层,地下三层,流线组织采用上进下出的组织模式,地面层为出站层,地上二层为候车大厅,地上三层为轨道站台层,地上四层为屋顶层和上部开发建筑。地下一层为换乘层和地下车库,地下二层和地下三层为地铁功能。地铁四线利用站厅层组织与国铁接驳和城市轨道交通线间换乘(图1-16)。

图1-15 杭州西站地铁线路接入分布情况示意图

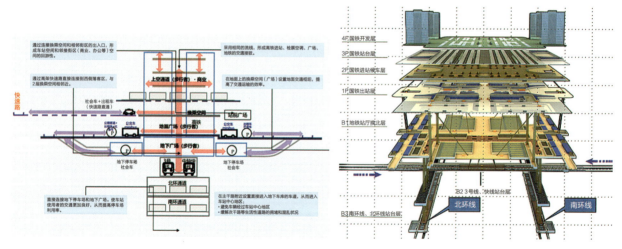

图1-16 地铁与国铁及其他配套功能交通组织体系示意图

（2）四条地铁线路布局比选研究

1）方案一：U形布局，L形节点换乘。3号线和杭州机场轨道快线为地下二层17m岛式车站，规划12号线和20号线为地下三层17m岛式站台。3号线和杭州机场轨道快线车站与规划12号线和20号线可实现台台扶梯换乘；规划12号线以及20号线设三组连接站厅和站台的楼扶梯，顺向布置，通行能力强，站台层换乘功能集中于站台一侧，且可利用转换夹层，导向清晰，承接客流冲击能力强（图1-17）。

3号线和杭州机场轨道快线付费区位于中央位置，规划12号线和20号线偏站房东侧，对站房东侧客流连接较好，但西侧换乘距离远，服务功能偏心化，但地铁付费区分开布置在一定程度上减少了国铁中轴通行空间的占用。

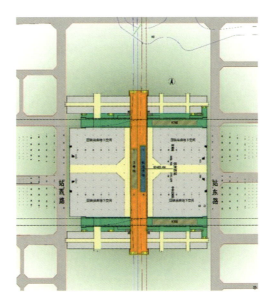

图1-17 方案一：平面关系示意图

2）方案二：工字形布局，T形节点换乘；3号线和杭州机场轨道快线为地下二层17m岛式车站，规划12号线和20号线为地下三层17m岛式站台。3号线和杭州机场轨道快线车站与规划12号线和20号线也可实现台台扶梯换乘。

采用工字形布局，换乘夹层位于车站中部，为保证乘客换乘便捷，采用正八字布置，但由于3号线、杭州机场轨道快线合建结构宽度较宽，有效站台长度有限，进出站楼扶梯只能设置于站台端头，且竖向提升高度较大，进出站楼扶梯需在设备层转折，与U形布局相比，站台层中部易出现混行。进出站不便捷，疏散能力弱，疏散时间长（图1-18）。

沿国铁站房中轴线，分别与中部、南北站房中部形成三个付费区，空间利用集约化，与国铁配套功能接驳换乘距离较为适中，但南北两个付费区面积较大，对国铁中轴线上的公共空间占用较多。

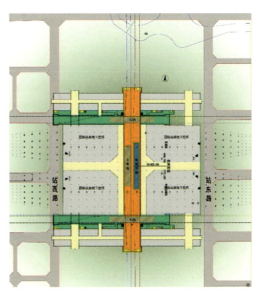

图1-18 方案二：平面关系示意图

3）方案推荐

两个均能实现台台扶梯换乘，换乘便捷，但综合考虑与国铁及其配套功能的综合换乘接驳能力和服务水平，推荐四线工字形布局方案。即，杭州机场轨道快线与3号线同台同向换乘，并与规划12号线、20号线节点换乘；规划12号线、20号线通过站厅及地下二层的换乘通道换乘。本站站厅公共区分为南北两个厅，北厅与12号线在站厅可换乘，南厅与20号线在站厅可换乘，在站台处形成四线工字形换乘。

第五节
未来科技城区域线站位方案研究

一、研究背景

余杭区未来科技城（海创园）是杭州主城区西大门，距主城区中心15km。其东侧紧邻绕城高速和西溪国家湿地公园，西侧为余杭金星工业园，南侧为闲林镇区，北侧为未来科技城远期产业及高教拓展片区，区位条件优越。依托未来科技城和城西科创产业集聚区双重带动，结合大项目拉动作用（海创园、杭师大、阿里巴巴淘宝城等），将成为城西科创产业集聚区的核心地区，提升区域中心综合能级。

随着地区发展定位的变化，规划区的主导功能也逐渐深化和加强，由居住和科研功能主导的城市外围组团演变为研发办公、商务办公、高等教育、居住、旅游休闲等功能于一身的未来科技城。

未来科技城是杭州机场轨道快线的起点区域，杭州西站也坐落在这个区域，结合未来科技城区域的规划及建设情况，需对杭州机场轨道快线的线站位设置、起点站选择、车辆段选址等进行统筹分析，以实现轨道交通站点设置与沿线综合交通枢纽、商业中心、大型居住区等的衔接，充分体现杭州机场轨道快线的功能。

二、未来科技城区域情况介绍

1. 用地规划

未来科技城区域东起绕城高速路，西临塔山东路，北至留祥快速路，南至文二西路，未来科技城区域采用"两轴、两带、一心、四片、多核心"的系统布局（图1-19）。

沿文一路形成一条创新发展轴，沿轴布置生产服务功能；沿余杭塘河形成生活发展轴，连接沿线的生活居住片区。在创新发展轴与生活发展轴之间形成创新基地的集聚发展带，成为地区核心功能布置的区域，连接余杭老城与杭州主城。在中部布置现代服务业功能、生产研发功能、多元的居住功能，打造创新基地的功能服务核心。在功能服务中心两侧，地区划分为四个功能片区。西侧打造产业研发片区与高新工业片区，东侧形成科教文化片区及生态居住生活片区。在各功能片区内部设

(a)未来科技城总体性用地规划示意图　　(b)未来科技城重点发展片区

图1-19　用地规划示意图

置多个公共服务及空间核心，为各功能片区提供必要的公共服务支撑，形成完整的服务网络。

2. 沿线道路交通网规划

规划构建"十字形"城市快速路走廊，包括东西大道和石祥西路。规划构建"五横四纵"城市主干路网络，根据交通网络组织功能的不同，分为框架性主干路和一般性主干路。框架性主干路包括良睦路、荆长大道和文一西路，这三条干道主要承担重点发展片区与杭州主城区、良渚组团等未来科技城外围地区的联系。一般性主干路包括绿汀路、高教路、015省道、海曙路、文二西路、和睦路共六条，主要承担重点发展片区与未来科技城其他片区的联系。此外还布局片区内部各片区、街区间的联系次干路和城市支路（图1-20）。

3. 轨道交通规划建设情况

根据杭州市轨道交通远景线网规划，未来科技城范围内规划有杭州地铁3号线、4号线西延线、5号线、12号线、13号线、16号线、19号线（机场轨道快线），20号线等。2022年前开通3号线、5号

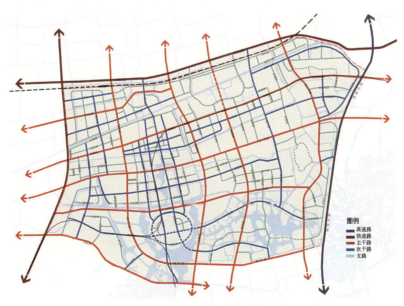

图1-20　未来科技城重点发展片区道路系统规划图

线、16号线（杭临线）、19号线（杭州机场轨道快线），其他为规划线路。

三、线路起点的研究确定

杭州机场轨道快线贯穿杭州东西，线路总长约59km，沿线基本为建成区，车辆段及停车场的选址决定了线路的长度和起终点的位置。因此，本工程线路起点的确定受车辆基地的选址影响较大。

结合未来科技城用地规划及高铁动车所的选址位置等前提条件，车辆段选址在既有高铁动车所东侧，车辆段考虑上盖开发，结合地铁段场和高铁段场均要开发的情况，线路起点考虑设置在高铁西站动车所及地铁车辆段之间，服务高铁动车所和轨道交通车辆段的TOD上盖开发客流，充分体现轨道交通对沿线用地的带动和引导作用，使沿线土地价值提升。

苕溪站作为车辆段的接轨站，也是线路起点站，考虑出入段线采用盾构施工工法，车站和车辆段之间有约250m的间距（图1-21）。

图1-21　起点站苕溪站与仓前车辆基地及高铁动车所位置关系示意图

四、线站位比选研究

1. 影响线位的客流点梳理

起点站确定后，线路需经过杭州西站并服务未来科技城的其他核心区域。线路在设站和选线过程中需要对重要的客流点进行梳理。

（1）高铁西站

杭州西站是集高铁、城际铁路、长途客车、地铁、公交、出租车、社会车等交通出行方式为一体的对外交通枢纽与市内换乘枢纽双重功能的综合交通枢纽，是杭州城西联系上海、江苏、安徽、河南等地区干线铁路的新通道；是杭州第二大铁路客流枢纽，本工程的建设时序和西站同步。因此，杭州西站是本工程必须考虑的客流点。

经前文研究，本工程在西站和高铁站场垂直，南北向穿越杭州西站，并在站房下方设站。

（2）中央公园及周边商业商务

中央公园周边是高强度开发区域，有海创科技中心、欧美金融城、奥克斯广场、时代天元城、杭州万通中心等商业中心。杭州地铁5号线在此设站，杭州机场轨道快线是否服务该区域并和5号线换乘，也需要进行比选研究（图1-22）。

图1-22　19号线与5号线换乘方案比选

（3）阿里巴巴总部

阿里巴巴西溪园区，是互联网公司阿里巴巴集团的总部所在地，坐落于杭州市余杭区文一西路969号（高教路口）。阿里巴巴西溪园区东至常二路，南至创新路，西至高教路，北至文一西路，规划总占地面积26万m^2，总建筑面积约29万m^2，员工超2万人。该区域作为通勤客流需求比较大的客流点，且具有商务客流需求，是杭州机场轨道快线需要着重考虑的点。

2. 线站位比选研究

本线路自火车西站站至海创园站之间需要经过5号线，根据和5号线换乘车站的不同，形成了两个方案。

方案一：与5号线创景路站换乘。线路出西站后沿创景路敷设，与5号线创景路站换乘，车站设置在中央公园南侧公园绿地内，后转入文一西路，于高教路口设置海创园站。

方案优点：车站位于城西科创大走廊中心，开发强度高，客流服务好（图1-23）。线路沿线工程条件相对较好，下穿地面建筑少。

方案缺点：快线区间下穿正在施工的创景路环廊地下明挖隧道，需与该工程建设单位协调，调整地下环廊及河道方案，为地铁盾构区间通过预留条件。需对5号线已建主体进行改造。将原5号线创景路站站台和单渡线对调，站台移至南侧与5号线实现T形换乘（图1-24）。

图1-23　城西科创大走廊规划

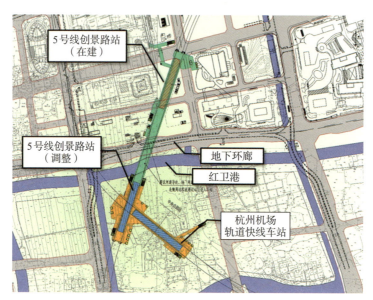

图1-24　与创景路站换乘方案示意图

方案二：与5号线良睦路站换乘。线路出西站后，转入良睦路，与5号线仓前站（现良睦路站）换乘，下穿杭州省委党校绿化带后转入文一西路敷设（图1-25）。

方案优点：和5号线良睦路站采用T形换乘方案，换乘距离短。

方案缺点：良睦路站车站主体结构地下连续墙已实施，需改造，工程难度大；该站偏离未来科技城商务中心，客流服务差；火车西站站～良睦路站段区间下穿仓前小学、仓前中学教学楼及文体楼，协调难度大。

方案推荐：综合考虑客流服务水平、换乘便捷性及工程难度，推荐和创景路站换乘方案。

五、杭州机场轨道快线与文一西路隧道关系节点研究

杭州机场轨道快线出创景路站后向东转入文一西路南侧敷设，由于文一西路规划有市政快速路隧道，快线出站后为加大曲线半径（$R=650\mathrm{m}$）先下穿市政隧道至文一西路南侧敷设，之后再次下穿市政

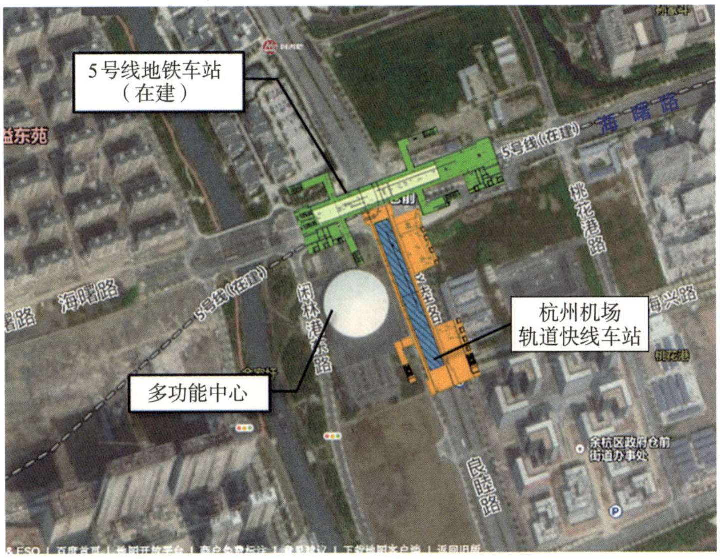

图 1-25　与良睦路站换乘方案

隧道至文一西路南侧敷设（图1-26）。海创园站与文一西路市政隧道合建，创景路站至海创园站市政隧道采用明挖法施工。至常二路后偏离至文一西路北侧敷设，并行段长约1.9km（图1-27）。

地铁盾构隧道两次下穿明挖市政隧道，需市政隧道先施工，之后地铁盾构再下穿。在实际实施过

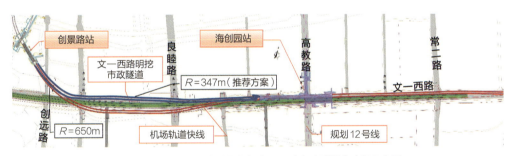

图 1-26　杭州机场轨道快线与文一西路市政隧道合建段示意图

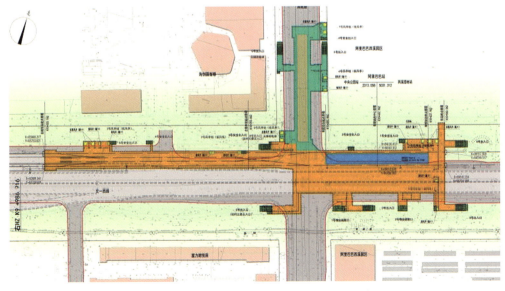

图 1-27　海创园站与文一西路市政隧道合建平面示意图

程中，由于工期原因，市政隧道无法在盾构隧道下穿前完成施工。因此对线位进行了调整，线路出创景路站后，缩小曲线半径，由650m减少至347m，沿市政隧道北侧敷设，不再下穿市政隧道。

海创园站以东段快线沿文一西路隧道北侧敷设，文一西路为外直径14.1m大盾构隧道，平行段结构平面最小净距9.4m；线路于绕城东侧下穿杭千引水隧道（外直径6.2m），最小净距3.4m；后于朝天莫港处向东南偏转，避开公元里混凝土10地下室，净距2.5m；避开朝天莫港桥桩，最小净距1.2m；避开蒋村泵站沉井结构泵房，净距7.9m；避开西溪花园混凝土11地下室，净距3.4m，于文二路与花蒋路东北角地块设置西溪湿地北站，与远期14号线换乘。线路上跨文一西路隧道纵向最小净距3.7m，下穿枫树湾河段最小覆土6.1m（图1-28、图1-29）。

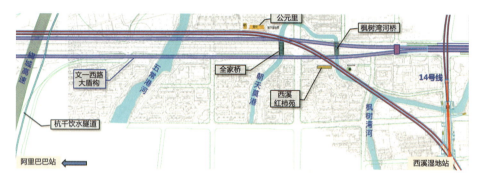

图1-28 本工程上跨文一西路隧道节点平面图

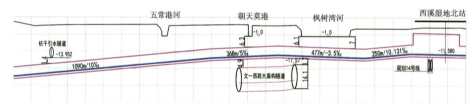

图1-29 本工程上跨文一西路隧道节点纵断面图

六、总结

结合未来科技城区域的规划及建设情况，综合考虑轨道交通服务、工程实施条件等推荐本线出杭州西站后沿创景路、文一西路敷设，设置火车西站站、创景路站、海创园站、2号风井，与3号线、5号线、12号线、13号线换乘，较好地服务了大型商务区，提升了未来科技城区域的出行效率。

第六节
公轨共走廊线路方案比选及综合技术分析

一、研究背景

杭甬高速是浙江开建的第一条高速公路，1991年开工建设，1998年底全线建成通车，对沿线城市发展起到了很大的推动作用。随着城市发展，海宁、余杭、杭州外围扩大，尤其杭州已建的高速两侧都已发展为城市核心区域，现已成为城市发展瓶颈。

杭甬高速公路杭州市区段改建工程与杭州机场轨道快线工程均是重要的亚运会交通保障项目。两个项目在萧山段处于同一走廊带，需对两个项目是否合建、如何合建进行分析，从工程条件、工程造价、土地集约等角度对公轨共走廊方案进行比选研究。

二、建设方式分析

杭甬高速与杭州机场轨道快线在萧山段走向基本一致，对杭州机场轨道快线东站至萧山国际机场站区段方案进行统一研究（图1-30、图1-31）。

图1-30　杭州机场轨道快线整体路线比选

图1-31　杭州东站东、西广场设站方案比选

方案一：杭州机场轨道快线在杭州东站东广场设站，后沿东宁路、杭甬高速且过钱塘江、杭甬高速、机场高速北侧敷设，最终至萧山国际机场。线路在御道站之前、知行路站之后采用高架方式与杭甬高速合建。

方案二：杭州机场轨道快线在杭州东站西广场设站，后沿运河东路且过钱塘江、鸿达路、机场高速北侧敷设，最终至萧山国际机场。采用地下线敷设方式。

研究阶段对两个路由的线路长度、设站数量、敷设方式、换乘便捷性、沿线规划的复合性、实施难度及综合投资等方面进行了综合比选，主要的比选结果如表1-5所示。

建设方案比较　　　　　　　　　　　　　　　　　　　　　　　　　　　　　　　表1-5

	方案一 （东站东广场～杭甬高速～萧山国际机场）	方案二 （东站西广场～鸿达路～萧山国际机场）
线路长度	24.43km	24.83km
车站数量	6座（地下2座，高架站4座）	6座（全地下站）
敷设方式	地下线3.1km，高架线19.4km（合建约12km，独立桥梁7.26km），明挖段1.18km	全地下，区间长23.02km
换乘便捷性	东站：与1号线、4号线换乘350m，与6号线换乘便捷，与铁路换乘385m 御道站、平澜路站、耕文路站、知行路站存在地下和高架换乘	东站：与1号线、4号线换乘560m，与新风站换乘225m，与铁路换乘450m 与其他车站换乘均较为便利
沿线规划	东站：商业为主、开发带动作用强 御道站：居住为主、兼顾商业 平澜路站：部队农场用地，规划未定 耕文路站：居住、商业、学校 知行路站：商业、居住、工业	东站：居住为主、兼顾商业 三堡：商业为主 丰北站：亚运村，商住混合 耕文路站：居住为主 知行路站：规划为工业
实施难度	拆复建平台，改造东广场地下室；区间下穿铁路咽喉区	改造西广场地下室、平台；交通影响大
综合投资	108.88亿元（每千米4.45亿元）	140.36亿元（每千米5.65亿元）

建设期，与杭甬高速合建局部采用高架方案，较全地下方案综合投资节省31.6亿元；运营后，高架车站每年节省电费约385万元，经济效益好。与杭甬高速合建方案可有效节省空间资源和通道资源。从操作性角度考虑，与杭甬高速公路抬升改造工程同步推进，有助于加快前期工作。综合比较，方案一作为推荐方案，即与杭甬高速合建的方案。

推荐方案杭州机场轨道快线在钱塘江北岸起以高架线与杭甬高速高架合建（图1-32），过钱塘江后沿现状杭甬高速地面线敷设，高新七路与杭甬高速分建，并于香樟路西侧由高架转入地面，高架段线路长约12km，其中与杭甬高速合建段线路长度约10km。

图1-32　合建平面示意图

杭州机场轨道快线与杭甬高速三层合建，最上层为杭甬高速高架，为双向八车道的一级公路兼城市道路，标准断面宽34.5km，设计速度80km/h；中间层为杭州机场轨道快线；地面层为杭甬高速地面道路，为双向六车道一级公路兼城市道路，标准断面宽54m，设计速度60km/h。合建车站为路中三层高架侧式站，一层为地面道路，二层为站厅层，三层为站台层，最上层为高架道路（图1-33、图1-34）。

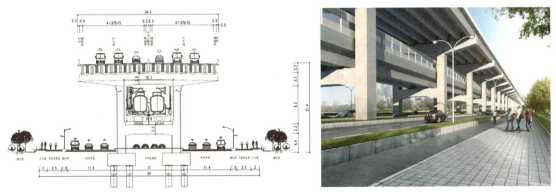

图1-33　合建方案剖面示意图及效果图

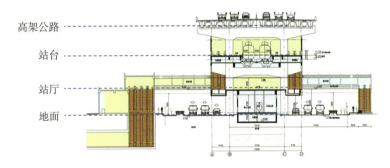

图1-34　合建车站剖面示意图

三、杭州机场轨道快线与杭甬高速合建方案研究

1. 合建起点方案

根据东宁路两侧用地规划，并通过现场踏勘，东宁路南侧为铁路，北侧有钱江府、云峰家园等居住小区，本工程由地下转入高架的分界点应使高架段避开上述居住区。因此，线路由地下线通过云峰社区后至昙花庵路口以南出地面转为高架，上跨老杭甬高速（地面线）后与杭甬新建桥梁合建并采用高架线过江；出东站后，盾构隧道下穿1/4号线盾构区间、新塘路隧道桩基、6号线盾构区间等（图1-35）。

2. 合建终点方案

杭州机场轨道快线和杭甬高速合建后沿现状老杭甬高速敷设，快线和杭甬高速于高新七路处分建。杭甬高速沿原老杭甬通道逐渐由高架转入地面；快线沿杭甬高速北侧高架敷设，于香樟路西侧设置知行路站（高架岛式站）后转入地下敷设（图1-36）。

3. 合建过江段方案

合建思路为老桥保留，且改为城市道路桥梁，在现状公路桥下游建设独立新桥。杭甬高速新建桥梁与杭州机场轨道快线合建,轨道位于地上一层,高速位于地上二层。据调查,钱塘江最高通航水位7.49m,通航净空10m。杭州机场轨道快线过江段为人字坡,江面桥下最小净空不小于10m,满足通航要求(图1-37)。

图1-35　由地下转入高架分界点及与杭甬高速合建起点平面示意图

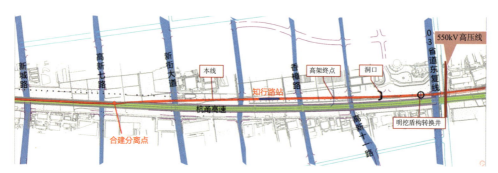

图1-36　合建终点及高架终点示意图

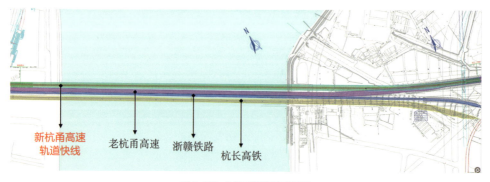

图1-37　过江段平面示意图

4.合建段车站方案

杭甬高速合建段共设3座车站，分别是御道路站（与9号线地下站换乘）、平澜路站（与远期规划线路换乘）、耕文路站（与远期规划线路换乘）。侧式车站与区间的线间距相同，线路连接平顺、无过渡段，区间墩型、梁型标准化程度高，施工工期短；且侧式车站的高架桥梁结构与公路拟合度高，对地面道路空间的占用最少，车站规模较小，因此三座车站均采用侧式站台形式。

四、总结

鉴于本工程特点，经过各方案系统比选，推荐采用杭州机场轨道快线与杭甬高速提升改造工程共走廊建设方案，在工程条件、工程造价、土地集约等方面具有显著的方案优势。

第二章
工程地质与勘察

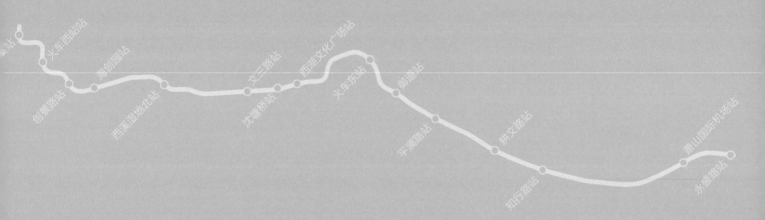

杭州机场轨道快线沿线涉及Ⅰ区钱塘江冲海积平原与Ⅱ区滨海相沉积平原两大地貌类型，由于受沉积环境及海进、海退、海陆交互作用影响，沿线工程地质条件和水文地质条件比较复杂，形成了16个工程地质大层、46个工程地质亚层，包括含潜水的稍密-中密的粉土、软弱深厚软土、透水性强的砂砾层等，它们对地铁结构的稳定和变形影响非常大。因此，研究土的物理力学指标的变化规律和性质、地下水的特征，提供合理的岩土设计参数，对工程的基坑设计、地下水控制、地基加固、沉降计算、防范风险等有着非常重要的意义。

杭州机场轨道快线工程在勘探深度范围内地下水类型主要可分为松散岩类孔隙潜水、孔隙承压水、基岩裂隙水，其中松散岩类孔隙潜水的水位随季节气候动态变化明显，地下水位埋深和变化幅度受季节和大气降水的影响，动态变化大，缺乏地下水位长期观测资料，确定抗浮设防水位成为难题；孔隙承压水含水层埋深较大，为东苕溪古河道冲积形成，空间水平向分布连续性相对较好，该类地下水对深基坑开挖影响大，当基坑开挖深度过大时容易出现基坑突涌现象；基岩裂隙水对地铁影响较小。

本工程分布的软土具有天然含水量大、压缩性高、承载力低和抗剪强度低等特点，有明显触变、流变特性，在动力作用下土体结构极易破坏，其对结构设计影响大。另外，软土与其底部地层组合可能是含沼气地层组合，浅层沼气是地铁隧道盾构机掘进遇到的地质风险之一，当盾构隧道推进作业时，由于高压力地下沼气从盾构机螺旋机口或盾尾突然释放，会引起隧道管片位移、断裂、盾构机磕头等，甚至施工人员出现中毒或遇明火爆炸，危及人身安全，造成无可挽回的重大经济损失。

本章将就上述主要地质问题进行重点研究：

（1）以沿线地层为依托，对沿线主要土层物理力学指标进行统计分析研究。

（2）研究苕溪古河道区域承压水含水层的特性。

（3）研究沿线抗浮设防水位。

（4）介绍了沼气的形成条件以及探测方法，分析了沿线的沼气分布规律及工程处理措施。

（5）对深厚软土的特性和岩土设计参数进行研究。

第一节
沿线主要土层物理力学指标的统计分析研究

一、土层物理力学指标的统计分析研究的意义与理论基础

土体物理力学指标是岩土工程设计的基本参数，也是土体分类的重要依据。由于土是一种天然产物，区域特性强、土性指标差异大，已有研究成果难以在全国范围内推广应用。对于特定的工程，

必须开展相应区域的土性指标测试和研究工作。

近年来，随着杭州市城市建设的发展，积累了大量的岩土参数，可以有效利用这些成果指导后期工程实践，本节将对杭州机场轨道快线沿线主要土层的物理力学指标及相关性展开研究。结合杭州机场轨道快线工程中对浅部的13025条记录的室内土工试验结果，按工程地质分层分别对1层粉质黏土、2层粉质黏土、3层粉土、4层淤泥质粉质黏土、5层粉质黏土、6层淤泥质粉质黏土应用统计分析软件SPSS对每一层土的物理指标：天然重度γ、天然含水量w、孔隙比e、塑限w_P、液限w_L、液性指数I_L、塑性指数I_P、压缩系数a、压缩模量E_s、黏聚力c、内摩擦角ϕ进行研究，提出相应的概率分布模型，并根据回归分析方法，建立地基土特殊物理指标、换算指标与基本物理指标间的经验公式，分析其相关性，为杭州机场轨道快线的建设勘察工作提供参考，并为杭州地区岩土工程设计施工提供依据。统计分析的理论基础如下：

1. 统计模型

正态分布、对数正态分布、β分布、极值Ⅰ型分布及皮尔逊Ⅲ型分布是岩土工程可靠性分析中拟合岩土指标常用的概率密度函数。因此，分别采用以上概率密度函数对杭州机场轨道快线项目各参数进行拟合分析，讨论各分布模型的统计参数，并确定最优的函数模型。

2. 相关性分析（回归分析）

回归分析中，在应用上最重要并且在理论上发展得最完善的是回归函数$\mu(x_1, x_2, \cdots, x_k)$为线性函数的情形：

$$\mu(x_1, x_2, \cdots, x_k)=b_0+b_1x_1+\cdots+b_kx_k$$

其中，b_0，b_1，$\cdots$，b_k是常系数，未知；而x_1，x_2，$\cdots$，x_k为考虑的自变量，为试验测得的数值。形如以上的情形便被称为线性回归。

当只有一个自变量X时，称为一元线性回归；当自变量个数多于一个时，便称为二元、三元、$\cdots\cdots$、多元线性回归。

3. 二（多）元线性回归

以二元回归方程为例，当方程为$y=a+bx_1+cx_2$时，使得各试验值同线性方程回归值的误差平方和取最小值时的系数a、b、c即为所求的回归方程系数。

应尽量避免选取相关性较强的两（多）组测量值作为自变量。可通过相关系数（r）确定测量值之间的相关程度：$r=1$或-1，两组变量完全（正或负）相关；$r=0$，完全不相关。介于中间状态（$0<|r|<1$）时，相关系数越接近于1，表示两个变量之间的相关程度越密切；反之，表示越不密切。

二、研究区土性参数的概率分布特征

在土的基本物理性质指标中，含水量w、相对密度（比重）d_s和质量密度ρ是土工试验中直接测定的3个基本物理指标。根据相关公式可以推导出其他5个基本物理性质指标——重度γ、干密度ρ_d、孔隙比e、孔隙率n、饱和度S_r。工程中也经常将质量密度ρ乘以重力加速度g，换算成天然重度γ。

应避免对相关性（线性或非线性）强的指标之间开展统计分析，因为一旦指标间存在函数关系，则统计分析结果必然趋向于这些函数关系，如果将这些指标作为自变量进行回归分析，易产生一些统计计算上的问题，造成统计结果（趋势）的失真。

此外，根据土工测试结果，还可直接测定和计算一些物理力学参数指标，如塑限、液限、塑性指数、压缩系数、液性指数、压缩模量、黏聚力和内摩擦角。

1. 物理指标参数分布

由于单个工点的数据比较少，对统计有较大的影响，所以将各工点采集到的所有大层数据进行汇总、合并，并对各土层的物理参数进行概率统计，提出相应的分布模型及取值区间。在统计之前，按岩土工程参数统计方法，将离差大于 $\pm 2\sigma$（标准差）的数据（即对数据进行正态标准化，剔除 $|Z-\text{score}|>2$ 的数据）剔除再进行统计分析（下同）。

根据所得参数资料分析，浅部1~6层为软土层（其中3层为粉砂等非软土夹层，在统计中将这些土层数据排除），7层及以下为非软土层。故仅对1~6层土的物理指标参数进行统计分析（下同）。鉴于饱和度 S_r 取值特点，并不具有统计特征，故不对该参数进行讨论。

（1）天然重度 γ

各土层 γ 的统计指标见表2-1。由表可知，各土层天然重度 γ 离散程度相对较小（最大变异系数 $\delta_{\max}$ 仅为0.047），呈良好的近正态分布规律，对于杭州机场轨道快线工程的土体，将 γ 视为常量能够满足工程设计精度要求。

各土层天然重度 γ 概率统计表　　　　　表2-1

土层	样本量 N	均值 μ	标准差 S	变异系数 δ	偏度	峰度	最小值	最大值
1	76	18.90	0.796	0.042	-0.299	-0.459	17.1	20.6
2	367	19.15	0.597	0.031	-0.347	-0.245	17.6	20.5
3	489	19.27	0.809	0.042	-0.337	-0.186	17.2	21
4	1582	17.84	0.845	0.047	0.080	-0.631	15.7	19.9
5	987	19.30	0.485	0.025	-0.026	-0.479	18.1	20.4
6	834	18.31	0.790	0.043	0.579	-0.144	16.6	20.3

（2）塑性指数与天然含水量 w

各土层 w 的统计指标见表2-2。由表可知，与天然重度 γ 相比，各土层土体天然含水量 w 的离散程度有明显增加，分析原因可能是土层内部不同性质差异的分层所致。

各土层含水量 w 概率统计表　　　　　表2-2

土层	样本量 N	均值 μ	标准差 S	变异系数 δ	偏度	峰度	最小值	最大值
1	79	33.21	7.619	0.229	1.017	0.398	21.7	54.4
2	372	30.24	4.983	0.165	0.463	0.004	19.3	43.8
3	485	28.73	6.225	0.217	0.993	0.916	17.5	48.2
4	1567	42.13	8.612	0.204	0.133	-0.845	22.6	62.9
5	1004	29.57	3.420	0.116	-0.051	-0.501	21.3	38.3
6	842	37.71	7.010	0.186	-0.409	-0.488	21.4	52.2

（3）孔隙比e

各土层e的统计指标见表2-3。由表可知，由于受限于统计样本数量，1层土体的孔隙比e的离散程度最大，其次为3层和4层。

各土层孔隙比e概率统计表　　　表2-3

土层	样本量N	均值μ	标准差S	变异系数δ	偏度	峰度	最小值	最大值
1	78	0.932	0.196	0.211	0.990	0.551	0.649	1.521
2	369	0.855	0.131	0.154	0.517	0.170	0.544	1.221
3	483	0.814	0.168	0.206	0.998	0.844	0.508	1.331
4	1570	1.188	0.238	0.200	0.172	−0.795	0.647	1.757
5	997	0.830	0.091	0.110	0.035	−0.377	0.61	1.067
6	844	1.059	0.194	0.183	−0.392	−0.462	0.62	1.46

（4）液限w_L

各土层w_L的统计指标见表2-4。除3层出现明显的变异以外，其他土层均呈现出较为良好的正态分布特征。因此通过统计分析处理，该指标可满足工程设计的要求。

各土层液限w_L概率统计表　　　表2-4

土层	样本量N	均值μ	标准差S	变异系数δ	偏度	峰度	最小值	最大值
1	82	38.69	7.193	0.186	0.385	−0.491	25.2	54.5
2	356	36.11	6.057	0.168	0.008	−0.566	24.7	50.7
3	477	27.30	5.505	0.202	1.147	0.754	18.3	42.9
4	1579	38.40	6.531	0.170	0.130	−0.638	23.6	54.8
5	1008	34.78	5.075	0.146	0.116	−0.493	24.2	46.5
6	820	37.61	4.942	0.131	0.201	−0.463	26.4	49.0

（5）塑限w_P

各土层w_P的统计指标见表2-5。除1层和3层出现较为明显的偏离正态分布的特征以外，其他土层均表现出良好的正态分布特征，可以基本满足工程设计的要求。

各土层塑限w_P概率统计表　　　表2-5

土层	样本量N	均值μ	标准差S	变异系数δ	偏度	峰度	最小值	最大值
1	79	21.86	3.173	0.145	0.615	−0.118	15.3	29.1
2	365	21.46	2.628	0.122	0.594	0.604	14.2	29.4
3	481	20.07	1.674	0.083	0.088	1.815	16.1	25.2
4	1576	21.88	3.064	0.140	0.156	−0.418	14.6	30
5	994	20.94	2.136	0.102	0.156	−0.275	16.1	26.2
6	820	21.29	2.092	0.098	0.175	−0.141	16.1	26.6

（6）塑性指数I_P

各土层I_P的统计指标见表2-6。塑性指数I_P离散程度较大，特别是3层，在实际工程设计中需慎重使用。

各土层塑性指数I_P概率统计表　　　　　　表2-6

土层	样本量N	均值μ	标准差S	变异系数δ	偏度	峰度	最小值	最大值
1	79	17.18	3.747	0.218	0.237	−0.456	8.6	25.3
2	330	15.87	3.714	0.234	−0.243	0.064	5.6	24.5
3	475	7.19	4.523	0.629	1.346	0.365	2.2	19.2
4	1557	16.73	3.622	0.217	−0.024	−0.537	8	25.6
5	961	14.80	3.469	0.234	−0.146	−0.054	5.7	22.7
6	826	16.41	3.008	0.183	0.225	−0.441	9.2	23.3

（7）液性指数I_L

各土层I_L的统计指标见表2-7。与塑性指数I_P相比，液性指数I_L离散程度普遍偏大，大部分在0.5左右，故在实际工程设计中不建议采用统计的方法进行计算。

各土层液性指数I_L概率统计表　　　　　　表2-7

土层	样本量N	均值μ	标准差S	变异系数δ	偏度	峰度	最小值	最大值
1	78	0.71	0.356	0.502	0.439	−0.683	0.01	1.56
2	334	0.59	0.271	0.456	0.122	−0.466	0.01	1.25
3	472	1.28	0.629	0.492	0.393	−0.020	0	3.22
4	1529	1.24	0.269	0.217	−0.146	−0.346	0.55	1.93
5	1000	0.64	0.311	0.486	0.321	−0.370	0	1.47
6	818	1.00	0.309	0.308	−0.274	−0.312	0.26	1.71

2. 力学指标参数分布

（1）压缩系数a

各土层a的统计指标见表2-8。压缩系数a的离散型普遍偏大，实际工程设计使用时难以利用统计分析结果进行计算，应严格根据现场取样所得参数进行计算。

各土层压缩系数a概率统计表　　　　　　表2-8

土层	样本量N	均值μ	标准差S	变异系数δ	偏度	峰度	最小值	最大值
1	76	0.46	0.238	0.521	1.114	0.755	0.11	1.14
2	341	0.35	0.141	0.402	0.658	0.056	0.09	0.75
3	484	0.24	0.216	0.911	2.066	3.102	0.08	1
4	1566	0.81	0.350	0.433	0.203	−0.817	0.12	1.63
5	1010	0.28	0.087	0.309	0.221	−0.442	0.08	0.53
6	861	0.54	0.221	0.409	0.088	−0.839	0.11	1.03

（2）压缩模量E_s

各土层E_s的统计指标见表2-9。压缩模量E_s离散性虽比压缩系数a小，但与物理指标相比，离散性普遍明显偏大，实际工程设计使用时仍应严格根据现场取样所得参数进行计算。

各土层压缩模量 E_s 概率统计表　　　　　　表 2-9

土层	样本量 N	均值 μ	标准差 S	变异系数 δ	偏度	峰度	最小值	最大值
1	72	4.85	1.773	0.366	0.524	−0.192	2.12	9.8
2	341	5.74	2.098	0.365	0.713	0.045	1.47	11.49
3	512	10.56	4.699	0.445	−0.626	−0.858	1.31	19.99
4	1542	3.00	1.154	0.385	1.081	0.633	0	6.67
5	989	6.68	1.964	0.294	0.602	0.032	2.19	12.08
6	831	4.14	1.549	0.374	1.034	0.229	1.07	8.41

（3）黏聚力 c（固快 c）

各土层 c 的统计指标见表2-10。2层和3层的黏聚力 c 的离散性明显偏大，其他土层的离散性尽管相对较小，但仍建议谨慎使用。

各土层黏聚力 c 概率统计表　　　　　　表 2-10

土层	样本量 N	均值 μ	标准差 S	变异系数 δ	偏度	峰度	最小值	最大值
1	57	31.5	8.830	0.281	−0.319	−0.671	13	50
2	290	31.4	12.865	0.410	−0.282	−0.505	5	58
3	295	9.3	5.432	0.583	1.989	3.801	3	30
4	1143	17.4	4.569	0.263	0.767	1.181	4	33
5	730	35.1	13.212	0.376	−0.219	−0.879	7	62
6	528	23.3	8.356	0.359	0.732	−0.132	7	46

（4）内摩擦角 ϕ（固快 ϕ）

各土层 ϕ 的统计指标见表2-11。可知，内摩擦角 ϕ 的离散性相比黏聚力 c 的离散性较小，但变异系数多数仍然＞0.2，故实际使用中仍要慎重。

各土层内摩擦角 ϕ 概率统计表　　　　　　表 2-11

土层	样本量 N	均值 μ	标准差 S	变异系数 δ	偏度	峰度	最小值	最大值
1	57	14.2	3.116	0.219	0.682	2.677	8.2	26.2
2	272	16.3	4.482	0.275	1.063	1.278	7.1	28.9
3	284	27.9	5.531	0.198	−2.038	2.745	11.1	32.7
4	1144	10.0	2.633	0.263	0.786	1.232	2	20.1
5	690	16.8	4.082	0.242	0.757	1.063	7.8	28.6
6	532	11.8	3.189	0.269	0.694	0.385	4.1	22.3

3. 各指数参数分布总结

（1）除3层由于剔除非软土层数据造成正态特征较差外，其他土层物理指标和力学指标均表现出较好的正态分布特征。

（2）比较而言，天然重度 γ 和塑限 w_P 的离散性最小，压缩系数 a 和液性指数 I_L 的离散性最大。整体来看，力学指标的离散性要普遍大于物理指标的离散性，这可能是由于实验引起的普遍现象。

三、研究区土性参数的相关性分析

据统计，3层土体数据出现明显的偏差现象，数据分布规律较差，离散性大，故在相关性分析中不对该层土进行分析。此外，由于压缩模量E_s是由压缩系数a计算得到，故相关性分析中不予考虑。

1. 各物理指标相关性

在统计分析过程中，一方面建立有物理意义的相关指标间的回归经验公式，另一方面利用大量的钻孔数据从数学上建立一些没有明确物理意义的指标间的相关性，为岩土工程勘察、设计和施工提供参考。

（1）孔隙比与含水量

孔隙比e和天然含水量w相关关系回归方程见表2-12。

孔隙比和天然含水量相关关系参数表　　　　　　　表2-12

土层	相关系数r	回归方程	样本量N	F值	显著性水平Sig
1	0.970	$e=0.026w+0.08$	77	1230.246	0.000
2	0.957	$e=0.026w+0.085$	364	3995.613	0.000
4	0.980	$e=0.027w+0.053$	1559	38434.475	0.000
5	0.936	$e=0.025w+0.089$	989	7031.112	0.000
6	0.974	$e=0.027w+0.055$	834	15364.503	0.000

由表2-12可知，4层土体的e和w之间线性相关程度最大（$\gamma_{max}=0.980$），e和w之间呈高度线性相关性，e随w的增大而增大，回归关系式是可靠的。

（2）塑性指数与天然含水量

塑性指数I_P和天然含水量w相关关系回归方程见表2-13。

塑性指数和天然含水量相关关系参数表　　　　　　　表2-13

土层	相关系数r	回归方程	样本量N	F值	显著性水平Sig
1	0.527	$I_P=0.24w+8.803$	74	28.08	0.000
2	0.488	$I_P=0.369w+4.486$	319	99.19	0.000
4	0.778	$I_P=0.329w+2.735$	1530	2344.967	0.000
5	0.203	$I_P=0.208w+8.635$	916	39.524	0.000
6	0.619	$I_P=0.265w+6.459$	806	500.684	0.000

由表2-13可知，4层土体的I_P和w之间线性相关程度最大（$\gamma_{max}=0.778$），整体而言，I_P随w的增大而增大，I_P和w之间呈线性正相关，但相关性较差。5层土体两参数不相关，2层土体两参数低度相关，1层、4层、6层土体两参数中度相关。因此，I_P和w应作为两个独立的参数对待。

（3）液性指数与天然含水量

液性指数I_L和天然含水量w相关关系回归方程见表2-14。

液性指数和天然含水量相关关系参数表 表2-14

土层	相关系数r	回归方程	样本量N	F值	显著性水平Sig
1	0.614	$I_L=0.24w+8.803$	73	43.649	0.000
2	0.486	$I_L=0.369w+4.486$	325	100.155	0.000
4	0.479	$I_L=0.329w+2.735$	1495	443.991	0.000
5	0.474	$I_L=0.208w+8.635$	955	275.782	0.000
6	0.635	$I_L=0.265w+6.459$	802	541.512	0.000

由表2-14可知,6层土体的I_L和w之间线性相关程度最大($\gamma_{max}=0.635$),整体而言,I_L随w的增大而增大,I_L和w之间呈线性正相关,但相关性较差,属低度~中度相关,保证率较低。

(4)孔隙比与天然重度

孔隙比e和天然重度γ相关关系回归方程见表2-15。

孔隙比和天然重度相关关系参数表 表2-15

土层	相关系数r	回归方程	样本量N	F值	显著性水平Sig
1	-0.937	$e=-0.218\gamma+5.04$	75	529.825	0.000
2	-0.920	$e=-0.2\gamma+4.682$	363	1993.663	0.000
4	-0.960	$e=-0.275\gamma+6.095$	1559	18391.75	0.000
5	-0.904	$e=-0.167\gamma+4.054$	976	4337.122	0.000
6	-0.960	$e=-0.231\gamma+5.296$	823	9547.012	0.000

由表2-15可知,6层土体的e和γ之间线性相关程度最大($\gamma_{max}=-0.960$),整体而言,e随γ的增大而减小,e和γ之间呈高度的线性负相关,回归方程较为可靠,因此在使用中可以通过回归方程来确定e或γ的值。

(5)塑性指数与天然重度

塑性指数I_P和天然重度γ相关关系回归方程见表2-16。

塑性指数和天然重度相关关系参数表 表2-16

土层	相关系数r	回归方程	样本量N	F值	显著性水平Sig
1	-0.469	$I_P=-1.973\gamma+53.867$	71	19.698	0.000
2	-0.422	$I_P=-2.53\gamma+64.079$	315	68.027	0.000
4	-0.689	$I_P=-3.023\gamma+70.645$	1536	1388.279	0.000
5	-0.039	$I_P=-0.278\gamma+20.152$	901	1.37	0.000
6	-0.532	$I_P=-2.05\gamma+54.022$	792	312.025	0.000

由表2-16可知,5层土体的I_P和γ之间线性相关性最差($\gamma_{min}=-0.039$),可以认为没有相关性。整体而言,I_P随γ的增大而减小,I_P和γ之间呈低度~中度的线性负相关。

(6)液性指数与天然重度

塑性指数I_L和天然重度γ相关关系回归方程见表2-17。

液性指数和天然重度相关关系参数表 表2-17

土层	相关系数 r	回归方程	样本量 N	F值	显著性水平 Sig
1	−0.502	$I_L=-0.213\gamma+4.716$	70	23.416	0.000
2	−0.446	$I_L=-0.194\gamma+4.289$	320	79.045	0.000
4	−0.448	$I_L=-0.146\gamma+3.845$	1505	377.679	0.000
5	−0.498	$I_L=-0.309\gamma+6.613$	939	309.796	0.000
6	−0.583	$I_L=-0.233\gamma+5.269$	791	407.346	0.000

由表2-17可知，整体而言，I_L随γ的增大而减小，各层土体的I_L和γ之间线性相关性较差，实际应用中不建议通过回归方程的方法进行参数的计算。

2. 力学指标和物理指标相关性

（1）压缩系数与天然含水量

压缩系数a和天然含水量w的相关关系回归方程见表2-18。

压缩系数和天然含水量相关关系参数表 表2-18

土层	相关系数 r	回归方程	样本量 N	F值	显著性水平 Sig
1	0.829	$a=0.028w-0.47$	75	162.192	0.000
2	0.705	$a=0.021w-0.274$	339	334.943	0.000
4	0.916	$a=0.037w-0.751$	1541	8058.342	0.000
5	0.466	$a=0.012w-0.068$	982	272.543	0.000
6	0.764	$a=0.023w-0.239$	823	1154.133	0.000

由表2-18可知，4层土体的a和w之间呈高度的线性相关性（$\gamma_{max}=0.916$），5层土体的a和w之间呈低度线性相关性（$\gamma_{min}=0.466$），对于4层土体而言回归方程是可靠的，可以通过回归关系式进行两参数间的转换计算。1层、2层、6层属于中度相关，回归方程的保证率相对较差。

（2）压缩系数与孔隙比

压缩系数a和孔隙比e的相关关系回归方程见表2-19。

压缩系数和孔隙比相关关系参数表 表2-19

土层	相关系数 r	回归方程	样本量 N	F值	显著性水平 Sig
1	0.864	$a=1.103e-0.566$	74	214.061	0.000
2	0.740	$a=0.807e-0.347$	337	407.644	0.000
4	0.925	$a=1.358e-0.801$	1546	9165.778	0.000
5	0.483	$a=0.456e-0.098$	978	297.064	0.000
6	0.775	$a=0.861e-0.357$	827	1240.486	0.000

由表2-19可知，4层土体的a和e之间呈高度的线性相关性（$\gamma_{max}=0.925$），5层土体的a和e之间呈低度线性相关性（$\gamma_{min}=0.483$），对于4层土体而言回归方程是可靠的，可以通过回归关系式进行两参数间的转换计算。1层、2层、6层属于中度相关，回归方程的保证率相对较差。

（3）压缩系数与天然重度

压缩系数 a 和天然重度 γ 的相关关系回归方程见表2-20。

压缩系数和天然重度相关关系参数表 表2-20

土层	相关系数 r	回归方程	样本量 N	F 值	显著性水平 Sig
1	−0.818	$a=-0.235\gamma+4.902$	73	146.104	0.000
2	−0.692	$a=-0.161\gamma+3.438$	335	306.143	0.000
4	−0.887	$a=-0.372\gamma+7.455$	1546	5700.482	0.000
5	−0.413	$a=-0.074\gamma+1.706$	965	197.724	0.000
6	−0.747	$a=-0.203\gamma+4.272$	814	1025.448	0.000

由表2-20可知，压缩系数 a 和天然重度 γ 之间呈负相关，4层土体的 a 和 γ 之间线性相关性最强（$\gamma_{max}=-0.887$），5层土体的 a 和 γ 之间相关性最差（$\gamma_{min}=-0.413$）。整体而言，1层、2层、6层属于中度相关，回归方程的保证率相对较差。

（4）压缩系数与塑性指数

压缩系数 a 和塑性指数 I_P 的相关关系回归方程见表2-21。

压缩系数和塑性指数相关关系参数表 表2-21

土层	相关系数 r	回归方程	样本量 N	F 值	显著性水平 Sig
1	0.314	$a=-0.235I_P+4.902$	71	9.238	0.003
2	0.436	$a=-0.161I_P+3.438$	313	73.086	0.000
4	0.708	$a=-0.372I_P+7.455$	1524	1531.444	0.000
5	0.067	$a=-0.074I_P+1.706$	923	4.183	0.041
6	0.392	$a=-0.203I_P+4.272$	806	146.105	0.000

由表2-21可知，4层土体的 a 和 I_P 之间呈高度的线性相关性（$\gamma_{max}=0.708$），其他土层两参数均呈低度相关性，a 和 I_P 之间的关系难以通过回归关系式进行刻画。

（5）压缩模量与天然含水量

压缩模量 E_s 和天然含水量 w 的相关关系回归方程见表2-22。

压缩模量和天然含水量相关关系参数表 表2-22

土层	相关系数 r	回归方程	样本量 N	F 值	显著性水平 Sig
1	−0.646	$E_s=-0.164w+10.245$	71	50.013	0.000
2	−0.558	$E_s=-0.23w+12.875$	331	149.028	0.000
4	0.705*	$E_s=0.004w^2-0.478w+15.409$	1500	1863.491	0.000
5	−0.290	$E_s=-0.163w+11.599$	941	86.613	0.000
6	−0.684	$E_s=-0.147w+9.623$	799	700.294	0.000

注：*为可决系数。

由表2-22可知，除4层土体外，压缩模量 E_s 和天然含水量 w 之间均呈低度～中度负线性相关，4层土体的 E_s 随 w 增大而减小，回归方程为二阶，可决系数较低。

（6）压缩模量与天然重度

压缩模量E_s和天然重度γ的相关关系回归方程见表2-23。

压缩模量和天然重度相关关系参数表　　　　　表2-23

土层	相关系数r	回归方程	样本量N	F值	显著性水平Sig
1	0.700	$E_s=1.609\gamma-25.493$	70	66.364	0.000
2	0.555	$E_s=1.842\gamma-29.369$	326	144.55	0.000
4	0.655*	$E_s=0.27\gamma^2-8.511\gamma+68.864$	1516	1440.025	0.000
5	0.252	$E_s=0.986\gamma-12.269$	925	62.757	0.000
6	0.660	$E_s=1.228\gamma-18.434$	790	609.217	0.000

注：*为可决系数。

由表2-23可知，除4层土体外，压缩模量E_s和天然重度γ之间均呈低度～中度负线性相关，4层土体的E_s随γ增大而增大，回归方程为二阶，可决系数较低。

四、总结与建议

（1）除孔隙比e与含水量w、孔隙比e与天然重度γ之间呈较强的相关性以外，其他参数间相关性均比较差，不建议在工程设计计算中应用回归关系式对参数进行计算。

（2）孔隙比e与含水量w、孔隙比e与天然重度γ之间可以利用回归关系式进行换算，但考虑到回归分析的精确度，其他参数的取值仍建议用现场取样测试的方法。在杭州机场轨道快线建设施工过程中，实际土层中的含水量w、天然重度γ和孔隙比e等常规物理指标比较容易取得，其也可以作为物性指标相互印证的依据。

（3）孔隙比e、塑性指数I_P、液性指数I_L与天然含水量w，压缩系数a与塑性指数I_P，压缩模量E_s与天然重度γ均呈线性正相关关系；孔隙比e、塑性指数I_P、液性指数I_L、压缩系数a与天然重度γ，压缩模量E_s和天然含水量w呈线性负相关关系。

（4）除3层粉土外，其余黏性土层各土层的物理指标和力学指标均表现出较好的正态分布特征；整体而言，力学指标的离散性要普遍大于物理指标的离散性，这可能是由于实验过程引起的普遍现象。各土层力学指标具有更大的不确定性、离散性，作为设计参数时应将其视为随机变量处理。

第二节
苕溪古河道区域承压水含水层特性

一、苕溪古河道承压水含水层的研究范围

本节结合杭州机场轨道快线工程仓前车辆段出入段线、苕溪站、苕溪站～火车西站站区间、海

创园站、西溪湿地北站、西溪湿地北站～西文区间风井3区间六个工点的工程勘察经验，论述苕溪古河道承压水的赋存特征、补径排方式及动态变化特性，分析该区域承压水的水位变化规律，确定承压含水层的水文地质参数，预测承压水变化趋势，为杭州机场轨道快线工程及杭州地区类似工程的设计施工提供参考。

二、苕溪古河道变迁情况

苕溪位于浙江省西北部，源自天目山，入太湖，最后流入长江。苕溪分为东苕溪、西苕溪两大源流，其中东苕溪又分为北、中、南苕溪三条支流。在太湖形成之前，东苕溪已经存在于杭嘉湖平原。受气候变迁、海面升降、构造运动、地球自转及人类活动等诸多因素影响，历史上东苕溪曾多次变迁改道。更新世时期，古东苕溪经临安、余杭、杭州北郊从杭州东郊注入钱塘江古河道。随着苕溪平原沉积物堆积、气候变暖、海平面上升，杭州海积平原淤积逐渐变高，古东苕溪河口位置逐渐东移，溪水注入古杭州湾。随着海积平原进一步淤积，古东苕溪经历第一次大规模改道，自古荡一带转向北上，穿过半山、大观山之间的低洼地带流向太湖方向。其后东苕溪多次改道，最终与西苕溪在湖州附近合流成苕溪，而后注入太湖。河流改道后原河道被埋藏形成古河道，但保存着原有的地貌类型，古河道中的砂砾层成为承压水存贮的含水层。东苕溪冲积平原区下部存贮承压水的砂砾层是由于古东苕溪河道冲积形成的。古东苕溪河道冲积形成的物质大部分未被压实、岩化，仍以松散状态存在，属于未岩化古河道。

三、苕溪古河道孔隙承压水的赋存特征

第四纪以来杭嘉湖平原曾遭受过三次大规模海侵，其中以第三次海侵（全新世冰后期）影响最大。据浙江省地矿局资料，除半山等几个孤山外，杭州平原区均遭受海侵影响，范围超过100km²，形成了较厚的海相淤泥质土。海侵使得杭州平原区承压水咸化，经过漫长的地质历史过程，咸化的承压水受到了一定的淋滤作用，最终形成了现在苕溪古河道地区微咸～咸的承压水。

根据杭州机场轨道快线工程仓前车辆段出入段线、苕溪站、笤杭区间、海创园站、西溪湿地北站、西文区间风井3区间六个工点的岩土工程勘察报告，苕溪古河道地区的承压水含水层一般有两层：第一层埋藏于苕溪平原区上更新统下组（Q_3^1）⑫层砂砾层中，厚度变化较大，含水层为冲洪积形成的粉砂层、圆砾层；第二层埋藏于苕溪平原区中更新统上组（Q_2^2）⑭层砂砾层中，以古河道形态呈宽带状展布，厚度变化较大，从河道中心向两侧逐渐变薄，含水层为冲洪积形成的粉砂层、圆砾层。由于⑬层粉质黏土为不连续分布状，因此⑫层与⑭层含水层可视为一体。承压水隔水层为其上覆的淤泥质土和黏性土层。苕溪古河道承压水含水层埋深介于17～40m，表现为郊区浅、向城区方向渐深；含水层厚度介于0～14m，总体趋势为郊区较厚、向城区方向较薄，局部尖灭，分布不连续。苕溪古河道地区地质剖面见图2-1，承压水含水层分布情况见表2-24。

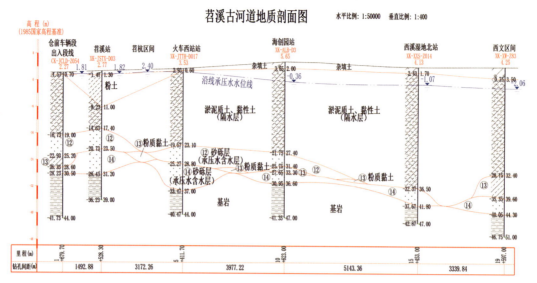

图2-1 苕溪古河道地区地质剖面图及承压水水位线

苕溪古河道承压水含水层分布情况　　　　　　　　　　　　　　表2-24

含水层 区域	⑫ 层			⑭ 层		
	层顶高程（m）	层顶埋深（m）	层厚（m）	层顶高程（m）	层顶埋深（m）	层厚（m）
仓前车辆段出入段线	−20.47～−15.28	18.70～21.00	2～7	−28.01～−21.32	24.50～30.50	0～5
苕溪站	−20.23～−14.63	17.40～23.80	1～9	−23.37～−19.01	22.60～28.50	2～10
苕杭区间	−25.19～−13.04	16.70～29.50	1～10	−31.71～−19.01	23.20～35.10	1～12
海创园站	−24.11～−18.50	23.50～29.00	1～8	−25.3～−23.72	28.70～30.10	2～10
西溪湿地北站	−28.24～−19.70	23.30～33.00	0～7	−28.61～−26.72	31.10～33.80	2～12
西文区间风井3区间	−29.21～−23.02	24.60～36.20	0～10	−34.35～−26.91	32.00～43.80	0～10
地层分布情况	含水层为粉砂、中砂、砾砂、圆砾，层厚介于 0～10m，局部尖灭，分布不连续			含水层为粉砂、中砂、砾砂、圆砾，层厚介于 0～12m，局部尖灭，分布不连续		

含水层顶板上覆17～40m厚的黏性土层，其渗透系数介于10^{-9}～10^{-7}cm/s，上部潜水一般无法越层补给承压水。平原基底为透水性微弱的白垩系泥质粉砂岩、粉砂岩、砂砾岩、侏罗系凝灰岩等，缺乏顶托补给。古河道两侧也为结构紧密的粉质黏土夹碎砾石或基岩，透水性和富水性均较差，表明侧向补给量也甚微。承压水中固形物大于1g/L，水化学类型为$HCO_3·Cl—Na(Ca)$、$Cl·HCO_3—Na(Ca)$型。在天然条件下，因其水力坡度极其平缓，径流缓慢，地下水补给、径流、排泄条件均较差。苕溪平原区承压水的排泄方式主要有两种：2005年以前最主要的排泄方式是生产井开采；2005年以后因受到禁止开采地下水管理规定的影响，生产井基本关停，深基坑承压水降排水成为最主要的排泄方式。

四、苕溪古河道孔隙承压水水位变化规律

1.苕溪古河道区域承压水水位变化的过程

苕溪古河道承压水补给量甚微，地下水水位动态变化受开采或排水强度控制。杭州市开凿采水

深井始于1956年，随着经济的发展，开采规模逐渐扩大，地下水水位逐渐下降，在开采区形成区域性水位降落漏斗。苕溪古河道区祥符桥一带承压水原始水位高程为1.7～1.9m，20世纪60年代漏斗逐渐形成，至1969年水位降至-8m，漏斗范围不断扩展。1987年漏斗中心年平均水位达历年最低值-23.65m。1997年6月25日杭州市人民政府令第114号颁布了《杭州市城市地下水管理规定》，明文规定城市商业区和居民密集地区、影响建筑物安全的地区等部分地区禁止开采取用地下水。近年来承压水开采井均已废弃，地下水水位有所回升，漏斗范围缩小。祥符桥一带1986～1997年孔隙承压水水位一览表见表2-25。

祥符桥孔隙承压水水位一览表（单位：m） 表2-25

地区	观测年份	1986	1987	1988	1989	1990	1991	1992	1993	1994	1995	1996	1997
祥符桥	年最高	-16.05	-18.19	-13.26	-13.22	-10.60	-13.70	-6.92	-9.75	-15.05	-14.90	-11.38	-7.06
	年最低	-26.71	-27.83	-28.57	-27.06	-28.79	-29.88	-27.94	-27.02	-27.65	-26.45	-23.21	-15.55
	年平均	-22.10	-23.65	-20.70	-19.92	-18.85	-22.84	-19.58	-19.66	-20.69	-19.42	-17.51	-12.25

2.苕溪古河道区域承压水水位的现状

近年来，因杭州城市大规模开发建设，各城区的承压水观测井大都被破坏，无法系统地进行长期水位观测与水质跟踪。杭州机场轨道快线工程仓前车辆段出入段线、苕溪站、笤杭区间、海创园站、西溪湿地北站、西文区间风井3区间六个工点勘察期间通过专门的水文试验测定的承压水水位见表2-26。虽然这些观测孔观测时间较短，且限于观测孔位的离散性和缺乏系统性，但也可以反映出近年来苕溪古河道区域承压水水位动态变化的总体规律。

苕溪古河道承压水水位观测情况 表2-26

观测区	观测孔号	观测时间	孔口高程（m）	水位埋深（m）	水位高程（m）
仓前车辆段出入段线	CG041	2019.7	2.73	0.92	1.81
苕溪站	CG1	2019.7	3.45	1.63	1.82
笤杭区间	CG97	2019.7	4.25	1.85	2.40
海创园站	Z63	2019.4	4.27	4.63	-0.36
				4.44	-0.17
西溪湿地北站	CKZ5	2019.4	3.41	4.48	-1.07
西文区间风井3区间	JD6	2019.8	4.05	6.18	-2.13
	JD7	2019.8	4.05	6.11	-2.06

注：根据区域承压水长期观测资料，该区域承压水的年变幅约2m。

从表2-26及图2-2分析可知：

（1）苕溪古河道承压水水位的研究范围为-2.13～2.40m，平均值为0.33m，较20世纪末已有较大幅度上升。

（2）苕溪古河道承压水水位呈现出古河道中部略高、向南翼渐低的现象。这与勘察期及之前在古河道中部大规模开发刚刚开始，而南翼主城区开发建设频繁，深基坑承压水降排水时大量抽取地下水有关。

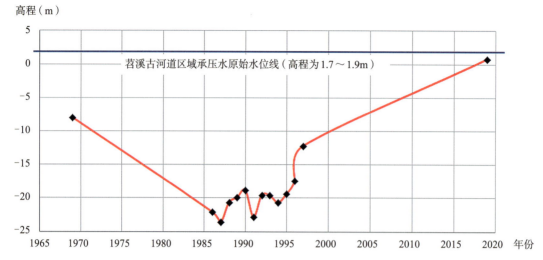

注：2019年承压水水位为表2-26中各工点的平均值（0.33m）。

图2-2　1969～2019年苕溪古河道区域承压水水位变化规律

由此，苕溪古河道平原区孔隙承压水总体上已接近原始水位高度，但局部因施工降排水等原因导致水位偏低，将造成其小范围在特定时间段内会有一定程度的下降。

3. 苕溪古河道区域承压水水位变化趋势预测

根据杭州市开发规划，今后苕溪古河道区域承压水水位变化趋势预计为：

（1）西溪湿地、古荡板块开发建设逐渐进入尾声，预计今后该区域承压水将呈现稳中渐升的趋势。

（2）杭州西站、未来科技城、老余杭、三墩北、双桥、良渚板块正处在大规模开发建设阶段，大多采用2～4层深基坑的高层建筑在基坑开挖期间将采用大规模的承压水降水措施，预计今后该区域承压水将会在小范围内出现一定程度的下降。

（3）随着城市的扩张，瓶窑、仓前北板块即将进入大规模开发建设，预计届时该区域承压水将会在小范围内出现一定程度的下降。

五、水文地质参数的确定

1. 承压水抽水试验方法

承压水抽水试验是通过在钻孔中抽水降低承压水水位来求得承压水含水层水文地质参数的一种原位测试方法。在杭州机场轨道快线工程仓前车辆段出入段线、苕溪站等工点勘察期间，采用承压水抽水试验能够准确有效地取得与基坑施工实际降深相对应的承压水含水层的综合渗透系数、影响半径和涌水量等水文地质参数。

根据$Q\text{-}S_W$关系曲线为抛物线型曲线的情况，选取《城市轨道交通岩土工程勘察规范》GB 50307—2012条文解释中第10.3.7条的公式计算影响半径，公式如下：

$$\lg R = \frac{S_1 \lg r_2 - S_2 \lg r_1}{S_1 - S_2}$$

式中：R 为影响半径（m）；r_1、r_2 为观测孔至主孔的距离（m）；S_1、S_2 为抽水后观测孔水头的下降值（m）。

根据《水利水电工程钻孔抽水试验规程》SL 320—2005 计算渗透系数 [按承压含水层完整井（井壁进水）]，公式如下：

$$K = \frac{0.366Q}{M(S_1 - S_2)}(\lg r_2 - \lg r_1)$$

式中：Q 为抽水井出水量（m³）；K 为含水层渗透系数（m/d）；r_1、r_2 为观测孔至主孔的距离；S_1、S_2 为抽水后观测孔水头的下降值（m）；M 为承压水含水层厚度（m）。

2. 承压水抽水试验成果

在杭州机场轨道快线工程勘察期间，各进行了一组 3 次落程的带 2 个观测孔的承压水抽水试验。1 号观测孔、2 号观测孔距离主孔距离分别为 3m、9m。根据试验资料整理取得的场地承压含水层水文地质参数见表 2-27。

苕溪古河道承压水抽水试验成果表　　　　　　表 2-27

区域	试验段次	试验段土层及层厚	初始稳定水位埋深（m）	主孔降深（m）	观测孔 1 降深 S_1	观测孔 2 降深 S_2	稳定水量 Q（m³/d）	影响半径 R（m）	渗透系数 K（cm/s）	
仓前车辆段出入段线	1	⑫₄圆砾 3.9m ⑭₂砾砂 1.9m	1.08	9.93	7.45	5.91	321.32	189.55	4.22×10⁻³	3.77×10⁻³
	2			6.00	4.58	3.60	181.47	107.90	3.74×10⁻³	
	3			3.81	3.06	2.33	121.36	64.92	3.36×10⁻³	
苕溪站	1	⑫₄圆砾 6.5m ⑭₄圆砾 6.8m	1.45	1.63	1.31	1.03	187	48.30	1.00×10⁻²	1.00×10⁻²
	2			2.98	2.31	1.82	338	89.80	1.10×10⁻²	
	3			4.656	3.56	2.84	485	138.40	1.00×10⁻²	
海创园站	1	⑫₄圆砾 5.0m	4.63	5.05	—	—	156.4	140.67	8.98×10⁻³	8.49×10⁻³
	2			4.07			121.7	109.58	8.39×10⁻³	
	3			3.48			102.6	92.00	8.09×10⁻³	
	1	⑭₄圆砾 2.9m	4.44	5.85			183.8	221.55	1.66×10⁻²	1.29×10⁻²
	2			4.85			112.1	154.20	1.17×10⁻²	
	3			3.84			82.6	115.66	1.05×10⁻²	

注：1. 海创园站试验成果根据浙江省工程勘察院在杭州机场轨道快线工程海创园站勘察期间进行的承压水抽水试验取得，采用无观测孔的稳定流抽水试验，即定流量定降深法，将抽水井模拟为淹没滤水管井壁进水的完整井。水文地质参数利用《供水水文地质勘察规范》GB 50027—2001 式（8.2.1-3）及式（8.2.1-6）得出。

2. 由于⑬层粉质黏土为不连续分布状，古东苕溪河道的两大承压水含水层⑫层与⑭可视为一体。

由实验成果可知：苕溪古河道区域承压水含水层综合渗透系数为 $3.77×10^{-3} \sim 1.29×10^{-2}$ cm/s（相当于 3.3～11.1m/d），平均值为 $8.8×10^{-3}$ cm/s（相当于 7.6m/d），属强透水性土层。现场承压水抽水试验成果见图 2-3。

各工点抽水试验成果存在一定差异，计算所得的综合渗透系数偏小，这与⑫、⑭层粗颗粒之间填充有较多黏粒等细颗粒有一定的关系。本区域⑬层粉质黏土为不连续分布状，分布无规律，渗透性较小，也会导致含水层综合渗透系数偏小。

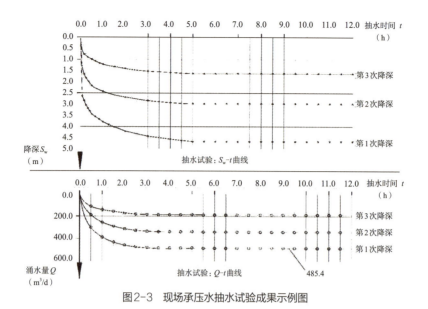

图2-3 现场承压水抽水试验成果示例图

六、苕溪古河道孔隙承压水对杭州机场轨道快线基坑工程的影响

当基坑下有承压水存在时，开挖基坑减小了含水层上覆不透水层的厚度，在厚度减小到一定程度时，基坑底板地层抗渗流稳定不足，存在突涌风险，威胁施工安全。

基坑底抗渗流稳定性可按《建筑地基基础设计规范》GB 50007—2011附录W式（W.0.1）进行验算。计算时抗渗流稳定性系数≥1.1不发生突涌，验算公式为：

$$\frac{\gamma_s(t+\Delta t)}{P_w} \geqslant 1.1$$

式中：γ_s为透水层以上土的饱和重度（kN/m³）；$t+\Delta t$为透水层顶面距基坑底面的深度（m）；P_w为含水层水压力（kPa），水的重度取10kN/m³。

杭州机场轨道快线工程仓前车辆段出入段线、苕溪站、海创园站、西溪湿地北站等工点对基坑抗突涌稳定性的估算结果见表2-28。

各工点对基坑抗突涌稳定性的估算结果　　　表2-28

区域	基坑挖深	抗突涌稳定性估算结果
仓前车辆段出入段线	基坑挖深0～13.4m，预估基坑底高程最深为-11.13m	开挖深度小于10.04m，地层条件能满足承压水抗渗流稳定要求，可不考虑基坑突涌的可能性；大于10m的区段需考虑基底突涌的可能性
苕溪站	地下二层，主体开挖深度约为17.55m，端头井开挖深度为18.70～20.26m，附属结构开挖深度为10～11m	主体基坑和附属基坑均不能满足抗渗流稳定要求，故需要隔断承压水或降低承压水水头
海创园站	地下二～三层车站，车站主体部分开挖深度为16.9～28.6m，附属结构基坑开挖深度为8.0～10.0m	车站出入口、风道等附属结构承压水不发生基坑底突涌；在主体结构及端头井基坑开挖过程中会发生基坑突涌，可造成基坑围护结构失稳

续表

区域	基坑挖深	抗突涌稳定性估算结果
西溪湿地北站	地下二～三层车站，车站主体部分开挖深度为16.0～27.65m，附属结构基坑开挖深度为10.5～18.0m	车站出入口、风道等附属结构承压水不发生基坑坑底突涌；在主体结构及端头井基坑开挖过程中会发生基坑突涌，可造成基坑围护结构失稳

场地内的承压水蕴藏量非常丰富，且承压水含水层土层的渗透性很大，拟建基坑面积较大，采用纯降低承压水水头法基本不可行，建议采取相应的隔断承压水措施（如地下连续墙），并设置坑内降水措施以确保基坑安全。同时在施工初期设置承压水观测井，以便监测承压水水位变化。

七、结论与建议

（1）苕溪古河道中冲洪积形成的砂砾层是承压水存贮的含水层。杭州机场轨道快线工程仓前车辆段出入段线、苕溪站、苕杭区间、海创园站、西溪湿地北站、西文区间风井3区间等站点均处于苕溪古河道平原区，砂砾层中赋存的承压水对地下工程的建设有着不可忽视的影响。

（2）杭嘉湖平原曾遭受的海侵使得苕溪古河道平原区形成了现在微咸～咸的承压水。在天然条件下，承压水径流缓慢，地下水补给、径流、排泄条件均较差。苕溪古河道平原区孔隙承压水总体上已接近原始水位高度，但局部因施工降排水等原因导致水位偏低，甚至小范围内在特定时间段内会有一定程度的下降。根据承压水抽水试验成果，苕溪古河道区域承压水含水层属强透水性土层。

（3）苕溪古河道区域承压水对钻孔桩施工会有一定的影响。基坑开挖时承压水的水头高，基坑底板地层抗渗流稳定性不足，存在突涌风险，威胁施工安全。杭州机场轨道快线工程仓前车辆段出入段线、苕溪站、海创园站、西溪湿地北站等工点在基坑开挖过程中将会产生坑底突涌，采用单纯降低承压水水头法效果较差、费用较高，建议采用相应的隔断承压水措施（如地下连续墙），并设置坑内降水措施以确保基坑安全。

第三节
地下车站抗浮设防水位研究（以萧山区段为例）

一、概述

抗浮设防水位的确定是抗浮设计的重点，在勘察设计过程中提出适宜的抗浮设防水位对工程的安全有着十分重要的影响。杭州机场轨道快线穿越城市多个水文地质单元及分区，且地铁建成后将不同程度地改变区域水文地质环境及地下水赋存、运移条件，这使抗浮设防水位的确定更为复杂。

杭州萧山地区（御道站～萧山国际机场站）属于亚热带季风性气候，在丰水期短时间降水量较大，地表径流来不及排泄，地下构筑物受到的浮力荷载大小存在明显的波动性，加大了地下车站抗浮工程的风险。本节主要对杭州机场轨道快线萧山区段中三个工点的地下水位变化情况进行研究,并结合勘察期间进行的水文地质观测成果和萧山地区不同时间段降水量的变化,采用动态曲线拟合法对该工程地区抗浮设计水位的合理取值技术问题进行研究,总结出适用于杭州机场轨道快线萧山区段工程的抗浮设防水位,并为后续类似工程的设计施工提供相关依据。本节研究的主要范围为知行路站、知行路站～萧山国际机场站区间及其中的区间风井,整体区间长度约10.6km。

二、工程地质条件和水文地质条件

1. 自然地理及气象条件

萧山区位于杭嘉湖平原与浙西山区交会处的浙北平原地区,钱塘江下游,京杭运河南端。

据萧山区气象局资料,萧山区境内属中亚热带向北亚热带过渡的季风气候,具有温和湿润、雨量充沛、光照充足、冬冷夏热、四季分明的气候特色。萧山区春季一般始于3月,低温多雨,冷暖起伏,天气多变;夏季始于5月下旬至6月初,前期梅雨季节,闷热潮湿多暴雨,后期出梅,晴热少雨多高温;秋季始于9月下旬至10月初,前期晴暖多雨,后期秋高气爽;冬季寒冷干燥。区境内地势西高东低,温度、雨量等气象要素时空分布不均,立体气候较明显。

2. 水文地质条件

工程沿线水系发育,主要为钱塘江及其支流,均属钱塘江水系。钱塘江是浙江省第一河流,其发源于安徽休宁县境内的怀玉山主峰六股尖,在浙江省海盐县澉浦注入杭州湾,干流长度668km,流域面积达55558km^2,汇水面积达3.13万km^2。其洪汛受梅汛控制,汛期时,江水面暴涨。据富春江芦茨水文站资料,钱塘江径流有明显的年际和年内变化,多年平均流量为952m^3/s,实测最大洪峰流量达29000m^3/s(1955年),最小流量15.4m^3/s(1934年)。

沿线主要穿越的河流有九号坝直河、大治河、光明直河、后解放河(农丰河)等(表2-29)。这些沿线内陆河流河水流速缓慢,水位、流量主要受季节和大气降水控制。河水深度一般在1.0～2.0m。现状流速通常小于2m/min。

沿线地表河流一览表　　　　表2-29

序号	河名	相交处河宽	淤填土厚度(m)	河底高程(m)	与本工程的关系
1	九号坝直河	约22m	0.20～0.50	2.17～2.85	盾构区间斜下穿该河
2	大治河	约42m	0.10～0.30	1.35～3.37	盾构区间正下穿该河
3	光明直河	约30m	0.10～0.40	1.61～2.22	盾构区间斜下穿该河
4	后解放河(农丰河)	约20m	0.10～0.50	2.43～3.69	盾构区间斜下穿该河

上述河流均属城市内河,各河流相互连通。各河道坡度很小,河流水流缓慢,属淤积型河道。河道两岸一般采用浆砌块石护坡,局部岸坡平缓处为天然土质岸坡。

场地地下水因含水介质、水动力特征及其赋存条件的不同,其补、径、排作用和水化学特征均不同。根据钻探揭露,勘探深度范围内地下水类型主要可分为松散岩类孔隙潜水(以下简称"潜水")、松散岩类孔隙承压水(以下简称"承压水")和基岩裂隙水。

潜水主要赋存于浅（中）部填土层、粉（砂）性土中。详勘测得潜水初见水位埋深为地面下0.50～2.00m，相当于85国家高程3.82～5.51m；潜水稳定水位埋深为地面下0.60～2.10m，相当于85国家高程3.72～5.41m。潜水主要受大气降水与地下同层侧向径流补给，以竖向蒸发及地下同层侧向径流的方式排泄，并随季节性变化，自然历史条件下，年水位变幅为1.0～1.5m。

拟建场地承压水主要分布于下部的⑩层、⑫层及⑭层砂砾层中，各承压含水层相互连通，可视为同一承压含水层组。该层承压水埋深较深，隔水顶板埋深在地面以下45.0～49.5m，隔水层厚度为25.0～30.0m。根据抽水试验成果显示，承压水混合水头埋深为7.09m，相当于85国家高程-1.00m。

3. 工程地质条件

根据《知行路站详勘报告》K2018-069-01、《知行路站～萧山国际机场站区间》K2018-069C-02，各层的层顶高程、层底埋深、分层厚度见表2-30。

各岩土层高程、埋深及厚度一览表　　表2-30

层号	岩土名称	分层厚度（m）	层顶高程（m）	层底埋深（m）
①$_1$	杂填土	0.30～5.30	5.00～7.42	0.30～5.30
①$_2$	素填土	0.30～4.10	3.10～8.65	0.30～4.10
①$_3$	淤填土	0.30～0.90	1.61～4.43	2.30～2.90
②$_4$	砂质粉土	2.40～11.10	1.11～6.22	5.10～11.80
③$_3$	砂质粉土夹粉砂	0.90～5.90	-5.89～0.91	7.80～14.70
③$_5$	粉砂	0.90～9.70	-7.90～-3.56	12.10～21.50
③$_7$	砂质粉土夹淤泥质粉质黏土	0.40～8.20	-14.76～-6.41	14.60～27.80
③$_8$	粉砂	3.90～9.60	-15.67～-10.29	22.00～28.40
⑥$_1$	淤泥质黏土夹粉土	1.10～16.00	-21.04～-6.37	26.10～31.50
⑥$_3$	淤泥质黏土夹粉土	3.20～17.90	-23.08～-20.85	31.10～45.70
⑧$_{21}$	粉质黏土夹粉砂	2.60～15.70	-39.62～-25.41	36.20～50.70
⑨$_2$	粉质黏土	0.60～5.20	-43.50～-36.63	46.00～50.10
⑩$_{21}$	含砂粉质黏土	1.30～10.40	-44.19～-36.95	46.80～55.90
⑩$_3$	粉砂	0.20～15.70	-46.92～-28.99	46.00～55.30
⑩$_4$	圆砾	1.20～6.00	-46.88～-40.17	48.00～54.70
⑪$_{21}$	含砂粉质黏土	0.80～7.30	-46.84～-40.89	49.30～55.50
⑫$_1$	粉砂	0.40～3.40	-45.54～-41.14	48.70～54.00
⑫$_4$	圆砾	0.30～19.20	-55.47～-43.00	53.00～71.00
⑫$_2$	粉砂	0.80～2.50	-54.67～-52.48	61.10～61.50
⑬$_2$	粉质黏土	1.30～13.20	-61.74～-52.70	64.50～73.30
⑭$_1$	粉砂	1.50～7.40	-65.69～-60.00	73.00～74.10
⑭$_2$	中砂	1.10～8.10	-60.20～-57.44	64.50～73.80
⑭$_4$	圆砾	1.30～10.50	-68.60～-56.85	70.00～81.50
㉒$_1$	全风化凝灰岩	1.30～2.00	-73.01～-72.57	80.00～81.00
㉒$_2$	强风化凝灰岩	未揭穿	-74.74～-73.39	未揭穿

三、水位观测值及理论分析预测

1. 水位观测值

对知行路站、知行路站～萧山国际机场区间6号、7号区间风井处进行水文地质试验（测试孔号为CK-JTKG-Z50，CK-JTKG-D52，XK-JTKG-Z222），及潜水水位观测。水位观测流程见图2-4。

图2-4 水位观测流程

2019年5月至2020年4月知行路站、知行路站～萧山国际机场站区间6号、7号风井水位检测数据见表2-31。

三个工点的水位观测值　　表2-31

月份	知行路站水位高程（m）	知行路站～萧山国际机场站6号风井水位高程（m）	知行路站～萧山国际机场站7号风井水位高程（m）
5	5.74	5.88	6.01
6	6.21	6.15	6.20
7	6.02	6.05	6.02
8	6.02	6.10	6.12
9	6.01	6.02	6.17
10	5.75	5.84	5.87
11	5.72	5.86	5.78
12	5.65	5.84	5.75
1	5.62	5.75	5.75
2	5.34	5.80	5.82
3	5.84	5.95	6.00
4	5.82	6.02	6.02

从观测数据可以发现知行路站与知行路站～萧山国际机场站区间7号风井由于距离现状地表河流较远，地下水补给及径流受降水等气候条件影响较大，地下水水位变化幅度也较大（约0.9m）。知行路站～萧山国际机场站区间6号风井由于距离现状大治河较近（直线距离约400m，河水水位受上下游闸门控制），地下水水头补给受地表径流影响，所以水位变化较小（约0.4m）。实际观测结果符合理论预测。

2. 萧山区月平均降水量情况

根据杭州气象局发布的数据，2018～2020年萧山区基本气候情况见表2-32和图2-5。

从数据可以看出，萧山地区降水主要集中在3～9月，其中以6月降水量为最高值，12月为最低值。整体雨量呈周期性变化，降水量年均变化较小。

2018～2020年萧山区基本气候情况表　　　　　　　　　　　　　　　　　　　表2-32

	1月	2月	3月	4月	5月	6月	7月	8月	9月	10月	11月	12月
平均温度（℃）	4.3	5.6	9.5	15.8	20.7	24.3	28.4	27.9	23.4	18.3	12.4	6.8
平均降水量（mm）	73.2	84.2	138.2	126.6	146.6	231.1	159.4	155.8	145.2	87.0	60.1	47.1
降水天数	12.4	12.3	16.3	15.2	14.6	15.2	13.0	13.6	12.6	10.0	8.6	8.1
平均风速（m/s）	2.3	2.3	2.4	2.4	2.3	2.3	2.5	2.5	2.3	2.2	2.1	2.2

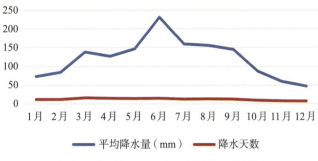

图2-5　2018～2020年萧山区降水情况曲线

3.动态数值拟合及理论预测分析

采用动态数值曲线模拟法对2019年4月～2020年5月的降水量进行统计，结果见表2-33～表2-35及图2-6～图2-8。

知行路站降水量与地下水位关系动态拟合曲线　　　　　　　　　　　　　　表2-33

水位高程（m）	5.74	6.21	6.02	6.02	6.01	5.75	5.72	5.65	5.62	5.34	5.84	5.82
降水量（mm）	146.6	231.1	159.4	155.8	145.2	87	60.1	47.1	73.2	84.2	138.2	126.6

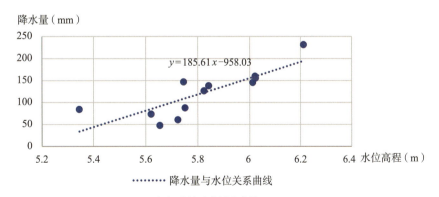

图2-6　知行路站动态拟合曲线

知行路站～萧山国际机场站区间6号风井降水量与地下水位关系动态拟合曲线　　　表2-34

水位高程（m）	5.88	6.15	6.05	6.10	6.02	5.84	5.86	5.84	5.75	5.80	5.95	6.02
降水量（mm）	146.6	231.1	159.4	155.8	145.2	87	60.1	47.1	73.2	84.2	138.2	126.6

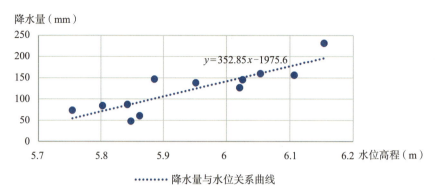

图2-7 知行路站～萧山国际机场站区间6号风井动态拟合曲线

知行路站～萧山国际机场站区间7号风井降水量与地下水位关系动态拟合曲线　　　　表2-35

水位高程（m）	6.01	6.20	6.02	6.12	6.17	5.87	5.78	5.75	5.75	5.82	6.00	6.02
降水量（mm）	146.6	231.1	159.4	155.8	145.2	87	60.1	47.1	73.2	84.2	138.2	126.6

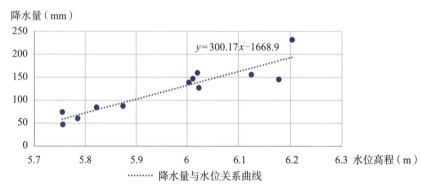

图2-8 知行路站～萧山国际机场站区间7号风井动态拟合曲线

由上述曲线可以看出地下水位与降水量呈明显的线性相关关系，通过动态数值模拟后，根据拟合函数可根据往年的降水数据推导计算出同时期的地下水位，这样便取得了往年的大致地下水位资料。基于这些地下水位资料，可以有效地进行后续的研究，特别是针对杭州机场轨道快线的抗浮设防水位变化规律，有着重要的参考意义。

值得注意的是，由于后续理论计算中涉及的是经拟合函数计算得出的地下水位而不是实测值，所以并不十分精确，难免存在误差。且因为监测期较短（仅一个水文年），地下水位观测间隔时间长，最长一次观测间隔长达7d甚至更久；观测期时跨冬季枯水期，又遇上寒流，最低气温达零下几度，可能对降水补给地下水造成影响；降水入渗补给地下水存在时间上的延后性；再者，虽然降水为影响地下水位的重要因素之一，但是由于各种原因，研究本局部区域的诸如蒸发量等其他参数并没有准确资料，所以仅以降水推测地下水位存在一定误差，也导致个别时间点拟合出的函数的相关性不是很好，存在一定的离散型。

四、抗浮设防水位的理论计算与实际设计值的比较

通过查阅大量资料和分析研究，并结合《建筑工程抗浮技术标准》JGJ 476—2019第5.3.3条建议

的取值方式，利用以下公式计算抗浮设防水位：

$$W_{Ld} = W_{Lmax} \pm \Delta W_L$$

式中：W_{Ld}为设计标准下的地下水位（即抗浮设防水位）(m)；W_{Lmax}为现状条件（勘察期所在水文年）地下水位最大值(m)；ΔW_L为设计标准情况下由于降水量增加而引起的地下水位上升增幅(m)。

地下水位上升增幅，可采用下列公式计算：

$$\Delta W_L = \Delta W_{LP-1\%} - \Delta W_{LP}$$

式中：$\Delta W_{LP-1\%}$为设计标准情况下的地下水位上升幅度(m)；ΔW_{LP}为勘察年份地下水位上升幅度(m)。

其中ΔW_{Lmax}应采用勘察期间的最高地下水位，且观测期一般应为一个水文年或至少包括一个水文年中出现最高地下水位的时期。杭州地区每年的最大降水出现在6～8月，最大地下水位一般也出现在同时期。利用上述公式并结合动态拟合曲线，可以计算出各工点的理论抗浮设防水位值，并与实际设计施工取值进行比较，见表2-36。

抗浮设防水位理论值和实际设计施工取值的比较　　　　表2-36

工点名称	抗浮设防水位理论值（m）	实际设计施工取值（m）
知行路站	6.33	6.24
知行路站～萧山国际机场站区间6号风井	6.32	6.24
知行路站～萧山国际机场站区间7号风井	6.36	6.44

五、总结与建议

（1）经过理论分析计算，杭州机场轨道快线知行路站、知行路站～萧山国际机场站区间6号风井、知行路站～萧山国际机场站区间7号风井的抗浮设防水位理论计算值为6.33m、6.32m和6.36m，与实际设计施工所用的数值相差仅1.5%，工程抗浮安全可靠。

（2）杭州萧山冲海积地貌区域，水文地质条件和工程地质条件基本相近，且多年平均降水量变化不大，在地下工程设计施工时可考虑采用上述动态曲线拟合法进行抗浮设防水位的计算。值得注意的是，抗浮设防水位受影响因素较多，如周边道路高程、高景观堆土、邻近的地表径流等均会造成地下水补径排条件变化，在实际确定过程中应综合考虑，确保工程抗浮安全。

第四节
地下浅层沼气分布规律及工程处理措施

一、概述

杭州地铁前三期线路总里程516km，其中软土区地下隧道区间均采用盾构掘进施工，地下沼气主要分布在钱塘江内、钱塘江南岸滨江区及大江以东部分区域。江北岸沼气呈零星分布，沼气最大压力可达 0.43～1.0MPa，对盾构施工危害较大。浅层沼气是地铁隧道盾构机掘进过程中遇到的地质风险之一，当盾构隧道推进作业时，高压力会使地下沼气从盾构机螺旋机口或盾尾突然释放，可能会造成沼气和地下水、流砂混合物喷涌进入盾构机舱内，造成下伏土层失稳，使已建好的隧道管片产生位移、断裂，甚至造成施工人员中毒或沼气遇明火爆炸等事故发生，危及人身安全，造成无可挽回的重大经济损失。

本节主要对杭州机场轨道快线地下岩土层和沼气分布规律、沼气专项探测方法、沼气的有控放气及盾构施工沼气应对措施等方面进行探讨。

二、沼气的形成条件和物理性质

杭州地区全新世以来钱塘江经历了早期河流相沉积、中期海水覆盖、晚期河口湾形成、萎缩和湖沼发育等过程，沉积了厚度20～30m的④、⑥大层灰色～灰黑色的淤泥质粉质黏土层，有机碳含量一般为0.4%～0.8%，大量的有机物被细菌分解后生成了甲烷有害气体，其形成过程可用下式表示：

$$\text{有机物} + \text{厌氧细菌} \xrightarrow{\text{一定温度和压力}} CH_4 + CO_2 + H_2O$$

地下浅层气形成要有三个必要条件：一是气源层要有丰富的有机物；二是场地一定范围内要有稳定的相对密闭的覆盖层；三是场地有相对稳定的储存空间。滨海相淤泥质粉质黏土层富含腐殖质、植物等有机质，是良好的"气源层"，同时又是良好的"盖层"，即淤泥质土既生成沼气又具有自封闭能力。但由于地层结构的多样性、地下气体运移、储藏条件的复杂性，使淤泥质土中地下浅层沼气的分布呈囊状、蜂窝状等不规则形状。本线路沼气气压特点：淤泥质土中一般气压0.01～0.08MPa，局部最大气压可达0.15MPa。当生成的气体不时向周围⑥$_3$层粉砂或圆砾层孔隙较大的地层运移时，该层是良好的"储气层"，气压也会较大，在文三路站～西溪湿地北站区间位于紫之隧道与登新公寓之间地带沼气最大气压达1.0MPa，沼气携带水柱喷发高度约30m。浅层沼气主要成分是甲烷（CH_4），约占总体积70%，是可燃性气体；其次为二氧化碳（CO_2）、氮气（N_2）等。甲烷在常温下是一种无色无味无毒的气体，引燃温度为538℃，甲烷与氧气结合遇明火有燃烧爆炸的危险。其爆炸浓度范围为5.3%～15%，遇明火会爆炸，当空气中甲烷含量达25%以上时可引起头晕甚至窒息死亡。

三、岩土层和沼气分布

1. 沉积地貌单元分区

杭州市分为两个地质沉积地貌单位，即Ⅰ区钱塘江冲海积平原与Ⅱ区滨海相沉积平原，分区界线以打铁关～湖滨～乔司～临平呈NE向为界，分界线的东南面为Ⅰ区，主要包含钱塘江南北两岸、滨江及大江东区块；分界线的西北面为Ⅱ区，主要位于杭州市中心一带及西北区块，现分述如下：

（1）Ⅰ区钱塘江冲海积平原：上部约20m为钱塘江冲积相富水的③$_2$～③$_7$层砂质粉土、粉砂；其下为厚层④$_1$+④$_2$+⑥$_1$+⑥$_2$层高压缩性饱和淤泥质软土，工程性能差。④$_1$+④$_2$+⑥$_1$+⑥$_2$层淤泥质土+⑥$_3$层粉砂为沼气含气层，尤其⑥$_3$层粉砂气压较大。

（2）Ⅱ区滨海相沉积平原：地面下均为④$_1$+④$_2$+⑥$_1$+⑥$_2$+⑧$_1$层深厚滨海相淤泥质软土+⑧$_2$层软塑粉质黏土，其力学性能类似于宁波和上海的软土地层，工程性能差，累计厚度可达25～35m，均为沼气含气层。局部地段分布有⑧$_3$层粉砂时，往往沼气压力较大。

2. 地基土的构成与特征

盾构隧道掘进施工影响范围内土层见表2-37。

杭州地铁岩土层分布一览表　　　表2-37

时代及成因	层号	土名	颜色	状态	特　征
mlQ$_4$	①	杂填土	杂色	松散	无沼气
	②	粉质黏土	灰～灰黄色	软塑	
	③$_2$	砂质粉土	灰～灰黄色	稍密	
	③$_3$	砂质粉土	灰色	中密	
	③$_4$	砂质粉土	灰色	稍密	
	③$_5$	砂质粉土	灰色	稍密	
	③$_6$	粉砂夹砂质粉土	灰色	中密	
	③$_7$	粉砂夹淤泥质土	灰色	稍密	沼气含气层，尤其以⑥$_3$、⑧$_3$粉砂土中气压更大
mQ$_4^2$第一软土层	④$_1$	淤泥质黏土	灰色	流塑	
	④$_2$	淤泥质粉质黏土	灰色	流塑	
mQ$_4^1$第二软土层	⑥$_1$	淤泥质粉质黏土	灰色	流塑	
	⑥$_2$	淤泥质粉质黏土	灰色	流塑	
	⑥$_3$	粉砂	灰色	中密	
lQ$_3^2$	⑧$_1$	灰色淤泥质黏土	褐灰色	流塑	
	⑧$_2$	灰色粉质黏土	灰～青灰色	软塑	
	⑧$_3$	灰色粉砂	灰～青灰色	中密	
al-lQ$_3^2$	⑨$_2$	粉质黏土	灰黄色	硬可塑	无沼气

四、含沼气层地层组合

浅层沼气分布地层组合有以下两种：①含有机质的淤泥质土；②含有机质的淤泥质土+⑥$_3$或⑧$_3$层粉土、粉砂，其中淤泥质土为气源层，淤泥质土及粉土、粉砂为储气层。当淤泥质土中有机质含量越高，分布于淤泥质土中间透镜体状粉土、粉砂或紧接其下的粉土、砂土层厚度越厚，砂土中沼气压力可能越大。杭州地铁7号线盈中车辆段最大实测沼气压力高达1MPa以上。从沼气分布层位统计分析来看，杭州机场轨道快线地下沼气主要贮存于④$_2$+⑥$_1$+⑥$_2$+⑧$_1$层淤泥质粉质黏土、⑥$_3$层粉砂层中，含气层深度主要分布范围14～42m。

图2-9、图2-10分别为杭州机场轨道快线西湖文化广场站～火车东站站区间、知行路站～萧山国际机场站线路沼气分布层位（紫红色斜线范围）的地质剖面示意图，沼气分布特征见表2-38。

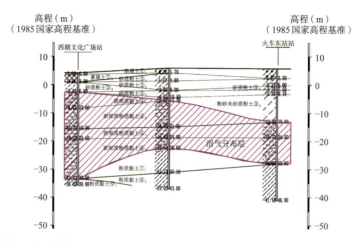

图2-9 杭州机场轨道快线西湖文化广场~火车东站地质剖面示意图及沼气分布层位(尺寸单位:m)

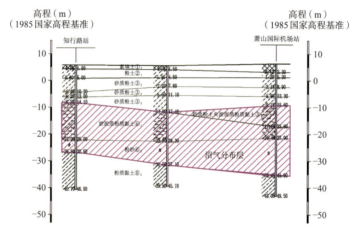

图2-10 杭州机场轨道快线知行路站~萧山国际机场站地质剖面示意图及沼气分布层位(尺寸单位:m)

沼气分布特征表　　　　　　　　　　　　　　　　表2-38

位　置	深度范围(m)	钻孔喷发情况	实测压力大小(MPa)
文三路站~西溪湿地北站区间	0~25	水柱高约30m,喷发1.5d	0.01~1.0
西湖文化广场站~火车东站区间	6.8~37.5	—	0.05~0.08
杭甬高速合建段~知行路站	16~32	—	0.01~0.15
知行路站~萧山国际机场站区间	14.1~41.9	—	0.01~0.07

五、沼气专项探测方法

1.探测手段

沼气专项勘察采用单孔探测,利用静力触探设备及自主研发的沼气探测仪,实测各探测孔浅层沼气的顶、底板埋深及压力、流量,探测原理见图2-11。

2.探测孔间距及孔深

地下沼气探测孔尽可能与原详勘钻孔孔位错开,并在隧道结构线两侧边线外3m处布置,孔间距按"之"字形投影间距50~75m布置,隧道左、右线单侧孔间距100~150m。当揭露有地下沼气时,

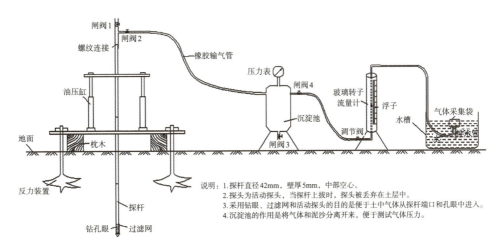

图2-11 浅层气体勘探测试仪示意图

再进行探测孔加密探测,较准确地圈出沼气的平面分布范围。探测孔孔深揭穿含沼气土层,探测孔深揭穿淤泥质土软土层,孔深一般为40~45m。

3. 探测方法及成果资料

(1)含气层顶板、底板埋深及压力、流量的确定

用静力触探设备将空心探杆压至预计的沼气含气层以下的预定深度,然后缓慢将探杆向上提起,沼气会从探头底部的预留孔眼进入探杆中,若有气体溢出,则该深度为沼气含气层底板深度,并实测压力和流量。继续上拔过程中沼气充分释放,当发现探杆顶部无气体喷出时,随即采用空压机向探杆内压入0.5MPa空气以疏通探杆底部的通气孔,若停止压气后仍无沼气从探杆逸出,则该深度判定为沼气层顶板深度。

(2)成果资料绘制

单孔探测出沼气的压力、流量、分布深度后,绘制出浅层沼气压力平面分布图、浅层气体地质纵断面分布图,为设计沼气释放孔布置提供依据。

六、浅层沼气有控放气

为减少盾构穿越过程中可能出现螺旋机口瞬间喷涌和盾构机内沼气含量剧增等不利工况,可以采用静探探杆单孔放气法对沼气分布区提前释放等措施。该方法的优点是通过阀门控制沼气从探杆中缓慢逸出,以减少对土体的扰动程度,杭州地区均采用该工法且效果较好,放气方法如下:

1. 沼气释放控制原则

(1)考虑到沼气释放会对淤泥质软土产生较大扰动,且会导致盾构掘进时地面沉降和隧道沉降过大,盾构机掘进姿态不易控制,也容易"磕头"。按类似经验,确定沼气提前放气时间为隧道盾构掘进穿越施工前2~3个月,最少不宜小于1个月。

(2)有控均匀放气原则:为减少淤泥质土和砂土层扰动,减少盾构掘进时的隧道沉降,有害气体释放时,需通过阀门开关控制沼气缓慢从探杆逸出均匀放气,以气体中不带出泥沙为控制标准。

(3)安全性原则:注重防火、防喷措施,配备瓦斯报警仪、警示灯、警示服等,加大通风等措

施，确保人员、设备、航道等安全。

（4）排放终孔标准：排放后沼气实测压力小于0.05MPa，流量小于1.5m³/h。

（5）加密放气孔标准：当含气层顶板位于隧道底板10m范围内，排放过程中实测气压大于0.2MPa且持续排放24h以上时，需对排放孔进行内插加密。

2. 放气孔间距及孔深

按类似经验，沼气分布于淤泥质土、粉土粉砂区时，单孔沼气释放孔的影响范围大约分别为半径10m、15m的圆形区域，因此放气孔应在隧道两侧投影间距10～15m处呈"之"字形布置，隧道单侧孔间距20～30m。放气孔深度需揭穿含气层底板深度至不含气土层，以完全释放为原则，减少沼气对隧道运营的影响。地下沼气放气孔一般距离隧道边线外3m，放气孔施工顺序为隧道两侧同方向交错进行，见图2-12。

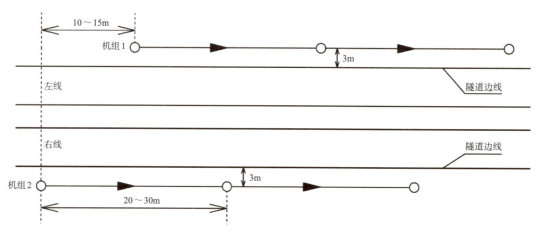

图2-12　放气施工顺序示意图（圆圈表示放气孔）

3. 单孔放气施工步骤

沼气单孔放气的方法与沼气专项勘察时的探测方法相同。放气时先将探杆压至沼气含气层底部，然后逐步缓慢上拔，让沼气从空心探杆中逐渐释放。过程中若气压较大，可通过调节减压阀及出气口阀门以防止喷发泥沙，放气结束后需使用水泥浆封孔。尤其在钱塘江中更要做好封孔工作，防止江中联络通道因钱塘江潮汐作用通过沼气释放孔使地下水流速过大造成冷冻法无法冻结圆砾层，同时也要避免盾构机掘进时渣土改良泡沫剂通过沼气释放孔冒出钱塘江水面。若放气孔周边存在需保护的重要管线和建筑物时，建议布置相应的地面沉降观测点。沼气释放照片见图2-13、图2-14。

七、盾构施工沼气应对措施

浅层沼气对盾构掘进影响大，至少需提前1个月进行地面单孔静力触探，并利用探测仪排放至实测压力0.05MPa以下。采用"之"字形单侧10～15m投影孔间距进行有控放气，放气孔深度应揭穿含气土层至不含气土层，这是确保沼气浓度降低至要求范围以下的有效技术措施。盾构掘进前应对盾构机进行针对沼气的选型设计，同时加强盾构螺旋机口的固定式有害气体报警仪监测、强通风、盾尾油脂密封与管片拼装质量。沼气强发育区可增加盾构机内电器设备防爆装置，并进行隧道内沼

图2-13 陆地放气（沼气+水喷发）　　图2-14 钱塘江过江隧道放气

气浓度监测等施工辅助措施。为进一步确保施工安全，针对盾构掘进工艺和盾构机可采取沼气监测、隧道通风、明火控制、注浆充填等"多重保险"措施。

1. 沼气浓度监测

（1）盾构施工时加强对洞内沼气、CO等有害气体的监测。在盾构机螺旋输送机出土口、电器设备较多的盾构车架、盾尾等重要部位设置固定式有害气体报警仪，可放置于隧道断面中部拱顶下25cm处。

（2）日常设安全员携带便携式不同品牌的沼气报警仪对作业区沼气易聚集处进行沼气浓度的检测，每工作班至少监测一次以上，并与自动检测数据进行复核比对，确保数据真实准确。

（3）当沼气报警时需立即关闭螺旋输送机闸门，停止盾构机掘进。全体人员立即佩戴准备好的防毒面具，除盾构机操作人员外其余人员全部先撤离，检查隧道内是否有明火，并加强隧道通风，待隧道内沼气浓度小于0.25%时，方可恢复盾构施工。

（4）施工过程中加强电焊等动火监护管理，进入隧道严禁带明火，敏感区域禁止吸烟等。

2. 加强隧道内通风

加强盾构机螺旋机口通风措施，根据气压大小采用$\phi 600 \sim \phi 1000$的送风管送风至隧道开挖面，压入式通风系统风量不小于900m³/min，隧道内回流风速不低于1m/s，通风管距离开挖面不宜大于15m，将隧道内沼气含量控制在0.3%以下，当隧道内沼气浓度较大时需提高通风流量及螺旋机口反向送风。

3. 盾构掘进施工措施

（1）螺旋机出土口防喷涌措施：盾构机掘进施工过程中若出现螺旋输送口喷涌、喷砂沼气溢出时，应立即关闭螺旋输送机的出土闸门，作业人员撤离到螺旋输送机的出土闸门20m范围外，带上防毒面具并进行沼气检测，加强通风。后续优先考虑在地面增加放气孔进行沼气释放，待沼气浓度在安全范围内恢复施工。

（2）加强盾尾密封：施工过程中随时补充盾尾进口优质油脂，沼气发育区油脂使用量建议增加50%～100%，以防范沼气通过盾尾进入隧道内。

（3）做好管片接缝拼装：进入含沼气地层后严格控制盾构姿态，防止大幅度纠偏，避免管片拼装错缝、错台或管片碎裂，同时每环复紧螺栓。

（4）掘进中的轴线控制：在含沼气地层盾构掘进时，盾构机周围可能存在大小不一的囊状沼气，当盾构机掘进时因沼气释放使周围土压力不均可能产生偏移，若沼气按一定孔间距释放后盾构机下方尚遗留较大气囊时，盾构机掘进通过时将可能产生磕头风险，故需严格控制盾构机在掘进过程中的姿态，必要时增加长管注浆对盾构机姿态注浆纠偏。

八、总结与建议

通过对杭州机场轨道快线沼气专项勘察和沼气排放处理经验，可以得出以下结论：

（1）杭州地铁地下沼气主要分布在钱塘江内及钱塘江两岸、滨江和大江东区块，浅层沼气地层组合：含有机质的淤泥质土或含有机质的淤泥质土+空隙较大的粉土、粉砂。沼气主要贮存于④$_2$+⑥$_1$+⑥$_2$+⑧$_1$层淤泥质粉质黏土，局部分布于⑥$_3$层粉砂层中，含气层深度主要分布范围为14~42m，沼气压力总体较小（一般为0.01~0.15MPa），局部最大气压达1.0MPa。

（2）浅层沼气对盾构掘进影响大，至少需提前1个月以上进行地面单孔静力触探测仪排放至实测压力0.05MPa以下，采用"之"字形单侧10~15m投影孔间距的有控放气，放气孔深度应揭穿含气土层至不含气土层，是确保沼气浓度降低至要求范围以下的有效技术措施。

（3）盾构掘进前应对盾构机进行针对沼气的选型设计，同时加强隧道螺旋机口的固定式有害气体报警仪监测、强通风、盾尾油脂密封与管片拼装质量控制，沼气强发育区可增加盾构机内电气设备防爆装置，以及隧道内沼气浓度监测等施工辅助措施。

第五节
西溪湿地区段深厚软土特性勘察

一、概述

杭州机场轨道快线工程全线贯穿杭州市南北两大地貌单元，从苕溪的湖沼积平原到钱塘江的冲海积平原，沿线地域均涉及深厚的软土地层。依据其埋深和分布对杭州机场轨道快线的影响程度可以看出，城西段的西溪湿地范围的软土层影响尤为明显，其埋深浅、厚度大和分布范围广为湖沼-海积地层的典型特点。本节以杭州机场轨道快线工程西溪湿地北站及相邻多个区间涉及的深厚软土层为重点研究对象，针对软土主要物理特性指标的差异，开展多种现场原位试验，分析施工中因软土造成的工程风险，验证该地区的软土特性，为软土地区盾构隧道及车站基坑工程的设计施工及决策提供参考。

二、软土的特性

软土是第四纪后期由地表流水所形成的沉积物质，一般是指天然含水量大、压缩性高、承载力低和抗剪强度很低的呈软塑～流塑状态的黏性土。软土是一类土的总称，并非指某一种特定的土，工程上常将软土细分为软黏性土、淤泥质土、淤泥、泥炭质土和泥炭等。在我国上海、天津、大连、连云港、杭州、福州、宁波、温州、广州、昆明等地区广泛分布着滨海、湖沼相软土。随着社会经济的迅速发展，软土地区城市基础设施建设面临着越来越多的工程问题，尤其是在东南沿海地区存在着不同程度的软土问题及其导致的其他地质灾害问题。

勘察软土的定义主要是指天然孔隙比大于或等于1.0且天然含水率大于液限的细粒土。软土的粒度成分主要为黏粒及粉粒，黏粒含量高达60%～70%。矿物成分除粉粒中的石英、长石、云母外，还有黏粒中的黏土矿物，主要是伊利石，高岭石次之。此外，软土中常有一定量的有机质，高达8%～9%，具有典型的海绵状或蜂窝状结构。软土常具有层理构造，软土和薄层的粉土、粉砂，富含腐殖质、贝壳、泥炭层等相互交替沉积，或呈透镜体相间形成性质复杂的土体，为赋存沼气提供结构空间。杭州机场轨道快线途经的西溪湿地区域涉及巨厚的软土层，其对设计施工过程的影响尤为突出，拟建场地分布厚层状软土，空间总体上呈北厚南薄，其具"灰色、流塑状为主、天然含水量大于液限、天然孔隙比大于1.0、高压缩性、低抗剪强度、低强度、中灵敏度、透水性差"等特点。主要涉及软土层④层、⑥层淤泥质土。

前期勘察报告西溪湿地北站及区间勘察软土描述及分布情况如下：

（1）④全新统中段湖沼—滨海相沉积层（mQ_4^2）。

（2）④$_1$淤泥质黏土：灰色，流塑，厚层状，含较多有机质斑点，土质不均匀，局部为淤泥，中灵敏度。无摇振反应，切面光滑，干强度高，韧性高。

（3）④$_2$淤泥质粉质黏土：灰色，流塑，厚层状，含少量有机质斑点，土质不均匀，局部为淤泥质黏土夹粉土，局部富集贝壳，中灵敏度。无摇振反应，切面较光滑，干强度中等，韧性中等。

（4）⑥全新统下段浅海相沉积层（mQ_4^1）。

（5）⑥$_1$淤泥质黏土：灰色，流塑，厚层状，土质不均匀，含有腐殖质和碳化物。切面光滑，干强度和韧性高，无摇振反应。局部为软塑的黏土或粉质黏土。

三、软土性状主要勘察测试方式和手段

常规通用的测试指标如软土的物理性质指标包括：基本物理性质指标、可塑性指标、密度指标、透水性指标、承载力指标等；软土的力学指标：压缩性、抗剪强度、侧压力系数和泊松比、无侧限抗压强度和灵敏度等；软土的动力特性指标：动弹性模量、阻尼比、动强度、抗液化强度、动孔隙水压力等。

软土室内试验规范基本要求：

（1）软土常规固结试验的加荷等级应根据软土的土性特征、自重压力和建筑物荷载确定，一般第

一级荷载宜为25kPa或50kPa，最后一级荷载一般不超过400kPa。

（2）应根据工程对变形计算的不同要求，测定软土的压缩性指标（压缩系数、压缩模量、先期固结压力、压缩指数、回弹指数和固结系数），可分别采用常规固结试验、高压固结试验等方法确定。

（3）对厚层高压缩性软土层，应测定次固结系数，用以计算由于次固结作用产生的沉降及其历时关系。

（4）软土的抗剪强度指标宜采用三轴剪切试验确定。三轴剪切试验方法应与工程要求一致。对土体可能发生大应变的工程，应测定残余抗剪强度。对饱和软土，试样应在有效自重压力下预固结后再进行试验。

（5）软土的无侧限抗压强度试验应采用I级土试样，并同时测定其灵敏度。

（6）有特殊要求时，应对软土进行蠕变试验，测定土的长期强度；当研究土对动荷载的反应，可进行动扭剪试验、动单剪试验或动三轴试验。

（7）有机质含量宜采用重铬酸钾容量法测定。

测试所得参数或对应多种组合的实际应用范围，因工程或工况不同采用不同指标。对应测试仪器设备均可直接测定或计算求得，存在误差主要由设备误差、人为操作误差及取样样品质量决定，比如软土地层实际采用薄壁取样器取样的市场模式下普及率低下，样品质量参差不齐，试验数据离散偏大。

适用于软土地层的原位测试方法主要包括：标准贯入试验、双桥静力触探、载荷试验、现场剪切试验、旁压试验、扁铲侧胀试验、波速试验、土动力参数测试等。目前软土勘察测试存在的问题，主要对软土特性把握存在不足，按规范和经验参数选用，勘探点布设精度不高，现场场地狭小取样试验开展工作量预计不足，原位测试数量有限，特殊试验离散度大，室内试验和原位测试指标匹配度差。

四、软土常规物性指标统计分析与应用

1. 取样和测试点的代表性

统计数据源于试验资料，试验样品源于采样。样品基本具有代表性，试验与操作方法正确，综合测试手段先进、方法得当、数据合理，具有较好的代表性，但因沉积环境较为复杂，造成地层岩性的不均一性及岩相的变化。

2. 试验和测试数据的正确性、可靠性

数据库输入初步筛选统计，各土层物理力学性质指标的变异系数普遍小于20%，属低变异性参数，力学性质指标除个别变异性较高外，一般变异系数低于30%，判定统计土质单元体划分是基本合理的，用数理统计方法求取的指标是准确、可靠的。人工筛查主要注意孔隙比小于1和液性指数I_L小于0.75的试验数据，筛查后统计数据会更接近原始状态。

3. 岩土物理力学性质指标的统计分析

根据勘察提供的地基土层划分情况，以上述软土④、⑥层土为统计单元，剔除个别明显不合理偏值后，进行物理力学性质指标的统计分析，统计表中给出的是各项指标的平均值、最大值、最小值、统计样本数、标准差和变异系数等（表2-39～表2-44）。

④₁淤泥质黏土层物理指标统计表　　　　　　　　　　　　　　　　　　　　　　　　　　　　　　表2-39

统计项目	天然含水量w（%）	质量密度ρ（g/cm³）	土粒比重G_s	饱和度S_r（%）	天然孔隙比e	液限w_L（%）	塑限w_P（%）	塑性指数I_P	液性指数I_L	有机质含量（%）
统计个数	380	380	380	380	380	380	380	380	380	32
最大值	65.6	1.88	2.76	100	1.660	60.5	30.8	30.1	1.99	10.19
最小值	34.2	1.63	2.72	88.3	1.003	30.3	17.3	11.7	0.75	4.31
平均值	45.8	1.80	2.70	97.2	1.282	41.3	23.1	18.2	1.26	6.8
标准差	5.81	0.06	0.01	2.85	0.16	5.07	2.45	2.76	0.24	1.24
变异系数	0.127	0.032	0.003	0.029	0.124	0.123	0.106	0.152	0.195	0.182

④₂淤泥质粉质黏土层物理指标统计表　　　　　　　　　　　　　　　　　　　　　　　　　　　表2-40

统计项目	天然含水量w（%）	质量密度ρ（g/cm³）	土粒比重G_s	饱和度S_r（%）	天然孔隙比e	液限w_L（%）	塑限w_P（%）	塑性指数I_P	液性指数I_L	有机质含量（%）
统计个数	321	324	324	324	324	324	324	324	324	17
最大值	56.8	1.90	2.76	100	1.544	53.6	29.2	24.7	2.26	7.88
最小值	34.9	1.66	2.72	80.5	1.003	28.3	17.0	11.3	0.75	3.95
平均值	42.8	1.80	2.70	96.3	1.200	37.8	21.7	16.1	1.30	5.6
标准差	4.663	0.050	0.009	3.003	0.131	4.464	2.062	2.578	0.237	0.955
变异系数	0.109	0.028	0.003	0.031	0.108	0.118	0.095	0.160	0.179	0.170

⑥₁淤泥质黏土层物理指标统计表　　　　　　　　　　　　　　　　　　　　　　　　　　　　　表2-41

统计项目	天然含水量w（%）	质量密度ρ（g/cm³）	土粒比重G_s	饱和度S_r（%）	天然孔隙比e	液限w_L（%）	塑限w_P（%）	塑性指数I_P	液性指数I_L	有机质含量（%）
统计个数	216	216	216	216	216	216	216	215	216	13
最大值	57.3	1.87	2.76	100	1.603	56.2	29.9	26.3	2.41	8.62
最小值	35.2	1.62	2.72	89.6	1.003	32.1	18.3	13.6	0.75	4.46
平均值	44.9	1.76	2.74	97.21	1.260	41.4	23.1	18.3	1.21	6.64
标准差	4.71	0.05	0.01	2.83	0.13	4.60	2.27	2.38	0.27	1.24
变异系数	0.105	0.030	0.003	0.029	0.107	0.111	0.098	0.130	0.192	0.186

④₁淤泥质黏土层力学指标统计表　　　　　　　　　　　　　　　　　　　　　　　　　　　　　表2-42

统计项目	压缩系数$\alpha_{0.1-0.2}$（1/MPa）	压缩模量$E_{s0.1-0.2}$（MPa）	固快		快剪		无侧限抗压强度			静止侧压力系数k_0
			黏聚力C_c（kPa）	内摩擦角ϕ_c（°）	黏聚力C_q（kPa）	内摩擦角ϕ_q（°）	原状q_u（kPa）	重塑q_u'（kPa）	灵敏度S_t	
统计个数	380	380	297	297	78	78	33	33	33	17
最大值	1.86	5.64	26.3	14.1	21.8	14	92.2	39	6.33	0.67
最小值	0.39	1.41	10.4	4.3	3.2	1.1	12	2.9	1.36	0.48
平均值	0.9	2.6	15.7	9.3	10.6	4.7	30.1	10.5	3.5	0.60
标准差	0.22	0.52	2.72	1.55	4.30	2.56	13.65	6.97	1.56	0.05
变异系数	0.240	0.200	0.173	0.166	0.404	0.540	0.453	0.661	0.444	0.083

④$_2$淤泥质粉质黏土层力学指标统计表　　　　　　　　　　　　　　　　表2-43

统计项目	压缩系数 $\alpha_{0.1-0.2}$ (1/MPa)	压缩模量 $E_{s0.1-0.2}$ (MPa)	固快 黏聚力C_c (kPa)	固快 内摩擦角 ϕ_c(°)	快剪 黏聚力C_q (kPa)	快剪 内摩擦角 ϕ_q(°)	无侧限抗压强度 原状q_u (kPa)	无侧限抗压强度 重塑q_u' (kPa)	灵敏度S_t	静止侧压力系数k_0
统计个数	324	324	262	262	55	55	17	17	17	11
最大值	1.43	5.79	25.9	14.3	21.6	11	136.4	50.3	6.24	0.65
最小值	0.35	1.68	10.7	6.2	3.2	1.1	14.0	3.9	1.43	0.47
平均值	0.8	2.8	16.1	9.4	11.3	5.3	39.8	12.7	4.2	0.50
标准差	0.180	0.501	2.107	1.277	4.659	2.527	28.892	14.112	1.589	0.053
变异系数	0.216	0.182	0.131	0.136	0.412	0.479	0.727	1.109	0.379	0.099

⑥$_1$淤泥质黏土层力学指标统计表　　　　　　　　　　　　　　　　表2-44

统计项目	压缩系数 $\alpha_{0.1-0.2}$ (1/MPa)	压缩模量 $E_{s0.1-0.2}$ (MPa)	固快 黏聚力C_c (kPa)	固快 内摩擦角 ϕ_c(°)	快剪 黏聚力C_q (kPa)	快剪 内摩擦角 ϕ_q(°)	无侧限抗压强度 原状q_u (kPa)	无侧限抗压强度 重塑q_u' (kPa)	灵敏度S_t	静止侧压力系数k_0
统计个数	210	210	167	167	42	42	15	15	15	8
最大值	2.14	6.04	27	15.2	29.4	14.2	117	26.7	5.74	0.59
最小值	0.37	1.05	11.6	7.6	4.1	1.1	20.9	5.4	1.4	0.46
平均值	0.78	3.11	17.54	10.52	17.10	6.70	45.26	13.14	3.65	0.52
标准差	0.23	0.81	2.94	1.70	5.96	3.04	25.03	6.49	1.18	0.03
变异系数	0.289	0.260	0.168	0.161	0.349	0.454	0.553	0.494	0.324	0.066

综合上述分析成果，各软土土层物理力学性质指标的变异系数普遍小于20%，属低变异性参数；力学性质指标除个别变异性较高外，一般变异系数低于30%，表明研究土质单元体划分是基本合理的，用数理统计方法求取的指标是准确、可靠的。平均值指标可基本代表土层物理状态，试验数据差异性主要受土层分布厚度和埋深深度影响，个别指标变化幅度较大，在设计和施工中会存在土层性状差异，需要结合实际进行验槽和取样验证，并及时调整对地基土质影响明显的工程措施。

4. 软土原位测试的统计值分析

软土原位测试的统计值分析结果见表2-45～表2-47。

原位试验汇总统计表（一）　　　　　　　　　　　　　　　　表2-45

土层序号	土层名称	统计项目	双桥静力触探指标 锥头阻力q_c (MPa)	双桥静力触探指标 侧阻力f_s (kPa)	双桥静力触探指标 摩阻比 (%)	十字板剪切试验 原状土不排水抗剪强度C_u (kPa)	十字板剪切试验 重塑土不排水抗剪强度C_u' (kPa)	灵敏度S_t
④$_1$	淤泥质黏土	统计个数	282	282	282	70	70	—
		最大值	1.15	30.8	14	63.5	27.30	—
		最小值	0.2	3.5	0.1	15.7	3.8	—
		平均值	0.32	10.9	3.7	22.0	7.5	2.93
		标准差	0.153	6.406	2.416	9.432	4.282	
		变异系数	0.477	0.589	0.645	0.336	0.409	

续表

土层序号	土层名称	统计项目	双桥静力触探指标			十字板剪切试验		
			锥头阻力q_c（MPa）	侧阻力f_s（kPa）	摩阻比（%）	原状土不排水抗剪强度C_u（kPa）	重塑土不排水抗剪强度C'_u（kPa）	灵敏度S_t
④$_2$	淤泥质粉质黏土	统计个数	268	268	268	112	112	—
		最大值	1.42	52.0	13.9	66.7	27.8	—
		最小值	0.12	3.3	0.8	18.4	6.8	—
		平均值	0.43	9.7	2.4	38.8	12.5	3.10
		标准差	0.18	5.052	0.954	10.270	5.799	—
		变异系数	0.417	0.521	0.4	0.370	0.413	—
⑥$_1$	淤泥质黏土	统计个数	140	140	140	6	6	—
		最大值	1.31	59.3	6.1	45.3	17.5	—
		最小值	0.31	7.6	0.9	28.2	9.7	—
		平均值	0.82	17.9	2.3	36.4	13.0	2.81
		标准差	0.534	12.04	0.892	5.878	2.679	—
		变异系数	0.653	0.674	0.386	0.161	0.206	—

原位试验汇总统计表（二） 表 2-46

土层序号	土层名称	统计项目	扁铲试验				基床系数	
			土性指数I_D	水平应力指数K_D	侧胀模量E_D	静止侧压力系数K_0	垂直k_v（MPa）	水平k_h（MPa）
④$_1$	淤泥质黏土	统计个数	96	96	96	96	17	17
		最大值	0.56	7.10	3.88	1.00	7.4	8.8
		最小值	0.03	1.16	0.14	0.35	4.2	4.2
		平均值	0.24	2.81	1.48	0.57	6.4	7.8
		标准差	0.09	0.87	0.53	0.12	1.05	1.30
		变异系数	0.375	0.309	0.358	0.216	0.164	0.166
④$_2$	淤泥质粉质黏土	统计个数	53	53	53	53	11	11
		最大值	0.41	3.57	4.26	0.68	9.4	9.5
		最小值	0.05	1.10	0.55	0.35	4.2	5.2
④$_2$	淤泥质粉质黏土	平均值	0.24	2.16	2.59	0.48	6.1	6.4
		标准差	0.11	0.88	0.84	0.13	1.39	1.74
		变异系数	0.454	0.402	0.321	0.273	0.226	0.271
⑥$_1$	淤泥质黏土	统计个数	21	21	21	21	10	10
		最大值	0.41	3.45	7.32	0.67	19.2	22.7
		最小值	0.15	1.07	2.88	0.35	4.7	4.9
		平均值	0.29	2.43	4.92	0.53	12.20	15.31
		标准差	0.07	0.89	1.68	0.12	2.47	3.93
		变异系数	0.272	0.431	0.296	0.282	0.202	0.256

原位试验汇总统计表（三）　　　　表 2-47

土层序号	土层名称	统计项目	初始压力 P_0 (kPa)	临塑压力 P_f (kPa)	地基土承载力特征值 f_{ak} (kPa)	旁压模量 E_m (MPa)	旁压剪切模量 G_m (MPa)
④₁	淤泥质黏土	统计个数	47	47	47	47	47
		最大值	116.73	180.23	77.82	3.83	1.35
		最小值	34.78	78.95	32.48	0.19	0.08
		平均值	65.37	123.39	58.01	0.94	0.34
		标准差	20.19	23.04	9.64	0.59	0.21
		变异系数	0.306	0.185	0.164	0.623	0.621
④₂	淤泥质粉质黏土	统计个数	33	33	33	33	33
		最大值	110.50	188.66	89.62	2.73	1.02
		最小值	38.00	98.59	52.71	0.40	0.15
		平均值	73.46	148.79	75.33	1.56	0.58
		标准差	22.85	27.44	9.34	0.68	0.26
		变异系数	0.306	0.182	0.122	0.428	0.433
⑥₁	淤泥质黏土	统计个数	10	10	10	10	10
		最大值	124.00	206.71	97.66	4.56	1.74
		最小值	48.74	113.87	62.07	0.51	0.19
		平均值	82.60	162.54	79.95	2.08	0.78
		标准差	29.29	36.55	10.92	1.46	0.56
		变异系数	0.336	0.213	0.130	0.665	0.678

五、软土地层的主要岩土风险及灾害案例

1. 地面沉降的区域地质灾害风险

车站基坑开挖过程中对地下水进行降水，由于基坑止水帷幕采用封闭式的地下连续墙，坑内与坑外的水力联系较弱，坑内降水对坑外影响较小，故车站基坑降水引发地面沉降的地质灾害危险性小。隧洞建设引发的地面沉降大致发生在 5 个阶段：盾构到达前、盾构到达时、盾构通过后、管片脱出盾尾时及长期变形监测；特殊工艺如冻结法施工的工后融沉变形问题。

2. 基坑边坡坍塌、变形问题

鉴于基坑围护范围土层基本由填土、淤泥质软土组成，松散填土与淤泥质软土在高边坡开挖时可能出现坑内临时边坡的圆弧滑移或坍塌，带来钢支撑脱落的风险，故需控制开挖坡度，做好降水措施，并对坡脚进行防护。且软土层土体开挖时会有一定的回弹，设计时应注意土体回弹对基坑支护结构、周围邻近已有建筑物、地下管线等产生的不利影响，其监测数据反应多为红色警报，需进行相应的报警分析。

3. 地下连续墙成槽缩颈的风险

地下连续墙深度范围内存在的④、⑥层为淤泥类土或软黏土层。淤泥类土具有高灵敏度、高压

性、易流变等特点，在成槽过程中易发生缩颈，施工时应注意控制泥浆相对密度及槽内泥浆高度，同时采用槽壁加固措施。效果验证一般采用后期超声波检测，采取对应措施均能消除风险。

4. 周边环境影响的风险

基坑开挖或盾构掘进易导致周围地层产生位移，引起周围建（构）筑物的不均匀沉降、隆陷和侧移，造成地下管道受损等事故发生。水土流失会引起地面沉降、塌陷、围护结构失稳。施工期间，应重视对围护结构和周边建（构）筑物的监测工作。为降低隧道纵向不均匀沉降的影响，应注意盾构工作井、地铁车站、隧道区间连接处及隧道底部土层及土性特征突变处的差异沉降，重点保护已有上方的市政道路的正常使用，分析盾构施工过程不均匀沉降对运营道路的影响。

5. 有害气体危害风险

根据勘察期间现场探查数据分布统计，沼气主要分布在深度10～16m的④$_2$和⑥$_1$淤泥类土层，中部夹⑤$_2$和⑤$_3$粉土夹层构成储气层，下部⑨$_3$、⑫$_1$、⑫$_4$层粉细砂和圆砾存在赋存条件并能测到气压反应，深度范围23～29m尤为明显，以囊状小气量、小气压气包状存在。对于埋深一般在10.1～19.8m的车站主体及其附属设施的开挖范围内，围护施工和开挖过程将被隔断和直接释放，对后期影响小；但在局部密闭空间容易富集，致使人员中毒或遇明火闪爆的概率大，需要在施工过程中进行必要的沼气检测和监测措施。在西溪湿地北站～区间风井段3个孔口均测到沼气溢出或气感反应，根据现场探查数据和地层分布统计，其分布在两个地段：沼气主要分布在④$_2$和⑥$_1$、⑥$_2$淤泥类土层中的粉土夹层，气压反应尤为明显，以囊状小气量、小气压气包状存在，埋深一般在10.1～19.8m，实测最大压力为0.035MPa，短期3h内基本停止；场地中下部⑨$_3$和⑫$_1$粉细砂土层中埋深一般在22.0～30.0m，也检测到沼气压力分布，实测最大压力为0.05MPa，短期4h内基本停止。根据设计，纵断面储气地层在盾构推进和联络通道的开挖范围内对盾构施工影响大。

盾构在富含沼气的软土层掘进时，当盾构保压系统持续在⑫层卵砾石层中加压加气，因叠加效应，地层压力易突破并导通上部覆盖土层，使临近的地表、水塘出现冒气冒泡现象。施工过程中如盾构土仓压力控制不当，施工点外100m均有可能产生较大的冒气冒泡现象。

6. 其他风险

当隧道在穿越两种不同地层时，容易在界面附近造成沉降差，施工造成的工后不同沉降，导致差异沉降。因此，隧道穿越两种类型的地层时，应采取相应的措施。淤泥质土具有低强度、高压缩性和蠕变、流变性的特点，盾构推进过程中盾构机头易发生"磕头"现象，盾构推进过程中应保持好姿态，同时做好同步注浆工作。

软土所能提供的桩侧摩阻力较小，势必会增加桩数或加大桩长，从而增大工程造价，在车站立柱桩和盖板设计时需充分考虑。

地铁施工过程中的基坑开挖和盾构掘进过程涉及海量的土方工程，尤其是软土渣土。软土的压缩性高，强度低，灵敏度高，透水性低，不宜直接再利用；渣土改良成本高昂，同时开挖、运输和消纳过程对周边环境影响大，环境治理问题突出。

六、总结与建议

本次研究以杭州机场轨道快线工程西溪湿地北站及西溪湿地北站～文三路站区间涉及的软土层，综合上述过程的统计和分析，结合工程实践经验及案例，对部分设计参数建议值选取标准进行总结。

车站和区间设计工况和实际施工验槽、基坑加固检测、盾构掘进渣土改良和联络通道开挖条件、监测变形等数据基本与统计汇总提供指标数据对应土体状态一致。针对软土层的控制效果明显，设计方案优化较少，勘察文件中建议和意见指导针对性突出，为设计和施工围护形式、盾构选型、工法种类等选择提供了有利的地质和水文数据输入条件支撑。大面积厚层软土分布对地铁工程建设会带来一系列岩土工程问题，主要表现为：

（1）对于深基坑工程，由于软土的高蠕变性和易流变性、高含水率、透水性差等特性，为保证坑壁稳定、周围建（构）筑物、地下管线的安全，采取地下连续墙等刚度较大的基坑支护体系是工程安全的重要保障。

（2）由于软土所能提供的桩侧摩阻力较小，相比一般土层，相同荷载要求下的桩基的数量和桩径都有较大幅度提升。工程造价会有较大幅度的增加。

（3）软土地层多富存沼气等有害气体，对基坑开挖、盾构掘进、联络通道暗挖施工影响大，应提高安全保障措施，在盾构机选型和保压系统方面需要进一步分析和优化。

（4）软土地层地铁施工时应严格执行设计图纸要求的土体变形、地下水位、地面沉降监测及地面建筑物、构筑物、地下管线的变形监测工作，辅以适当措施保证将地面沉降控制在规定的范围内，确保周边道路、管线和建筑物的安全。

第三章
车站建筑

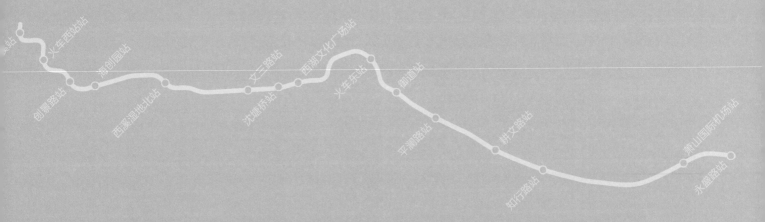

第一节
杭州西站综合交通枢纽中地铁车站建筑方案研究

一、概述

杭州西站位于城西科创大走廊，未来科技城以北，杭州云城建设范围内（图3-1）。车站设计以站城一体为设计理念，设计中充分考虑站城融合，以车站为核心，旨在打造一个媲美钱江新城的"城西科创新城"，是集高铁、地铁、长途客运、公交、出租及社会车辆等多种交通方式为一体的"大型综合交通枢纽"。国铁杭州西站引入沪乍杭、杭临绩、湖杭、湖温四向铁路，是杭州西向门户枢纽。地铁杭州西站范围内包含四条地铁线路：杭州机场轨道快线、3号线、规划12号线和规划20号线。其中杭州机场轨道快线将串联杭州西站、杭州东站、萧山国际机场三大门户枢纽，可实现从杭州西站出发25min到达杭州东站、45min到达萧山国际机场的出行时间目标。

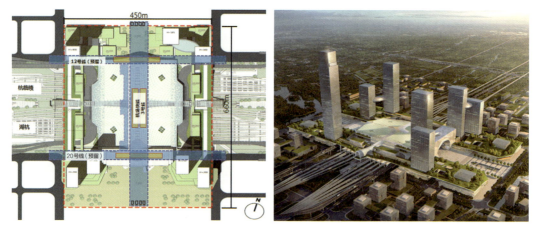

图3-1　地铁站位及西站鸟瞰效果图

杭州西站地铁车站部分位于高铁站房以及南北综合体下方，高铁站场（杭临绩场和湖杭场）、地铁线网关系杭州机场轨道快线、高铁高架落客平台匝道以及南北综合体是地铁车站建筑设计的重要控制因素（图3-2）。

1. 国铁

杭州西站范围内包含两条高铁站场和四条地铁线路，两条高铁站场分别为杭临绩场和湖杭场，站场规模11台20线，为高架车场，其中湖杭场6台11线，杭临绩场5台9线。

在传统大型站场布局中，乘客进站和换乘都需要绕道站场最外缘，杭州西站将两个站场拉开28m，拉开空间与传统的城市通廊共同组成十字形站内综合交通系统，在十字交叉中心设置垂直交通

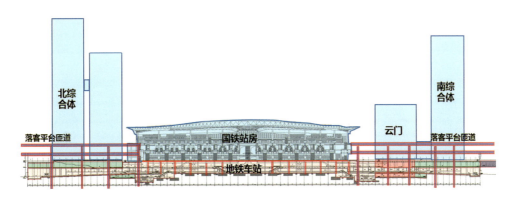

图3-2 车站控制因素示意图

系统，杭州西站采用高进低出的进出站模式，采用高架站场，出站厅和城市通廊位于地面层。

2. 地铁线网关系杭州机场轨道快线

杭州机场轨道快线：是主城各核心功能区与西站地区、东站地区、空港地区快速联系的一条地铁快线，在西站区域内南北向布置。

地铁3号线：是与主城区联系的地铁干线，在西站区域内南北向布置。

规划12号线：远期预留线路，杭州城市西翼南北向的地铁线，是一条连接良渚、未来科技城、小和山、之江、东洲、江南新城的大纵轴，在西站范围内东西向布置于站区北侧。

规划20号线：远期预留线路，是一条主城区北部地区的轨道快线通道，在西站范围内东西向布置于站区南侧。

3. 落客平台匝道

杭州西站枢纽整体上采用"东进东出、西进西出"双向快速进出站的交通格局。高架落客平台匝道平面位置与地铁两条远期线路车站部分重合，高架匝道位于地铁顶板上方，匝道结构需与车站结构同步设计。

4. 南北综合体

城市综合体分别位于车站南、北侧，南区综合体由云门和四栋塔楼组成，其中云门上跨杭州机场轨道快线和3号线；北区综合体由4幢超200m超高层组成，其中400m杭州第一高楼位于北区综合体。

二、主要设计思路

1. 站城一体化

随着站城之间的边界越发模糊，现代交通枢纽不再是功能单一的交通建筑，而是演变成满足旅客多样使用需求的城市综合体（图3-3），与城市空间的一体化发展需求巨大，依托交通的便捷性，枢纽的开发建设由"封闭、割裂、单一功能"的模式向"开放、融合、复合功能"的模式发展。

杭州西站以站城一体化为设计思路，采取"城市交通高效化、土地使用集约化、城市功能复合化"的设计策略，以"多维一体的交通组织、理性而充分的综合开发、既有江南气质又具未来感的城市空间"为设计理念，地铁车站与高铁站房、地方配套空间垂直叠加，既节约集约用地，又增加复合功能，站中有城、城中有站。

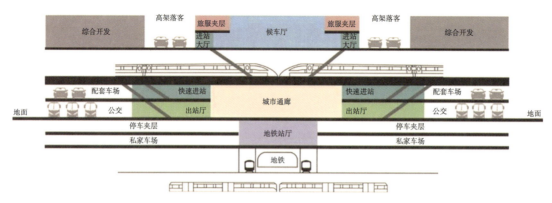

图3-3 杭州西站功能分区示意图

2. 空间融合

地铁车站的一体化发展使车站既要整合周边资源，又要统筹各项目间的空间融合，协同设计。地铁杭州西站中部以站房中央云谷为重点节点空间，通过云谷地铁与国铁相互融合，形成零换乘的交通体系；同时自然光通过云谷可直接进入地铁站厅层，创造了明亮舒适的地下换乘空间；地下云谷作为衔接东西向客流的重要交通空间，也是地铁车站公共区布置的重要影响因素（图3-4）。

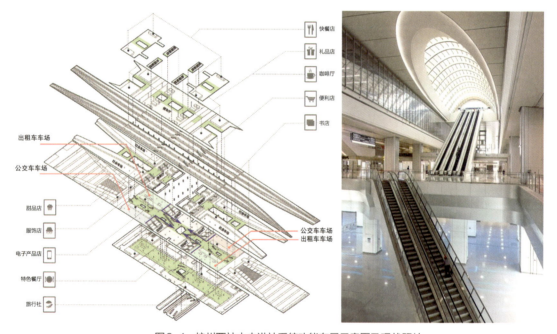

图3-4 杭州西站中央进站系统功能布局示意图及现状照片

地铁杭州西站南北侧以下沉广场为主要节点空间，通过在地下一层营造室内外、地上地下的相衔接的灰空间、室外开敞空间等方法，创造更多的站城共享空间，以弱化车站与城市的分界，地上与地下的边界，使车站与城市的关系更为密切（图3-5）。

在地下与地铁车站站厅通过接口通道或下沉广场进行衔接，地下结构均与地铁车站侧墙贴临布置，综合体地下结构与地铁车站共围护结构。

3. 便捷换乘（地铁与国铁、地铁各线之间、地铁与配套接驳设施之间的换乘方案）

地铁作为枢纽交通最重要的载体，承担了70%的进出站客流，枢纽、综合开发与地铁的便捷换

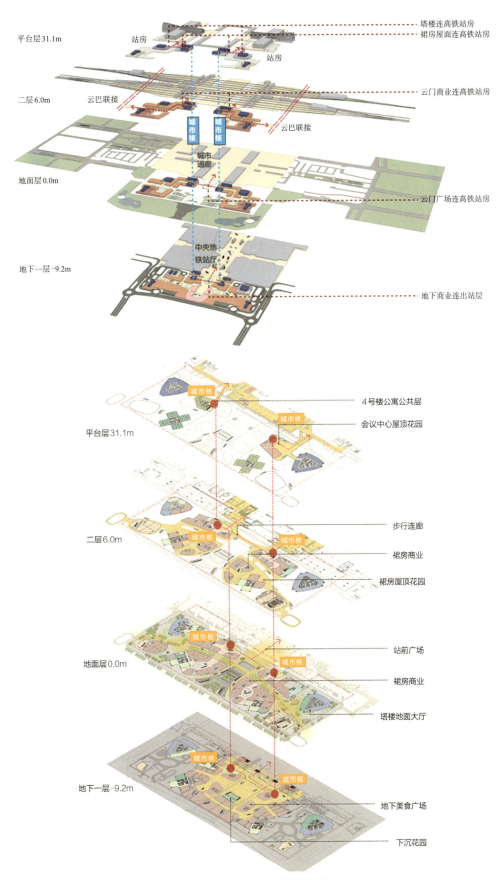

图3-5 南北综合体与车站衔接示意图

乘是提高出行效率的最有效途径。

国铁采用高架站场，提高了城市地面南北向的连通性，充分利用了铁路站台下部空间，集中设置公交、大巴、网约车、出租车、社会车辆等换乘空间，各种交通方式无缝衔接，形成以人为本、多维一体的交通组织。两个铁路站场中间拉开形成"云谷"，打造高效的中央进站系统，地铁等大量客流可以通过中央进站系统直达高架层，与高架匝道进站旅客共享东西两侧腰部进站大厅，缩短旅客流线，提高进站效率。

地铁四线间以实现四线间无缝衔接、两两线路均可实现付费区换乘为目标，通过优化换乘节点、设置专用换乘通道、利用客流仿真优化换乘流线、提供乘客服务水平、提升垂直交通换乘设施等方式创造了一个高效便捷的换乘站。

三、地铁车站方案设计

1.总平面设计

地铁杭州西站为杭州机场轨道快线、3号线、12号线和规划20号线四线换乘车站，其中，杭州机场轨道快线、3号线为地下二层岛式车站，沿南北向布置；12号线、规划20号线为地下三层岛式车站，沿东西向布置，四线站台呈"工"字形布置于国铁站房下方。车站共设13个出入口，其中地面层设9个出入口，分别连通国铁中央云谷、城市通廊以及南北综合体，地下一层设4个出入口，分别与地下云谷南北下沉广场相连通，车站出入口均与上部建筑合建，无独立出入口；车站共设12组风亭，其中南北广场四组，东西象限下沉广场处四组，12号线、规划20号线车站盾构井端头四组，车站风亭结合绿化、景观小品、下沉广场、商业裙房进行设置；车站冷却塔、疏散楼梯均结合下沉广场进行设置（图3-6）。

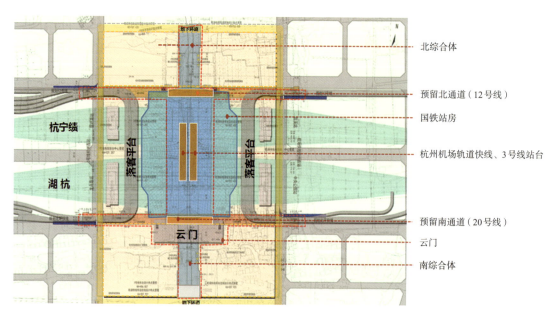

图3-6 杭州西站总平面图

2. 车站各层平面图设计

地下一层为站厅层，中间为公共区，两侧为设备区，站厅公共区连通国铁站房及南北两侧城市开发，车站公共区宽75.8m，站厅总宽118.2m，高9.2m。公共区内分南北两个付费区（图3-7）。

车站站厅范围内共设置8组楼扶梯与国铁地面层相衔接，同时在公共区中部设置一个中庭，与国铁地面层连通（图3-8）。

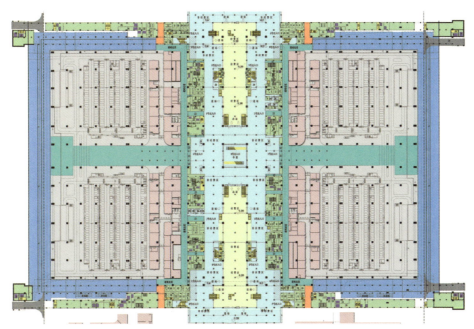

图3-7 火车西站地下一层平面图

图3-8 火车西站站厅层现状照片

地下二层为设备层，为杭州机场轨道快线和3号线站台，规划12号线、规划20号线设备用房以及规划12号线与规划20号线的换乘通道（图3-9）。杭州机场轨道快线和3号线站台宽度均为18m，每个站台上设两组三扶一楼的楼扶梯组与站厅相联系（图3-10）。车站南北向总长约701m，东西向总长563.5m，规划12号线和规划20号线间距为291.7m。

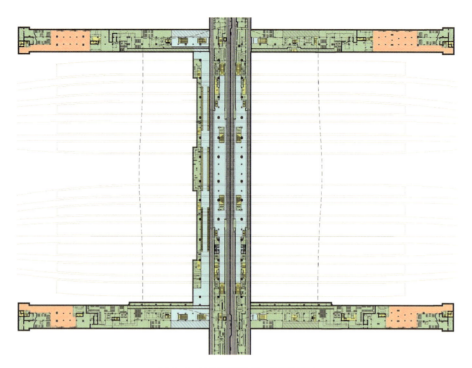

图3-9　杭州西站地下二层平面图

图3-10　杭州西站站台层现状照片

地下三层为12号线、规划20号线的站台层，12号线站台宽度17m，规划20号线站台宽度18m。每个站台中部为公共区，东西两端为设备区。公共区均设两组楼扶梯和一部垂直电梯直达站厅公共区，并设置两组7.0m宽换乘楼梯与3号线、杭州机场轨道快线实现台台扶梯换乘节点。

3. 剖面设计

杭州西站地铁与国铁站房共8层（含夹层），其中地下三层，地上五层。地铁车站为地下一层至地下三层的部分。地下一层为地铁四线站厅层，地下二层为杭州机场轨道快线和3号线站台层，远期两条预留线路站台位于地下三层。车站站厅层层高9.2m，杭州机场轨道快线和3号线站台层层高6.3m，远期线路站台层层高9.47m（图3-11、图3-12）。

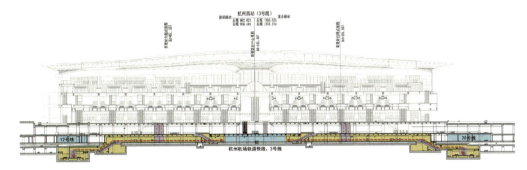

图3-11　地铁四线换乘关系示意图

图3-12　杭州西站剖切示意图

四、客流组织方案

1.地铁四线之间换乘方案

杭州机场轨道快线和3号线可实现同台同向换乘，不同方向通过站厅进行换乘，两线与规划12号线、规划20号线形成工字形节点换乘车站；规划12号线位于车站北侧，规划20号线位于车站南侧，规划12号线与规划20号线间可通过设置在地下二层的换乘通道进行换乘（图3-13）。由于站厅层分为南、北两个付费区，地下二层换乘通道还兼顾南、北两个付费区相互连通的功能，从北侧付费区进站的乘客也可通过换乘通道进入南侧的规划20号线站台，从南侧付费区进站的乘客也可通过换乘通道进入北侧的规划12号线站台。

2.与国铁的换乘

杭州机场轨道快线和3号线出站乘客通过中庭进入国铁城市通廊层，再通过提升高度24m的云谷中央进站系统直达国铁候车厅；规划12号线、规划20号线换乘乘客除通过中央云谷进入国铁候车厅外，还可通过南北侧式站房进入国铁候车厅（图3-14）。

国铁四象限到达区与地铁四个免检口用隔断围合形成四个独立的免安检区，国铁出站乘客通过免安检区进入地铁站厅安检区，实现了国铁至地铁的免安检，大大提高了出行效率（图3-15）。车站在设计中也考虑了预留双向免安检的条件，远期在安检级别互认的前提下，通过调整安检设备布局，可实现国铁与地铁乘客的双向免安检。

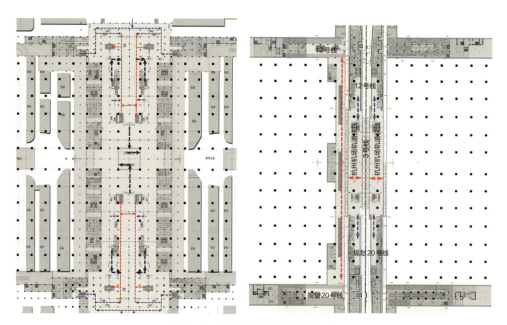

图3-13　地铁四线换乘流线示意图

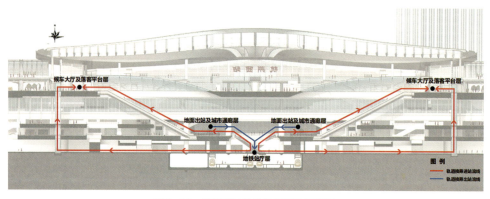

图3-14　杭州西站地铁换乘国铁示意图

3. 与其他交通方式的换乘

社会车停车库、出租车场、大巴车场、公交车场位于地面层云谷南北两侧，其中社会车停车场位于云谷东北及西南侧，长途车停车场位于云谷西北侧，公交车停车场位于云谷东南侧，出租车停车场位于云谷东南侧和西北侧，地铁与社会车、出租车、大巴车、公交车通过东西云谷进行换乘（图3-16）。

图3-15 杭州西站地铁站厅免安检区现状照片

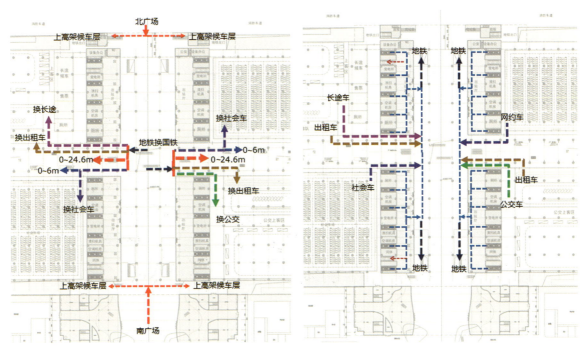

图3-16 地铁换乘国铁及其他交通流线示意图

五、结语

杭州西站是集铁路多工程于一体的特大型综合交通枢纽，也是基于TOD（即以公共交通为导向的一体化开发模式）理论的站城一体化实践，地铁杭州西站是这复杂系统工程中的重要一环，客观的建设条件注定了它必然会成为杭州最大的地铁站，也使杭州西站成为杭州第一个同步实施的地铁四线换乘站。

第二节
基于大客流换乘背景下的文三路站换乘方案研究

一、概述

文三路站为杭州机场轨道快线与10号线换乘站车站。车站位于文三路与学院路交叉口，10号线为地下三层侧式站，杭州机场轨道快线为地下二层岛式站，并设置站前双存车线，两线站台采用两扶一楼进行换乘。整体呈"T"形换乘形式。本站总面积66540m²，其中10号线面积28650m²，杭州机场轨道快线面积37890m²。

车站500m范围内以居住、商业用地为主。路口东北象限为住宅用地，西北象限为商业金融用地，西南象限为商业金融用地，东南象限为住宅用地（图3-17）。

图3-17 车站效果图

二、文三路站换乘方案研究

1.影响车站换乘方式的因素

任何换乘方式都是以满足换乘客流功能需要为第一位，同时结合本站客流特征，考虑如下几点因素：

（1）两线客流的基本特征和行为模式；

（2）本站换乘客流比例高达84.5%；

（3）兼顾考虑10号线远期线路特征和客流；

（4）车站规模、前后区间制约因素的考虑；

（5）周边地块征迁的可实施性。

2.换乘车站的设计原则

(1)尽量缩短换乘距离,减少换乘高差,换乘路线要明确、简洁、方便乘客;
(2)换乘客流宜与进、出站客流分开,避免相互交叉干扰;
(3)换乘设施的设置应满足换乘客流量的需要,尽可能做到扶梯换乘。

3.文三路站换乘比选

(1)方案1(上岛下侧换乘):

文三路站杭州机场轨道快线站前设置双存车线,车站较长,因此按地下两层岛式站设置,10号线无配线,按地下三层侧式站台布置,两线通过台台之间楼扶梯进行换乘。10号线每侧站台均有一组"两扶一楼"连接杭州机场轨道快线站台。两组换乘楼扶梯呈顺梯布置(图3-18~图3-21)。

优点:

1)针对本站高达84.5%的换乘客流比例和杭州机场轨道快线乘客特征,两线站台均采用楼扶梯进行换乘,导向清晰、换乘舒适度高。

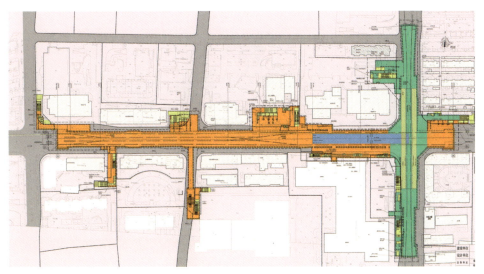

图3-18 方案1总平面图

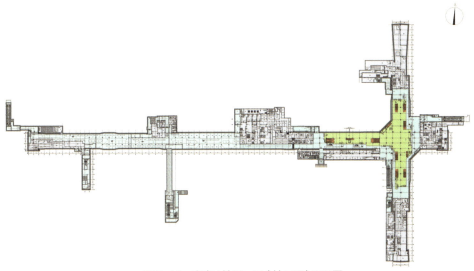

图3-19 方案1地下一层(站厅层)平面图

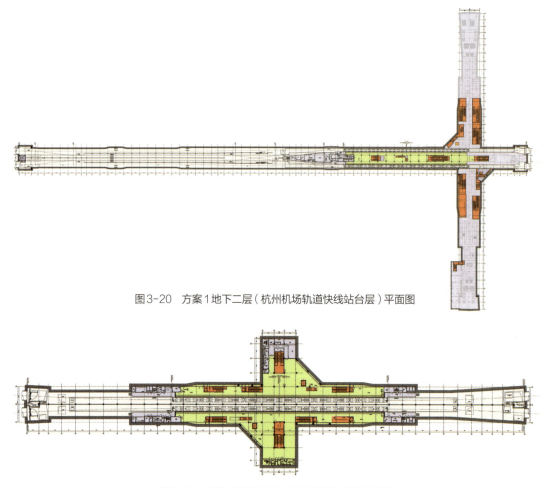

图3-20　方案1地下二层（杭州机场轨道快线站台层）平面图

图3-21　方案1地下三层（10号线站台层）平面图

2）10号线采用侧式站台，上下行站台的换进换出客流互相独立，互不干扰，不会在10号线站台形成客流堵点。

3）10号线采用侧式站台，10号线车站埋深不受换乘楼梯与列车限界控制，侧式站比岛式站埋深小2m，降低车站投资成本。

缺点：

1）受杭州机场轨道快线大里程端征迁和地块条件控制，其站位无法跨学院路布置，换乘客流均需通过其大里程端侧站台，客流高峰期有造成客流堵点的可能。

2）10号线采用侧式站台，机场轨道快线（19号线）换出客流容易在站台形成观察滞留时间。

（2）方案2（岛岛换乘）：

杭州机场轨道快线车站为地下二层岛式站，10号线为地下三层岛式站，杭州机场轨道快线和10号线均采用14m岛式站台。两线通过台台之间楼扶梯进行换乘（图3-22）。

优点：

1）两线站台均采用楼扶梯进行换乘。换乘效率高、服务水平好，有效提升车站整体品质。

2）10号线站台楼扶梯布置均匀，厅台楼扶梯不需转换，直达效果好。

3）两线均为岛式站台，进站客流不会发生走错上下行站台问题。

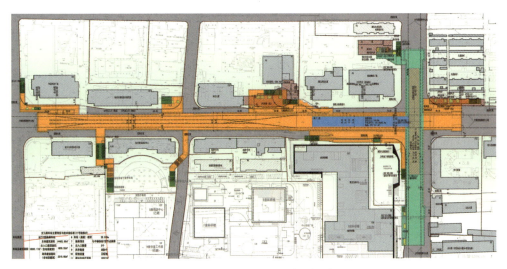

图 3-22 车站总平面图（方案 2）

缺点：

1）杭州机场轨道快线为地下二层站，其地下二层站台层和轨行区将 10 号线设备层切割为两部分，设备系统布置难度增加，同时导致 10 号线进出站楼扶梯需在地下二层设备层转换一次方可到达站台层，进出站客流组织不便。

2）换乘楼扶梯需进行两次提升，降低换乘服务品质；换乘楼扶梯位于 10 号线站台中部，容易在换乘节点处出现进出站流线与换乘流线交织；站台导向不清晰，10 号线出站乘客容易走错。

3）为实现扶梯换乘，10 号线车站埋深受换乘楼梯与列车限界控制，车站埋深较侧式站需加深 2m，增加车站投资成本。

（3）方案 3（上侧下岛换乘）：

杭州机场轨道快线为地下二层岛式车站、10 号线为地下一层（局部地下二层）侧式站台。两线通过台台之间楼扶梯进行换乘（图 3-23、图 3-24）。

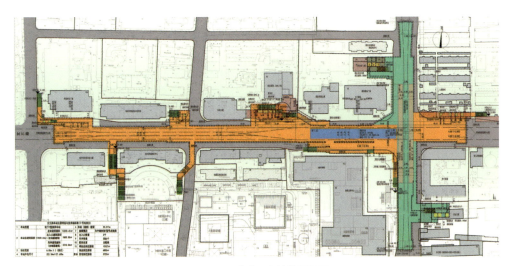

图 3-23 方案 3 车站总平面图

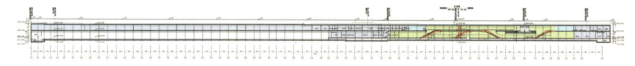

图3-24 车站纵剖面图（方案3）

优点：

1）两线站台均采用楼扶梯进行换乘。提升高度小、换乘效率高。

2）10号线厅台合一，直达效果好。

3）10号线为地下一层，局部地下二层，车站总体投资规模小。

缺点：

1）10号线采用侧式站台形式且位于地下一层，站厅非付费区不贯通，客流过街效果差。

2）10号线为侧式站，进站客流或换乘客流容易在站台形成观察滞留时间，同时有走错10号线上下行站台的可能。

结论：

综上所述，方案1（上岛侧下换乘）换乘效率高、换乘客流在两线站台相对不易拥堵、总体投资成本相对较低。因此，建议采用方案1作为推荐实施方案。

三、客流仿真模拟评价

在对文三路站地上地下各层公共空间的行人数量和分布进行整体理解的基础上，通过静态计算、仿真模拟等手段评估在特定工况下空间的利用状况与设施的使用情况，在允许的条件下提出设计优化方案，并进行更新比较，以实现设计方案的合理性和科学性。具体目标如下：

（1）对文三路站内部各类人群的出行链和流量进行细致梳理和分析。

（2）对静态设施规模进行测算及仿真校核，在允许的条件下提出布局优化方案，并进行更新比较。

（3）对文三路站的远期早高峰时段空间和设施的运营情况进行仿真分析，找到运营组织薄弱环节、潜在安全隐患，提出合理的运营管理建议，降低运营管理风险。

1. 客流仿真参数设定

（1）地铁设施参数

为了提供关于地铁站内各类设施的通行能力参数，如上下楼扶梯、进出闸机、安检、购票、携带行李比例等。本次设计依据相关国家规范规定，并结合考察其他类似站点运行状况，同时根据设计单位反馈意见，进行了综合模拟参数的调整，具体如下：

1）自动售票机的平均交易时间为30s。

2）安检机的通行能力采用35人/min。

3）闸机的通过能力采用30人/min。

4）自动扶梯的基本通过能力约为向上110人/min，向下100人/min。这个取值略低于当前国内地铁站设计的标准，是通过对国内多个繁忙的地铁站点的现场观测确定的。

5）单向/双向楼梯、通道的通过能力不超过相关规范的最大通过能力，见《地铁设计规范》GB 50157—2013。

（2）模拟仿真假设

本次模拟的预热时间为07:10～07:20，模拟时间为07:20～08:20，将两条地铁线路有关的进出站及换乘客流作为模拟需求。

本站客流组织的主要特点如下：

1）两线换乘站；

2）高峰小时客流组成中换乘客流与进出站客流基本均衡。

根据客流组织的主要特点确定主要客流特征假设如下：

1）杭州机场轨道快线采用6A编组，远期班次27对/h；

2）10号线采用6A编组，远期班次21对/h；

3）模型中选用中国通勤乘客的速度分布曲线；

4）乘客进站购票比例设置为10%。

（3）高峰小时密度及空间

根据静态设施运行校核汇总表改善原有的静态设施数量，并利用仿真模型输出空间密度图及换乘时间分析图的方法对优化后的方案进行评估，模型输出空间密度分布图主要包括以下三种：

1）最大人流密度：统计高峰小时车站内各处出现过的最大人流密度，反映各处人流密度的最大值，但这些各处出现的最不利情况并不是同一时刻发生的；

2）平均人流密度：统计高峰小时车站内各处出现过的平均人流密度，反映各处人流密度的平均值，如果某处平均密度超过2人/m^2，意味着该处长时间处于高人流密度状态，极有可能出现拥堵现象；

3）空间使用率图：显示车站内部空间被乘客使用的情况，使用频率越高该区域的颜色越偏红色，使用频率越低则越偏蓝色。

2.仿真结果

（1）站厅层

早高峰期间，B1层站厅层整体服务水平良好，平均饱和度在A级左右，最大瞬时密度可达E级，空间利用率较好（图3-25）。

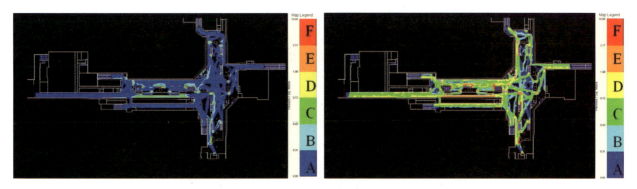

图3-25　站厅层平均密度图和最大密度图

（2）杭州机场轨道快线站台层

早高峰期间，杭州机场轨道快线层整体服务水平较好，平均饱和度在A级左右，最大瞬时密度达到F级，10号线下行换乘杭州机场轨道快线及杭州机场轨道快线换乘10号线上行的楼扶梯服务水平短时间内达到F级，饱和度较高，整体空间利用率较好（图3-26）。

（3）10号线站台层

早高峰期间，10号线站台整体服务水平良好，平均密度在A级左右，瞬时最大密度达到E级，10号线下行换乘杭州机场轨道快线楼扶梯端部存在短期排队现象，服务水平达到E级，楼扶梯饱和度较高。整体空间利用率较好（图3-27、图3-28）。

（4）换乘时间

对换乘路线的所需时间进行了记录统计，以从初始站台到达终点站台的行程时间为准（即包括

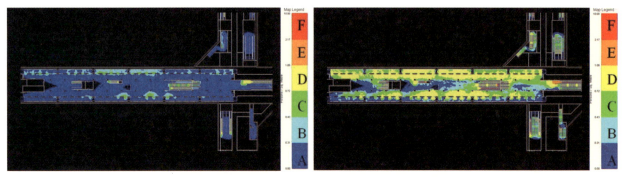

图3-26　杭州机场轨道快线站台层平均密度图和最大密度图

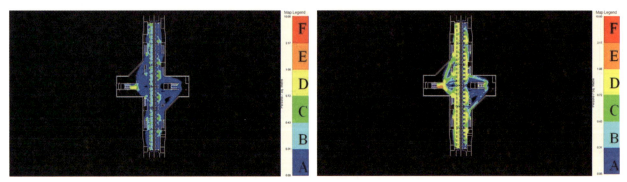

图3-27　10号线站台层平均密度图和最大密度图

图3-28　10号线站台层空间使用图

了步行、垂直设施和排队延迟因素）。杭州机场轨道快线和10号线为两个不同层的换乘，换乘时间如图3-29、图3-30、表3-1所示。

图3-29　杭州机场轨道快线和10号线上行换乘时间（s）

图3-30　杭州机场轨道快线和10号线下行换乘时间（s）

换乘时间统计表　　　　　　　　　　　　　　　　　表3-1

换乘方向	平均换乘时间（min）	最快换乘时间（min）	最慢换乘时间（min）
杭州机场轨道快线-10号线上行	2.2	1.3	4.1
杭州机场轨道快线-10号线下行	2.1	1.6	3.2

四、结论

结合车站换乘便捷性、工程投资、实施难度等综合因素，本站最终采用方案1（上岛下侧换乘方案）。同时通过客流模拟分析佐证方案1的合理性和优越性，并根据客流仿真分析后的优化建议，进一步指导和完善车站建筑功能。

第三节
永盛路站三线换乘方案研究

一、概述

1. 站址环境

永盛路站为杭州地铁7号线、杭州机场轨道快线和远期22号线三线换乘车站，位于空港新城片区，永盛路与青六南路交叉口，7号线和杭州机场轨道快线沿永盛路东西向敷设，远期22号线沿青六南路南北向敷设。交叉路口东北象限现状为伟南村，东南象限现状为空港新天地商业综合体，西南象限现状为宏达钢结构有限公司和申通快递，西北象限现状为荣丰纺织有限公司（图3-31）。

2. 周边规划

永盛路规划道路红线宽约39m，未实现规划；青六南路规划道路红线宽约32m，已实现规划（图3-32）。

车站500m范围内以商业金融、居住及物流仓储用地为主（图3-33）。

3. 配线设置

杭州地铁7号线车站为小交路折返站，站后设折返线兼双停车线；杭州机场轨道快线车站近期为终点站，站后设出入场线及交叉渡线，正线预留远期延伸条件；远期22号线配线设置尚未明确。

图3-31 站址周边环境示意图

图3-32 车站周边道路规划示意图

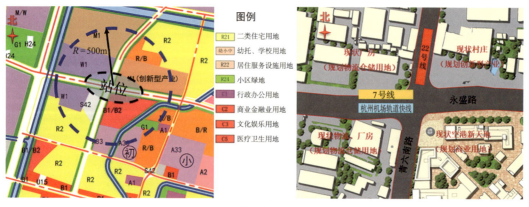

图3-33 车站周边地块规划示意图

4. 客流分析及计算

根据客流资料：本线最大设计客流量为10534人次/h；7号线最大设计客流量为：2978人次/h；最大换乘客流量为：2621人次/h（表3-2～表3-4）。

2032年早高峰客流量（杭州机场轨道快线）（单位：人次/h）　　　表3-2

站名	设计客流	苕溪站～永盛路站			永盛路站～苕溪站			超高峰系数
		下车	上车	断面客流	上车	下车	断面客流	
永盛路站	10534	3884	0	3884	5692	0	0	1.1

2024年早高峰客流量（7号线）（单位：人次/h）　　　表3-3

站名	设计客流	吴山广场站～江东二路站			江东二路站～吴山广场站			超高峰系数
		下车	上车	断面客流	上车	下车	断面客流	
永盛路站	2978	864	141	2729	1350	144	5760	1.2

永盛路站早高峰换乘客流（单位：人次/h）　　　表3-4

永盛路站AM	机场轨道快线（苕溪站～永盛路站）	机场轨道快线（永盛路站～苕溪站）	7号线（吴山广场站～江东二路站）	7号线（江东二路站～吴山广场站）
杭州机场轨道快线（苕溪站～永盛路站）			1446	
杭州机场轨道快线（永盛路站～苕溪站）			111	
7号线（吴山广场站～江东二路站）				
7号线（江东二路站～吴山广场站）	70	2621		

二、换乘方案研究

7号线和杭州机场轨道快线平行设置，22号线与7号线、杭州机场轨道快线夹角为80°。根据7号线、杭州机场轨道快线与22号线站台位置关系，有"L"形换乘、"T"形换乘。

1.方案1："L"形换乘

22号线站台位于7号线、杭州机场轨道快线站台以外，与7号线、杭州机场轨道快线（19号线）形成"L"形换乘，在三条线有效站台端部外换乘（图3-34～图3-36）。

2.方案2："T"形换乘

22号线站台位于7号线、杭州机场轨道快线站台以内，与7号线、杭州机场轨道快线形成"T"形换乘，7号线、杭州机场轨道快线在站台中部换乘22号线（图3-37～图3-39、表3-5）。

三、三线换乘节点设计

一般的节点换乘车站仅设置楼梯换乘，本站"L"形换乘，在地下二、三层之间，设置约1000m²的换乘厅，分别在7号线、杭州机场轨道快线站台外设置双扶一楼，并在22号线的有效站台外设置4扶一楼，实现扶梯换乘。可实现近期7号线与杭州机场轨道快线的双线"站厅平行换乘"+"站台

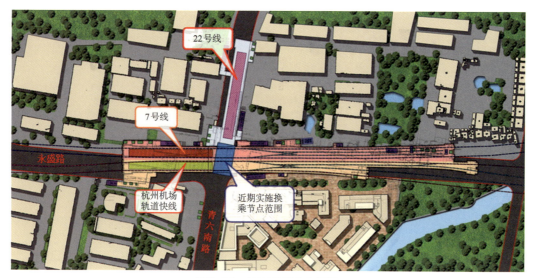

图3-34 方案1换乘方案总图

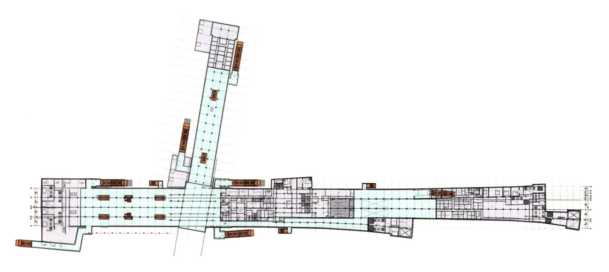

图3-35 方案1站厅层平面图

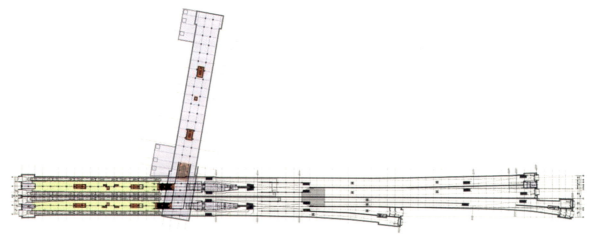

图3-36 方案1站台层平面图

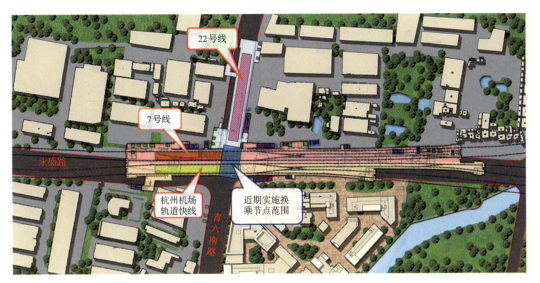

图3-37 方案2换乘方案总图

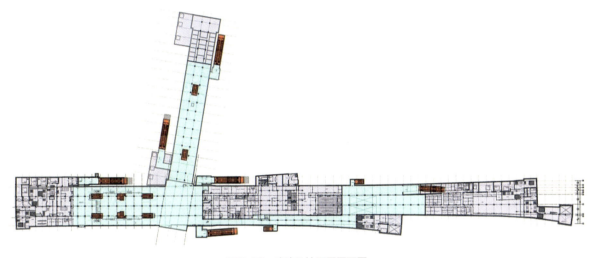

图3-38 方案2站厅层平面图

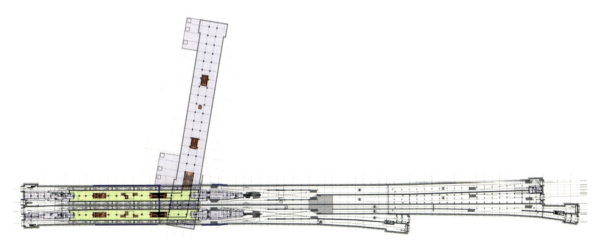

图3-39 方案2站台层平面图

换乘方案综合对比　　　　　　　　　　　　　　　　表3-5

	换乘方案1 （"L"形换乘）	换乘方案2 （"T"形换乘）
总平面		
节点位置	三线均设置在有效站台外	7号线、杭州机场轨道快线设置在站台中部、13号线设置在有效站台外
换乘节点的运输能力	7号线：双扶一楼 杭州机场轨道快线：双扶一楼 22号线：双扶一楼+双扶一楼	7号线：一扶一楼 杭州机场轨道快线：一扶一楼 22号线：一扶一楼+一扶一楼
换乘走行距离	最近约为46m和74m；最远端7号线、杭州机场轨道快线约140m，13号线约140m	最近约为60m和80m；最远端7号线、杭州机场轨道快线约85m，13号线约140m
换乘客流对有效站台的影响	如遇换乘客流突发，三线均在有效站台外排队，对有效站台的上下车影响小	如遇换乘客流突发，7号线、杭州机场轨道快线在有效站台内排队，对有效站台的上下车影响较大
13号线埋深	约29.5m	约29m
13号线公共区	平行型；双扶一楼+垂梯扶梯+双扶一楼	同方案1

节点换乘"的组合换乘，远期7号线、杭州机场轨道快线与22号线的三线"站厅换乘"+"站台节点换乘"的组合换乘。本站换乘通道均设置换乘楼扶梯实现便捷换乘，换乘客流可在换乘厅内自由选择换乘方向，换乘流线灵活多变，同时换乘厅有充足的空间应对突发换乘客流，方便运营组织管理（图3-40、图3-41）。

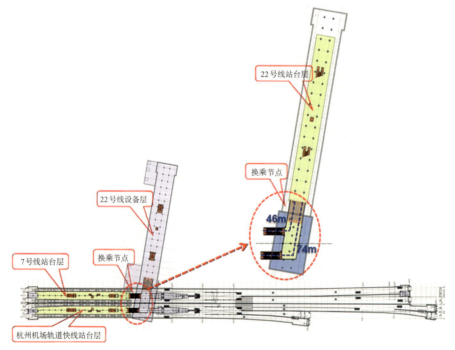

图3-40　换乘节点平面图

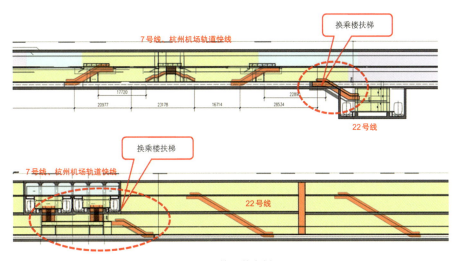

图3-41 换乘节点剖面图

四、结论

本节以永盛路站为例,统筹车站特点、周边现状及规划等,分析设计边界、客流组织流线及换乘的便捷性,论述地铁三线换乘方案。换乘车站建筑设计,不仅要满足线路运营所需要的公共区和设备区等基本功能区,还要满足不同线路间换乘功能的便捷性和安全性,更要重点从城市人文关怀、便捷服务等角度提高车站的服务质量。

第四节
火车东站站与既有线换乘方案研究

一、概述

杭州地铁1号线、4号线、6号线与杭州机场轨道快线在杭州东站交会,其中6号线、杭州机场轨道快线设置于杭州东站东广场东侧。1号线、4号线、6号线火车东站站为既有线车站,新增杭州机场轨道快线车站受地形限制,车站站位、埋深、与既有线车站平面布置的关系及换乘功能的实现是新建车站需要研究的重点。

既有1号线、4号线位于高铁杭州东站下方,6号线二期火车东站站设置于东宁路东侧华润地块内,沿东宁路南北向布置。考虑沿东宁路设站条件及杭州机场轨道快线车站与6号线换乘便捷性,将杭州机场轨道快线火车东站站与6号线车站并列设置。

根据杭州机场轨道快线行车组织,本站设置单渡线。因车站主体北侧为天城路隧道,南侧为地铁1号线、4号线区间隧道,车站主体长度无法满足单渡线设置要求,因此考虑将单渡线单独设置于地铁1号线、4号线区间隧道南侧,与车站主体分离设置。

二、车站建筑方案

1. 总平面布置

杭州机场轨道快线火车东站站位于东宁路与和兴路路口,沿东宁路南北向敷设于道路下方。因区间下穿既有1号线、4号线区间隧道,轨面埋深较大,车站设置为地下五层(图3-42)。

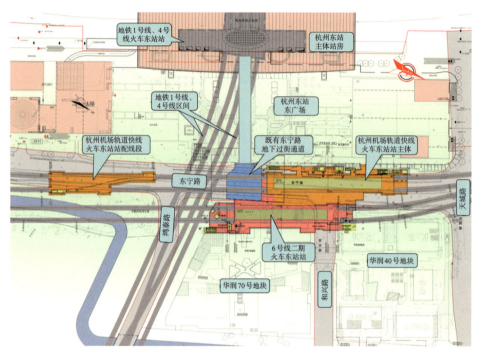

图3-42 火车东站站总平面图

车站主体设置于地铁1号线、4号线区间北侧,主体西侧为既有杭州东站东广场,东侧为在建6号线二期火车东站站及华润地块,共设置3个出入口、2组风亭及1个消防专用出入口。车站配线段设置于地铁1号线、4号线区间南侧,共设置1组风亭及1个消防专用出入口。

2. 车站平面布置

(1) 站厅层

地下一层为杭州机场轨道快线与6号线火车东站站共用站厅层,由公共区、设备管理用房两部分组成。公共区分为付费区和非付费区,非付费区内靠近出入口处设置自动售票机及自动充值机。付费区内沿杭州机场轨道快线车站纵向设置1组楼扶梯、1组三扶梯、1部单扶梯及1台垂直电梯。两线为站厅平行换乘(图3-43)。

(2) 设备层

车站主体地下二层、地下三层及地下四层为设备层,设有通信信号设备室、牵引降压混合变电所、照明配电室、通风空调机房、气瓶室、备用间、车站备品库等房间。设备层设置满足消防疏散距离及宽度的疏散楼梯直通站厅层。车站配线地下一至五层均为设备层,设有通风空调电控室、照明配电室、电缆井等房间,以及直通室外地面的疏散楼梯间。

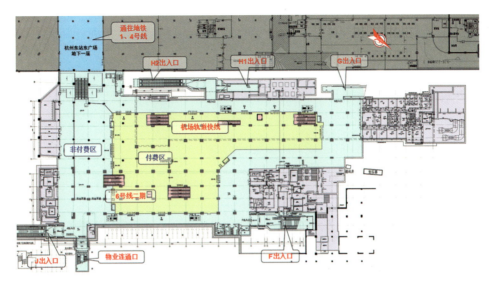

图3-43 地下一层（站厅层）平面图

（3）站台层

地下五层为站台层，经计算站台宽度设计为13m，有限站台长度140m。站台中部为公共区，沿纵向设3组楼、扶梯，1台无障碍电梯（图3-44）。

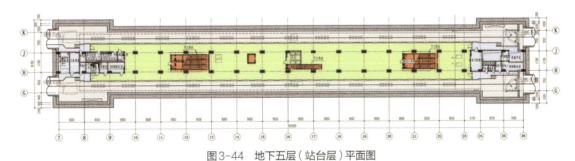

图3-44 地下五层（站台层）平面图

（4）剖面图

杭州机场轨道快线隧道下穿既有地铁1号线、4号线区间隧道并保持安全距离，车站主体及配线段设置为地下五层（图3-45）。

图3-45 区间断面示意图

三、换乘方案

火车东站站包含地铁1号线、4号线、6号线、杭州机场轨道快线四线之间换乘和四条地铁线与高铁站之间的换乘。

1. 地铁6号线与杭州机场轨道快线的换乘衔接

地铁6号线与杭州机场轨道快线为站厅平行换乘,站厅公共区内付费区相连通,换乘乘客可直接在站厅付费区内相互换乘(图3-46)。

图3-46 站厅层平行换乘

2. 地铁6号线、杭州机场轨道快线与国铁之间的换乘衔接

为实现换乘,地铁车站加大公共区与杭州东站地下室连接,对杭州东站靠东宁路一侧地下室进行了改造,地下室侧墙打开与地铁站厅连接,增加了4部扶梯以及满足无障碍和行李拖行需要的坡道,保障换乘衔接的便捷性(图3-47)。

图3-47 地铁与国铁换乘通道

3. 地铁6号线、杭州机场轨道快线与地铁1、4号线换乘方案

地铁1号线、4号线火车东站站位于杭州东站主体站房下方，站厅位于地下二层，出入口设置于高铁到达大厅内，杭州机场轨道快线与6号线火车东站站站厅约300m，且避免地铁付费区换乘所形成独立的付费区对国铁地下一层出站厅功能和流线组织的影响，暂无法实现付费区换乘。目前采用出站非付费区换乘方式，按照联程优惠模式计费，计费标准与付费区内换乘一致（图3-48）。

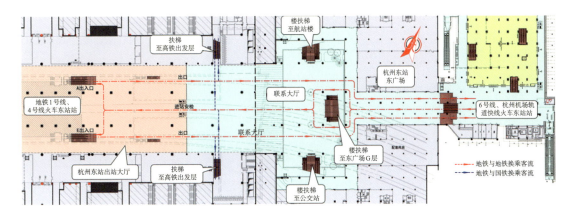

图3-48 出站换乘平面图

4. 地铁与国铁免检换乘概念方案研究

为提升国铁与地铁之间的换乘效率，提高乘客换乘体验，考虑高铁安检等级高于地铁，故国铁到达乘客可不经过安检直接进入地铁车站进行乘车（图3-49、图3-50）。

因地铁1号线、4号线火车东站站出入口设置于国铁到达大厅内，通过将1号线、4号线火车东站

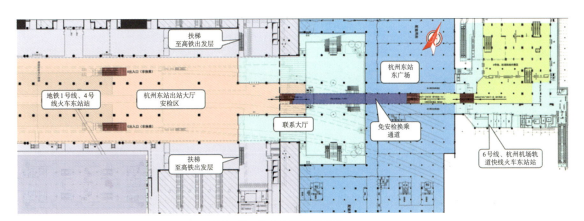

图3-49 免安检换乘平面图

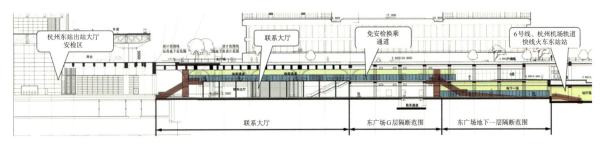

图3-50 免安检换乘剖面图

站进站安检外置于高铁到达大厅入口,即可实现高铁站与地铁1号线、4号线火车东站站之间的单向免检换乘。但地铁6号线、杭州机场轨道快线火车东站站设置于杭州东站东广场东侧,若实现高铁站与地铁6号线、杭州机场轨道快线及国铁之间的单向免检换乘,需在国铁地下一层出站大厅内设置一条免安检高架人行天桥与现状国铁及地铁1号线、4号线所形成的免安检区域连通。地铁1号线、4号线与地铁6号线、杭州机场轨道快线之间换乘无须经过二次安检,高铁到达乘客可直接通过免安检通道进入地铁1号线、4号线、6号线进行乘车。

本方案中,免安检换乘通道设置于国铁地下一层出站大厅内部,需对国铁东广场一侧地下一层出站厅既有楼板、楼梯等结构进行改造。单向免检换乘方案改造工程较大,且改变了既有建筑内部布局。因此,与既有建筑的权属单位的沟通对接、对既有结构改造的安全性评估、对既有建筑的功能及消防等影响的评审是本方案实施的重难点。

5. 四线付费区换乘方案

在单向免检的基础上,延伸地铁1号线、4号线与地铁6号线、杭州机场轨道快线之间的换乘通道至车站付费区,即可实现两者付费区换乘(图3-51、图3-52)。

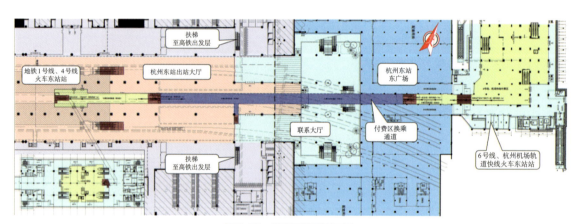

图3-51 付费区换乘平面图

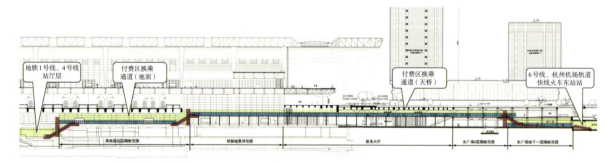

图3-52 付费区换乘剖面图

相较于单向免检换乘,付费区换乘方案的换乘通道更长,对既有建筑的影响及改造难度更大,与既有建筑的权属单位的沟通对接、对既有结构改造的安全性评估、对既有建筑的功能及消防等影响的评审仍是本方案实施的重难点。

四、结论

通过对不同换乘形式的分析研究，同时考虑在运营地铁1号线、4号线及杭州东站内部改造条件，本站前期实施为与地铁6号线车站站厅平行换乘，与地铁1号线、4号线及杭州东站为出站换乘，并预留后期实现单向免检换乘或付费区换乘改造条件。

第五节
与既有1号线、3号线西湖文化广场站换乘改造方案研究

一、概述

西湖文化广场站为杭州机场轨道快线与既有1号线、3号线西湖文化广场站换乘站，1号线已于2012年通车运营，3号线已于2022年5月通车运营（图3-53）。已运营的西湖文化广场站为1号线、3号线两线叠岛同台换乘站，车站未预留换乘接口。为实现换乘，需在不影响既有车站正常运营情况下，对原有车站公共区、设备用房、设备系统、车站结构等进行局部改造。本节对既有1号线、3号线西湖文化广场站换乘改造工程进行分析、研究和总结，提出了既有车站换乘改造设计原则和设计要点。既有1号线、3号线西湖文化广场站位于拱墅区文晖路与中山北路交叉口南侧，车站沿中山北路南北向布置，为1号线、3号线叠岛同台换乘车站，1号线为6B编组，3号线为6Ah编组，有效站台长度为120m。车站为地下三层站，地下一层为站厅层，地下二层和地下三层为站台层，可实现1号线、3号线同台换乘功能。受建设条件制约，采用楔形站台形式，站台宽度为12～13m，双柱三跨结构（图3-54）。

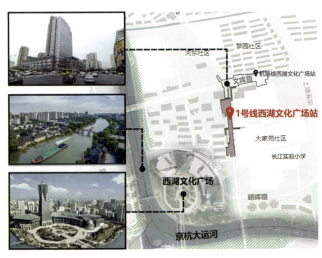

图3-53　区位示意图

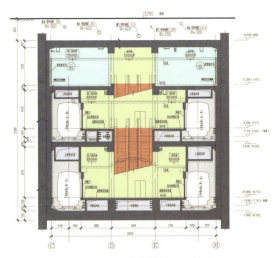

图3-54　既有车站剖面示意图

叠岛同台换乘站的公共区需设置厅台间组织进出站的楼扶梯和站台之间的联系楼扶梯，这些楼扶梯将站台公共区分隔为数个横向连通空间，尤其对地下二层站台层空间影响大，实现三线换乘后，既有线站台层会出现换乘流线和进出站流线交织情况，故对既有车站站台层的冲击是本次换乘改造工程重点解决的问题之一（图3-55）。

图3-55 既有1号线、3号线车站纵向剖面示意图

二、换乘改造方案

既有车站改造工程宜优先选择在非空调季实施，并综合考虑客流量较小的时间段开展；需根据换乘方案，明确改造区域，并在设计之初进行详细现场踏勘和摸排工作，以便明确工程量、风险预判；应在满足换乘功能前提下，尽量减少改造工程量，并对换乘方案和既有车站客流承载力进行功能性评价，以进一步确定改造方案的可行性。

1. 换乘方案

杭州机场轨道快线车站位于拱墅区文晖路与中山北路交叉口东侧，车站沿文晖路东西向布置，在路口和中山北路下方新建换乘厅与既有1号线、3号线车站地下一层站厅层连接。为实现新建换乘厅与既有1号线、3号线站厅的连通，需打开既有车站端墙结构并对地下一层北段设备用房区进行改造。换乘厅与既有车站连接通道净宽10.4m，长度为59m，可满足双向换乘客流通行需求，该通道与既有车站接口处由于受既有车站主体结构柱制约，被分为净宽度为6.7m和2.85m的两个接口，利用分区栏杆对6.7m通道宽度进行分隔，使换入和换出通道宽度基本相等（图3-56）。

新建换乘厅建筑面积3414.6m^2，换乘厅内划分为付费区和非付费区，具备进出站功能，换乘厅与既有A出入口通道连接，实现新建机场轨道快线（19号线）车站与既有车站非付费区连通，进而形成以地铁站点为核心的地下慢行空间环境，解决文晖路北侧客流进出站和行人过街需求（图3-57）。

2. 换乘方案功能性评价

根据杭州机场轨道快线客流预测数据，本站远期日换乘客流为15.9万人，早高峰双向换乘为2.1万人，其中杭州机场轨道快线换乘1号线、3号线客流为1.125万人，1号线、3号线换乘杭州机场轨道快线客流为0.9876万人，早高峰换乘客流占杭州机场轨道快线车站早高峰总客流比例初期为80%，近期为86%，远期为84%。

因此，本次换乘改造采用客流动态仿真模拟，以便对换乘功能和既有车站厅台功能空间客流承载力、交通设施客流承载力进行功能性评价。在进行仿真模拟时，考虑到杭州机场轨道快线连接杭州西站、杭州东站、萧山国际机场三大综合交通枢纽，携带大行李的乘客比例较高，一定程度上影响设施的能力和行走速度，故参数设定时考虑了这部分因素。

杭州机场轨道快线根据客流仿真模拟结论和建议，对换乘方案进行了优化调整，具体调整内容和

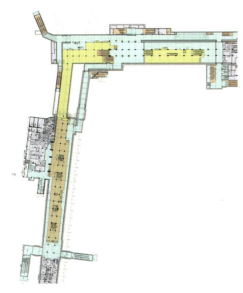

图3-56 站厅层平面示意　　　　图3-57 新建车站与既有车站换乘关系和建筑空间环境示意图

解决措施如表3-6所示。

3.换乘改造实施方案

既有1号线、3号线车站换乘改造工程可分为设备区改造和站厅公共区改造两个部分，其中设备区改造涉及两部分内容：①车站地下一层站厅层北段设备区，主要包括1号线活塞风道、排风道、大系统送风回排风管、冷却水管、动照和弱电系统电缆井；②车站地下二层站台层北段设备区，主要改造内容为调整照明配电室位置。站厅公共区改造内容结合换乘流线和进出站流线的调整，重新划分为付费区和非付费区，同时调整闸机、安检设备、自动售票机等设置位置以适应客流组织需求（图3-58、图3-59）。

调整内容和解决措施　　　　表3-6

问题一：1号线、3号线列车同时到达，既有车站地下二层站台层平均人流密度大于1.0人/m²，接近1.2人/m²，站台拥挤，尤其站台层北端头楼扶梯前方客流拥挤，排队现象明显，存在安全隐患	措施：调整地下二层站台层北段照明配电室位置至站台端门外，使得楼扶梯前方空间由9.96m调整至15.31m，一定程度缓解梯口客流压力
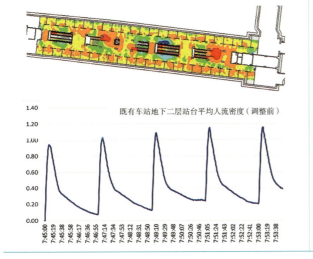	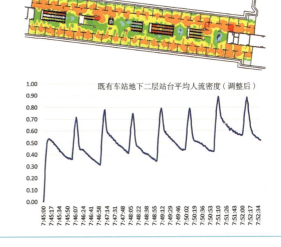

续表

问题二：既有车站站厅北端至地下二层站台和地下三层站台的下行扶梯设施饱和度接近1.0（分别为0.99和0.8），能力紧张，易形成瓶颈	问题三：杭州机场轨道快线车站从换乘厅直达站台层的3部扶梯，为2部下行1部上行，近、远期客流情况下，饱和度分别为0.94和1.2，通行能力不足
	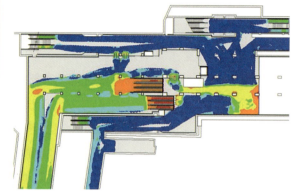
措施：加强运营管理，高峰时段将部分客流引导至南端楼扶梯组；尽量扩大付费区空间以满足进出站和换乘客流通行需求	措施：高峰时段可将三部扶梯均调整为下行，平峰时段可将其中一部下行调整为上行

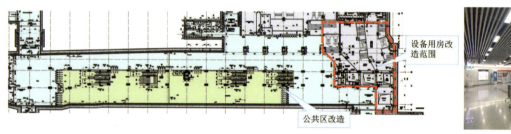

图3-58 改造前站厅层平面图及布置

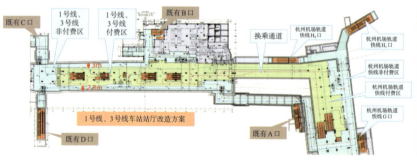 

图3-59 改造后站厅层平面图及换乘区域

考虑改造工程的复杂性，为最大程度降低改造工程对既有车站运营的影响。相关专业设计人员和车站站务人员对照原施工图纸对涉及改造区域的房间、设备设施位置和数量、变电所接口和容量、设备控制模式、电缆、水管等管线敷设位置和路由等进行了多轮详细的梳理、统计和现场确认工作。结合现场摸排情况，各专业设计人员对本专业改造工程内容进行细化分解并制定了详细的改造布序，明确了改造工程量，并在改造施工图中进行完整地表述和说明。

（1）设备区改造

设备区改造分为三个阶段：

1）第一阶段为站厅层设备区改造（风道改造），主要工作为围绕事故风机和排热风机移位、冷却水管改移开展,其主要目的为缩短活塞风道、排风道长度,将冷却水管调整至站台板下敷设,通过以上两项改造工作,所腾退出的建筑空间可作为换乘通道功能使用(图3-60)。本阶段,1号线活塞风道由双活塞模式调整为单活塞模式。风机移动以"改移一台调试一台"为原则,始终确保活塞风道、排热风道的完整性和事故工况下至少有一台事故风机能够及时启动。

2)第二阶段主要工作为结合3号线盾构施工时序,在3号线轨行区新建夹层风道,该夹层风道分为三个舱室,分别用于组织1号活塞风道、3号线轨顶排热风道和大系统送风、回风管敷设。该夹层风道通过在地下一层楼板新风孔与改造后的活塞风道、排风道连接(图3-61)。

为避免事故工况下1号线左右线轨行区排烟相互干扰,保障安全性,分别于地下二层和地下三层临轨行区侧墙加装风阀。

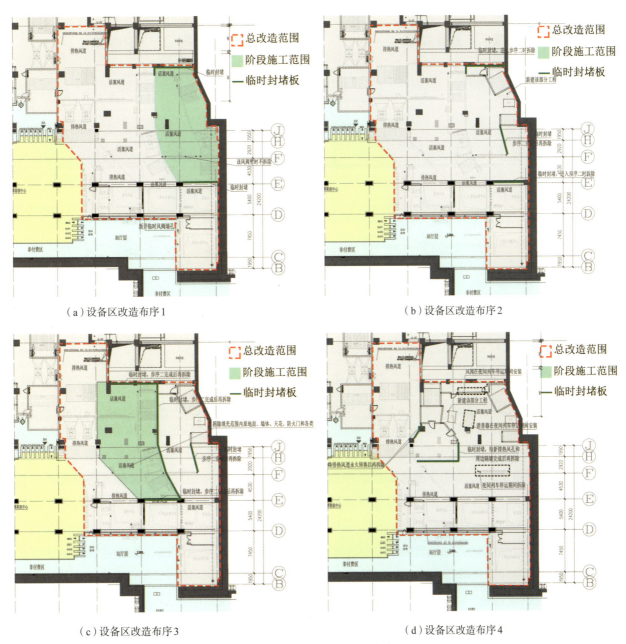

(a)设备区改造布序1　　　　　　　　(b)设备区改造布序2

(c)设备区改造布序3　　　　　　　　(d)设备区改造布序4

图3-60　设备区改造布序(1)

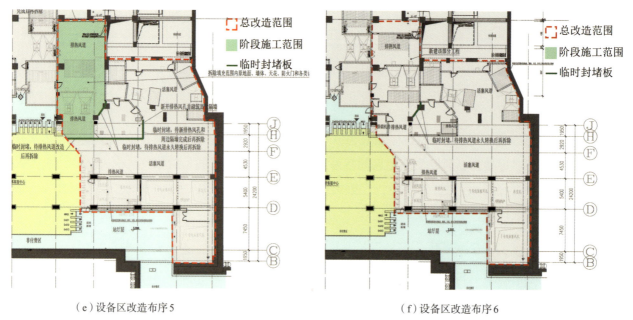

(e)设备区改造布序5　　　　　　　　　(f)设备区改造布序6

图3-60　设备区改造布序(2)

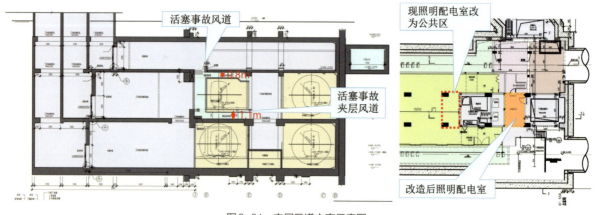

图3-61　夹层风道方案示意图

此阶段为设备区改造的核心环节,夹层风道形成和临1号线轨行区风阀安装后,重新规划后1号线活塞、3号线和1号线左线轨顶排热风道、大系统送回风管敷设路径均实现贯通,在此基础上,地下一层原有的活塞风口、排热风口可以进行封闭,并为大系统送回风管的改造创造条件。

3)第三阶段为低压配电和照明系统改造,主要工作内容为地下一层强弱电缆井和地下二层站台层北端头照明配电室移位。低压配电荷照明系统改造原则上优先完成电缆敷设和新建照明配电室砌筑、配电箱安装工作,待各项接口工作准备就绪后,利用夜间停运后的施工窗口期完成接电和调试工作(图3-62、图3-63)。

地下二层照明配电室位置调整后,公共区楼扶梯前方空间由现状仅9.96m调整至15.31m,扩大了公共区楼扶梯口部排队空间,一定程度上缓解了站台客流压力。

(2)站厅公共区改造

站厅公共区改造主要工作内容为适应换乘方案对站内空间的需求,对付费区和非付费区的划分、进出站流线、公共区设备设施、装修、导向、监控等进行调整。为保障改造期间运营安全,同时考

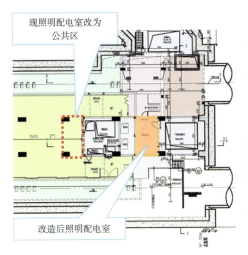
图3-62　照明配电室位置改移方案

图3-63　照明配电室移位后，增加了站台梯口前的空间

虑站厅公共区完成换乘改造后将无站内安检空间，故将站内安检永久调整为通道安检（图3-64）。

安检范围调整后，逐步开展公共区闸机、票亭、栏杆和盲道的改造工作。栏杆和盲道改造过程中应保持付费区的完整性，可在夜间停运后施工，工序为先敷设新盲道和栏杆，再将原有盲道和栏杆废除或衔接利用。公共区改造的核心工程为闸机移位，各改造布序和施工组织均围绕其制定和调整。

按照闸机调整方案，公共区改造工程可分为6个布序（图3-65）。为减少地面破除工程，闸机移位改造思路为就近接线改造，利用吊顶上方空间走线，先完成线槽敷设，使闸机具备快速安装调整的条件。导向和监控的调整随闸机位置调整同步安装到位。

（3）车站结构改造方案

西湖文化广场站改造主要涉及既有孔洞封堵、新增开孔及孔边梁施工、新建风道、新建行车道板等方面。负一层活塞风孔位于运营轨行区上方，现浇封堵存在施工时间长、支模困难、建渣易掉入轨行区等问题，本工程采用条形预制盖板形式，可有效解决施工困难、缩短工期。为保证负一层设备区改造后能有效衔接，负一层板需回填垫高，工程采用泡沫混凝土回填减少楼板受力，增加结构安全富余量。

（a）B口安检位

（b）C口安检位

（c）D口安检位

图3-64　改造后安检布置由站厅安检调整为通道安检

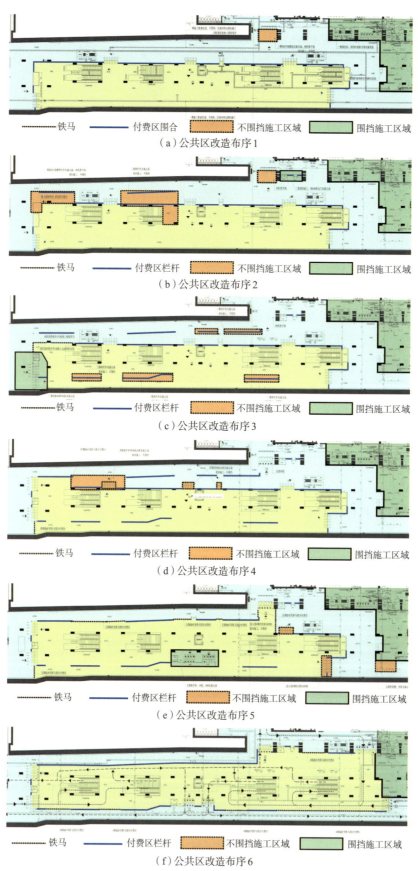

图3-65 公共区改造工程

三、结论

根据城市发展和配套线网客流服务需求，将已运营车站由非换乘站调整为换乘站或在已运营换乘站基础上接入新的换乘线路，此类车站往往处于城市发展核心区、线网客流聚集区，出行需求明显，往往要求在不影响车站正常运营的情况下对既有车站结构、公共区、设备系统及用房等进行改造，需结合具体换乘方案合理执行改造方案和计划，根据既有1号线、3号线西湖文化广场站换乘改造工程实践经验，换乘改造设计原则如下：

1）改造工程开展时机选择，宜优先选择非空调季，并综合考虑客流量较小的时间段开展；

2）需根据换乘方案，明确改造区域，并在设计之初进行详细现场踏勘和摸排工作，以便明确工程量及进行风险预判；

3）应以满足换乘功能最优为前提，对既有车辆进行适度改造；

4）应在设计阶段对换乘方案和既有车站客流承载力进行功能性评价；

5）应在设计阶段制定详细改造计划和施工布序，以指导施工，将对既有车站运营的影响降到最低。

第六节
客流仿真评价技术在西湖文化广场站设计中的应用

一、概述

西湖文化广场站是网络中骨干线1号线、3号线与杭州机场轨道快线的三线换乘站，是杭州轨道交通复杂换乘站的典型代表，本节基于换乘站客流的交通动态特征，采用客流仿真技术从新线车站设计方案评估、对既有车站设施的影响评估以及新老车站之间协调性评估等方面对西湖文化广场站设计方案进行了系统评估分析，优化设计方案，提升车站功能；并利用此方法分析改造实施对既有线运营的影响，优化改造实施方案，降低实施影响。

二、复杂换乘站功能评价的重点

1. 新线车站自身的评估

新线车站自身的评估重点在于站台、设施规模和布局等是否满足预测客流的需求，客流在站台上分布的均衡性以及车站公共区域服务水平等方面。

2. 新线对既有车站的影响评估

新线车站规划、设计的基础资料与既有车站存在一定的差异，尤其是开通较久的老站，因此新线开通后将对老线车站的设施、站台等造成一定的客流冲击。评估重点在于既有车站设施、站台规模等是否满足新预测背景下客流的需求及公共区域的安全性要求。

3. 车站之间的协调性评估

车站之间的协调性评估包括换乘便捷性、线路运能匹配性以及客流组织方案合理性等方面的评估。对于多线换乘站,线路数量的增加会使得客流组织方案的难度增大、矛盾点增多,因此需重点评估组织方案的合理性。

4. 既有站改造实施对客运服务影响评估

需要对既有车站进行改造的车站,结合车站特点和改造措施,还要评估改造实施过程对既有线运营的影响,包括改造过程中设施的能力、流线顺畅、乘客出行习惯改变及改造时机选择等方面。

三、客流仿真评价方法体系

采用客流仿真与换乘功能评价相结合的方法体系,融合了客流仿真和换乘功能评价的优点,对于解决复杂换乘站的方案和功能设计是行之有效,且非常必要的。换乘站的客流仿真,能直观体现车站客流的复杂特征和乘客偏好,具象化客流的冲击、交叉冲突等复杂场景,突出动态优势。利用换乘功能综合评价指标体系对仿真结果进行全面评价,通过方案优化,确保车站在使用过程中的安全性、便捷性和舒适性等多方面的要求,兼顾乘客方、管理方和设计方的需求。

为提高客流仿真模型的准确性,需结合城市已运营车站的客流特征及关键设施使用特征,标定仿真模型的关键参数,使得仿真模型符合当地城市的实际使用状况,更具本地化、个性化。在对具体车站建立模型时,还需考虑由于车站类型的不同所造成的乘客特征、设施参数等差异。例如与杭州机场轨道快线换乘或者与枢纽站衔接的车站,携带行李箱的客流比例较高,乘客行走速度也较慢,单程票购票比例较高。而车站周边存在会展、体育场馆、客运枢纽等车站,在建模时还需考虑突发客流对车站的冲击。

换乘功能综合评价体系包括与运营密切相关的四大方面、七项指标,如表3-7所示。这个标准体系已经在西安、北京、成都等城市多座换乘站设计中得到了应用和验证,对于提高设计方案的水平起到了切实可靠的作用。

功能综合评价标准　　　　　　　　　　　　　　　　　　　　　　　　表3-7

评价内容	评价指标	评价标准
换乘便捷性	换乘时间	宜小于3min,不应大于5min
	换乘流线顺畅性	主流线不交叉,其他流线交叉未导致拥堵
设施能力适应性	超高峰饱和度	必须小于1;宜小于0.8
	设施利用均衡性	设施利用能力匹配均衡
短时冲击性	站台人流密度	小于1.0人/m²
	设施拥堵人数	小于200人(14m站台),不影响站台上其他区域的功能
运能匹配性	站台滞留人数	宜小于列车20%超载能力与列车定员运输能力的差值

四、西湖文化广场站仿真评价

1. 车站及客流特征

（1）车站特征

1）老线车站形式特殊，车站空间小

西湖文化广场站既有车站是1号线、3号线的换乘站，同步设计同步施工完成。车站采用的是叠落式的同台换乘车站，与同样是同台换乘站的武林广场站共同承担1号线、3号线之间的换乘客流。

既有车站地下一层为站厅层，地下二层为1号线下行线路和3号线下行线路的站台层，地下三层为1号线上行线路和3号线上行线路的站台层，同一站台可实现线路之间的便捷换乘。

既有站台为楔形岛式站台，一端宽13m，另一端宽12m，对于三线换乘站来说，站台宽度较窄。地下三层站台设置3组楼扶梯设施，按功能分为两组进出站楼扶梯和一组站台联络的楼扶梯。地下二层站台上有5组楼扶梯设施，除了地下三层通过和联络的楼扶梯，还有两组自身的进出站楼扶梯，另外还有一部无障碍电梯贯穿至站厅。由于站台宽度窄、楼扶梯设施数量多，地下二层站台能供乘客通行和等待的有效面积仅994m^2，低于一般车站的有效面积，因此，三线换乘站建成后将面临站台空间紧张的风险。

2）新线埋深大，采用站厅—换乘厅双厅形式

杭州机场轨道快线车站为地下五层结构，地下一层为换乘厅，与1号线、3号线站厅同层，设置有进、出站闸机，换乘厅以上有市政过街通道。地下二层为杭州机场轨道快线的站厅层，设置有售检票和安检设施，与换乘厅中间通过端部的三部扶梯互通。地下五层站台层上共有4组楼扶梯设施，其中3组连接站厅层，端部1组直达换乘厅，为最便捷的换乘路径。站厅—换乘厅双厅形式，一方面分离了杭州机场轨道快线的进出站客流与换乘客流，避免相互之间的干扰影响；另一方面，为杭州机场轨道快线与既有车站之间提供了便捷直达、可供选择的换乘路径。

杭州机场轨道快线车站与既有车站通过换乘通道相连，通道宽约10m。既有1号线、3号线主要客流是同站台换乘，1号线、3号线和杭州机场轨道快线之间则通过通道换乘。客流组织方案应结合客流特征和规律，统筹考虑换乘客流对既有线和新线楼扶梯设施的选择使用、客流在站台上的分布、在通道中的行走方向以及客流之间的交叉冲突等因素，选择换乘便捷、安全性高、舒适性好的客流组织方案（图3-66）。

（2）客流特征

1）客流总量大，换乘客流对既有线存在冲击

根据客流预测报告，西湖文化广场站远期高峰小时车站换乘总量为4.7万人，其中杭州机场轨道快线与1号线、3号线之间换乘量约为2.2万人，占换乘总量的46.8%。交换量大，对既有线站厅、站台、楼扶梯等设施存在一定的冲击。

2）客流在既有站台间分布不均衡

远期高峰客流中，既有线地下二层站台承担了约2.8万人的换乘量，占总换乘量的59.6%；地下三层站台承担1.9万人的换乘量，占总量的40.4%。大量换乘客流分布在地下二层站台，此站台和相

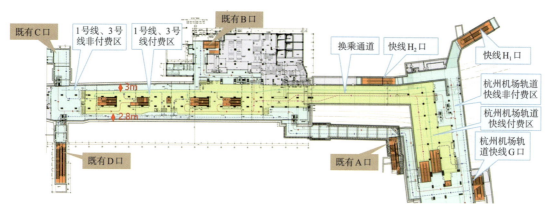

图3-66 西湖文化广场站站厅平面图

应的楼扶梯面临较大的客流压力。

3）乘客构成复杂，客流特征混杂

车站周边以居住、商业、办公和文化用地为主。车站客流以通勤客流为主，同时包含商业、休闲客流。杭州机场轨道快线接入后，进出站及换乘客流都会有一定的对外出行客流。因此，在仿真模型构建时需重点结合客流特征和车站设施等的编号进行参数标定。

2. 设计方案仿真评价结果

（1）新线车站自身评估

杭州机场轨道快线站台上楼扶梯设施远期高峰小时饱和度都小于1.0，符合评价标准，满足换乘客流需求。站台整体的平均人流密度最高为0.6人/m^2，符合标准，站台舒适性较好。

站厅和站台的人流密度图（图3-67），反映了站厅各个区域的人流密度分布情况。按照人流密度分为A到F六级服务水平，密度值越高的区域服务水平越低，密度值低于E级的符合评价要求。从客流在站台上的分布来看，高密度区域主要集中在楼扶梯前区域，由于客流短时冲击所致，高密度可

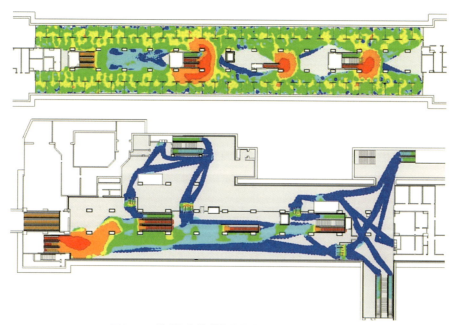

图3-67 杭州机场轨道快线站台、站厅人流密度图

以在发车间隔内消散，而其他区域人流密度较低，服务水平较高。

站厅区域进出站闸机和自助购票机等设施未出现拥堵，其能力满足客流需求。

（2）杭州机场轨道快线对既有线车站设施的影响评估

从既有线设施能力来看，由于杭州机场轨道快线换入乘客就近选择换乘设施的习惯，1号线、3号线站厅北端至地下三层的下行扶梯设施饱和度大于1.0，能力与客流需求不匹配。结合客流仿真结果，站厅下行楼扶梯前有客流拥堵排队的情况，人流密度图也显示此处区域出现了高密度（表3-8）。

既有线站台人流密度　　　　　　　　　　　　　　　　表3-8

地下二层站台	地下三层站台
人流密度分布图	人流密度分布图
B2站台平均人流密度	B3站台平均人流密度
整体平均人流密度	整体平均人流密度

地下二层站台整体平均人流密度大于1.0人/m^2，接近1.2人/m^2，超过评价标准。客流量大而空间小的矛盾，导致了地下二层站台客流拥挤，舒适性低，存在一定的安全隐患。从站台客流分布来看，楼扶梯前面及侧面的区域人流密度较高，客流对站台及设施的冲击较大。

地下三层站台平均人流密度满足标准，舒适性好，安全性高。人流密度高的区域集中于楼扶梯前区域，其他区域较为舒适，客流对站台的冲击较小。

（3）车站之间协调评估

仿真结果显示，既有车站与杭州机场轨道快线车站的平均换乘距离300m，平均换乘时间约5min，车站之间的便捷性可接受。线路之间的运能也相匹配，各线路方向均无乘客滞留。

经过客流仿真比选，通道中乘客靠左行走、杭州机场轨道快线站台端部扶梯承担换入客流的客流组织方式，是更适合本站的客流组织方式（图3-68）。这种方式避免了杭州机场轨道快线站台上的客流穿行，对站台的客流影响较小，更有利于客流的快速疏散；同时对新线和既有线站厅的影响也相对较小。

但地下一层换乘厅处进、出站客流与换乘客流之间存在交叉。通过客流仿真评价，西湖文化广场站评价结论总结如下：

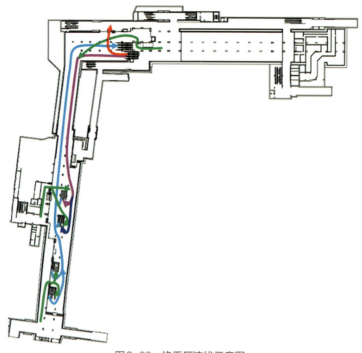

图3-68 换乘厅流线示意图

1）杭州机场轨道快线设施多、站台规模大，满足预测客流的需求，站台上的舒适性和安全性都较好。

2）换乘客流对既有车站的影响较大，尤其是地下二层站台有效空间小，而客流量大，投入运营后将会存在一定的风险，运营中应重点加以关注。

3）线路之间运能匹配、便捷性可接受。但在客流流线方面，换乘厅及既有线站厅进出站流线与主换乘流线之间存在交叉，干扰了换乘客流的通行。

针对上述问题，建议在工程条件允许的情况下，尽可能扩大站台的有效空间。站厅区域调整设施布局，理清站厅及换乘厅客流流线的关系，减少交叉和干扰。需保留换乘厅的进出站功能，以分流既有车站和杭州机场轨道快线的进出站客流。

经现场条件落实，地下二层站台由于工程条件限制，无法扩充空间。在后续的深化方案中，换乘厅按照评估意见保留了进出站功能。进一步调整了既有车站站厅的布局，构建了连通车站非付费区的通道。

3. 改造实施影响评估

杭州机场轨道快线的接入使得既有西湖文化站站厅闸机、栏杆、安检和购票等设施的布局有所调整，并需在新线开通前完成相应的施工改造。为减小改造施工对既有线运营的影响，改造内容按照分步实施的原则，分为6个步序（表3-9）。结合现状客流特征，对关键步序的运营效果进行了客流模拟评估，分析其对运营的影响，并优化相应步序。

经过动态模拟分析，既有1号线、3号线西湖文化广场站的改造步序安排基本合理。

改造步序及评估结果　　　　　　　　　　　　　　　　　　　表3-9

序号	步序方案及仿真结果	改造内容及评估结果
1	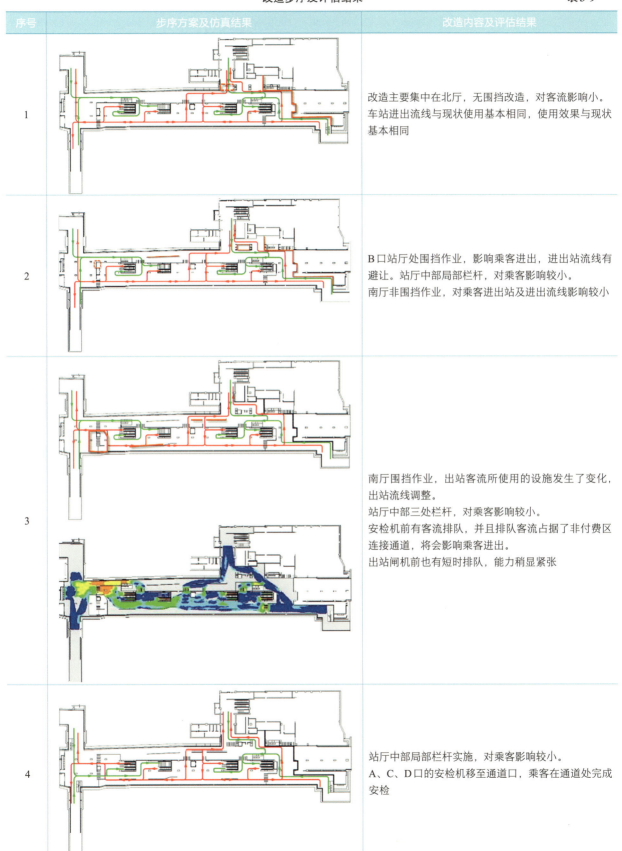	改造主要集中在北厅，无围挡改造，对客流影响小。车站进出流线与现状使用基本相同，使用效果与现状基本相同
2		B口站厅处围挡作业，影响乘客进出，进出站流线有避让。站厅中部局部栏杆，对乘客影响较小。南厅非围挡作业，对乘客进出站及进出流线影响较小
3		南厅围挡作业，出站客流所使用的设施发生了变化，出站流线调整。站厅中部三处栏杆，对乘客影响较小。安检机前有客流排队，并且排队客流占据了非付费区连接通道，将会影响乘客进出。出站闸机前也有短时排队，能力稍显紧张
4		站厅中部局部栏杆实施，对乘客影响较小。A、C、D口的安检机移至通道口，乘客在通道处完成安检

序号	步序方案及仿真结果	改造内容及评估结果
5	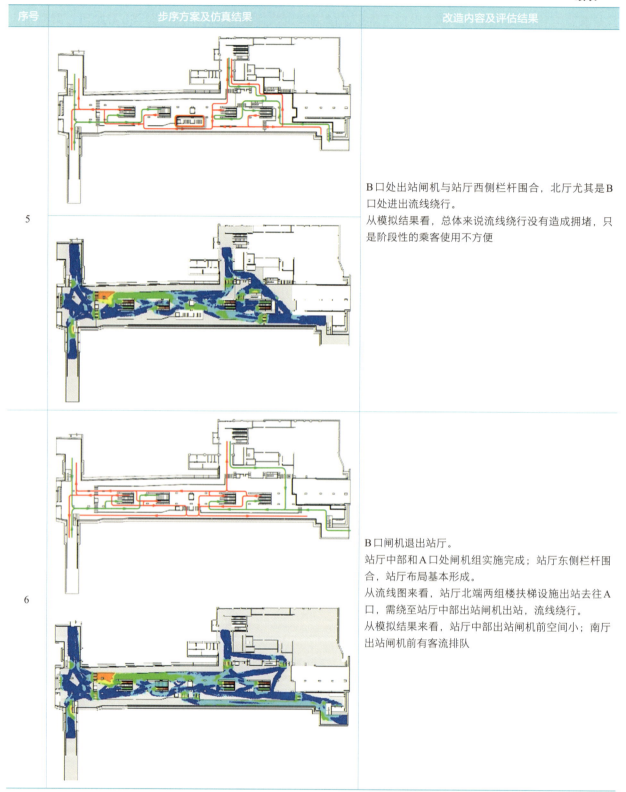	B口处出站闸机与站厅西侧栏杆围合，北厅尤其是B口处进出流线绕行。 从模拟结果看，总体来说流线绕行没有造成拥堵，只是阶段性的乘客使用不方便
6		B口闸机退出站厅。 站厅中部和A口处闸机组实施完成；站厅东侧栏杆围合，站厅布局基本形成。 从流线图来看，站厅北端两组楼扶梯设施出站去往A口，需绕至站厅中部出站闸机出站，流线绕行。 从模拟结果来看，站厅中部出站闸机前空间小；南厅出站闸机前有客流排队

五、结论

客流仿真评价技术在西湖文化广场站设计和改造方案中的应用表明,客流仿真评价对于轨道交通换乘站尤其是复杂换乘站的方案优化、客流组织方案的比选、改造实施的影响等方面具有非常重要的作用,是行之有效的辅助车站方案设计的手段和工具,对于设计工作的精细化具有积极的推进意义。

结合本站的客流仿真评价,对复杂换乘站的设计及改造实施提出以下要点:

1)注重复杂换乘站的功能设计。换乘站设计是系统工程,方案设计是车站的骨架,功能设计为车站的灵魂,两者应相协调。

2)重视对既有线的影响分析,提前做好应对措施,降低新线开通后对既有线的客流冲击和能力挤兑。

3)加强多线换乘站的客流组织方案比选,协调不同客流之间的关系,以实现车站功能最优化。

4)对已运营车站的改造实施,应坚持运营影响最小化原则,结合车站特点,制定实施方案。

第七节
海创园站与文一西路地下快速路合建方案研究

一、概述

海创园站为杭州机场轨道快线与规划12号线换乘,采用"T"形节点换乘方式;杭州机场轨道快线车站为地下二层岛式车站,规划12号线为地下三层岛式车站。车站位于文一西路与高教路交叉口处,其中杭州机场轨道快线车站沿文一西路东西向布置,规划12号线沿高教路南北向布置。车站西北侧为海创园,西南侧为富力朗悦居,东南侧为阿里巴巴西溪园区,东北侧为在建阿里巴巴五期。本节主要对杭州机场轨道快线海创园站与文一西路地下快速路结合建设的工程经验进行总结。

文一西路地下快速路规划有西段、东段共2段快速路工程,在文一西路与高教路交叉路口西侧设有快速路西段工程的进出口匝道,交叉路口东侧设有阿里巴巴的市政过街通道,为此,在该节点需要综合考虑地铁车站、快速路主线隧道、匝道、市政过街通道之间的相互关系(图3-69)。

为了实现文一西路提升工程西段匝道设置要求,主线隧道采用矩形隧道形式,在高教路路口西侧设置的一组两对剪刀叉匝道,主要受控于以下因素:

(1)平面位置受限:匝道西侧为省委党校正门,东侧为高教路路口和阿里巴巴园区正门,车流、人流量大,匝道布置不可侵入上述区域,平面布置范围有限,基本无调整余地。

(2)深度受限:受平面位置制约,匝道爬升高度有限,与主线隧道的接口只能位于地下一层或地下二层空间。

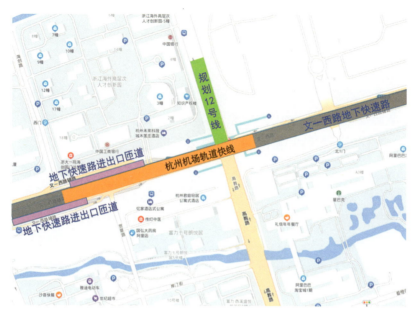

图3-69 地铁车站与文一西路地下快速路区位分析图

因此，车站方案主要受控于以下因素：
(1)车站埋深受快速路西段工程主线隧道的影响。
(2)车站及区间平面位置受匝道平面布置的制约。

二、地铁与地下快速路组合形式比较分析

基于对车站与快速路的空间关系进行分析，针对车站与地下快速路两者叠落布置和平行布置这两种空间关系进行车站方案的比选。

(1)车站与快速路叠落设置

1)快速路位于地下一层

快速路设置于地下一层，车站设置于快速路之下，杭州机场轨道快线为地下三层车站，12号线为地下四层，车站出入口提升高度为16.45m。本线车站轨面埋深为22.93m，12号线车站轨面埋深为29.21m，车站宽度与隧道同宽(图3-70)。车站埋深较深，出入口提升高度较大，乘客使用感较差，车站投资较高。

2)快速路位于地下二层

快速路设置于地下二层，车站站厅调整为地下一层，杭州机场轨道快线为地下三层车站，12号线为地下四层，出入口提升高度为7.30m。本线车站轨面埋深为20.63m，12号线车站轨面埋深为28.31m(图3-71)。本方案下，需将快速路主线隧道分开或加宽车站宽度使站厅与站台联通，站厅至站台提升高度为12.25m。车站出入口提升高度较小，使用感较舒适，但车站埋深较深，标准段宽度较大，空间较为浪费。

(2)车站与快速路并行设置

车站与快速路并行设置，车站设置于地下一层，快速路设置于地下二层，车站利用快速路上方空

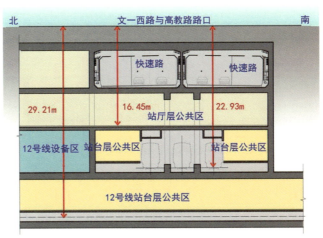

图3-70 地下快速路位于地下一层与车站剖面关系图

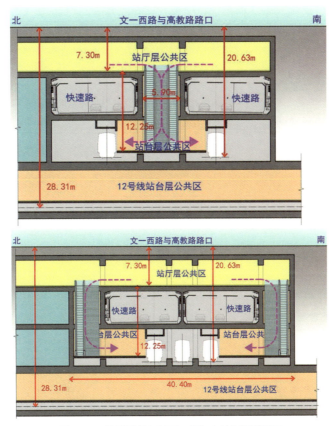

图3-71 快速路位于地下二层与车站剖面关系图

间布置设备用房、物业开发及过街系统，出入口提升高度为8.3m（图3-72）。车站埋深较浅，出入口提升高度较小，乘客使用感较好，车站和快速路两大工程充分合建，极大地利用地下空间，节省投资，但工程整体基坑宽度较宽，施工期间对交通疏解条件要求较高。

（3）方案综合比选

综合考虑车站规模、快速路隧道工程造价、车站使用功能等方面，并结合现状文一西路道路宽度为50m，南北两侧均有50m宽绿化带，交通疏解及管线改迁条件较好，推荐车站与快速路并行布置（表3-10）。

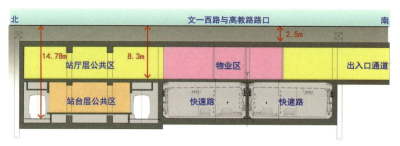

图3-72 快速路与地铁车站平行布置关系图

车站与快速路相对关系方案比较表　　　表3-10

比较内容	叠落设置		并行设置
	快速路位于地下一层	快速路位于地下二层	
车站规模	车站与隧道同宽，宽度约28m，规模较大，车站空间较浪费	车站为满足站厅站台的连通，宽度约40m，规模大，车站空间浪费	车站采用标准岛式车站宽度，与快速路共墙设置，规模较小
出入口设置	站厅层位于地下二层，出入口提升高度较大，使用感较差	站厅层位于地下一层，出入口提升高度较小，使用感较舒适	站厅层位于地下一层，出入口提升高度较小，使用感较舒适
车站埋深	杭州机场轨道快线为地下三层站，12号线为地下四层站	杭州机场轨道快线为地下三层站，12号线为地下四层站	杭州机场轨道快线为地下两层站，12号线为地下三层站
快速路埋深	快速路位于地下一层，与匝道连接顺畅	快速路位于地下二层，与匝道连接较顺畅	快速路位于地下二层，与匝道连接较顺畅
交通疏解	标准段宽约28.3m，交通疏解压力较小	标准段宽约40m，交通疏解压力较大	标准段宽约54.8m，交通疏解压力较大

三、车站方案设计重难点分析

1. 设计思路

1）车站与快速路平行设置，快速路主线隧道位于车站地下二层，匝道位于车站地下一层，车站埋深受限于匝道及主线隧道埋深，保证匝道设置不影响车站运营。

2）快速路主线隧道上方空间与车站站厅层相连，需合理考虑该空间的用途，提高地下空间的利用率。

3）隧道匝道与车站合建设置，隧道雨水泵房也需一并考虑设置在车站范围内，需充分考虑匝道敞口段及泵房部分的防水及排水措施，避免雨水天气对车站的影响。

4）从主线隧道分流出的匝道进入车站范围，从结构受力角度需考虑大板跨问题，因中间存在共用的基坑围护墙，需考虑中间围护墙破除及板主受力方向的钢筋连接问题。

5）主线隧道与车站并行设置，中间共用基坑围护，设计时需考虑基坑开挖施工工序等问题。

6）因匝道与车站合建，车站结构设计时需考虑匝道下形成的过渡区域空腔的排水问题，避免空腔内的积水对运营造成影响。

7）因杭州机场轨道快线与规划12号线"T"形换乘，杭州机场轨道快线换乘节点位于车站与主线隧道合建段内，基坑设计阶段需充分考虑"坑中坑"支护方案及开挖施工工序等。

8）杭州机场轨道快线、主线隧道与12号线的交叉设计，需线路专业结合全线纵坡及覆土厚度，充分考虑交叉点处的轨面标高及主线隧道的路面标高等协调问题。

2. 车站方案

海创园站位于文一西路与高教路交叉口处（图3-73）。车站西北侧为海创园，西南侧为富力朗悦居，东南侧为阿里巴巴西溪园区，东北侧为在建阿里巴巴五期。文一西路设置有地下快速路。车站共设置有6个出入口，8组风亭组，均设置于规划绿化带内。

（1）站厅层

地下一层为杭州机场轨道快线与规划12号线共用站厅层，由公共区、设备管理用房两部分组成。公共区分为付费区和非付费区，非付费区内靠近出入口处设置自动售票机及自动充值机。付费区内沿杭州机场轨道快线车站纵向设置2组楼扶梯、1部单扶梯及1台垂直电梯。两线为站厅垂直换乘（图3-74）。

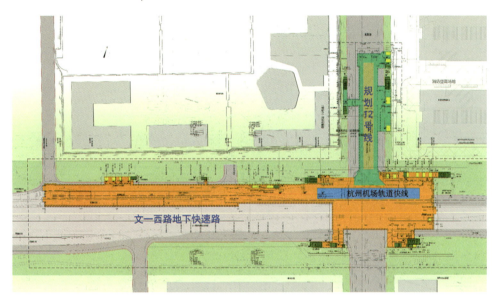

图3-73 海创园站总平面图

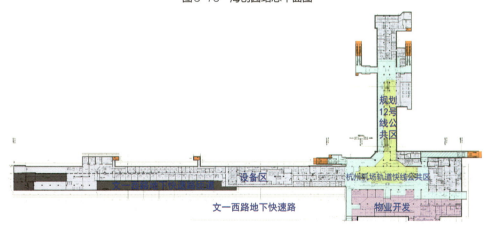

图3-74 站厅层平面图

（2）站台层（规划12号线设备层）

地下二层为杭州机场轨道快线站台层，规划12号线设备层，经计算站台宽度设计为14m，有限站台长度140m。杭州机场轨道快线站台中部为公共区，沿纵向设两组楼扶梯，1部单扶梯、1台无障碍电梯以及两组换乘楼扶梯（图3-75）。

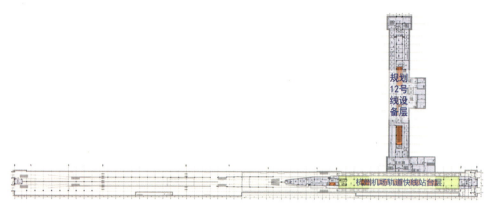

图3-75 站台层平面图

(3) 站台层（规划12号线）

地下三层为规划12号线站台层，站台宽度为14m，有限站台长度140m。站台中部为公共区，沿纵向设1组楼扶梯、1组三扶梯、1部单扶梯以及1台无障碍电梯（图3-76）。

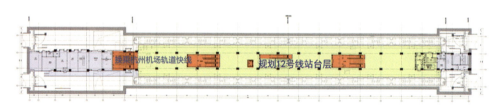

图3-76 规划12号线站台层平面图

(4) 竖向关系

杭州机场轨道快线车站与文一西路地下快速路呈平行设置，与规划12号线呈垂直设置。杭州机场轨道快线为地下二层，规划12号线为地下三层，文一西路地下快速路主线隧道位于车站公共区下方，由西向东进行提升，在车站配线区具备出地面条件，利用车站站厅层设备区设置进出口匝道（图3-77、图3-78）。

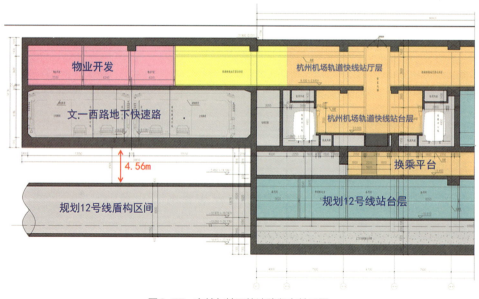

图3-77 车站与地下快速路竖向关系图

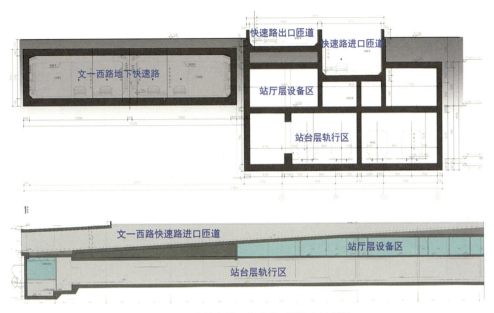

图3-78 车站与地下快速路匝道竖向关系图

(5)空间利用

杭州机场轨道快线车站站厅层位于地下一层,文一西路地下快速路位于地下二层,车站利用隧道上方空间设置物业开发,与地下快速路合建,提高了地下空间的利用率(图3-79、图3-80)。

(6)换乘条件的预留

杭州机场轨道快线站台预留两组楼扶梯与规划12号线连通,实现台台扶梯换乘,为换乘客流提供便利(图3-81)。

四、总结

海创园站与文一西路快速路并行设置,局部共墙,车站利用快速路上方空间布置设备用房、物业

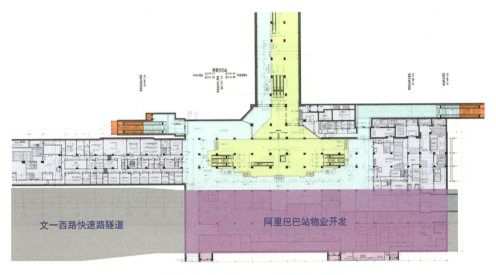

图3-79 车站与地下快速路空间关系图

图3-80 车站物业开发效果图

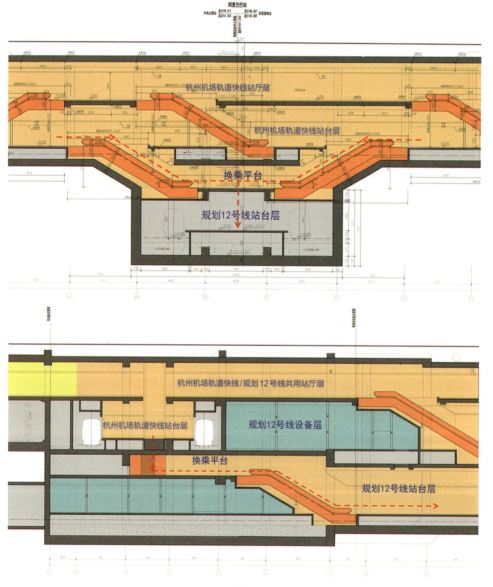

图3-81 车站换乘关系图

开发及过街系统，快速路利用车站配线上方空间布置隧道匝道，两大工程充分整合，提高了地下空间的利用率，降低了车站规模，减少了废弃工程。

第八节
车站装修设计方案

一、概述

杭州机场轨道快线作为展现城市的窗口以及城市新名片，需集杭州特色为一脉，融杭州魅力为一体。杭州机场轨道快线的装修设计方案吸取了国内城市机场轨道快线的经验和杭州既有开通线路总体装饰风格，结合站点周边环境，通过一站一景的形式，把装修与特色文化相结合，充分提取杭州城市文化内涵，打造一条有文化、简洁明快的地铁线，从而展现杭州炫彩缤纷的城市形象。

地铁车站土建与地铁设备设施建设越来越完善，对站内的设备、设施、安装形成标准化，地下车站应合理规划空间，让整个空间装修效果更具有特色，地铁建设空间最主要还是在地下，对空间的规划和利用需解决车站站厅、站台的压抑性。车站装饰设计以建筑协调、体现交通建筑特色、体现城市特色并符合标准化体系为原则。各系统设备功能完善、设施齐全、满足功能的同时考虑与美学的统一，外形更加美观，真正做到以人为本。

二、设计亮点

全线通过一站一景的形式，采用板通结合的设计手法，以铝板、铝方通对空间进行塑造，形成现代、简洁、具有灵动感的空间效果，通过墙面灯光色彩的变化形成站与站的识别性，并贯彻全线。车站采用简洁、大气、明快的手法体现地域文化，装修设计通过标准模块处理，组合式安装，减少人工成本，提高施工效率，吊顶透空率在50%以上，有效避免大部分设备终端开孔，满足功能前提下，实现美观性。灯具采用LED光源，响应国家节能、高效、环保政策，以典型站为载体，充分表现杭州机场轨道快线工程车站的导向标识设计理念、设计原则和手法。

三、典型车站装修设计方案

1. 苕溪站

苕溪站以"稻生西田"为主题，以生态农业为主，结合三山生态走廊的规划，提供舒适宜人的户外环境，层层叠落，延续塘浦圩田的历史格局（图3-82）。提取稻田丰收为元素，结合片区整体发展规划，采用方通结合声光电的设计手法，塑造现代、简洁、生态感的空间效果。打造一座交通便捷、配套齐全、城景交融的具有独特价值的杭州新地标。

图3-82 茗溪站

2. 火车西站站

火车西站站是中国大型铁路枢纽站之一。以车站枢纽为核心，打造一个媲美钱江新城的"城西科创新城"，利用枢纽优势，助力杭州城西科创大走廊建设。结合整体"云之城"的理念，提取火车西站站云门的建筑元素，通过艺术变形，形成大面积的云朵元素，对空间进行整体控制。打造一个科技、现代风格的空间效果，突显火车西站站作为城市重要交通枢纽之一，汇聚四方力量共建智慧杭州城市（图3-83）。

图3-83 火车西站站

3. 海创园站

海创园站以科技之光为主题,通过二维代码符号塑造未来感的科技空间,在节点部位进行生长感的设计,打造一个现代简约风格的空间效果,突显杭州的城市科技文化(图3-84)。

图3-84 海创园站

4. 西溪湿地北站

西溪湿地北站提取站点周边生态环境湿地、莲叶、白鹭为设计元素对空间进行设计,体现"连滩鹭影"西溪湿地优美的生态环境。艺术墙提取西溪湿地的白鹭与水韵为元素进行创作,以莲叶为抽象应用,形成造型灯具对吊顶进行点缀,提升空间文化氛围(图3-85)。

图3-85 西溪湿地北站(艺术墙效果图)

5. 驿城路站

此站以"宋瓷神韵"为主题，提取杭州宋瓷为元素，对空间进行设计，是杭州特有的传统手工艺品，既实用又具有观赏性。轻巧悦目，式样美观多样，有"杭州"的美称，体现具有江南韵味的传统手工艺术的传承（图3-86）。

图3-86　驿城路站（效果图）

6. 文三路站

方案提取苏轼在杭疏浚西湖时所创设的苏堤、三石塔、映月等元素对空间进行设计，吊顶弧形的拱顶与映月的巧妙结合，营造出儒雅、庄重的空间感受，表达苏轼达观潇洒且务实创新的人生态度，从而达到教育意义（图3-87）。

图3-87　文三路站（效果图）

7. 西湖文化广场站

西湖文化广场站结合站点周边的西湖文化广场与京杭大运河，提取站点周边的京杭大运河和站点周边标志性建筑——浙江环球中心（古塔文化），对空间进行设计。空间柱面采用古塔形式进行设计，吊顶采用镜面不锈钢材质模拟古运河水流，形成古塔倒影在运河中的剪影效果。以"西湖十景"在空间中展开，从而突出杭州的源远流长的历史底蕴、开放进取的现代发展精神（图3-88）。

图3-88 西湖文化广场站

8. 御道站

御道站坐落钱塘江北岸,连堡丰城开发项目、未来钱江新城2.0核心区,讲述钱塘江的弄潮儿故事,钱江潮闻名天下,弄潮儿勇搏激流、拼搏进取的精神逐步演化出"弄潮儿"精神(图3-89)。"竞奔不息,永立潮头"正是这种精神构成了钱塘江文化的精髓和灵魂。

图3-89 御道站

四、结论

地铁工程是一个系统工程，线路车辆、建筑景观和结构、室内设计、设备系统（空调、给水排水、AFC 系统、FAS 系统、BAS 系统、通信系统、信号系统、照明系统）、标志广告系统、公共艺术系统都是其中的一个要素。地铁装饰工程的成功不仅取决于室内设计师自身专业知识、艺术素养与创造才能的展现，更是系统间在不同层面上互相交叉、互相缠绕、互相协调的过程。所以必须对诸要素和子系统作认真分析，仔细推敲，才能解开它们交叉网络的结点，使矛盾统一，达到各项法规的要求。并且各系统材料的色彩和质感都尽量同装饰材料的各界面相协调，取得整体和谐。

地铁装饰材料选择满足防火耐用需求，价格适宜，节能、环保、美观的装饰材料，最大限度体现各部位功能要求，达到模块化设计标准。吊顶考虑选取铝板和铝方通作为装饰材料，透空率高，便于设备维护，适宜风口的隐藏，铝板耐腐蚀，经久耐用，属于非常成熟的装饰材料。墙面搪瓷钢板作为墙、柱面装饰材料，不易变形、平整度高、抗冲击性强。地面天然麻灰花岗石石材为地面材料，是地铁中应用最广泛的地面材料，耐磨度高，经济性好。

第四章
地下结构与高架桥梁

CHAPTER 4

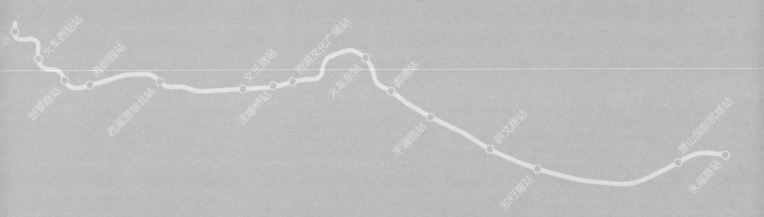

第一节
深厚软土超深基坑关键技术研究

■ 一、概述

软土具有含水量大、土体强度低、压缩性高、渗透性小等特点。杭州机场轨道快线工程软土基坑最深达到38.0m左右，且部分紧邻既有运营轨道交通设施，风险高、实施难度大，项目挑战性极大。本节依托杭州机场轨道快线西湖文化广场站超深主体基坑实例，对基坑风险、基坑风险关键控制技术及基坑与周边建筑的变形等进行研究，为软土地区的超深基坑施工提供借鉴。

■ 二、工程简介

1. 基坑概况及周边环境

杭州机场轨道快线西湖文化广场站位于文晖路与中山北路路口东侧，沿文晖路东西向布置，既有1号线、3号线车站位于中山北路与文晖路路口南侧，沿中山北路南北向布置。机场线车站北侧为朝晖一区住宅小区，南侧为杭州越都商务大厦、杭州长运运输集团、杭州市电力局宿舍，路口西北角为文晖园、苍山精品酒店，西南角为晶晖商务大厦（图4-1）。

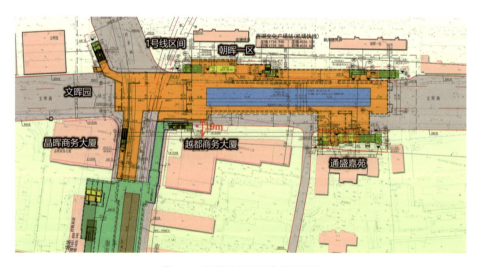

图4-1 西湖文化广场站总平面图

既有1号线、3号线车站为叠落岛式三层车站，本工程区间隧道需要从既有叠落隧道下方穿过，导致本车站基坑标准段深度达到了34.5m，盾构井段基坑达到了36.2m。

2. 工程地质及水文地质

基坑范围内土层从上到下依次为③₄砂质粉土、④₁灰色淤泥质粉质黏土、④₂灰色淤泥质粉质黏土、⑥₁灰色淤泥质黏土、⑥₂灰色淤泥质粉质黏土、⑧₁灰褐色粉质黏土、㉒₁浅紫色全风化凝灰岩、㉒₂浅紫色强风化凝灰岩、中风化凝灰岩。基底位于⑧₁灰褐色粉质黏土，围护墙底部进入中风化岩层2.5m（图4-2）。

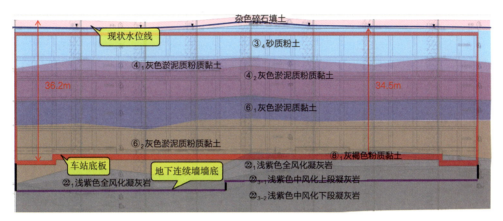

图4-2 工程地质剖面图

潜水：拟建场地浅层地下水属孔隙性潜水，主要赋存于表层填土、③₄砂质粉土和④₁层、④₂层、⑥₁层、⑥₂淤泥质土层中。

承压水：本站主体基坑范围内未揭示有承压水含水地层（表4-1）。

工程地质参数表　　　　　表4-1

层号	岩土名称	物理性质指标		天然地基参数		基坑参数			
		含水量	天然重度	压缩模量	地基土承载力特征值	固结快剪（标准值）		渗透系数	
						黏聚力	内摩擦角	水平	垂直
		w_0	γ	$E_{S0.1\sim0.2}$	f_{ak}	c	ϕ	K_H	K_v
		%	kN/m³	MPa	kPa	kPa	°	cm/s	cm/s
①₁	杂色碎石填土	—	(19.0)	—	—	2	18	5.00×10^{-2}	4.00×10^{-2}
③₄	砂质粉土	31.8	17.8	2.8	75	8	12	7.00×10^{-5}	4.00×10^{-5}
④₁	灰色淤泥质粉质黏土	39.8	17.1	2.4	65	13	10	3.00×10^{-6}	2.00×10^{-6}
④₂	灰色淤泥质粉质黏土	41.4	17.2	2.5	70	14	10	2.50×10^{-6}	2.00×10^{-6}
⑥₁	灰色淤泥质黏土	36.3	17.4	2.5	70	16	10.5	8.50×10^{-7}	7.00×10^{-7}
⑥₂	灰色淤泥质粉质黏土	36.9	17.5	2.6	75	17	11	9.00×10^{-7}	8.50×10^{-5}
⑧₁	灰褐色粉质黏土	37.0	17.6	3.0	80	20	13	3.00×10^{-6}	2.00×10^{-6}
㉒₁	浅紫色全风化凝灰岩	—	—	6.0	170	45	17	6.00×10^{-6}	4.50×10^{-6}
㉒₃₋₁	浅紫色中风化上段凝灰岩	—	—	不可压缩	2000	330	40	8.00×10^{-5}	6.50×10^{-5}
㉒₃₋₂	浅紫色中风化下段凝灰岩	—	—	不可压缩	3500	500	43	6.00×10^{-6}	4.50×10^{-6}

三、基坑风险分析

1. 基坑自身风险

基坑工程按照开挖深度可以划分为浅基坑（$H<5m$）、深基坑（$5\leqslant H<10m$）、超深基坑（$H\geqslant 15m$），本工程车站主体基坑开挖深度达到36.2m。

超深基坑工程是由围护结构、水平支撑、地基土、地下水以及地下结构工程桩共同组成的一个复杂系统，其特点及突出问题可以用图4-3来描述。

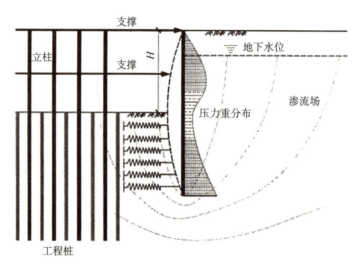

图4-3 超深基坑工程系统示意图

（1）作用在围护结构上的水土压力非常大（可达 300～500kPa），同时该作用力与围护结构变形紧密相关，很难用简单的模式加以描述。而现有相关行业标准或技术规程的基坑工程设计思想以坑外土压力达到主动土压力为初始计算状态，并保持不变。

（2）坑内土体卸荷量很大（竖向有效应力卸荷量达 200～400kPa），且应力路径复杂，需要考虑应力水平和应力路径对土体参数的影响。而现有相关行业标准或技术规程的基坑工程设计思想为初始状态的坑内土压力与坑外部分土压力抵消，不考虑坑内土体应力历史以及基坑空间尺寸对水平基床系数及其比例系数的影响。

（3）围护结构受力变形属于群桩侧向共同受力问题，土体对围护结构的侧向支撑作用不仅与土单元体的应力应变关系有关，还与开挖宽度、深度等基坑空间尺寸有关。

（4）在地下水位高的地区，超深基坑工程坑内外存在很大的水头差，渗流对水土压力以及土体参数有显著的影响，同时在渗流的作用下，坑内土体有效应力降低，增大了基坑失稳破坏的可能性。而现有相关行业标准或技术规程的基坑工程设计思想忽略了渗流对水土压力以及水平基床系数的影响，其前提条件是坑内外水头差较小，水力坡降也较小，渗流的作用不明显。

2. 基坑环境风险

本车站周边环境复杂（图4-4），主要风险梳理如下：

（1）车站小里程端头井西侧下覆已运营地铁1号线隧道，车站基坑边距离已运营1号线右线隧道

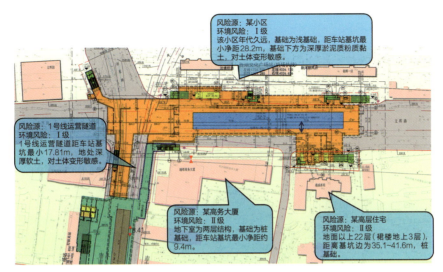

图 4-4 西湖文化广场站周边风险示意图

外轮廓（右 K16+559.650）最小距离约为 16.0m（地墙 N-1 幅处），轨面标高约为 -18.981m，车站基坑边距离已运营 1 号线左线隧道外轮廓（左 K16+557.948）最小距离约为 22.64m（地墙 S-1 幅处）。

（2）车站北侧、东北侧为某小区 5、6 层高住宅楼，浅基础形式，距离基坑边 28.2~33.8m。

（3）南侧春雨巷以西至中山北路，为某商务大厦，地面以上 25 层，总高度约 90m，宽约 20m，地面以下共 2 层，宽为 23~52m；基础形式为群桩基础，自地下二层底板以下，桩长为 32~35m；大厦地下室轮廓边距离基坑边为 9.4~16.52m，大厦地上建筑轮廓边距离基坑边为 20.5~24.85m。

（4）基坑南侧春雨巷以东为某高层住宅楼，地面以上 22 层（裙楼地上 3 层），距离基坑边为 35.1~41.6m，桩基础。

（5）车站东南角为杭州市电力局变电运行管理所 4 层高办公楼，距离基坑边为 25.8m。

（6）基坑东南侧小里程端头井段基坑边距离已运营 A 号出入口约 8m。

四、基坑风险关键控制技术

1. 设计关键技术

（1）车站小里程端头井采用 1500mm 厚地下连续墙，并设置 2 道混凝土支撑 +2 道逆作板撑 +6 道钢支撑以加强围护结构刚度，所有钢支撑采用轴力伺服自动补偿系统，减小基坑开挖对邻近已运营隧道的变形影响。

（2）地下三、四层逆作楼板以下 2m 范围采用满堂高压旋喷桩加固（弱加固），由于基坑较深，为保证加固质量，小里程端头井范围坑底以下 4m 采用 MJS 高压旋喷桩加固，一期基坑第 4 道混凝土支撑底采用"抽条+裙边"进行加固，加固深度为混凝土支撑底以下 2m（图 4-5~图 4-7）。

（3）地墙施工前进行槽壁加固，临近已运营隧道的西端墙范围地墙（W-1~W-5、S-1、N-1）近 1 号线隧道侧为地面以下 25m，其余范围地墙槽壁加固深度均为地面以下 20m。

（4）本站主体基坑在近 5 轴处设 1200mm 厚封堵墙（F-1~F-5），基坑分两期施工。第一期基坑：开挖封堵墙以西至小里程端头井段，一期基坑宽度 23.9m（标准段）和 28.4m（小里程端头井段），深

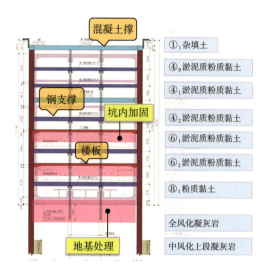

图4-5 基坑围护设计横剖面图

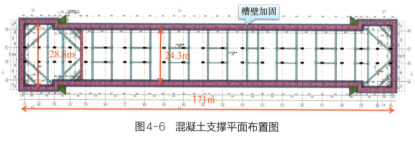

图4-6 混凝土支撑平面布置图

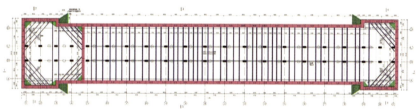

图4-7 钢支撑平面布置图

度34.2～35.87m，长26.35m。第二期基坑：二期基坑自大里程端头井向封堵墙方向进行开挖作业，但应保证一期基坑内部结构回筑完成后，再对二期基坑近封堵墙30～40m范围土坡进行开挖作业，现场施工组织、工筹、作业应据此统筹考虑、开展。

（5）采用MJS高压旋喷桩加固方法对已运营1号线隧道进行加固，加固深度为地面以下至杭州机场轨道快线隧道底以下3m（图4-8）。

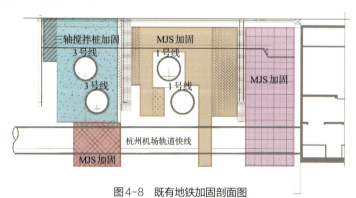

图4-8 既有地铁加固剖面图

2. 施工关键技术

（1）细化并合理规定基坑周边的道路荷载，合理设置出土口和出土路线。本工程密集的土方和材料运输车辆的进出口和行驶路线应尽量远离地铁结构。当施工道路荷载大、车辆频次高、作用时间长时，应对施工道路采取针对性的加强措施，减小其对地铁结构和基坑围护结构的影响。

（2）严格规定围护桩施工期间对地铁结构减少扰动的措施，包括合理设置围护桩施工机械的停靠位置和行驶路线，以及泥浆池等附属施工设施，应远离地铁结构，不得跨越其上作业。尽量避免改变在地铁保护区的使用现状。严禁在地铁保护范围的上方行驶运输车辆。合理规定围护桩的施工路线及其施工工艺、施工参数，如地下连续墙施工顺序、泥浆配比等。搅拌桩施工前，应先行试桩，验证其在该地层中施工的可行性和可靠性。同时应保证立柱桩施工时垂直度达到设计要求。

（3）应严格控制盾构正上方施工荷载。1号线隧道与上方围护桩、加固桩距离极近，应制定专项方案及采用切实措施控制桩底标高，确保已运营地铁安全不受影响。

（4）细化基坑坑内土方开挖的针对性施工方案。上方基坑和旁侧基坑应严格按照相关规范及监测结果分层分块开挖，及时施工垫层和反压堆重。

（5）采用MJS桩型应具备地内压力控制装置。防止泥浆压力过大对盾构隧道产生不利影响，建议在具备监测条件下进行试桩作业。

（6）拆除支撑、坑内围护桩前应编制专项拆除方案，并得到相关单位的认可。支撑拆除应采用静力切割方式。选择合适的施工机械拆除围护墙并减少施工振动，避免振动对地铁结构的不利影响。

3. 应急关键技术

（1）对既有线区间进行全自动监控量测，根据施工过程隧道的变形情况，必要时对既有隧道进行微扰动注浆处理，如隧道收敛超过80mm后，尚需对既有隧道采取钢环加固措施。

（2）根据监测数据，若隧道纵向沉降曲率过大将导致列车行驶有脱轨风险，各方综合评估后若需停运则必须立即上报业主、设计、监理及运营管理部门，减速运营甚至停运，以防运营事故发生。

五、有限元分析

利用有限元软件Plaxis进行剖面计算，建立模型如图4-9～图4-13所示。

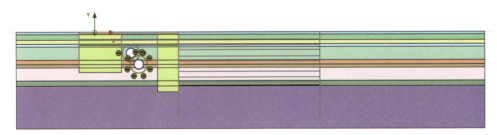

图4-9 计算模型（Plaxis）

当主体基坑开挖至坑底时，盾构隧道位于车站基坑沉降槽边缘，左线隧道的水平向变形为15mm，竖向变形-15mm（沉降）；右线隧道的水平向变形为17mm，竖向变形-18.4mm（沉降）。此时左线盾构隧道最大弯矩从91.8kN·m/m变化至150.3kN·m/m，最小弯矩从-92.3kN·m/m变化至-152.1kN·m/m；

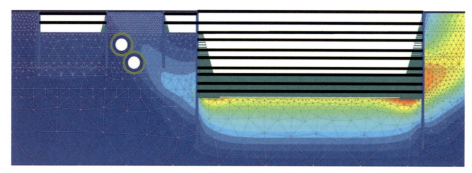

图4-10 主体基坑开挖到底总位移云图

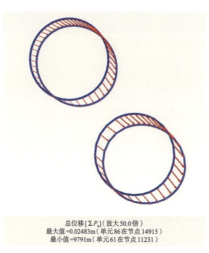

总位移[ΣP_t]（放大50.0倍）
最大值=0.02483m（单元86在节点14915）
最小值=9791m（单元61在节点11231）

图4-11 隧道总位移

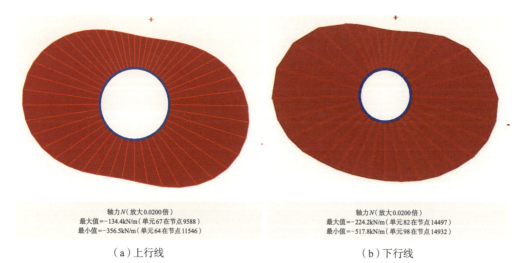

轴力N（放大0.0200倍）　　　　　　　　　　轴力N（放大0.0200倍）
最大值=-134.4kN/m（单元67在节点9588）　　最大值=-224.2kN/m（单元82在节点14497）
最小值=-356.5kN/m（单元64在节点11546）　　最小值=-517.8kN/m（单元98在节点14932）

（a）上行线　　　　　　　　　　　　　　　（b）下行线

图4-12 1号线盾构管片轴力

右线盾构隧道最大弯矩从108.1kN·m/m变化至190.1kN·m/m，最小弯矩从-104.1kN·m/m变化至-187.8kN·m/m。

综上，车站主体基坑开挖过程中，盾构隧道弯矩变化较大，隧道变形特别是水平位移及水平收敛为增大趋势，结合设计和施工措施，隧道整体安全状态处于可控状态。

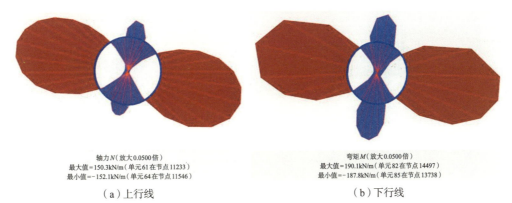

(a) 上行线　　　　　　　　　　　　　　　(b) 下行线

图 4-13　1 号线盾构管片弯矩

六、基坑及周边建筑变形情况

1. 墙体测斜变形

主体施工完成后墙体测斜点变形具体数据见表 4-2。

墙体测斜变形　　　　　　表 4-2

墙体测斜编号	累计变化量最大 (mm)	墙体测斜编号	累计变化量最大 (mm)	墙体测斜编号	累计变化量最大 (mm)	墙体测斜编号	累计变化量最大 (mm)
ZQT1	36.9	ZQT6	18.5	ZQT11	70.3	ZQT16	58.6
ZQT2	54.9	ZQT7	20.0	ZQT12	96.7	ZQT17	42.4
ZQT3	68.7	ZQT8	28.6	ZQT13	92.4	ZQT18	50.2
ZQT4	41.6	ZQT9	58.3	ZQT14	54.8	—	—
ZQT5	28.9	ZQT10	34.4	ZQT15	66.1	—	—

由墙体测斜变形表可知，墙体变形数据为 18.5~96.7mm，与三维模型模拟结果相符。ZQT12、ZQ13 位置处因临时施工堆载过大，导致对应墙体变形较一般墙体幅段偏大。

2. 建筑物沉降变形

矮层建筑物沉降为 -57.37~-24.80mm，高层主体建筑物沉降为 -14.72~-3.20mm。

3. 既有隧道变形

主体施工期间 1 号线自动化监测具体数据整理见图 4-14~图 4-19。

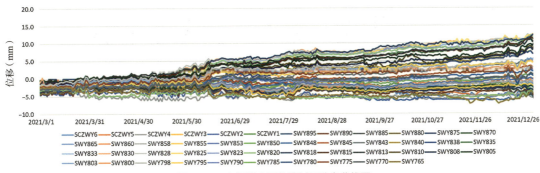

图 4-14　上行线水平位移时程分布曲线图

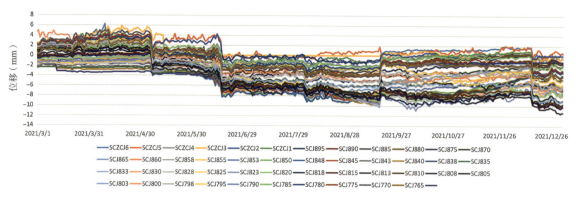

图4-15　上行线道床沉降时程分布曲线图

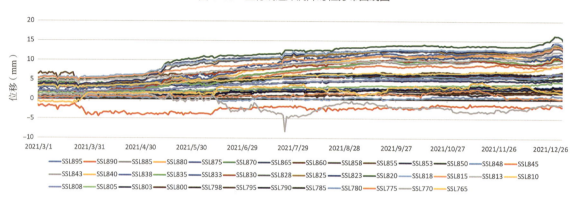

图4-16　上行线水平收敛时程分布曲线图

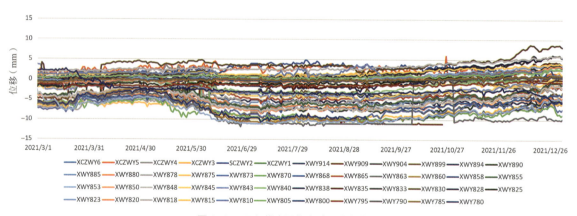

图4-17　下行线水平位移时程分布曲线图

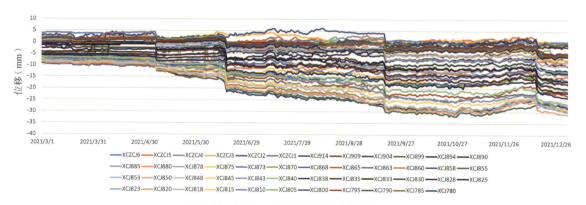

图4-18　下行线道床沉降时程分布曲线图

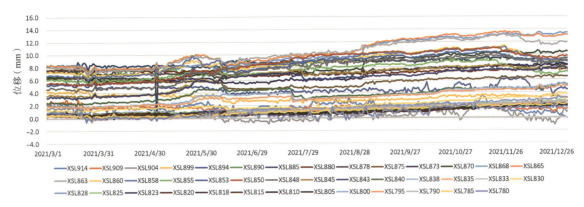

图4-19 下行线水平收敛时程分布曲线图

由上可知，1号线上行线最大水平位移由-4.6mm变化至12.3mm，上行线最大道床沉降由-2.5mm变化至-11.4mm，上行线最大水平收敛由6.5mm变化至16.0mm。1号线下行线最大水平位移由-7.4mm变化至-9.9mm，下行线最大道床沉降由-9.2mm变化至-30.8mm，下行线最大水平收敛由8.4mm变化至13.4mm。主体基坑开挖期间同时有换乘厅等基坑开挖的叠加影响，因此，隧道总的变形与设计预期结果基本相符。

由于本工程除了深基坑对既有地铁1号线区间影响外，还存在换乘大厅施工和基坑交叠施工的影响，通过工程数据分析，基坑开挖过程中对既有隧道变形影响占15%～20%，换乘厅基坑对既有线变形影响可参见本书第七章第三节内容。

七、总结

实践证明，对于软土超深基坑，"明挖+暗挖"相结合是行之有效的施工工法，该工法既保障了施工效率，又有利于控制周边敏感建（构）筑物的变形。杭州地铁4号线新风路站、火车东站6号线及本工程基坑深度均超过35.0m，均采取了明暗挖相结合的工法，取得了良好的效果。逆作楼板刚度大，对基坑围护结构起到了很好的支承效应，监测数据表明，逆作楼板施作完成后继续往下开挖基坑，围护最大变形增量均小于总变形量的30%。

普通钢支撑施工过程易出现轴力消散情况，不利于基坑围护变形控制。本基坑上部三层明挖段，均采用伺服钢支撑系统，有效控制了支撑轴力的消散，同时伺服钢支撑根据基坑围护变形动态调整支撑轴力，对基坑围护及周边建（构）筑物的沉降控制起到了重要作用。

本基坑最大的风险源（I级风险）为小里程端邻近的既有1号线盾构隧道，右线最小距离约为17.81m，左线最小距离约为22.64m。基坑在小里程盾构井处设置临时封堵墙，利用小坑的空间效应，减少基坑开挖对既有地铁隧道的影响，基坑内部采用钢筋混凝土+伺服钢支撑的内支撑体系。同时在基坑开挖前实施坑外盾构端头MJS加固，降低土压力的同时起到了一定的隔离效应。

基于以上设计措施，施工过程中严格落实分阶段变形控制标准，有效保障了邻近1号线运营隧道区间的安全。

基坑围护采用1500m厚地墙，结合地层特点，考虑连续墙成槽时间较长且进入中风化岩层一定深度，基坑连续墙槽段两侧采用了槽壁加固措施。该项技术措施在保障连续墙成槽质量的同时，也减少其成槽期间对周边环境的影响。

第二节
大型换乘车站盖挖逆作关键技术研究

一、概述

文三路站位于城市主干道文三路和学院路交叉口，作为杭州地铁10号线和杭州机场轨道快线的换乘车站，周边既有建（构）筑物多且保护压力大。在杭州软土地区复杂的工程地质条件下，文三路站的设计难度极大，设计过程采用了逆作法+中隔壁等一系列措施保证了工程的顺利安全实施。本节对文三路站盖挖逆作关键技术进行总结，为后续相关工程提供参考。

二、工程简介

文三路站位于学院路与文三路交叉口，为10号线与机场轨道快线的换乘车站，10号线沿学院路南北向布置，杭州机场轨道快线沿文三路东西向布置（图4-20）。杭州机场轨道快线部分车站为地下二层、双柱三跨框架结构，车站外包总长为577.400m，标准段宽度为21.8m。10号线部分车站为地下三层、单柱双跨现浇钢筋混凝土框架结构，车站外包总长为323.544m，标准段宽度为22.5m。

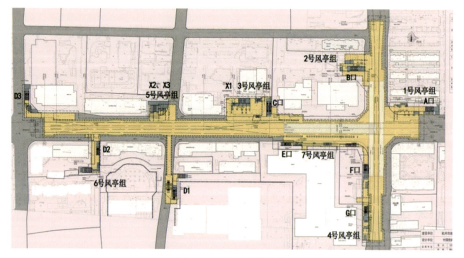

图4-20 文三路站总图

文三路站周边环境极为复杂，与车站相冲突的建筑物需做拆复建处理。车站东北角为九莲新村13幢6层高的砖混结构房屋，距离基坑边7.8~11.4m。车站北侧为杭州市规划设计院，房屋为6~7层高的砖混结构，距离基坑边10.1~12.2m。车站南侧为中茵大厦，房屋为5~7层高的砖混结构，距离基坑边约9.5m。车站西侧为文远大厦,房屋为7层高的砖混结构,距离基坑边约12.6m。同时西侧还有7层高的砖混结构,距离基坑边约11.2m(图4-21)。

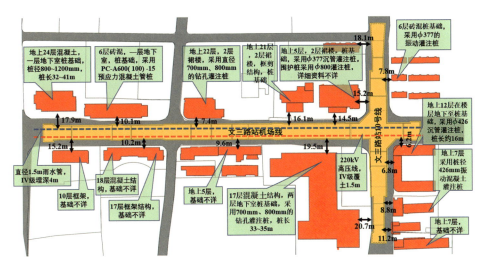

图4-21 周边环境布置图

基坑开挖范围内土层分布主要为①$_1$碎石填土、①$_2$素填土、④$_1$淤泥质黏土、④$_2$淤泥质粉质黏土、⑥$_2$淤泥质黏土、⑦$_1$黏土、⑮$_1$粉质黏土、⑮$_2$含黏性土角砾。基底位于⑮$_2$含黏性土角砾、⑳$_{1a}$全风化泥质粉砂岩、㉑$_{a1}$全风化安山岩、⑳$_{d-1}$全风化凝灰岩。墙趾主要位于⑳$_{2a}$强风化泥质粉砂岩、⑳$_{3d-2}$中风下段化凝灰岩、⑳$_{2d-1}$强风上段化凝灰岩、⑳$_{2d-2}$强风下段化凝灰岩、㉑$_{a3}$中风化安山岩,岩层起伏较大(图4-22)。

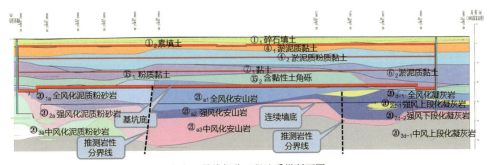

(a)10号线部分工程地质纵断面图

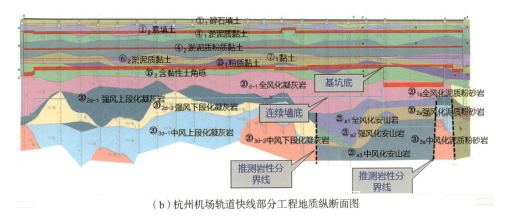

(b)杭州机场轨道快线部分工程地质纵断面图

图4-22 工程地质图

三、车站工法选择

由于本站周边环境复杂,建(构)筑物保护要求高,地质条件复杂,基坑变形控制要求严格,为了解决上述问题,本站基坑选择盖挖逆作法施工。逆作法工序与顺作法不同,首先在地面施工围护结构(地下连续墙或工法桩等竖向构件)、工程桩及永久结构柱;然后施工地下结构顶板(由顶板取代第一道支撑结构);待顶板达到设计强度后,开挖顶板下土方至地下二层顶板,继续施工永久结构板,顺次施工直至结构底板施工完毕后,侧墙由底板向上顺作至顶板,进而完成整个地下结构施工。

四、文三路站逆作法设计要点

文三路站的逆作法的设计主要分为三个部分:周边挡土围护结构设计、水平支护结构设计、竖向支撑系统设计。

1. 文三路站周边挡土围护结构设计

周边挡土围护结构是直接支挡基坑外侧水土的重要构件,其施工工艺的选择及可靠度至关重要。目前国内基坑设计常用的围护结构主要包括地下连续墙、灌注桩+截水帷幕、SMW工法桩、咬合桩等多种形式,施工工艺也较为成熟。

对于逆作法来说,因开挖过程中工艺要求需要较大的水平刚度及预埋钢筋后期与板相连接,故目前最普遍的便是地下连续墙。

从地下连续墙在设计中考虑承担不同功能的角度来区分,可以分为两种设计模式:一种是地下连续墙作为永久侧墙,内侧不再设置侧墙;另一种是地下连续墙作为临时围护墙,内侧设置主体结构侧墙与地下连续墙一体受力。

(1)地下连续墙作为永久侧墙,内侧不再设置侧墙

此种设计模式通常被称为"两墙合一",地下连续墙在基坑开挖期间承担支挡基坑外侧水土等荷载的支挡结构,永久结构期间直接作为主体结构的一部分共同受力。此类地下连续墙与结构顶底板的连接及防水处理非常重要。

(2)地下连续墙作为临时围护墙,内侧设置主体结构侧墙与地下连续墙一体受力

此种设计模式地下连续墙只作为临时性的围护结构使用,后期需设置地下结构侧墙,此处还分为叠合墙设计和复合墙设计。

文三路采用叠合墙设计,叠合墙式框架结构计算时按照下列要求进行:

1)叠合面应通过设置拉结筋、抗剪块或表面凿毛等工程措施,满足叠合面抗剪能力要求。

2)支护结构与主体结构侧墙应考虑成整体受力构件,通过改变单元截面厚度参数模拟施工受力过程。

3)施工期间和使用阶段支护结构与主体结构共同承担水、土压力作用。

4)施工期间和使用阶段支护结构与主体结构抗弯刚度均按100%设计。

5)支护结构在与主体结构侧墙叠合前的施工工况,应仅按荷载效应基本组合进行承载能力极限状态计算;叠合后的整体侧墙以及其他主体结构应按承载能力极限状态和正常使用极限状态分别进

行荷载效应组合,并取各自的最不利组合进行各构件的设计计算。当支护结构兼作使用期间主体结构的抗浮措施时,尚应进行抗拔承载力和抗拉裂缝宽度验算。

6)主体结构应根据设计使用年限和环境类别进行耐久性设计,耐久性设计内容包括环境类别确定、保护层厚度、材料基本要求及相应技术措施。

(3)施工阶段的设计计算

桩墙支护结构应根据设定的开挖工况和施工顺序,按竖向弹性地基梁模型逐阶段进行内力和变形分析。竖向平面弹性地基梁法以围护结构作为研究对象,坑内开挖面以上的内支撑点用弹性支座模拟;坑外土体产生的土压力作为已知荷载作用于弹性地基梁上;而坑内开挖面以下,作用在围护墙面上的弹性抗力以水平弹簧支座模拟。该方法可根据基坑的施工过程分阶段进行计算,能较好地反映基坑开挖过程中土压力的变化、加撑等多种复杂因素对围护结构受力的影响(图4-23)。

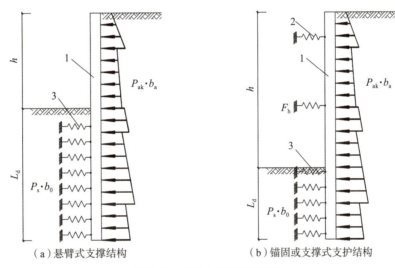

图4-23 弹性支点法计算简图
1—围护结构;2—提供反力的弹性支撑;3—表示地基反力的弹性支承

根据《城市地下工程盖挖逆作法结构设计指南》中要求,盖挖逆作法应根据基坑工程特点和周边环境保护要求按照表4-3调整基坑变形控制等级。

盖挖逆作法基坑变形控制等级表　　　　表4-3

变形控制等级	地面最大沉降量控制要求	周边环境条件
一级	地面最大沉降量≤0.15%H,且≤30mm	1)基坑周围0.7H范围内有重要环境设施 2)基坑开挖深度16.0m≤H<20.0m,且在0.7~1.0H范围内有重要环境设施 3)环境安全无特殊要求,基坑开挖深度H≥20.0m
二级	地面最大沉降量≤0.3%H,且≤50mm	1)基坑周围1.0~2.0H范围内有重要环境设施 2)环境安全无特殊要求,基坑开挖深度16.0m≤H<20.0m
三级	地面最大沉降量≤0.45%H,且≤70mm	环境安全无特殊要求,且基坑开挖深度H小于16.0m

注:1. H为基坑开挖深度。
2. 地面最大沉降量控制值除了满足表中要求外,还应与基坑周边环境安全控制标准相协调,取两者较小值作为控制值。
3. 该表参考于北京地区的轨道交通工程规范,其他地下工程及其他城市相关的地下工程可参考使用。

应根据工程地质和水文地质条件进行必要的基坑稳定性验算，并应满足基坑稳定性要求。基坑稳定性验算方法宜按照《建筑基坑支护技术规程》JGJ 120—2012 的相关规定执行，基坑应验算整体滑动稳定性、抗倾覆稳定性、墙底抗隆起稳定性、坑底抗隆起稳定性、抗承压水稳定性及地下水渗流等项目。

2. 文三路站水平支护结构设计

（1）水平结构传力设计

逆作法采用各层结构板作为水平传力构件，做到板撑结合，文三路站的各层板都较厚，水平刚度较通常基坑内支撑要大很多。

（2）水平结构节点设计

1）逆作板与地下连续墙的连接节点

地下连续墙与主体结构板连接处预留钢筋，还从上至下预留了多道剪力槽，可使得叠合墙受力性能更好（图 4-24～图 4-27）。

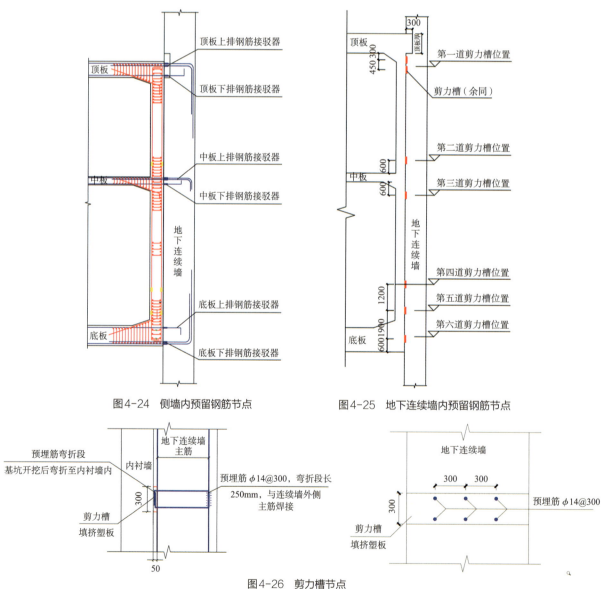

图 4-24　侧墙内预留钢筋节点　　　图 4-25　地下连续墙内预留钢筋节点

图 4-26　剪力槽节点

图4-27 文三路顶板地下连续墙内预留接驳器及下部剪力槽预留筋图

2）钢管混凝土柱与梁的连接节点

钢管混凝土利用钢管和混凝土两种材料在受力过程中的相互作用，即钢管对其核心混凝土的约束作用，使混凝土处于三向受力状态，不但提高了混凝土的抗压强度及其竖向承载力，而且还使其塑性和韧性得到了改善，增大其稳定性。因此钢管混凝土柱适用于对立柱竖向承载力要求较高的逆作法工程。与角钢格构柱不同的是，钢管混凝土柱由于为实腹式的，其平面范围之内的梁主筋均无法穿越，其梁柱节点的处理难度更大。在工程中应用比较多的节点主要有如下几种：

a. 双梁节点

双梁节点即将原框架梁一分为二，分成两根梁从钢管柱的侧面穿过，从而避免了框架梁钢筋穿越钢管柱的矛盾。该节点适用于框架梁宽度和钢管直径相比较小，梁钢筋不能从钢管穿越的情况。交叉梁节点的构造见图4-28。

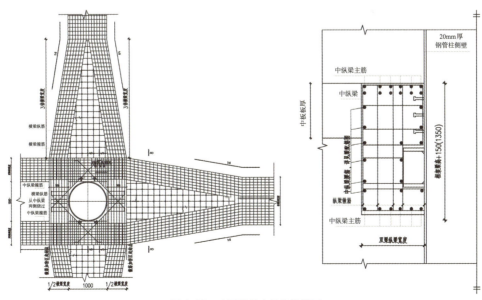

图4-28 交叉梁节点的构造详图

b. 环梁节点

环梁节点是在钢管柱的周边设置一圈刚度比较大的钢筋混凝土环梁，形成一个刚性节点区，利用这个刚性区域的整体工作来承受和传递两端的弯矩和剪力。这种连接方式中，环梁与钢管柱通过环筋、栓钉或钢牛腿等方式形成整体连接，其后框架梁的主筋锚入环梁，而不必穿过钢管柱。环梁节点可在钢管柱直径较大、框架梁宽度较小的条件下使用（图4-29）。

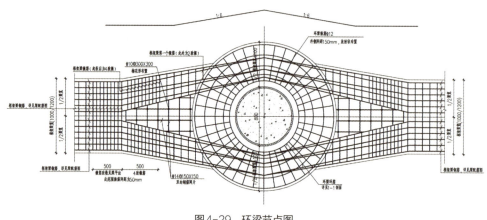

图4-29 环梁节点图

3. 文三路站逆作法竖向支撑系统设计

逆作法竖向支撑系统一般有两种做法：一种做法是采用钢管混凝土柱，"一柱一桩"施工；另一种做法则是采用角钢格构柱+立柱桩的形式，该形式柱如果布置在主体结构柱位上，则在施工完下层板后将角钢格构柱清理干净外包钢筋混凝土形成钢骨结构柱；该形式柱如未布置在柱位上，则可按照常规的临时立柱的做法，待其退出工作后直接割除。

（1）钢管混凝土柱

因钢管混凝土柱施工便捷，构造较简单，承载力高，地铁工程逆作法采用钢管混凝土柱作为竖向承重构件较普遍。钢管混凝土柱插入下部钻孔灌注桩内，在施工过程中承受逆作顶板及以上填土、车道等的荷载。

地铁车站一般结构采用纵梁体系，纵向柱间距约为9m，顶板覆土3m左右，考虑地面车道活载后单柱轴力设计值为14000～25000kN。因此，根据实际柱布置和荷载工况的不同，依据《组合结构设计规范》JGJ 138—2016进行设计。一般采用Q355C钢材，钢管柱内部混凝土采用C50自密实混凝土，钢管柱直径常用ϕ800、ϕ900、ϕ1000，壁厚选择20mm、25mm、30mm。

1) 钢管混凝土柱与顶板的连接

钢管混凝土柱与顶纵梁的连接采用端承式连接节点（图4-30），在钢管顶部设置环形托板，并在钢管混凝土柱内设置钢筋笼，上端锚入顶板，下端锚入钢管混凝土柱。

环形托板的厚度不宜小于钢管壁厚的1.5倍，且不应小于20mm；环形托板的宽度不宜小于钢管壁厚的6倍，且不应小于100mm；宜将环形托板内嵌至管内混凝土中，内嵌宽度可取50mm。管壁外加劲肋厚度不宜小于钢管壁厚，加劲肋高度不宜小于环形底板外伸宽度的2倍，加劲肋间距不应大于环形地板厚度的10倍。锚固钢筋笼配筋率不宜小于构造配筋率，且纵向钢筋的截面积之和不应低于钢管截面积的25%。纵向钢筋锚固长度应满足抗震锚固的相关规定。

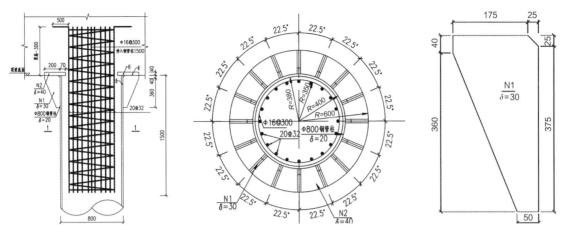

图4-30 直径800mm钢管柱与顶梁连接详图(环形托板详图、加劲肋板大样图)

2)钢管混凝土柱与桩基础的连接

钢管混凝土柱一般采用埋入式柱脚,埋入式柱脚的埋置深度应符合下式:

$$h_B \geq 2.5\sqrt{\frac{M}{0.4Df_c}}$$

式中:h_B为圆形钢管混凝土柱埋置深度;M为埋入式柱脚弯矩设计值;D为钢管柱外直径。

(2)"一柱一桩"的桩基础设计(图4-31)

1)钢筋笼内径=钢管柱直径+法兰外径(或锚钉长度×2,二者取最大值)+灌注桩垂直度偏差+钢管柱插入垂直度偏差+钢筋笼安装偏差+安全距离50mm×2。

2)灌注桩直径=钢筋笼内径+超声波管直径×2+加强箍直径×2+主筋直径×2(双层主筋需乘4)+箍筋直径×2+保护层厚度×2。

3)中间立柱安装垂直度允许偏差不应大于1/500(机械式插入不大于1/1000),立柱的初始偏心距

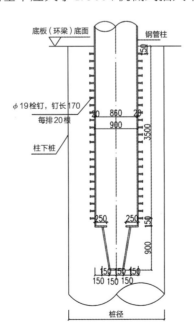

图4-31 钢管混凝土柱与桩基础的连接

应根据立柱平面位置和垂直度允许偏差确定,不应大于20mm。

对于直径800mm的钢管柱,钢管柱长度为30.0m,最终计算的灌注桩直径取1800mm。

对于直径1000mm的钢管柱,钢管柱长度为30.0m,最终计算的灌注桩直径取2300mm。

五、文三路站逆作法重点技术措施

1. 土方开挖及出土孔设置

(1) 土方开挖

逆作法土方工程受到上部各层已施工结构的影响,土方开挖的工效受到一定影响。因此,土方开挖需要科学合理地制定相关施工组织方案,组织好坑内土方开挖与倒运,做好地面及地下临时堆土场地规划,动态控制挖土位置和速度,统筹好各层结构预留的上下统一的临时出土孔。

(2) 出土孔设置

地下工程逆作法施工过程中土方、钢筋等施工材料垂直运输离不开合理设置的出土孔(图4-32)。出土孔设置需考虑多方因素,出土孔越大,设置间距越密,则越有利于出土进料,但同时也会带来水平结构刚度减弱、后期封堵工程量增大等问题,所以合理确定出土孔的位置及尺寸,对于逆作法工法来说非常重要。

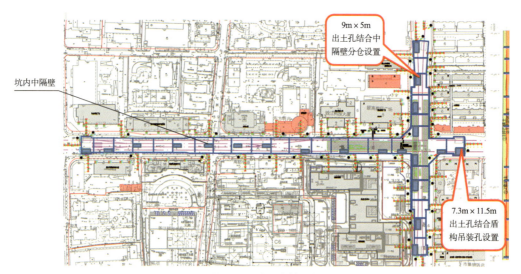

图4-32 文三路站出土孔布置图

出土孔的设置应按下列原则进行:

1) 出土孔位置应根据结构平面布置以及施工组织设计等共同确定,并尽量利用结构设计的开洞区域、盾构井、电梯或者楼梯等位置作为出土孔。

2) 相邻出土孔之间应满足一定的距离,以保证出土孔之间的梁板能形成完整的传力带,以利于逆作施工阶段水平力的传递。

3) 出土孔周边结构应能抵抗逆作施工阶段结构水平力形成的应力集中。

出土孔尺寸至少需要4m×4m,基坑深度越大,对应出土孔的面积越大。出土孔尺寸还需考虑较长尺寸材料进入时的尺寸扩大。正常1个出土孔可承担的挖土范围一般为600m²。应使板的削弱尽量小且利用开洞位置，在出土孔周围应设置挡土墙及临时堆土场地。

出土孔的数量除了受到场地条件及结构布置的限制外，还要根据出土机械的台班产量、土方开挖量和施工工期决定。一个出土孔设置一台出土机械，在结构及工作面许可的情况下，宜增加出土孔数量，可按下式计算：

$$n = K \frac{V}{p\omega}$$

式中：n 为出土孔数量；K 为其他材料、设备通过出土孔运输的备用系数，取 1.2～1.4；V 为土方工程量（m^3）；p 为工期（d）；ω 为台班产量（m^3/d）。

2. 地下连续墙法重点技术

（1）垂直度控制

临时围护地下连续墙垂直度一般要求控制在 1/150，逆作法叠合墙的地下连续墙在基坑工程完成后作为主体结构的一部分承受永久荷载，成槽垂直度不仅关系到钢筋笼吊装、预埋装置安装定位精度以及整个地下连续墙工程的质量，更关系到后期叠合墙的受力性能。因此，本站采用逆作法叠合墙的车站要求地下连续墙的垂直度达到 1/300。

（2）中隔壁设置

文三路站标准段基坑开挖深度约 18.4m，10 号线车站标准段基坑开挖深度约 26.2m。车站周边环境复杂，基坑周边较多浅基础建筑，因此采用盖挖逆作法施工。基坑设计在对应每栋楼的相应位置布置 1m 厚地下连续墙（中隔壁），可以有效控制变形（图 4-32）。中隔壁设置深度为地面以下 4m～坑底以下 4m 范围，水平布置间距 30～35m。

六、基坑开挖监测数据分析

1. 主体基坑墙体测斜监测数据

10 号线北段部分地勘中淤泥层逐渐加厚，此范围基坑墙体测斜变形数据（7 个点位）为 22.8～62.3mm，均值为 37.9mm。其余段墙体变形数据为 14.2～28.7mm，均值为 23.1mm。本工程部分墙体变形为 9.99～22.77mm，均值为 15.0mm。墙体变形较小。

2. 周边建筑物监测数据

部分高层主体建筑物沉降为 -17.46～-10.46mm。部分浅基础建筑物沉降为 -96.65～-36.68mm。建筑物沉降总体处于安全可控范围。

七、总结

文三路站地质条件差，周边环境复杂，建（构）筑物保护要求高，实施过程中交通条件苛刻。设计采用逆作法＋中隔壁等一系列措施，取得了良好的工程实施效果。通过本工程的实施，总结如下：

（1）对于道路窄、交通保障要求高及周边需保护的敏感建筑物众多等复杂工况下，基坑采取盖挖逆作法是解决这一复杂工程条件的有效手段。

（2）在基坑内部设置中隔壁，基坑开挖时"暗撑"效应明显，该技术措施是保护周边敏感建筑物的有效手段。中隔壁的设置深度及间距尚需结合地层条件及基坑开挖的影响范围综合确定。

（3）相比明挖顺作，逆作法基坑在实施效率上有所降低，逆作出土口及下料口的设置是提高施工效率的关键。

（4）本项目逆作法采取"一柱一桩"，结构柱均采用钢管混凝土柱。梁柱节点选用了双梁节点及环梁节点，效果良好。

（5）逆作法基坑地下连续墙的预埋件较多，特别是为结构板梁预埋的钢筋接驳器数量较多。实践中经常出现预埋件失效的情况，后期采用植筋方法，工效大大降低，因此提高地下连续墙预埋件的精度及存活率是保障逆作法效能的关键之一。

第三节
火车东站站相邻超深基坑同步开挖变形分析研究

一、概述

相邻基坑同步开挖会对周围土体变形及支护结构的受力产生叠加的影响，因此在设计阶段必须考虑相邻基坑开挖产生的相互影响。随着开挖深度的增加，基坑的稳定性和对周围环境的影响也更错综复杂。因此，对超深基坑群开挖相互影响下的基坑变形、受力及周边土体沉降研究显得十分重要。本节通过总结杭州机场轨道快线火车东站站深基坑工程，探究相邻深基坑同步开挖引起的基坑间变形特性，为后续的类似工程提供参考。

二、工程简介

火车东站站（含本工程及6号线）主体基坑共分为A、B两个部分。火车东站站A基坑标准段宽度为22.5m，端头井宽度为26.4m、26.6m，基坑长147m，位于东宁路与和兴路交口以东，除北侧端头部分位于和兴路下方外，其余部分位于东宁路以东、环站东路以西的华润商业地块内。A基坑标准段基坑坑底埋深32.76m，盾构端头井段埋深34.31～34.5m。

B基坑标准段宽度为22.5m，端头井宽度为26.9m、27.85m，基坑长166.8m，标准段坑底埋深约34.8m，端头井段36.30～36.64m。

A、B两基坑均采用"地下连续墙+内支撑"体系，两者坑内均设置地中壁，顶部通过板撑相连。整体概况见图4-33、图4-34。

基坑范围内土、岩层由上至下依次为①$_1$杂填土、①$_2$素填土、③$_2$砂质粉土、③$_3$粉砂夹砂质粉土、⑥$_1$淤泥质黏土、⑧$_1$粉质黏土、⑨$_2$含砂粉质黏土、⑫$_4$圆砾（承压水含水层，已隔断）、⑳$_{d-2}$强风化凝灰岩、⑳$_{d-3}$中风化凝灰岩，见图4-35。

图4-33 火车东站站整体概况图1

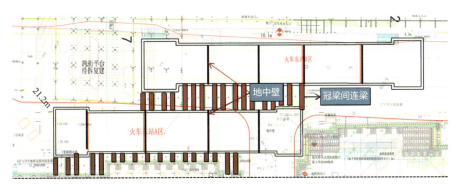

图4-34 火车东站站整体概况图2

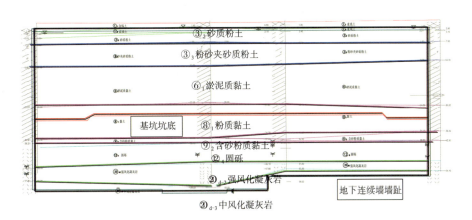

图4-35 基坑地质纵断图

A、B基坑均采用了"明挖顺作为主、逆作一层"的方案,支撑体系由混凝土撑+钢支撑结合,倒数第二层板逆作。因场地原因,两者工期相差约一个月先后开挖(图4-36)。

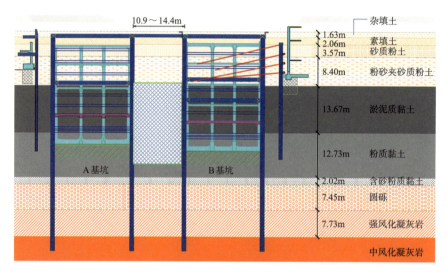

图 4-36　基坑围护横剖图

三、数值模拟分析

采用 Plaxis 软件模拟基坑开挖引起的变形，有限元模拟的计算模型见图 4-37。为了考虑基坑开挖对周边建筑和环境的影响，基坑外宽度取 100m，为开挖深度的 3 倍，基坑宽度 26m，有限土体宽度为 b，开挖深度 33m，采用 1.5m 厚地下连续墙。混凝土地下连续墙轴向刚度 $EA=1.5×10^7 kN/m$，钢筋混凝土支撑轴向刚度 $EA=8×10^5 kN/m$，钢支撑轴向刚度 $EA=5×10^5 kN/m$，其模型参数见表 4-4。

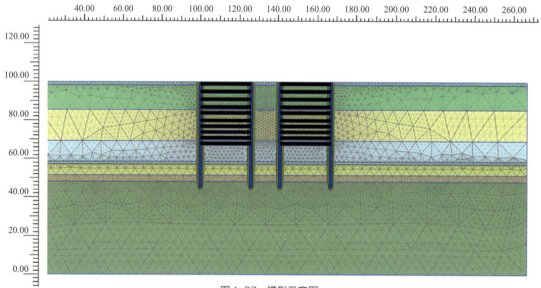

图 4-37　模型示意图

土层物理力学性质指标　　　　　表 4-4

土层	厚度（m）	含水率 w（%）	天然重度 γ（kN·m³）	压缩模量 E_s（MPa）
素填土	1.66	27.6	18.7	3
砂质粉土	1.9	26.5	19.7	9.4

续表

土层	厚度（m）	含水率w（%）	天然重度γ（kN·m³）	压缩模量E_s（MPa）
砂质粉土	2.8	26.9	18.9	5.5
粉砂砂质粉土	8.1	25.9	19.3	9
淤泥质粉质黏土	16.2	41.5	17.4	2.5
黏土	10.6	40.5	17.3	3
粉质黏土	1.5	25.3	19.4	6
圆砾	5.6	—	20.5	18
圆砾	3.4	—	20.3	19
强风化凝灰岩	1.8	—	20.7	不可压缩
中等风化凝灰岩	4.6	—	24.5	不可压缩

计算结果见图4-38～图4-42。

另外，为分析本项目两个基坑不同开挖顺序对基坑的影响，从计算角度定性分析A、B基坑开挖的不同顺序对基坑围护结构变形的影响规律。将A、B基坑同步开挖，A基坑先开挖完成、再开挖B

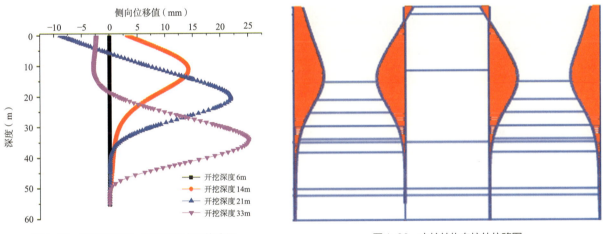

图4-38　不同深度下，围护结构水平位移图　　　　图4-39　支护结构向坑外位移图

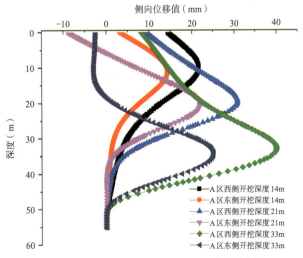

图4-40　A区东西两侧围护墙侧向位移值对比图

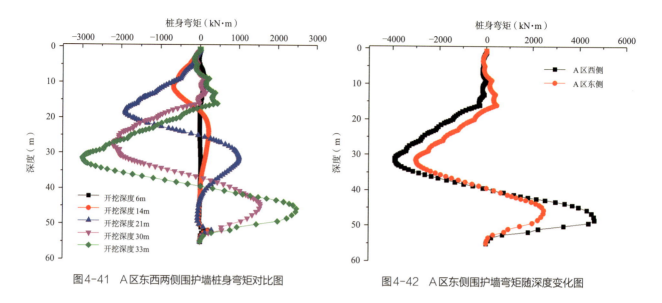

图4-41 A区东西两侧围护墙桩身弯矩对比图

图4-42 A区东侧围护墙弯矩随深度变化图

基坑，单基坑开挖对A基坑地下连续墙和B基坑地下连续墙产生的变形进行对比，对比结果见表4-5。表中为两种不同开挖顺序下单基坑围护结构侧向位移情况。

从图4-43和表4-5中可以看出，基坑群同步开挖，土方开挖完成时，基坑群外侧（远离有限土体一侧）的围护结构A基坑地下连续墙的变形相较于单基坑开挖围护结构的变形有较大的增加；靠近有限土体一侧的围护结构B基坑地下连续墙的变形相较于单基坑开挖围护结构的变形有较大的减小。不同开挖顺序对A、B基坑均有不同的影响。对于A基坑地下连续墙，不同开挖顺序下地下连续墙的变

基坑群不同开挖顺序与单基坑开挖围护结构侧移值对比　　　　　　表4-5

地下连续墙	侧移变化幅度（%）		
	单基坑开挖	依次开挖	同步开挖
墙A	—	31.4	45.9
墙B	—	-17.2	-50.5

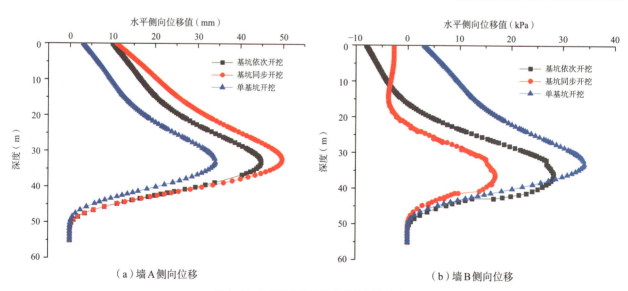

(a) 墙A侧向位移　　　　　　　　　　　(b) 墙B侧向位移

图4-43 不同开挖顺序围护结构侧向位移图

形差距不大，都有一定程度的增加；对于B基坑，不同开挖顺序下地下连续墙的变形差距较大，其中基坑同步开挖下B基坑的侧向位移值减幅最大，基坑依次开挖下B基坑的侧向位移值减幅次之。

通过支撑轴力对比分析，A基坑单独开挖完成后，支撑轴力最大值为3422.114kN，最大弯矩值为3554.599kN·m。当A基坑开挖完成后，B基坑处在A基坑支撑对应的范围内，因而B基坑支撑杆件受相邻基坑土方卸荷的影响，基坑侧向位移减小了许多。当A基坑土方开挖完成后，B基坑支撑轴力的最大值为2398.346kN，最大弯矩值为2286.442kN·m。而B基坑最终最大轴力受基坑开挖顺序影响不大。

图4-44为相邻两基坑A基坑先于B基坑开挖6m情况下，墙A的侧向位移图。从图中可以看出，当相邻两基坑开挖深度相差不大时，围护结构的侧向位移值在可控制的范围内。

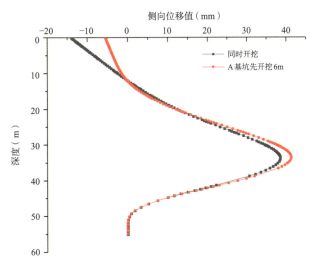

图4-44　A基坑先于B基坑开挖6m，围护结构侧向位移值对比图

随着基坑开挖深度增加，地下连续墙顶部位置向坑外有限土体一侧位移。远离有限土体一侧的围护结构A基坑地下连续墙的侧向位移值、最大弯矩值要大于临近有限土体一侧的围护结构B基坑地下连续墙的侧向位移值、最大弯矩值。A、B基坑的同时开挖造成基坑间土体沉降叠加，A基坑左侧最大地表沉降发生在距A基坑地下连续墙边缘14m处，最大沉降值为32.64mm；B基坑右侧最大地表沉降发生在距坑壁边缘15m处，最大沉降值为34.71mm。

提高两相邻基坑间土体的内摩擦角、重度后，基坑间有限土体土压力有所增加；提高两相邻基坑间土体的黏聚力后，基坑间有限土体土压力有所减小。

对于A基坑地下连续墙，不同开挖顺序下地下连续墙的变形差距不大，都有一定程度的增加；对于B基坑地下连续墙，不同开挖顺序下地下连续墙的变形差距较大，其中基坑同步开挖下墙B的侧向位移值减幅最大，基坑依次开挖下墙B的侧向位移值减幅次之。基坑群开挖对靠近有限土体一侧围护结构（墙B）的影响要远大于对远离有限土体一侧围护结构（墙A）的影响。

四、工程监测数据总结

以下为布置在围护体变形较容易发生且数值较大处的测斜管深层水平位移变化曲线（图4-45）。从图中可以看出，侧向位移随深度变化曲线呈中间大两头小的"大肚"状；随着开挖深度的增加，围护结构侧向位移逐步增大,最大侧向位移向下移动。当基坑土方开挖完成,围护结构最大侧向位移位于开挖面附近。当逆作板施工完成后,开挖第八层土产生的侧向位移增量较开挖第九层土产生的侧向位移增量要小。可见,逆作板可以限制深基坑开挖围护结构侧向位移值的增加。

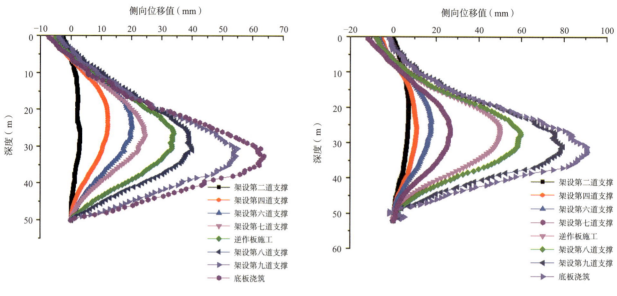

图4-45 测斜管各工况侧向位移值图

表4-6是A基坑底板浇筑完成时,A、B区块内外侧围护结构侧向变形对比情况,从表中可以发现,随着基坑间土体宽度的增大,围护结构变形增大。当相邻两基坑距离很近,其间土体为有限土体时,围护结构所受土压力为有限土体土压力,它要小于传统的朗肯、库伦土压力。

基坑测斜的最大数据 表4-6

测点	底板浇筑完成最大侧向位移值(mm)	测点	底板浇筑完成最大侧向位移值(mm)
CX3	72.73	CX13	61.22
CX4	62.28	CX12	35.44
CX5	88.74	CX11	43.75

五、总结

通过有限元模拟相邻基坑开挖,分析基坑变形及土压力的影响因素,发现:A、B基坑群外侧的围护结构的最大侧向位移值、最大弯矩值要大于基坑群内侧的围护结构的最大侧向位移值、最大弯矩值;对于基坑群外侧的围护结构,不同开挖顺序下地下连续墙的变形差距不大,较单基坑开挖有一定程度的增加;对于基坑群内侧的围护结构,不同开挖顺序下地下连续墙的变形差距较大,其中同步开挖下基坑群内侧围护结构的侧向位移值较单基坑开挖减幅最大,依次开挖下基坑群内侧围护结构的侧向位移值减幅次之。

通过实测资料,研究围护结构及周边土体沉降变形规律,发现:逆作板可以限制深基坑开挖围护结构侧向位移值的增加，当逆作板施工完成后，开挖第八层土产生的侧向位移增量较开挖第九层土产生的侧向位移增量要小，本措施项在超过30m的软土基坑中是非常有必要的，而且在其他快线深基坑中也均有运用，基本变形控制效果好。

B基坑的滞后开挖会对先开挖完成相邻较近的围护结构产生较大影响，对先开挖完成相邻较远的围护结构产生的影响不大。围护结构最大侧向变形值为1.23‰h～3.62‰h，h为开挖深度。故后施作基坑与先施工基坑的坑内土体高差控制是基坑控制变形的关键。本工程两基坑先后开挖深度差6.0m左右，基坑变形及安全可控，后续工程可参考。

相邻基坑之间冠梁进行拉结，基坑之间土体进行土质改良有利于增加结构刚度，有利于控制基坑变形、降低风险。

第四节
软土地层深埋区间风井轨排井结构方案研究

一、概述

随着城市人口增长，我国城市交通问题日益突出，主要大中型城市都正在进行地铁建设。在地铁等轨道交通工程中，由于施工工序原因，会在楼板结构上预留临时孔洞，一般包括车站内部设备吊装孔、施工期盾构机吊装孔以及为保证轨道铺设而设置的轨排吊装孔等（图4-46、图4-47）。其中尺寸较大的为轨排孔，轨排孔一般会在地下车站、区间风井、暗埋段等处设置以使钢轨从地面吊入。由于钢轨长度一般为25m，为满足铺轨需要，一般需设置净长27～30m，净宽3.5～5m的轨排井开孔。

轨排孔的设置将使楼板大开孔，导致其刚度大大削弱。针对轨排孔设置位置，黄小平对地下车站轨排井设置案例进行了统计，认为轨排孔设置在地下二层车站跨中，可保证建设的可靠性和经济性。孙瑨总结了铺轨基地轨排井的布置原则，从施工的便捷性和受力上发现轨排孔设置在中间跨可降低

图4-46　地铁轨排孔

图4-47　地铁盾构吊装孔

侧墙内力，对结构整体受力较为有利。现有工程案例中，轨排井多设置在地下二层车站跨中位置。

目前已有学者对于地铁结构开孔计算方法、运算模型、受力及变形特点等做了较为深入的研究，提出了大尺寸开洞结构的简化计算模型并应用在地铁轨排井受力分析中。结合相关工程实例的分析计算，汤友生等提出结构设计及加强或优化方案以控制结构的内力和变形。支护结构与主体结构间计算应用已有很多学者做了深入研究。针对轨排井与围护相结合设计，贾兆平、熊永华通过与围护结构相结合的设计施工方法，给轨排井设计提供了新思路。对于在建车站轨排井改造，也有较为成功的工程实践案例。

在地铁建设过程中，面临复杂的边界条件，对于长大盾构区间，由于建设环境的限制，同时为保证铺轨效率，有时候不得不在埋深较大的地下三层区间风井设置轨排井，但由于区间风井尺寸较短，无设置渡线条件，故只能将轨排孔设置在边跨。大跨度的边跨开孔将使孔边环梁直接受到侧向水土压力作用，特别是对于埋深较大的车站或区间风井，其受力及变形控制成为设计的重点和难点。此方面目前国内尚无成熟的建设经验。本节依据杭州机场轨道快线工程，对埋深超过24m的地下三层区间风井轨排孔结构受力特征进行分析，提出相关设计施工措施，为类似项目提供参考。

二、工程简介

杭州机场轨道快线项目站间距较大，故对于长大区间设置了多个区间风井。为满足工期要求，将其中的区间风井作为盾构始发及接收井，并设置轨排铺设基地。为保证该盾构顺利穿过河道及建筑物等，风井埋深不具备上抬条件，风井底板埋深达到24.75m，风井结构尺寸42m×30m×22.33m，为地下三层双柱三跨箱形结构。

本工程确定轨排孔长度为28m，考虑实际施工效果，结合盾构始发及接收要求，最终确定大开孔尺寸为28m×7.9m，由于风井尺寸限制，无法设置渡线转换，楼板开孔布置在边跨，结构布置见图4-48、图4-49。相关开孔及孔边梁尺寸布置见表4-7。

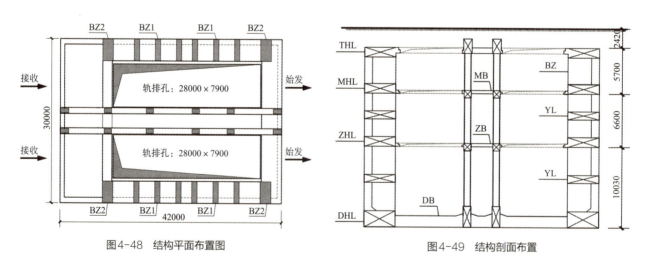

图4-48 结构平面布置图　　　　图4-49 结构剖面布置

构件尺寸表　　　　表4-7

构件名称	厚度(mm)	构件代号	构件名称	宽×高(mm×mm)	构件代号
侧墙	1000	CQ	顶板环框梁	4000×1200	THL
顶板	700	TB	负一层板环框梁	4000×1200	MHL
负一层楼板	400	MB	负二层板环框梁	4000×1200	ZHL
负二层楼板	400	ZB	中间壁柱	4000×1000	BZ-1
底板	1400	DB	端部壁柱	4000×2000	BZ-2
			底板加强梁	4000×2000	DHL

三、计算分析及结构措施

1. 计算模型

采用有限元进行三维整体结构建模，主要结构构件采用梁单元（B3）、板单元（S4R）。结构计算时材料简化为线弹性。三维网格模型见图4-50。采用荷载-结构模型进行计算，且考虑轨排井最不利工况，即轨排吊装期，顶、中、底板开孔尺寸为28m×7.9m。外部荷载考虑水土压力及周边施工荷载，其中侧土压力及水压力以梯形线荷载的形式作用于侧墙上。

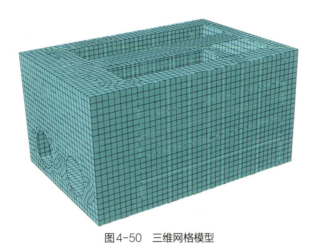

图4-50　三维网格模型

2. 内力及变形分析

轨排孔导致的楼板大开孔，将大大削弱楼板刚度，特别对于边跨设置时，对结构受力和变形影响较大。图4-51、图4-52分别为模型计算得到的结构体系变形及侧面框架变形。由计算结果可知，变形最大位置出现在侧墙中上部，最大侧向位移为11.2mm。由于壁柱及环框梁的设置，结构刚度得到加强，变形相对较小。由于下部土压力较大，上部水平环梁跨度较大，与竖向扶壁柱间的相互约束较低，导致结构变形最大位置出现在侧墙中上部。

根据受力分析结果，图4-53为侧向框架结构弯矩图，最大正弯矩主要位于侧墙上部负一、二层开孔处的扶壁柱和环梁上，负弯矩主要位于扶壁柱底部，受力特征基本与结构布置和外荷载分布一致。环梁负弯矩仅出现在两端，扶壁柱最大负弯矩则出现在底板位置，可见中间扶壁柱（BZ1）与环梁间彼此提供的约束偏小，端部扶壁柱（BZ2）作为支座可对环梁产生较大约束。故在设计时，应加强两端扶壁柱的刚度，同时根据扶壁柱与环梁的受力特点加强对应跨中或支座的配筋。

根据图4-53、图4-54，由于侧向受力较大，扶壁柱与底板连接处受力较大，故设计时可对此处进行加强，如设置底板加强梁（DHL），同时加大底板配筋，以提高底板刚度，避免大开孔期间结构由于受力过大而产生损伤。

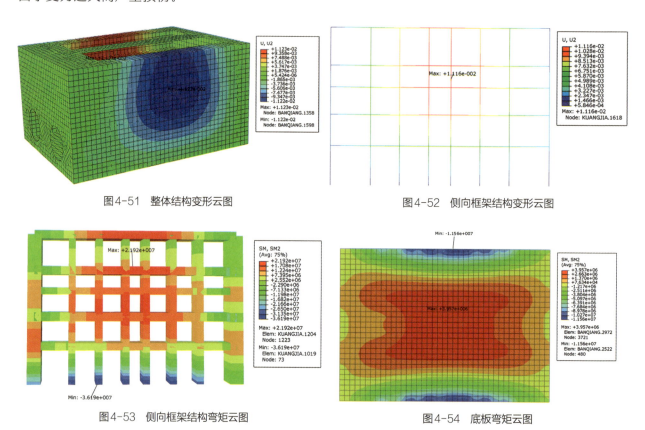

图4-51　整体结构变形云图　　　　　　　　图4-52　侧向框架结构变形云图

图4-53　侧向框架结构弯矩云图　　　　　　图4-54　底板弯矩云图

3. 结构措施

考虑明挖顺作法实际施工情况及工序，基坑开挖至基底后，将进入结构回筑阶段。随着围护体系中支撑的拆除，水土压力将由基坑开挖阶段的围护结构体系逐步转移至结构楼板上，而楼板的大开孔，将大大削弱楼板换撑刚度。因此在基坑回筑时，楼板换撑刚度的选取需格外注意，避免由于刚度选取不当，导致围护结构变形过大。此外，在实际施工中，常常因为工期需要，围护结构中的支撑很难在结构墙板养护28d后强度达到100%时再进行拆除，这将给结构安全带来风险，因此采取一定的临时措施十分必要。

在区间风井或车站施工完毕后，一般先进行盾构施工，再进行铺轨作业。盾构施工阶段需考虑盾构机吊装及盾构时出土，盾构吊装孔及出土孔要求最大长度均小于12m，远小于轨排铺设需要的28m。故可在结构回筑施工时，在轨排井环框梁上设置临时支撑以减少开孔跨度，可增加楼板的刚度，减少回筑阶段的围护结构变形及结构损伤风险，见图4-55。经计算，临时支撑对于施工期结构受力变形可起到较大作用，相对于不设置临时支撑，结构变形大幅降低，环梁弯矩也降低明显，见图4-56、图4-57。由此可见，临时支撑有利于结构变形控制。盾构施工完毕后，进行铺设轨道前，再对临时支撑进行拆除，可保证预留孔洞的使用功能。

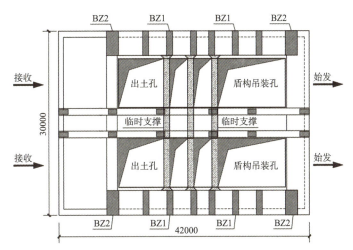

图4-55 轨排孔临时支撑布置

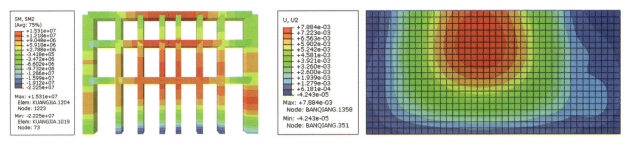

图4-56 侧向框架结构弯矩云图（临时支撑）　　　　图4-57 侧向结构变形云图（临时支撑）

此外，实际最不利大开孔工况下，结构整体自重减小，需在抗浮设计时对结构大开孔工况进行充分考虑，可增设抗浮桩，进行持续性坑外降水或增加结构板上负重等，避免结构上浮。此外，由于过大的水反力作用，也应适当加强底板及纵梁刚度，降低结构损伤开裂风险。

四、总结

（1）结合地铁轨排井相关工程实践及研究现状，在设置有配线的地下二层车站，轨排井应尽量设置在配线区域的跨中位置，该方案可不再增加结构环框梁等构造措施，从而保证结构方案的经济性和可靠性。

（2）对于软土地层的地下三层轨排井结构，采用三维荷载-结构模型对其进行结构受力及变形分析，计算得到的结构变形和受力与实测值基本相符。

（3）基于计算结果的分析，充分考虑环梁和扶壁柱受力特点及正负弯矩分布区域，应对作为环梁支座的端部壁柱进行加强，对扶壁柱与底板交界处，可考虑设置加强梁。

（4）对于设置轨排井等长大开洞的结构板，尚需考虑各施工工序，特别是围护结构体系与主体结构受力转换过程中，对楼板换撑刚度需进行折减，可结合施工工序设置临时支撑以增加结构体系的可靠度。

第五节
既有车站封闭有限空间内盾构接收及解体关键技术研究

■ 一、概述

在既有车站封闭有限空间内进行盾构接收及解体风险高、实施难度大，本节以萧山国际机场站盾构接收为例，研究在接收端封闭条件下，盾构分次接收以及为保障接收安全采取的接收端地层加固补强措施，为盾构施工中存在类似问题的项目提供参考。

■ 二、工程简介

杭州机场轨道快线某区间定于萧山国际机场站接收，萧山国际机场站已随先期工程一起建设，杭州机场轨道快线北侧为7号线、1号线3期工程，南侧紧邻机场新建航站楼基坑，车站上方为新建T4航站楼。因工程筹划、建设进度等各方面原因，杭州机场轨道快线隧道抵达车站端头接收时，其北侧7号线、南侧航站楼基坑及位于车站上方部分的T4航站楼±0.000结构板均已完成施工，T4航站楼正在进行上方钢结构顶盖施工，平面关系见图4-58。

车站接收端地层由上往下依次为①$_2$素填土、②$_4$砂质粉土、③$_3$砂质粉土夹粉砂、③$_5$粉砂、③$_7$砂质粉土夹淤泥质粉质黏土、③$_8$粉砂。隧道顶部处于③$_3$砂质粉土夹粉砂、③$_5$粉砂，见图4-59。北侧7号线由萧山国际机场站始发，始发端采取TRD+三轴搅拌桩加固，杭州机场轨道快线接收端采取三轴搅拌桩+高压旋喷桩的加固方式，两处加固范围重合，杭州机场轨道快线加固体于7号线加固体施工前实施。

杭州机场轨道快线原加固体位于T4航站楼底板平面范围内，T4航站楼采取桩筏基础，桩基、承

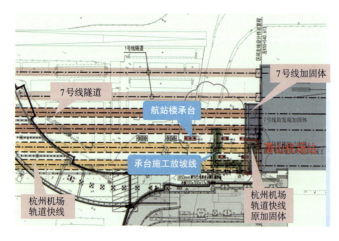 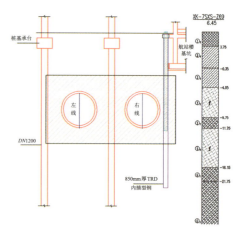

图4-58 萧山国际机场站接收端平面关系示意图　　图4-59 萧山国际机场站接收端现状剖面关系图

台施工均会对原加固体产生不同程度的扰动,承台采取放坡开挖,坡底标高-4.000m,进入弱加固区,承台基础采用桩径1200mm的钻孔灌注桩,桩长穿透加固区。经调查,杭州机场轨道快线原端头加固体实施时,由于地面航站楼施工,盾构接收端头边界条件发生变化,加固体与车站地下连续墙间高压旋喷桩未实施。因航站楼±0.000板已完成,上部结构亦在进行施工,故原接收方案中十分重要的降水措施也无实施条件。

基于以上分析,杭州机场轨道快线盾构接收时需考虑盾构解体接收和接收端补强加固的问题。

三、盾构解体接收方案研究

1. 工程问题

盾构接收时,航站楼±0.000结构板已封闭、主体结构已近完成,场地内不再具备大型设备的施工条件,萧山国际机场站端头井中板吊装孔未封闭,因此,需考虑盾构在端头井内解体,按拆解后的运输方案分别于洞内倒运至始发井或长距离运输至下个区间工作井吊出。萧山国际机场站快线端接收井尺寸：左线12500mm×12200mm,右线12500mm×10800mm。车站负二层净高9330mm,洞门顶距中板1300mm,洞门底距底板500mm（图4-60）。

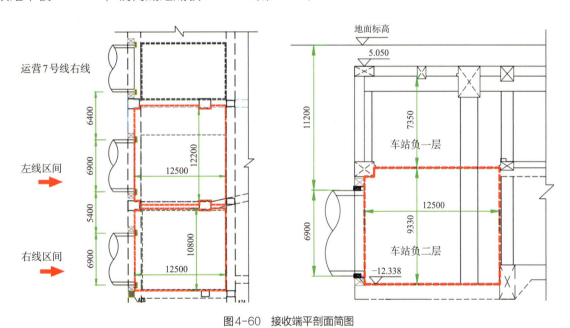

图4-60 接收端平剖面简图

区间采用2台土压平衡式盾构机,开挖直径为7150mm,盾构主机长度约11m（含刀盘）,主机总重约为437t。其中刀盘重约68t,前盾重约120t,中盾重约165t,尾盾重约42t,盾构机重心位于中盾位置（中心刀向后4.748m）,盾尾采用主动铰接设计。

盾构机拆解吊装设备,采用一台50t的桥式起重机（行车）,起重机设备+最大吊装荷载共计70t,安装后设备高度为13.2m（超出车站中板高度）,起重机设备在左、右线分别设置。起重机轨道基础整体采用临时钢立柱,作为竖向支撑荷载,左线受水平空间限制,单侧轨道梁基础需设置在车站中板洞口的结构梁上,梁底计划采用临时钢立柱进行加强,见图4-61。

由于盾构接收工作井限制，采用整体接收时，盾构刀盘不具备拆解条件，同时螺旋输送机拔出拆解空间受限（盾尾距洞门需2.5m空间，整体接收后只有1.5m），因此盾构主机无法整体接收，需进行二次接收（图4-62）。

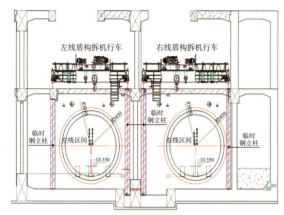

图4-61　车站内起重设施布置示意图

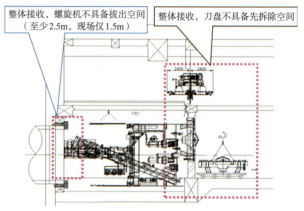

图4-62　盾构机整体接收简图

2. 接收总体方案

（1）第一阶段

盾构机预先推出洞门5m位置后，进行洞门密封，钢板与盾壳焊接，同时对刀盘进行分块拆解。刀盘计划拆分为3块，并预先在刀盘前方（接收井内）铺设电瓶车运输轨道，刀盘吊装旋转90°放置在电瓶车上后，运输至下一区间工作井吊出。

（2）第二阶段

刀盘拆解完成后，同步进行洞门圈注浆封堵、盾尾后止水环箍施工，在确保洞门圈滴水不漏后，将盾构机整体前推7m（前盾切口环距环梁12m位置），盾尾脱出洞门，并立即进行洞门最终封堵（封堵弧形钢板与盾壳的间隙，继续进行隧道内管片注浆和洞圈注浆）。之后依次拆解后配套台车、盾尾、盾体内部设备（螺旋机、拼装机、设备桥等）。

（3）第三阶段

以上工序完成后，将剩余前盾、主驱动部分整体通过油缸辅助后移（洞门方向）6.5m，满足设备起吊及装车空间需要，同时拆除剩余构件。

盾构接收步骤见图4-63。

（4）盾体拆解方案

先将盾体内的主要元器件（油缸、铰接油缸、阀块等）进行拆除，然后对盾体按照拆解图示进行拆解割除。

四、加固体补强方案

1. 接收端加固质量分析

萧山国际机场站施工时随土建工程一起实施的是后期本工程盾构接收时使用的端头加固，采用 $\phi850@600mm$ 三轴搅拌桩加固，靠近车站端头夹心层采用单排 $\phi800@400mm$ 三重高压旋喷桩加

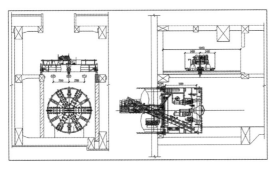
(a)盾构预先推出洞门5m

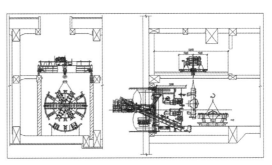
(b)刀盘拆解至电瓶小车上水平运输

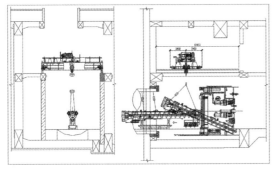
(c)盾尾、中盾、内部设备拆除

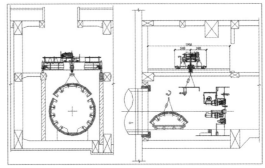
(d)剩余盾体整体辅助后移6.5m吊出

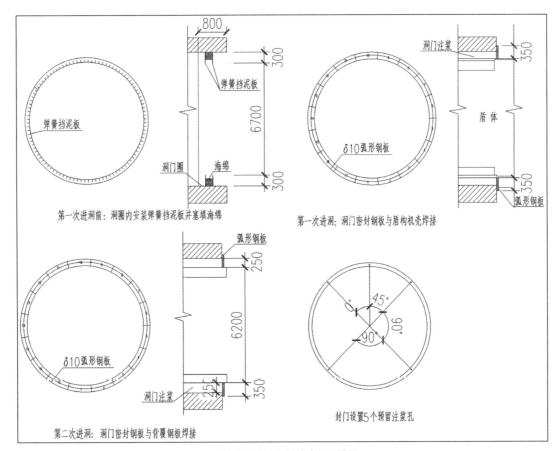
(f)分段接收洞门防水处理措施

图4-63 盾构接收步骤示意图

固。航站楼承台开挖施工、桩基施工，对原加固体已有不同程度的破坏，同时场地受地面条件影响，无降水条件，"夹心层"旋喷桩未施工。根据现场水平取芯结果，端墙2m外难以取得完整芯样，经各方研究讨论认为加固体质量难以保证接收时安全可靠，需对加固体进行补强加固。

对比"水平冻结""水平注浆+套箱接收"等方案，均因与盾构接收工筹方案冲突，难以实施。水平冻结在整体快速接收时优势较大，考虑到需二次接收，盾构拆解运输周期较长，冻结一旦失效，无应急抢险条件；水平注浆+套箱接收亦因盾构二次接收，刀盘进入端头井后即需破除套箱拆解运输刀盘，破除后主机进洞时仍处于无箱体状况。因此，综合考虑造价、工期等因素，选用WSS水平注浆对原加固体进行补强加固。

2. 补强方案设计

结合盾构拆解接收方案，认为盾构接收时主要风险来自于：（1）地下连续墙钢筋凿除时；（2）盾构机接收及二次接收时；（3）盾构接收时盾构与管片的间隙，管片与结构的间隙。

3. 补强加固参数

对左、右线洞门进行水平注浆加固，设计采用"杯形"加固壁进行土体加固，见图4-64。设计加固壁有效厚度为"杯底"3.0m，"杯壁"外侧3.5m，内侧3.0m，与开挖轮廓咬合1.0m，长度为15.0m（原加固长度12.0m），注浆孔600mm×600mm梅花形布设。

地下连续墙钢筋凿除时，尤其地下连续墙接头型钢凿除时，掌子面的稳定性仅靠地下连续墙的钢

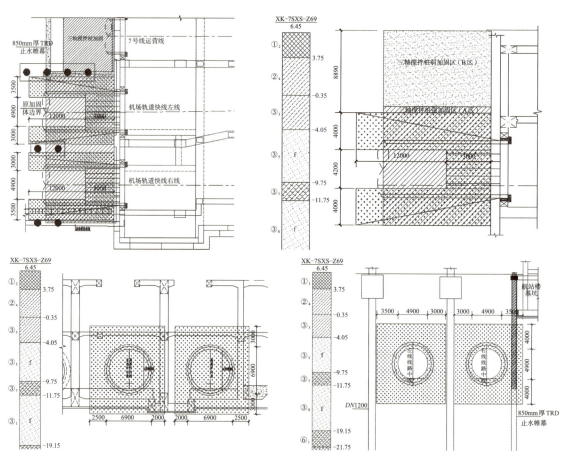

图4-64 WSS注浆加固示意图

筋保护层维持，一旦发生意外，后果严重，因此考虑在"杯底"采用深度3.0m的满堂注浆加固以维持掌子面的稳定。

"杯壁"起着隔水、维持土体稳定的作用，采取外侧3.5m，内侧3.0m，与开挖轮廓咬合1.0m的加固范围。考虑到盾构施工时管片与盾构间的间隙，"杯壁"加固范围与开挖轮廓咬合1.0m，加强该区域的土体自立性，驱散该处残余的自由水。加固长度15.0m，超出原加固长度3.0m，加长环箍与加固体重合范围，确保刀盘抵住地下连续墙时（盾构主机长约11m）盾尾封闭。

WSS注浆主要材料为水泥、水玻璃、磷酸，采用强度等级为32.5的散装普通硅酸盐水泥，根据工期进度安排水泥进场。水泥浆水灰比为1:1；水泥浆:水玻璃为1:1；磷酸:水玻璃为1:10～1:15。现场水源应为清洁水，流量大于15m³/h（表4-8）。

WSS注浆参数表　　　　　　　　　　　　　　　　　　　　　表4-8

序号	内容	参数	序号	内容	参数
1	注浆深度	3～15m	6	注浆压力	≤0.4MPa
2	水泥浆水灰比	1:1	7	孔位偏差	≤20mm
3	水泥浆:水玻璃	1:1	8	垂直度误差	≤1.5%
4	磷酸:水玻璃	1:10～1:15	9	回抽幅度	≤20cm
5	注浆孔间距	600mm×600mm梅花形	10	浆液固结时间	≤1min

重难点分析：

（1）注浆量的计算原则

由于浆液的扩散半径与砂层孔隙很难精密确定，为准备注浆材料，本次注浆设计根据本线相似地质、水文条件和注浆方案以及所选择的注浆材料，进行注浆量的估算。注浆量的估算公式按下式进行：

$$Q = Ana(1+\beta)$$

式中：Q 为总注浆量（m³）；A 为注浆范围体积（m³）；n 为孔隙率（%）；a 为注浆填充系数（0.7～0.9）；β 为注浆材料耗损系数。

设计中，$na(1+\beta)$ 统称为填充率，填充率按表4-9选用。

填充率选用表　　　　　　　　　　　　　　　　　　　　　表4-9

序号	地质条件	填充率（%）
1	杂填土	30～35
2	粉质黏土、砂土	20～25
3	粉细砂、砂层	40～45
4	中砂、中粗砂	50～60

（2）注浆压力的选定

注浆压力是注浆施工中的重要参数，它关系到注浆施工的质量以及经济性。因此，正确确定注浆压力和合理运用注浆压力有着重要的意义。

注浆压力与砂层空隙发育程度、涌水压力、注浆材料的黏度和凝胶时间长短等有关，目前均按经验确定。通常情况下按如下经验式计算：

1）按已知的地下水静水压力计算，设计的注浆压力（终压值）为静水压力的2～3倍，最大可达3～5倍。

$$P' < P < (3\sim5)P'$$

式中：P 为设计注浆压力（终压值）（MPa）；P' 为注浆处静水压力（MPa）。

2）根据注浆处地层深度计算

$$P=KH$$

式中：P 为设计注浆压力（终压值）（MPa）；H 为注浆处深度（m）；K 为由注浆深度确定的压力系数。压力系数 K 的取值见表4-10。

压力系数取值　　表4-10

注浆深度（m）	<8	10～12	12～16	16～20	>20
K	0.023～0.021	0.021～0.020	0.020～0.018	0.018～0.016	0.016

五、总结

本节给出了在既有车站封闭有限空间内盾构解体接收方案，在原接收井条件受限、加固条件不能满足盾构接收时，盾构解体接收方案能很好地解决有限空间下的盾构解体接收难题，并最大限度地保全了盾构机的核心部件，确保方案的安全性和经济性。

本工程先期实施的端头进出洞加固体遭到外部桩基工程的损伤，盾构接收前采用WSS进行水平补充注浆，有效控制了盾构进洞期间的渗漏水风险，实施效果良好。

第六节
盾构穿越拟改建铁路动车所方案研究

一、概述

随着各大城市轨道交通工程的发展，地铁下穿既有铁路桥梁、路基等情况越来越多。霍军帅等以苏州某地铁盾构隧道工程为例，对地铁盾构隧道下穿施工时城际铁路地基变更后的加固方案进行了研究；冯超与高志刚以南京地铁8号线下穿宁启铁路路基与桥涵为背景，分析了盾构下穿施工对铁路路基与桥涵的影响；王坤基于宁波典型土层，通过数值模拟方法分析了盾构穿越完全加固、部分加固及非加固铁路路基的沉降变形规律；邹浩与陈金国结合杭州地铁2号线某区间下穿既有铁路路基工程现场监测数据，分析了盾构下穿过程中铁路轨道、路基坡脚及路肩的位移变化规律；石舒结合杭州地铁1号线下穿铁路艮山门辅助编组站盾构隧道工程，对穿越风险进行了分析，并对下穿施工参数提出建议；马伟斌等针对地铁工程下穿运营铁路桥，通过数值模拟预测施工对铁路桥的影响，提出了潜在的风险，并提出相应的工程措施。

已有的研究主要采用数值模拟、现场实测等手段，研究地铁穿越过程中既有铁路路基、桥梁、桥涵等结构的变形规律，未见到盾构隧道穿越上盖开发铁路动车所的相关工程案例。本节以杭州机场轨道快线西湖文化广场站～火车东站站区间下穿杭州铁路艮山门动车所为例，分析盾构隧道下穿铁路期间铁路保护的影响因素以及动车所上盖开发期间地铁保护的影响因素，最终比选确定最优地铁区间方案，为类似工程提供参考。

二、工程概况

1. 工程简介

杭州机场轨道快线工程西湖文化广场站～火车东站站区间出4号风井后沿文晖路敷设，侧穿文晖大桥后下穿艮山门动车所。节点铁路股道数较多，含5股艮山门货场线（正在拆除）、2股动车所存车场线（牵出线）、6股道检修库库线、1股道临修线、4股沪昆线，共计18股道（图4-65）。不计在拆的货场线，杭州机场轨道快线下穿艮山门动车所共计13股道。盾构顶标高为 $-22.814 \sim -18.154$ m，铁路轨顶标高为 $6.290 \sim 6.900$ m。区间穿越艮山门动车所范围，区间埋深约26m。

艮山门动车所计划进行改建，由目前的6线检修库改扩建为12线，新建一座6线检修库及17股停车场。在整个实施过程中艮山门动车所不能停止营运，因此计划先行实施新增6线库及停车场线，待运营后，再拆除既有6线库，原地重建。沪昆正线也将临时改线后重建。

艮山门站内沪昆铁路共计四股道，由北向南依次为股道4（站线）、股道Ⅱ（正线上行）、股道Ⅰ（正线下行）、股道3（站线）。由于沪昆高铁、宁杭高铁均通过联络线接入艮山门站，再通过沪昆铁路进入杭州城站，因此该四线股道均需行走动车。

艮山门动车所分两阶段建设，2008年先实施了2线库、办公配套房以及临修库，2010年在既有2线库西侧新增4线库，目前保持6线库的规模。动车所地上建筑为轻型钢结构，工字钢墙柱、桁架屋

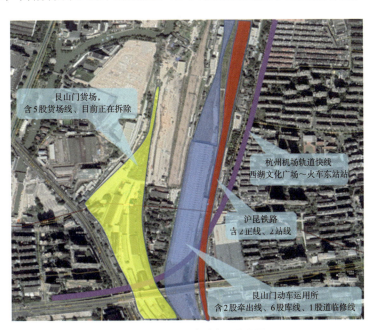

图4-65 区间下穿动车所平面图

盖支撑梁，扩大基础+复合地基（部分为 $\phi 600$ 预应力管桩基础，桩长大于33m）。

艮山门动车所将进行改造，并进行上盖开发，上盖开发的范围见图4-66、图4-67。艮山门动车所总体改造进度滞后于杭州机场轨道快线，预计在杭州机场轨道快线通车运营后予以实施。

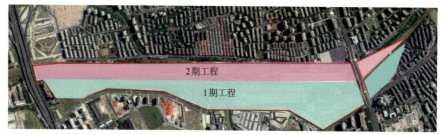

图4-66　动车所开发分期示意图

图4-67　动车所开发示意图

2. 工程地质、水文地质

盾构隧道穿越范围地层为：①$_1$碎石填土、③$_3$粉砂夹砂质粉土、③$_4$砂质粉土、③$_5$砂质粉土、④$_2$淤泥质粉质黏土、⑥$_1$淤泥质粉质黏土、⑥$_2$淤泥质粉质黏土、⑧$_1$粉质黏土、⑩$_1$粉质黏土。隧道位于⑥$_2$淤泥质粉质黏土层中。

拟建场地地下水以潜水为主，承压水含水层埋层较深，不在本工程影响范围内。拟建场地浅层地下水主要赋存于表层填土及地层中，由大气降水径流补给以及地表水侧向补给，潜水水量水位一般为0.40～3.40m（表4-11）。

场地地层物理力学参数表　　表4-11

层号	岩土名称	物理性质指标			地基土承载力特征值	压缩模量	剪切试验		静止侧压力系数
		含水量	天然重度	孔隙比			直剪固结快剪（标准值）		
							凝聚力	内摩擦角	
		w_0	γ	e	f_{ak}	$E_{S0.1-0.2}$	c	ϕ	K_0
		%	kN/m³	—	kPa	MPa	kPa	°	—
①$_1$	杂色碎石填土		19.0		90	3.5	(0)	(15)	0.50
①$_2$	灰、灰黄色素填土	27.6	18.7	0.786	80	3.0	(8)	(10)	0.52
③$_2$	灰色、灰黄色砂质粉土	28.8	18.9	0.806	110	5.5	4	22	0.45
③$_3$	灰色、灰黄色砂质粉土	25.3	19.3	0.720	150	9.0	3	28	0.40
③$_4$	灰色、灰褐色砂质粉土	26.8	19.0	0.765	115	6.0	4	20	0.45
③$_5$	灰色、灰黄色砂质粉土	26.1	19.2	0.734	130	6.5	4	25	0.43
③$_6$	灰色粉砂	24.5	19.4	0.700	150	9.0	3	29	0.39

续表

层号	岩土名称	物理性质指标			地基土承载力特征值	压缩模量	剪切试验 直剪固结快剪（标准值）		静止侧压力系数
		含水量	天然重度	孔隙比			凝聚力	内摩擦角	
		w_0	γ	e	f_{ak}	$E_{S0.1-0.2}$	c	ϕ	K_0
		%	kN/m³	—	kPa	MPa	kPa	°	—
③₇	灰色、灰褐色砂质粉土	29.7	18.6	0.834	120	6.0	4	18	0.47
④₂	灰色淤泥质粉质黏土	42.0	17.3	1.177	75	2.1	13	10	0.58
⑥₁	灰色淤泥质粉质黏土	41.5	17.4	1.168	70	2.5	13	10	0.58
⑥₂	灰色淤泥质粉质黏土	42.2	17.3	1.190	75	2.6	14	10.5	0.58
⑦₁	褐黄色粉质黏土	25.8	19.3	0.723	170	6.2	40	16.5	0.39
⑦₂	褐黄色粉质黏土夹粉土	28.1	18.9	0.808	120	5.0	35	14	0.46
⑦₃	灰黄色粉砂	22.0	19.5	0.640	130	6.0	3	25	0.43
⑧₁	灰色粉质黏土	40.5	17.3	1.174	80	3.0	15	11	0.54
⑧₂	灰色粉质黏土	31.1	18.6	0.886	110	4.2	24	13	0.47
⑨₁	青灰色、褐黄色粉质黏土	25.3	19.4	0.718	160	6.0	36.5	16	0.41
⑨₂	青灰色、褐黄色含砂粉质黏土	26.9	19.3	0.763	130	5.0	27	14	0.46
⑨₃	灰黄色中细砂	21.4	19.5	0.651	170	6.5	1	30	0.39
⑬₁	灰色粉质黏土	26.6	18.2	0.857	110	4.0	23	13	0.48
⑭₁	灰、灰黄色粉细砂	19.3	19.3	0.596	170	11.0	2	30	0.39
⑭₄	灰、灰黄色圆砾		20.5		420	19.0	5	38	0.32

三、盾构施工对铁路线路及动车所影响因素分析

1.铁路变形控制要求

由于杭州机场轨道快线盾构推进早于艮山门动车所改造，因此，杭州机场轨道快线区间方案需要考虑对铁路线路及动车所的保护。铁路线路及动车所检修库的变形控制标准如下：

（1）铁路线路变形控制标准

对于普速有砟铁路路基，路基沉降变形是导致上方线路不平顺的主要原因。根据以往邻近铁路工程的经验，普速铁路道岔区沉降控制在1mm以内，非道岔区的路基累计沉降量控制在10mm以内，沉降速率控制在2mm/d以内。

（2）动车所检修库变形控制标准

动车所检修库基础的变形允许值根据《建筑地基基础设计规范》GB 50007—2011确定。根据规范规定，中、低压缩性地基土地区框架结构相邻柱基的沉降差允许值为0.002L。此外，根据工程经验：对于一般砖墙承重结构、框架结构等，沉降差极值δ/L小于1/1000（L为建筑物长度，δ为差异沉降），最大沉降小于20mm时，破坏程度极其轻微，只有很细的裂缝，无建筑破坏。因此，在盾构施工期间，动车检修库独立基础沉降量不得大于20mm，差异沉降不得大于0.001L（L为相邻独立基础的间距）。

2. 盾构施工对铁路影响因素分析

（1）盾构隧道与艮山门动车所检修库关系

由于西湖文化广场站～火车东站站区间整体路由需要从文晖路转入尧典桥路，同时受文晖大桥、三里新城董家苑房屋等限制，线路只能以曲线形式下穿或侧穿艮山门动车所检修库。能否避让检修库主要与线路曲线半径相关。减小曲线半径能够保证盾构区间在平面上避让检修库，然而与此同时引起的问题是线型条件变差、旅行时间增加。

（2）盾构隧道与沪昆铁路正线道岔关系

由于区间穿越范围内的沪昆铁路采用有砟铁路路基，因此，路基段沉降变形可以按10mm控制。然而，区间穿越影响范围内的沪昆铁路正线存在多组道岔，道岔区的路基沉降变形需控制在1mm以内，因此必须保证区间隧道与铁路道岔有足够的安全距离。

四、动车所上盖开发对地铁区间隧道线路影响因素分析

前述由于动车所还要进行改造工程，杭州机场轨道快线区间施工时艮山门动车所仍在运营，因此，没有条件在地铁区间推进前完成上盖平台基础施工。

为了减小上盖平台施工对地铁区间的影响，地铁区间上方空间为减小荷载，仅布置绿化及覆土（图4-68）。由于杭州机场轨道快线与上部平台柱网斜交，若杭州机场轨道快线区间两线隧道之间不布置上部结构桩基，则上部结构跨度将超过50m，给结构设计带来较大困难。因此，考虑在两线隧道之间布置上部结构桩基，后续施工对区间隧道最主要的影响是工程桩成桩。对于杭州机场轨道快线区间隧道方案而言，两线隧道间距成为主要的影响因素。既要保证动车所桩基布置，又要考虑自身线型及结构安全。

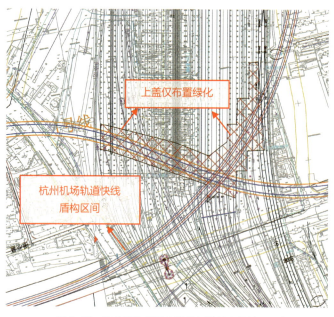

图4-68 动车所上盖平台柱位与地铁区间关系示意图

五、盾构穿越艮山门动车所区间方案比选研究

基于以上分析,从线路曲线半径、限速要求、侵入动车所检修库范围、与道岔基本轨缝距离、两线隧道间距等因素出发,对杭州机场轨道快线盾构穿越艮山门动车所区间方案进行比选,见图4-69和表4-12。

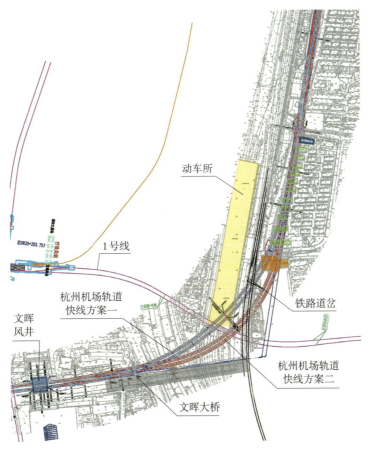

图4-69 杭州机场轨道快线区间下穿动车所方案比选示意图

杭州机场轨道快线区间下穿动车所方案比选表　　　　表4-12

方案	半径（m）	限速要求（km/h）	侵入检修库距离（m）	与道岔基本轨缝距离（m）	两线隧道距离（m）
方案一	630	95～100	45.1	6.2	6.2
方案二	485（左）、475（右）	75～80	18.6	30.5	5.6

方案一线路线型较好,然而区间隧道侵入动车所检修库范围较大,同时与道岔基本轨缝距离仅为6.2m,区间施工引起道岔区沉降控制难度大。方案二区间隧道在平面上避让动车所检修库,然而线路线型较差,两线隧道净距仅5.6m。经综合比选,推荐采用方案二。

本节以杭州机场轨道快线西湖文化广场站~火车东站站区间下穿拟改建艮山门动车所为背景,综合考虑地铁区间施工对铁路的保护以及动车所上盖开发对运营机场快线区间的影响,从线路曲线半径、限速要求、侵入动车所检修库范围、与道岔基本轨缝距离、两线隧道间距等因素出发,对杭州

机场轨道快线区间方案进行比选研究，最终项目按照方案二实施。地铁盾构推进过程中采用了管片增加注浆孔、加强同步注浆及二次注浆、稳定推进速度及采用"克泥效"工法等措施，铁路路基最终累计沉降7.6mm，满足控制要求。此项目的研究思路可供类似项目参考。

第七节 高架桥梁选型及关键技术研究

一、概述

随着近几年基础设施的发展，在地铁及市域铁路中，高架桥梁车站及区间应用较为广泛。桥梁结构作为城市建筑物，其建筑形式应首先考虑城市景观的要求。桥梁结构需进行适当的建筑艺术处理，使结构与周边环境相协调，力求造型美观，反映时代风格。桥梁结构设计应结合沿线的地貌、城市规划、道路交通、地下管线及工程地质、水文地质条件等对桥跨结构及基础进行综合比较，选出最适合本线的结构形式及施工工艺。

杭州机场轨道快线高架段长度约12.0km，中间与杭甬高速合建约10.266km。合建段与杭甬高速处于同一走廊带，为集约廊道，节省投资，火车东站站至萧山国际机场站区间采用杭州机场轨道快线与沪杭甬高速合建方案。本节主要对杭州机场轨道快线高架桥梁选型及关键性技术进行介绍分析。

二、合建段桥梁

1.合建桥墩墩型比选

公路与轨道交通一体化桥墩可采用H形直墩或Y形墩（图4-70、图4-71）。Y形墩景观效果较好，但适应性较差，一般需道路及轨顶标高高差一致，且节约土地有限，受力复杂传力不顺畅，因此推荐采用H形直墩方案。

2.标准梁上部

上部公路采用整体式路幅，结构采用先简支后连续30m预制装配式T梁，梁高1.8m，横向共15片。杭州机场轨道快线为简支小箱梁，梁高2.0m，顶宽10.8m，单箱梁底宽2.0m（图4-72、图4-73）。墩柱为钢筋混凝土结构，横梁为钢筋混凝土或预应力混凝土结构，盖梁为预应力混凝土，长度34.39m。预应力钢筋混凝土小箱梁共3种跨度，分别为30m、29m、31m，采用同种断面设计。双箱单室箱梁梁高2.0m，梁顶宽10.8m，单箱梁底宽2.0m。单线单箱梁顶宽5.1m，湿接缝宽0.6m，腹板按6.4:1斜置，内侧悬臂板长度1.10m，外侧悬臂板长度1.8m。跨中顶板厚0.22m，底板厚0.22m，腹板厚0.25m；梁端顶板厚0.3m，底板厚0.55m，腹板厚0.55m。

3.普通节点桥

根据沿线既有线路及规划道路等障碍物情况，普通节点桥汇总见表4-13。

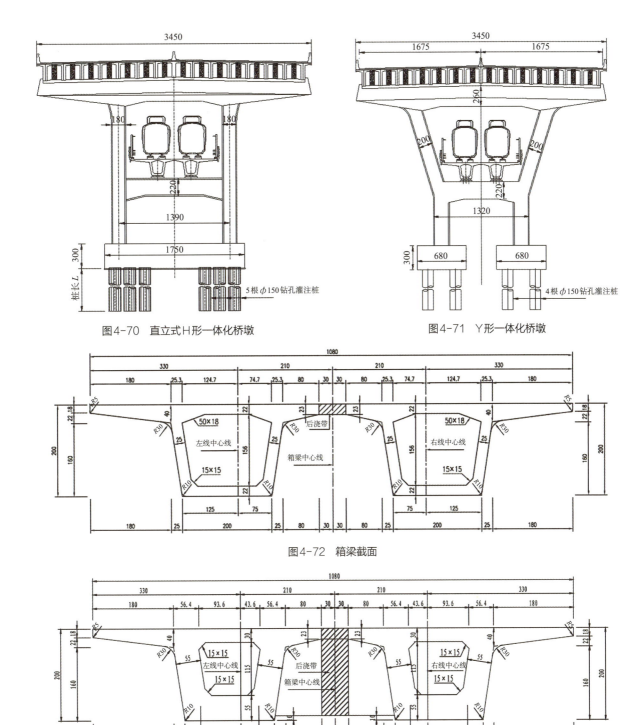

图4-70 直立式H形一体化桥墩　　　　图4-71 Y形一体化桥墩

图4-72 箱梁截面

图4-73 梁端截面

节点桥表　　　　表4-13

编号	里程	节点名称	道路宽度（m）	推荐桥型	跨度（m）
合建段	K33+940	钱江路隧道	—	钢混组合梁	40+36
	K34+063	杭海路	40	连续钢箱梁	51+82+51
	K36+780	平澜路	63	钢混组合梁	60

续表

编号	里程	节点名称	道路宽度(m)	推荐桥型	跨度(m)
合建段	K37+223	钱农路	45	钢混组合梁	58
	K37+510	奔竞路	55	连续钢箱梁	51+82+51
	K40+288	通城高架	90	连续钢箱梁	51+82+51
	K40+472	通城高架匝道	10	钢混组合梁	60
	K40+734	弘慧路	48	钢混组合梁	60
	K41+737	耕文路（规划11号线）	40	钢混组合梁	60
	K42+349	规划池衫路	40	钢混组合梁	60
	K43+363	规划新城路	40	钢混组合梁	60
	K43+900	高新七路	32	钢混组合梁	60

（1）51m+82m+51m跨度节点桥

本项目线路共用3个51m+82m+51m跨度的桥梁，分别为：1）跨越航海路及地铁9号线；2）上跨奔竞路；3）上跨通城高架。该节点对比研究了连续钢箱梁和连续钢混组合梁两个方案。由于连续钢混组合梁较高，且负弯矩区的混凝土裂缝宽度不容易控制，因此钢箱梁为推荐方案。从景观方面考虑，公路与轨道交通的纵断面高差不宜过大。节点桥梁高一般大于标准梁，因此对于纵断面的设计是个难点。在设计中，部分节点桥取消了下横梁，中支点支座直接放在桥墩之上（图4-74、图4-75）。

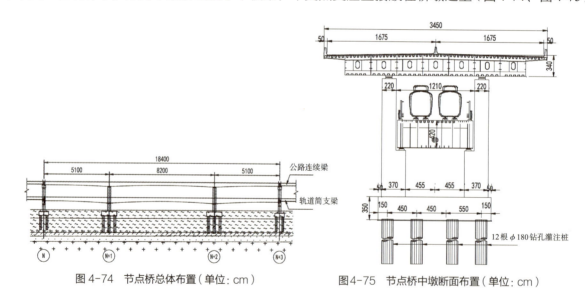

图4-74　节点桥总体布置（单位：cm）　　　图4-75　节点桥中墩断面布置（单位：cm）

（2）钱塘江大桥

钱塘江大桥是沪杭甬高速改建工程的一部分，线位决定了桥位需在彭埠大桥附近，且由于彭埠大桥是公铁合建平层布置的一座大桥，公路桥在下游侧，铁路桥在上游侧，同时在彭埠大桥上游又有一座铁路新桥，因此根据线位总体布置情况，本桥的桥位只能布置在彭埠大桥（公路桥）的下游侧（图4-76）。根据水文条件要求和通航规范要求，上游已有彭埠大桥与铁路新桥两座大桥，新建大桥宜加大跨度。在满足桥位通航净空的前提下，主通航孔应当按80m的倍数布跨，跨度不宜小于160m。前期提出了8个方案进行比较，桥型包括梁桥、拱桥、斜拉桥及悬索桥，最终采用主跨240m的刚性悬索桥。大桥造型犹如江潮泛起的波浪，平凡而不失宏伟。

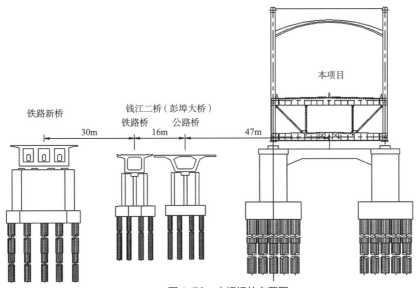

图 4-76 大桥桥位布置图

刚性悬索桥恢宏大气，整体协调，展示了结构的力量，充分体现了技术美学特征。主梁为钢桁梁，钢桁梁由工业化生产，现场装配，施工快捷，是技术与速度的表达，体现了杭州的现代化特色。大桥跨度为 72+122+4×240+122+72=1348m，钢桁梁直主桁，桁宽为 36.8m，桁高为 12m；加劲弦杆垂跨比 1/7.5；主桁采用焊接整体节点（图 4-77～图 4-79）。

钢梁主体结构根据受力分别采用 Q370qD 及 Q420qD。其中与桥面横联斜撑杆连接的下层桥面顶板、上弦杆内侧节点板、上层桥面节点横梁底板及桁架下弦杆内侧节点板还应达到 Z 向性能 Z35 级或与此相当的性能要求。本线桥面顶板所用不锈钢复合钢板材质为 316L。

钢桁梁采用焊接的整体节点，节点外拼接。主桁采用半桁片，全焊制造后运到工地架设。桁架杆件最大板厚 50mm，节点板最大厚度 60mm。标准桁片为两个节间长度，共长 22.5m，高度为 14.5m，

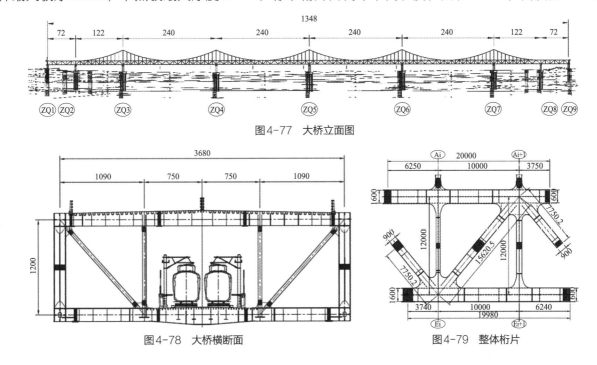

图 4-77 大桥立面图

图 4-78 大桥横断面　　图 4-79 整体桁片

宽度为2.75m，最大吊重120t。

三、独立段桥梁

火车东站站～御道站区间高架部分，高架桥全长388m，桥跨布置采用32m双线简支梁+2×30m双线简支梁+(30+45+30)m连续梁+2×40.5m连续梁+2×39m连续梁+32m双线简支梁。

合建汇合点～萧山国际机场站区间内设有高架段，高架段在知行路站前、站后共分为两个区间，站前区间为合建汇合点～知行路站区间，起点为与杭甬高速合建汇合点，终点为知行路站，全长729.5m，共布置预应力混凝土简支梁15跨，预应力混凝土连续梁3联；站后区间为知行路站～明挖U形槽区间，起点为知行路站，终点至与明挖U形槽分界点，全长412m，共布置预应力混凝土简支梁10跨，预应力混凝土连续梁1联，钢混组合简支梁1跨。

1. 标准梁

标准段采用单箱单室箱梁，顶板全宽10.8m，底板宽5.5m，悬臂长度2.2m，斜腹板，腹板斜率3.33:1，跨中顶板厚0.27m，底板厚0.3m，腹板厚0.52m。支点段顶板厚0.6m，底板厚0.6m，腹板厚1m（图4-80）。

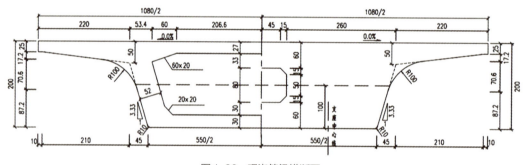

图4-80 现浇箱梁横断面

2. 节点桥

火车东站站～御道站区间A09号墩位于改造后沪杭甬地面道路中央分隔带内，A10号墩位于引水河河心岛位置；由于改造后沪杭甬地面道路方案调整，非机动车道取消。从景观方面考虑，A09～A11范围内上部调整2×39m连续梁结构；基础采用门式墩形式，暗盖梁设计。

四、总结

高架桥梁在满足使用功能的前提下，应遵循安全、适用、耐久、经济、美观、环保的基本原则，并充分考虑减振降噪、行车舒适要求，使之成为现代化城市的动态生命线和美丽风景线。

本项目高架区间较长，并且大部分在公轨合建范围内，合建桥梁应满足轨道交通和城市道路各自的限界、净空要求。钱塘江大桥为上下分层钢桁架，既集约了用地，又降低了总工程造价。跨钱塘江大桥采用最大240.0m跨度的刚性悬索桥，满足城市景观和结构刚度的要求，造型美观协调、恢宏大气。

合建段标准梁采用预制小箱梁，桥梁上部结构工厂化生产，桥梁结构质量得到保证，可有效避免现浇作业中桥梁质量参差不一、外观相差较大的问题，质量得以保证。预制箱梁可以提高生产效率，同时由于其钢模板的重复利用率高，相应地降低了建设成本。

第五章
车辆与机电系统

CHAPTER 5

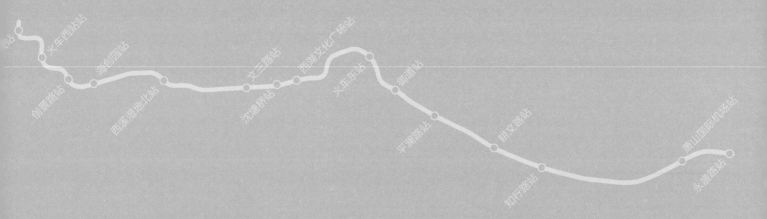

第一节
120km时速下A型车关键技术研究

一、概述

杭州机场轨道快线是穿越中心城区的城市轨道交通快线，连接杭州西站、杭州东站和萧山国际机场，以通勤客流为主，兼顾机场客流的功能复合型线路。为提高服务水平，实现各交通枢纽间快速连接，选用120km时速的A型车。

120km/h的A型车在地下运行的城市轨道交通列车中车速较高，如果列车气密性采用与80km/h的A型车一致的话，车内噪声会比较大；气密性如处理不好，将会导致地铁列车车厢的舒适性降低，影响乘客的出行体验。因此，本着"以人为本"的设计原则，在列车降噪和气密性加强等方面为满足地铁列车车厢的舒适性，需要对列车的气密性进行加强，控制噪声，从而确保乘客乘坐的舒适性。同时，为提高本线服务标准，在座椅和每节车厢端部位置设置了USB和无线充电，车窗玻璃采用OLED智慧车窗系统，提高本线列车科技性。

二、车辆主要技术参数

杭州机场轨道快线选用120km/h的6编组的A型车，总长141.62m。由Tc车、Mp车、M车组成一个基本单元，每列车由两个基本单元组成，可实现双向运行。列车的编组方式如下：

$$-Tc + Mp + M + M + Mp + Tc-$$

其中：Tc为带司机室的拖车；Mp为带受电弓的动车；M为不带受电弓的动车；"-"代表全自动车钩；"+"代表半永久牵引杆。

不同位置车辆主要技术参数见表5-1。

不同位置车辆主要技术参数　　　　表5-1

项目		Tc车	Mp车	M车
车辆长度（包括车钩长度）(mm)		22000+Δ	22000	
车体基本宽度（mm）		3000		
车体最大宽度（mm）		3088		
车辆高度	不含空调（mm）	3800		
	受电弓落弓高度（mm）	3820		
客室内净高（mm）		2100		

续表

项目		Tc车	Mp车	M车
轨面到地板面高度（AW0，空气簧充气，新轮）(mm)		\multicolumn{3}{c}{1130}	
每侧客室车门对数		\multicolumn{3}{c}{5}	
客室侧门通过宽度（mm）		\multicolumn{3}{c}{1400}	
客室侧门通过高度（mm）		\multicolumn{3}{c}{1900}	
车辆定距（mm）		\multicolumn{3}{c}{15700}	
固定轴距（mm）		\multicolumn{3}{c}{2500}	
轮对内侧距（mm）		\multicolumn{3}{c}{1353 ± 2}	
车轮直径	新轮（mm）	\multicolumn{3}{c}{840}	
	半磨耗轮（mm）	\multicolumn{3}{c}{805}	
	全磨耗轮（mm）	\multicolumn{3}{c}{770}	

注：表中Δ表示因头尾车有司机增加长度；AW0表示空载。

三、气密性及噪声指标分析

1. 气密性指标

120km时速的A型车，在地下运行过程中受隧道风压影响，风噪较大，为确保车内乘客乘坐的舒适性，需提高气密性指标。

综合本线线路功能定位、隧道内径尺寸、车速等参数，最终确定本线列车气密指数≥3s，车厢内压力变化≤800Pa/3s，整车试验标准采用2600Pa降低至1000Pa的时间≥15s。

2. 气密性指标的分解

根据整车气密指数与各部件气密指数的关系，将整车气密指标分解至各部件的气密指数，整车气密指标如下：

$$\tau = \frac{t}{\ln(\Delta p_0 / \Delta p_1)}$$

整车气密指标与各部件气密指标关系如下：

$$\frac{1}{\tau} = \frac{1}{\tau_1} + \frac{1}{\tau_2} + \cdots + \frac{1}{\tau_n}$$

列车气密性主要取决于车门、空调、车体（含车窗）、贯通道，从而将整车气密性指标分解到各部件气密性指标，结果见表5-2。

列车各部件气密性指标　　　　　表5-2

部件名称	气密性指标
整车	由2600Pa降至1000Pa的时间≥15s（密封指数15.7s）
车门	由2600Pa降至1000Pa的时间≥210s（密封指数219.7s）
空调	由2600Pa降至1000Pa的时间≥200s（密封指数209.2s）
车体（含车窗）	由2600Pa降至1000Pa的时间≥28s（密封指数29.2s）
贯通道	由2600Pa降至1000Pa的时间≥100s（密封指数104.6s）

3. 噪声指标

根据已建地铁项目车辆噪声水平、120km时速顶层指标,综合确定本项目列车的噪声指标(表5-3)。

本项目列车噪声指标　　　　　　　　　　　　　　　　　　表5-3

状态	设计指标	既有列车	《城市轨道交通列车噪声限值和测量方法》GB 14892—2006	《地铁车辆通用技术条件》GB/T 7928—2003
静态车内	司机室≤65dB(A),客室≤66dB(A)	66～70dB(A)	—	—
动态车内	高架:司机室、客室≤75dB(A) 隧道内:司机室≤80dB(A),客室≤83dB(A)	75～78dB(A)	客室、司机室≤75dB(A) 隧道内(60km/h):客室≤83dB(A)、司机室≤80dB(A)	—
静态车外	车外7.5m≤66dB(A)	66～69dB(A)	—	车外7.5m≤69dB(A)
动态车外	≤87dB(A)	87～89dB(A)	—	速度60km/h时≤80dB(A)

4. 噪声指标的分解

根据列车运行过程中各部件噪声的计算权重,将噪声源按照声功率进行指标分解,各部件的声压级见表5-4。

120km/h速度等级,轮轨噪声声压级≤112dB(A)。

列车各部件声压级　　　　　　　　　　　　　　　　　　表5-4

部件	工况	声压级 L_{wA} [dB(A)]
牵引电机	无负载,最大转速或最大噪声对应工况	≤112
齿轮箱	最大转速或最大噪声对应工况	≤98
牵引逆变器	额定负载,风机高速运转	≤90
辅助逆变器	额定负载,风机高速运转	≤85
空调机组	制冷/制热(最大风量)	≤87
空调机组	通风(最大风量)	≤80
空压机	电机/风机最大转速	≤91
制动电阻	风机最大负荷	≤88

5. 各部件隔声指标

根据各处噪声源的声压级,对噪声向司机室和客室内的传播路径进行了分析,对噪声传播路径中的各隔声部件的隔声性能提出了明确的指标要求,具体见表5-5。

各隔声部件隔声性能指标　　　　　　　　　　　　　　　　表5-5

部件	结构	隔声量[dB(A)]	部件	结构	隔声量[dB(A)]
地板(转向架区域)	地板布	≥47	客室侧门	双扇气密塞拉门	≥33
地板(转向架区域)	内装地板	≥47	司机室侧门	单扇气密塞拉门	≥33
地板(转向架区域)	隔声垫	≥47	车窗	客室侧窗	≥38
地板(转向架区域)	防寒材	≥47	车窗	司机室前窗	≥39
地板(转向架区域)	车体地板	≥47	贯通道	—	≥40
地板(转向架区域)	阻泥浆	≥47	司机室面罩	焊接铝蜂窝	≥33

续表

部件	结构	隔声量[dB(A)]	部件	结构	隔声量[dB(A)]
端/侧墙	车体侧墙	≥43	顶板	车体顶板	≥40
	阻泥浆			风道	
	防寒材			防寒材	
	内装板			中顶板	

四、气密性及噪声控制解决措施

1. 车门系统

在车门系统密封性方面，重点从车门选型和密封措施方面着手保证车站系统的密闭性。司机室/客室车门采用单开电动气密塞拉门，通过密封胶条、护指胶条、辅助锁等辅助措施，保证车门部件系统的整体气密性（图5-1）。

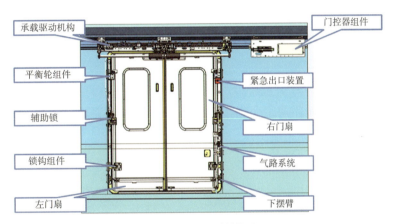

图5-1　车门系统结构图

2. 空调系统

空调系统作为正常行驶时车内与室外的主要气流通道，通过设置气压动力保护阀和密封胶条等措施保证车内气密性和避免车内压力突变。

在新风口和废排风口设置气动压力保护阀，当车外压力突变时，关闭风口短时隔绝内外气流通道，达到避免车内压力突变的目的；空调机组送、回风口与车体接口通过压缩橡胶密封条与车体型材压接密封（图5-2）。

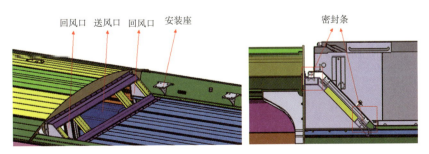

图5-2　空调与车体安装连接处密封方案图

3. 车体（含车窗）

车体密封性主要通过材料选择和焊接技术进行加强。司机室与客室材质均采用轻型铝合金材料；司机室与车体连接处采用全焊接技术；地板上表面的焊缝采用满焊方式，将客室与地板下方的空间隔绝，从而避免了地板下方区域孔缝对客室气密性的影响；地板以上空间，通过车外的满焊措施，将客室与车外隔绝，避免了内装结构对客室气密性的影响；车窗采用整体密封式设计，保证了车窗的整体密封性能。

客室侧门：采用气密塞拉门，门扇由常规的32mm增加到43mm，结合处采用多唇结构，增加辅助锁闭装置，确保气密性和隔声性能。

4. 贯通道

贯通道通过安装框与车体端墙连接，安装框内部设计专用橡胶密封件，安装框外部周圈打胶，使其密封性更优异，实现贯通道在运动状态下，特别是曲线运行时的密封。

在相互装配的两个部件之间，通过增加胶条、胶带、密封胶等措施，增加贯通道折棚的整体密封性：折棚与车体框之间、车体框与车体端墙之间、折棚波与波之间、面料框与棚布之间。

弯头刷胶处理：在贯通道折棚组成弯头搭接处缝纫线位置刷一层透明胶层，将缝纫线针孔及缝纫线本身用胶层包裹，起到防水、密封、保护缝纫线的作用。

取消折棚排水孔。

5. 地板

转向架区域外地板喷涂3mm阻尼浆，内地板底部增铺3mm隔声垫；普通区域地板铺1.2mm隔声垫，确保地板隔声量达到47dB（A）（图5-3）。

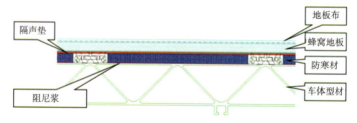

图5-3 地板噪声控制措施

6. 其他措施

通过采用自发泡沫密封胶技术对穿线孔进行密封，能满足不同外径线缆的密封要求，在保证密封效果的同时，还能有效地起到隔声、降噪的效果。

对不适用于密封胶密封的区域，采用夹块和夹块安装衬套进行密封。

五、相关辅助设施

在座椅下部设置了USB充电接口，同时在每节车厢端部设置了内嵌凹槽式手机无线充电区，满足乘客便利出行的充电需求，提高乘客出行服务体验（图5-4）。

列车采用了OLED智慧车窗系统，透明OLED车窗可向乘客展示列车实时运行信息、3D立体站台出入口及布局信息、轨道交通换乘信息、紧急服务信息等一系列资讯；智能车窗在车窗内侧贴敷一层纳米触摸层用来提供人性化的人机交互，向乘客提供触控全屏幕覆盖的交互UI，提升乘客的乘车体验及列车科技感（图5-5）。

图5-4　座椅下方USB位置图

图5-5　车窗OLED显示效果图

六、总结

通过上述气密性和噪声控制手段，有效提高乘客在乘坐列车时的舒适性；通过其他辅助手段，提升了乘客出行服务体验和服务水平。

第二节
120km时速下压力波控制关键指标研究

一、概述

本线设计时速为120km,根据牵引计算,列车在长大区间行驶速度可达115km/h以上,列车在长封闭区间快速运行造成的压力波将会直接对乘客的舒适度产生影响。杭州机场轨道快线工程从2020年进入施工图阶段,此时针对120km/h地铁的《地铁快线设计标准》尚未未颁布实施,国内对120km/h地铁的设计主要参考《地铁设计规范》GB 50157—2013、《市域快速轨道交通规划与设计导则》RISN-TG 032—2018和《市域快速轨道交通设计规范》T/CCES 2—2017。鉴于上述三本规范的压力舒适度标准、控制压力波措施有较大差异,为确定适用的压力舒适度标准、经济合理的盾构内径和列车气密指数,对压力舒适度标准、隧道内径、洞口缓冲结构、区间风井通风方案等内容进行了深入调研研究,并组织召开该项专题的专家评审会,最终确定本线的技术实施路线。

二、压力舒适度标准的确定

为确定合理的压力舒适度标准,针对已开通的广州地铁3号线、上海地铁16号线、东莞市城市快速轨道交通R2线、深圳市轨道交通11号线进行了详尽调研,结合运营实际效果及国内高速铁路的旅客调研数据,根据《市域快速轨道交通规划与设计导则》RISN-TG 032—2018、《市域快速轨道交通设计规范》T/CCES 2—2017的相关规定,最终确定本工程车内的压力变化值为小于800Pa/3s。

三、模型与工况设定

杭州机场轨道快线工程采用CFD数值模拟方式进行研究,为满足计算要求,对车体和隧道内设备进行合理简化(图5-6)。

为分析隧道内径、洞口缓冲结构对压力变化的影响,以及本工程最不利区间的压力变化与优化措施,本工程设置了8个不同工况进行对比分析。各工况计算模型设定如表5-6所示。

四、隧道内径对压力波的影响

为合理确定隧道内径,在保证舒适度的情况下,控制投资合理指标,对不同内径、不同气密指数下车厢内部的压力变化结果进行了计算分析(表5-7~表5-9)。

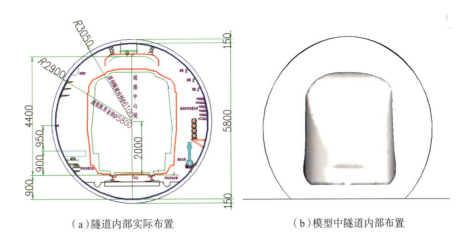

(a) 隧道内部实际布置　　　　(b) 模型中隧道内部布置

图 5-6　列车在隧道内部的布置

各工况计算模型设定　　　　　　　　　　　　　　　　　　　　　　表 5-6

编号	工况计算模型设定
工况 1	隧道长度 1500m、无区间风井、洞口无缓冲结构，内径 6.0m
工况 2	隧道长度 1500m、无区间风井、洞口无缓冲结构，内径 6.1m
工况 3	隧道长度 1500m、无区间风井、洞口无缓冲结构，内径 6.2m
工况 4	隧道总长度 2200m、无区间风井、内径 6.1m，洞口无缓冲结构
工况 5	隧道总长度 2200m、无区间风井、内径 6.1m，洞口设 300m 缓冲结构
工况 6	最不利区间（洞口～萧山国际机场站，区间长度 9321m）、区间风井 2 处、内径 6.1m、洞口设 300m 全封闭声屏障，区间风井面积为 20m²、风井前后无缓冲结构
工况 7	最不利区间（洞口～萧山国际机场站，区间长度 9321m）、区间风井 2 处、内径 6.1m、洞口设 300m 全封闭声屏障，区间风井面积为 12m²、风井前后无缓冲结构
工况 8	最不利区间（洞口～萧山国际机场站，区间长度 9321m）、区间风井 2 处、内径 6.1m、洞口设 300m 全封闭声屏障，区间风井面积为 20m²、风井前后设置缓冲段

工况 1：隧道内径为 6.0m，不同气密指数下的压力变化计算结果　　　　表 5-7

测点位置	不同气密指数下车厢内部的压力变化（Pa/3s）						
	车外	0.7s	2s	3s	4s	5s	6s
头车	1950	1633	1062	821	683	582	506
中间车	1737	1438	945	706	570	492	432
尾车	1525	1336	879	651	511	421	377

当列车气密指数大于等于 4s 时，列车内部的 3s 内压力变化值均小于 800Pa/3s。

工况 2：隧道内径为 6.1m，不同气密指数下的压力变化计算结果　　　　表 5-8

测点位置	不同气密指数下车厢内部的压力变化（Pa/3s）						
	车外	0.7s	2s	3s	4s	5s	6s
头车	1865	1551	1017	783	652	556	484
中间车	1667	1369	906	679	546	472	415
尾车	1466	1286	845	626	492	405	362

当列车气密指数大于等于3s时，列车内部的3s内压力变化值均小于800Pa/3s。

工况3：隧道内径为6.2m，不同气密指数下的压力变化计算结果　　　　表5-9

测点位置	不同气密指数下车厢内部的压力变化（Pa/3s）						
	车外	0.7s	2s	3s	4s	5s	6s
头车	1810	1507	991	759	632	539	469
中间车	1632	1334	883	663	531	459	404
尾车	1448	1268	834	619	486	401	353

通过计算比较发现，在满足压力舒适度标准（800Pa/3s）的前提下，隧道内径为6.0m时，列车气密指数应≥4s；隧道内径为6.1m和6.2m时，列车气密指数应≥3s。增加隧道内径，能够降低车内外的压力变化值；当隧道内径由6.0m增加为6.1m，3s内压力变化最大值约降低4.2%；当隧道内径由6.1m增加为6.2m，3s内压力变化最大值约降低2.4%。说明当隧道内径≥6.1m时，隧道内径的增加对车内外的压力变化影响变小。基于阻塞比要求（不大于0.4），最终本工程采用6.1m隧道内径。

五、洞口缓冲结构对压力波的影响分析

高速形式的列车从封闭环境驶入开敞环境时，由于隧道与户外压力值的骤变会导致人体的极度不舒服，因此，在隧道洞口处多采用土建喇叭口等缓冲措施。洞口缓冲结构采用土建喇叭口，不仅造价高，且占地面积大，而本工程洞口区域地面也不具备设置土建喇叭口的条件，针对此种情况，本工程最终选择采用全封闭声屏障作为缓冲结构（图5-7），并对设置声屏障后的压力变化值进行了计算比较，如表5-10所示。

通过计算比较分析发现，与无缓冲结构相比，在洞口区域设置全封闭声屏障能有效降低车内外的压力变化，3s内压力变化最大值降低40%～50%。

图5-7　洞口设置全封闭声屏障

隧道内径为6.1m，洞口有无缓冲结构的压力变化计算结果　　　　　　　　　　　表5-10

	测点位置	不同气密指数下车厢内部的压力变化（Pa/3s）						
		车外	0.7s	2s	3s	4s	5s	6s
工况4：洞口无缓冲结构	头车	1865	1551	1017	783	652	556	484
	中间车	1667	1369	906	679	546	472	415
	尾车	1466	1286	845	626	492	405	362
工况5：洞口设置全封闭声屏障	头车	964	779	531	424	357	311	277
	中间车	1012	752	527	415	341	296	266
	尾车	804	653	459	358	300	265	238

六、工程最不利区间的压力波分析

列车行驶速度及隧道长度为影响列车外压力变化的关键因素，其中列车在洞口或区间风井处行驶速度对压力变化有显著影响。

通过对洞口和区间风井处的列车速度分析，本工程海创园站～西溪湿地北站区间和洞口～萧山国际机场站区间的列车在区间风井或洞口位置的运行速度大于等于115km/h，其中洞口～萧山国际机场站区间的列车在区间风井处的行驶速度接近本工程设计速度（120km/h）。当运行速度为120km/h时，最不利隧道长度约为4284m。因此，洞口～萧山国际机场站为本工程的压力变化最大区间。

（1）区间风井面积为20m²、风井前后无缓冲结构时（工况6），列车在本区间的压力变化（表5-11）：

工况6对应列车在本区间的压力变化计算结果　　　　　　　　　　　表5-11

	测点位置	不同气密指数下车厢内部的压力变化（Pa/3s）						
		车外	0.7s	2s	3s	4s	5s	6s
整个区间	头车	1370	1257	848	628	483	412	364
	中间车	1334	1213	809	601	464	384	340
	尾车	1287	1150	748	558	435	351	304
区间风井1处	头车	1134	1018	661	527	450	391	344
	中间车	1069	944	600	479	408	354	312
	尾车	975	844	541	443	373	323	285
区间风井2处	头车	1370	1257	848	628	483	412	364
	中间车	1334	1213	809	601	464	384	340
	尾车	1287	1150	748	558	435	351	304

当列车气密指数大于等于3s时，整个区间及区间风井处，列车内部的3s内压力变化值均小于800Pa/3s，满足本工程的压力舒适度标准。洞口区域3s内的压力变化最大值远小于区间风井1和区间风井2处。

（2）区间风井面积为12m²、风井前后无缓冲结构时（工况7），列车在本区间的压力变化（表5-12）：

工况7对应列车在本区间的压力变化计算结果　　　　　　　　　　　表5-12

	测点位置	不同气密指数下车厢内部的压力变化（Pa/3s）						
		车外	0.7s	2s	3s	4s	5s	6s
整个区间	头车	1170	1060	716	532	437	381	338
	中间车	1121	1024	689	512	407	355	314
	尾车	1085	971	643	481	374	319	282
区间风井1处	头车	771	695	522	424	354	303	265
	中间车	764	679	518	423	354	303	265
	尾车	728	666	504	411	349	302	267
区间风井2处	头车	1170	1060	716	532	437	381	338
	中间车	1121	1024	689	512	407	355	314
	尾车	1085	971	643	481	374	319	282

当区间风井面积由20m^2减小为12m^2时，整个区间列车内部的3s内压力变化值小于800Pa/3s，对应列车气密指数由3s减小为2s。整个区间列车外部的3s内压力变化最大值由1370Pa减小为1170Pa，压力变化最大值约降低15%。

（3）区间风井面积为20m^2、风井前后有缓冲结构时（工况8），列车在本区间的压力变化（表5-13、图5-8～图5-10）：

工况8对应列车在本区间的压力变化计算结果　　　　　　　　　　　表5-13

	测点位置	不同气密指数下车厢内部的压力变化（Pa/3s）						
		车外	0.7s	2s	3s	4s	5s	6s
整个区间	头车	1322	1193	806	599	462	404	358
	中间车	1263	1146	768	573	444	370	328
	尾车	1202	1075	711	532	415	335	288
区间风井1处	头车	1138	1014	669	519	442	385	339
	中间车	1052	935	613	463	394	343	302
	尾车	944	826	535	427	364	315	278
区间风井2处	头车	1322	1193	806	599	462	404	358
	中间车	1263	1146	768	573	444	370	328
	尾车	1202	1075	711	532	415	335	288

当区间风井前后设置缓冲段时，整个区间列车外部的3s内压力变化最大值由1370Pa减小为1322Pa，压力变化最大值约降低4.5%。

当列车气密指数大于等于3s时，整个区间及区间风井处，列车内部的3s内压力变化值均小于800Pa/3s，满足本工程的压力舒适度标准。降低区间风井面积和区间风井前后设置缓冲段能有效降低列车通过区间风井处的压力变化。

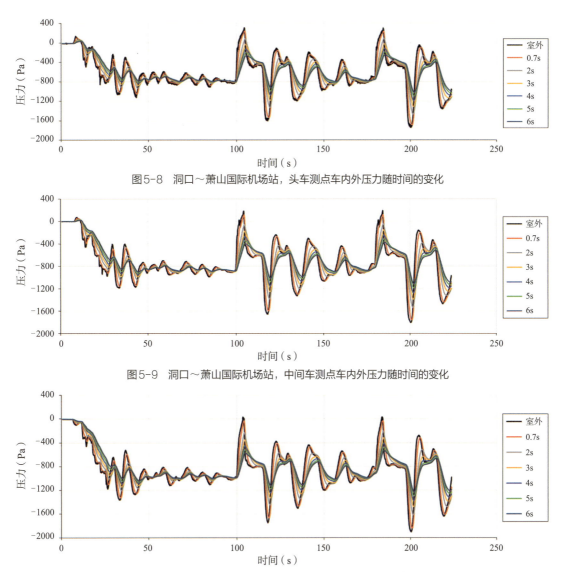

图5-8 洞口～萧山国际机场站,头车测点车内外压力随时间的变化

图5-9 洞口～萧山国际机场站,中间车测点车内外压力随时间的变化

图5-10 洞口～萧山国际机场站,尾车测点车内外压力随时间的变化

七、工程实践

通过一系列比较分析研究,鉴于本工程服务于亚运会,对压力舒适度要求较高,本工程最终采用的压力舒适度标准为不超过800Pa/3s;从舒适性、经济性综合考虑,本工程最终采用6.1m的隧道内径;并在洞口区域设置缓冲结构降低整个区间车内的压力变化。

通过对压力舒适度最不利的洞口～萧山国际机场站区间的分析,确定本工程列车的气密指数按不小于3s设计;针对最不利区间(洞口～萧山国际机场站),区间风井净面积由$20m^2$减小为$12m^2$时,车外和车内的3s内压力变化最大值约降低15%。因此,最终本工程优化区间风井活塞通风模式:远期区间风井采用$20m^2$净活塞面积;初期和近期关闭部分活塞风阀,采用$12m^2$净面积;针对最不利区间(洞口～萧山国际机场站),区间风井前后设置一定缓冲段时(明挖风井内部设置导流墙,将风井断面面积由$32m^2$逐渐过渡至$40m^2$),车外和车内的3s内压力变化最大值约降低4.5%。最终确定本工程区间风井前后设置一定缓冲段。

第三节
120km时速下弓网关系分析研究

一、概述

杭州机场轨道快线列车采用4动2拖6节编组A型车，列车设计最高运行速度120km/h，列车构造速度135km/h。

供电系统牵引电压采用额定电压：DC1500V；变化范围：DC1000~1800V（允许瞬时达到DC1950V）；隧道内采用刚性悬挂，接触网至轨顶面的高度：4400mm；架空"Π"形，1根汇流排+1根接触线+单架空地线1×HL2213+1×CTA150+1×JT120刚性悬挂。

轨道：正线、试车线；采用60kg/m钢轨；地下线圆形隧道高等减振地段采用减振垫式预制板轨道结构，特殊减振地段采用预制式钢弹簧浮置板轨道结构，两种结构对应的轨道结构高度均为900mm。针对刚性接触网下120km/h快线列车弓网连续燃弧问题，分析了燃弧产生原因，建立弓网系统仿真模型，从受电弓、接触网两方面进行仿真计算，提出适合120km/h地铁列车运营的受电弓和接触网参数。通过运营线路试验验证，取得良好效果。

二、刚性接触网

杭州机场轨道快线地下区段采用刚性悬挂方案，接触线导高采用4400mm。国内关于120km/h快线直流1500V供电系统的刚性接触网的设计理念仍然在沿用运行时速100km以下的直流刚性接触网系统，在跨距的选取、悬挂结构性能的分析、弹性定位线夹的使用、锚段关节形式的确定、弓网仿真的验证等关键技术上表现得尤为明显。目前国内已开通运营的时速120km的城市轨道交通中，如深圳地铁11号线、广州地铁3号线等，运营过程中也不同程度出现接触网拉弧、磨耗等问题。因此，针对这些关键技术开展120km/h或更高速度的受电弓与直流刚性接触网的弓网动态仿真研究，对提高弓网运行可靠性，完善DC1500V刚性接触网的基础理论、设计规范及评价体系具有重要意义。

列车在行驶过程中，接触网、受电弓和轨道三部分构成了复杂的振动系统，当列车运行速度提高，轮轨激扰增加，受电弓振幅增大，导致弓网接触不稳定，将造成以下几点严重影响：

（1）受电弓和悬挂接触网间的接触压力幅值变化增大，导致列车取流不稳定，甚至造成离线；

（2）弓网间接触压力最大值增加，导致定位器和接触线等结构疲劳甚至损坏；

（3）加剧受电弓滑板磨耗，减少了受电弓的使用寿命。

综合上述原因，改善弓网受流质量，是提高城市轨道交通中列车快速安全运行的关键技术之一。

三、燃弧情况

杭州机场轨道快线自试运营以来，采取人工驾驶模式，以100%牵引加速至试验最高运行速度后惰行，到站前以100%常用制动进站停车。试验结果显示列车80km/h运行时，弓网关系良好，启动加速区段，弓网间有小火花现象，未出现严重连续拉弧；列车100km/h运行时，弓网关系基本良好，启动加速区段，弓网间有连续拉弧现象，尤其是60～100km/h弓网间有零散的大拉弧现象；列车120km/h运行时，弓网关系较差，弓网间有连续拉弧现象，尤其是60～120km/h弓网间有零散的大拉弧现象，部分地段出现火球型的严重燃弧。

四、燃弧原因分析

弓网系统电接触是指滑板与接触线相互接触并通过接触界面实现电流传输的一种物理、化学现象。列车静止不动时，弓网系统表现为固定电接触；列车运行时，弓网系统具有滑动电接触的特点（图5-11）。由于接触面凸凹不平，即使滑板和接触线之间具有很大的接触力，在接触区域也只有少数的点(小面)实际发生了接触，这些实际接触的点(小面)承受着全部的弓网接触力。由于接触线表面一般都覆盖着导电不良的氧化膜或其他种类的杂质，在实际接触面内，只有少部分氧化膜被压破的地方才能形成电的直接接触，电流实际上只能从这些更小的接触点中通过，如图5-12所示。

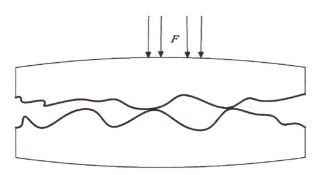

图5-11 接触线与受电弓滑板表面图

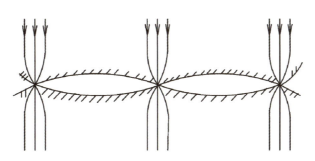

图5-12 导电斑点附近电流线收缩现象图

受电弓通过不规则地方时，导致弓网接触压力出现波动。当接触压力逐渐下降，接触面积减小，导电斑点数量下降，滑板和接触线分离到一定程度时，列车取流引起的能量使得导电斑点电流加大，温度迅速上升，电流通过导电斑点引起的热量使其融化形成了电火花，大量的电火花汇集成电弧。

五、弓网动态性能评价

接触网是为受电弓服务的，受电弓与接触网之间平顺地滑动是获得良好弓网接触质量的前提条件，合理的材料接口配合才能保证弓网之间的受流质量更佳。弓网动态性能优劣直接反映弓网之间接触质量水平，弓网动态相互作用性能直接关系着列车的行车安全以及受电弓与接触网的使用寿命。一般而言，弓网动态性能的评价指标有：弓网接触力、接触线抬升、弓头垂向位移、硬点与冲击、离线率等。

1.弓网接触力

弓网接触力是表征弓网系统电气作用、机械作用的核心参数，描述的是受电弓作用到接触网上的垂直力，等于受电弓与接触网所有接触点接触力的总和。受电弓运动时，弓网接触力的大小总是变化的，故一般又称为动态接触力。

弓网系统的振动为随机振动，无法准确预测任一给定时刻下的接触力瞬时值，只能依靠数理统计的方法才能做定量描述。

2.接触线抬升

接触线抬升是指接触线在受电弓接触力的作用下，其在弓网接触点产生的最大垂向位移。刚性接触网的接触线抬升几乎为零，这是因为跨距更小的刚性接触网的刚度远大于柔性网。当然，为了改善弓网动态相互作用性能，部分线路设计安装了弹性定位线夹与弹性悬挂结构，使得接触线抬升略有增加。

3.弓头垂向位移

受电弓在水平方向运行时，因接触悬挂弹性不同，又随着接触线导高的变化而在垂直方向上下振动，其振动位移即为弓头垂向位移。一般而言，弓头振幅越小说明受电弓沿接触线滑动过程中越平稳，弓网之间接触质量越好。受电弓振动是弓网耦合作用的结果，其振动特性受弓网结构参数以及行车速度影响，通常列车运行速度越高，振幅越大。

4.硬点与冲击

硬点是表征受电弓与接触网之间动态冲击的重要指标，在接触网刚度突变处弓网之间容易出现碰撞产生较大冲击力的现象，特别是在受电弓高速运行以及接触网结构侵限情况下尤为明显，弓头冲击加速度或弓网接触力异常激增的地方称为接触网硬点。硬点的存在极易破坏弓网动态相互作用的平稳性，过大的硬点将对受电弓产生巨大的冲击力，严重时将损坏受电弓弓头导致弓网事故，影响行车安全。

5.离线率

受电弓运行时，当弓网接触力为零时称为离线，弓网离线时容易拉弧而烧伤接触线与碳滑板。弓网动态相互作用性能影响到列车运行的性能及安全性、接触线和滑板的磨耗，需要定期对弓网关系进行评估，确保其满足相关标准要求。弓网接触力与接触线抬升作为评价弓网动态相互作用性能最重要的两个核心指标，然而在刚性接触网中接触抬升几乎为零可以不用考虑，因此以下将着重分析以接触力作为弓网动态性能评价指标时相关标准的具体要求。

弓网接触力连接受电弓和接触网两个系统，接触力的大小能直接反映受电弓与接触网机械接触的松紧程度。如果接触力过小，易失去机械接触，弓网系统将会产生电弧，加大弓网碳滑板与接触线的磨耗。相反，机械接触也不宜过紧，因为这会给弓网系统带来过大的机械磨耗，并使接触线抬升过高，甚至有可能导致受电弓侵限与接触网的金具发生碰撞引发弓网事故。因此，维持恰到好处的弓网接触力是获得良好电接触的前提，欧洲标准EN 50119、EN 50367中对接触力作了明确的要求，如表5-14所示。

接触力作用的要求 表5-14

供电制式	F_{min}(N)	F_{max}(N)	$F_{m, min}$(N)	$F_{m, max}$(N)	σ_{max}(N)
AC25kV	>0	300	$0.00047v^2+60$	$<0.00047v^2+90$	$0.3F_m$
DC3kV	>0	300	$0.00047v^2+90$	$<0.00047v^2+110$	$0.3F_m$
DC1.5kV	>0	300	$0.00047v^2+70$	$<0.00047v^2+140$	$0.3F_m$

注：1. F_{min}指最小允许接触力；F_{max}指最大允许接触力；$F_{m, min}$指接触力平均值的下限；$F_{m, max}$指接触力平均值的上限；σ_{max}指最大允许接触力标准偏差。

2. 对于200km/h以下架空接触网系统中的刚性元件如分段绝缘器，此处接触力最大值可以提高到350N。

六、影响弓网燃弧的因素

1. 离线间距对燃弧特性的影响

弓网耦合相对运动过程中，每次离线时弓网间距各不相同，具有一定的随机性。

直流电弧电阻及功率与离线间距的关系：随着电流的增大，弓网间隙中带电粒子密度增大，表现为电弧光强和平均功率均增大，但电流的改变对弓网间隙中带电粒子数量的影响不是很大，表现为电流增大时，电弧电阻基本不变。

随着离线间距的增大，电弧平均燃弧时间呈下降趋势。由于电压等级一定，离线间距较小时，弓网间隙中电场强度较大，电弧维持的时间较长；离线间距较大时，弓网间隙中的电场强度较小，电弧维持的时间较短。

电流为120A且离线间距设置为1mm时，电弧燃弧一直持续且相当剧烈，烧蚀接触线及受电弓严重。当间距增大到2.5mm时，电弧燃弧持续时间依然很长，示波器很难对其进行完整记录，直到间距增大到4mm以上，整个燃弧过程才能被示波器完整记录下来。在1mm和2.5mm小离线间距下，直流电弧均能持续燃烧，随着离线间距的增大，电弧燃弧时间缩短。这种规律和60A电流时直流电弧的规律一致，但120A电流时直流电弧燃弧时间达60～160ms，甚至更长，远远大于60A电流时电弧燃弧时间。这是由于随着电流的增大，弧隙间碰撞游离和热游离产生的二次电子增加，弓网间隙电弧等离子体的密度增大，相同间距下，电弧更容易维持；且电流增大，注入弧隙中的能量相应增大，电弧释放能量需要更长时间，所以燃弧时间更长。

城市轨道交通采用的接触网电压等级一般比较小（我国为DC1500V和DC750V两种供电制式），列车的集流量很大，一般为几千安，所以城轨直流供电系统下的直流电弧能量很高，对接触线和受电弓碳滑板的烧蚀相当严重。

列车负载是影响弓网电弧的重要因素，不同的阻抗、感抗负载影响电路电压、电流的变化速度，从而影响电弧产生、熄灭的时间。阻性负载和感性负载下分别离线，直流电弧的平均起弧电压和光强峰值平均值基本相同，但感性负载下直流电弧的光强变化较为平缓，阻性负载下直流电弧的光强波动较大，且感性负载下直流电弧的燃弧时间平均值要大于阻性负载时的燃弧时间平均值。由于负载中串联了电感，电感的存在使得电弧电压、电流变化更加平缓，电弧功率也维持在一个平稳的范围，所以电弧光强变化也比较平缓。电感是储能元件，在弓网离线后，电感将储存的能量释放到弓网间隙中，使得感性负载条件下电弧能量更大，维持的时间更长，所以燃弧时间更长。

（1）随着离线间距的增大，电弧的起弧尖峰、电弧电阻以及电弧功率基本保持不变，但电弧的平均燃弧时间逐渐缩短。

（2）随着电流增大，电弧功率增大，燃弧时间更长，产生的电弧能量越大，对接触线和受电弓滑板的烧蚀越严重。

（3）感性负载时产生的直流电弧燃弧时间更长，因此提高列车功率因数，减少感性负载成分，可以降低电弧对弓网的危害。

2. 接触压力与接触电阻的关系

弓网系统的接触压力对接触电阻虽然有重要影响，但接触电阻与导电斑点数目不是线性关系，接触压力减小到一定值后，接触电阻明显上升，但在一定接触压力范围内，只靠加大接触压力并不一定使接触电阻显著减小。

3. 电流变化与接触电阻的关系

列车运行时，随着电流的增加，接触电阻近似线性变化地增大，电流对碳滑板的温升影响随着时间的延长而加大。由于电流的增大，加剧了接触斑点的电弧烧蚀，且磨损过程中，滑板温度的升高使接触面的磨粒黏着增强，实际的接触点减少，接触电阻进一步增大；同时由于碳滑板内碳润滑剂的存在，在接触表面形成一种膜，导致接触电阻缓慢上升。

4. 速度与燃弧的关系

①当列车加速度突然增大时，列车取流增大，出现燃弧的现象增多（即电客车急剧加速时，牵引电流也同时增大）；②电客车速度越高，急加速频率和时间越长，燃弧次数越多；③加速度越大，短时牵引电流上升越快，燃弧的程度也越剧烈。正是列车瞬间取流（即加速度大）时，产生了较大的网流（即短时温升大）而导致了拉弧。

5. 载流和温升对打火的影响

双弓四碳滑板已经是6A车辆4000A启动电流的极限值，载流量的增大，碳滑板温度上升，电力机车运行过程中，接触线与碳滑板的接触温度受接触线的磨损状况、拉出值及环境温度影响。

新接触线与碳滑板之间接触电阻较大，接触温度较高，拉出值较小时，接触线与受电弓接触时间较长，接触温度较大，隧道内环境温度高，在一定程度上会提高接触线与碳滑板的接触温度。特别是电客车动力负荷的增加也是弓网温升增加的原因之一。

七、弓网燃弧的解决措施

城市轨道交通地下区段一般采用刚性接触悬挂系统，接触线几乎没有弹性。随着列车运行速度的提高，接触线的波动及受电弓的振动加剧，受电弓与接触网之间的相互作用越来越激烈，维持弓网之间良好的接触性能愈加困难，实际运营中频繁发生弓网离线并导致拉弧现象。电弧烧蚀接触线和碳滑板，产生噪声污染和电磁干扰，使车载电器承受高频振荡过电压，造成列车受流质量下降。

对于中低速地铁弓网系统（一般电客车的运行速度在120km/h以下，市域快轨运行速度在160km/h以下），速度与弓网受流质量相矛盾：受流效率随着速度的增加逐渐降低，但同时运行速度越慢，弓网磨损量越大，当运行速度增加时，磨损量减小。根据实际运行情况反馈，刚性接触网的打火拉弧和异常磨耗现象大部分集中在出站和上坡加速区，虽然一般的拉弧不影响弓网实时运行，但是会造成接触网的局部磨耗加剧。

减轻地铁打火现象，改善地铁弓网关系，一方面要做好受电弓、接触网的相互之间滑动的平顺性和跟随性，减少离线率；另一方面要做好列车急加速引起的打火现象。最终减轻弓网磨耗，应从系统入手，将弓网关系作为一个整体，研究满足受流质量情况下合理的电客车运行速度、弓网接触压力值及对列车启动速度和加速度的控制，掌握规律，优化弓、网、车的参数，使之达到一个最佳组合为宜。

弓网系统电弧的产生是一个复杂的物理过程，也是一个动态过程，不仅取决于接触面的电流和电压、滑板和接触线材料，还与弓网系统的运行速度、取流量、环境气候及气压有关。利用电弧评价弓网接触特性有一定的局限性。

电弧对滑板与接触线的运行寿命有不良影响，对环境有电磁干扰，但却能维持弓网系统的电流连续性，这对滑动接触能量传输是非常重要的。

电弧对弓网系统的影响程度无法用数学方法严格计算。虽然难以彻底消除弓网系统的电弧现象，但通过改变弓网系统的振动特性、选取合适的弓网接触压力、合理匹配滑板与接触线的材料、改进接触线的生产工艺、提高接触网的施工质量等方法，可以有效减少弓网系统的电弧现象。

第四节
120km/h速度等级关键技术实施方案

一、概述

通常城市轨道交通每个项目都给出本线路最高运行速度，这也就确定了工程的速度运行等级，而信号系统作为列车运行控制的关键技术，其作用是控制列车按规定速度运行，以达到运行线路运行等级，并进行超速防护。在这点上，信号系统作为受资专业，需要确定一个运行过程中极限不可突破的速度，作为控制列车运行的上限不可突破速度。而以往工程中因只给出最高运行速度这一个数值，信号系统在控制列车运行时，只能将线路最高运行速度作为该上限速度，这就使得列车运行永远无法达到线路最高运行速度，无法充分发挥线路的运输能力。如何充分发挥机场轨道快线速度优势，最大化释放工程运输能力，成为本工程设计重点解决的问题之一。

二、工程多种速度间的关系分析

杭州机场轨道快线最高运行速度为120km/h,即为线路等级速度。信号系统采用基于无线通信的移动闭塞CBTC系统,列车驾驶采用有人监督的自动驾驶模式,也就是ATO驾驶模式。

地铁相关规范中对线路最高运行速度的定义为:列车在正常运营状态下所达到的最高速度。也就是说,要达到本线运行等级,就要实现ATO模式下速度可以达到或贴近120km/h。而作为信号系统控车的典型曲线中,保护列车运行的安全速度,ATP速度高于ATO速度,其保证列车在运行过程中一旦超速,可以在ATP速度曲线的作用下进行超速防护(图5-13)。

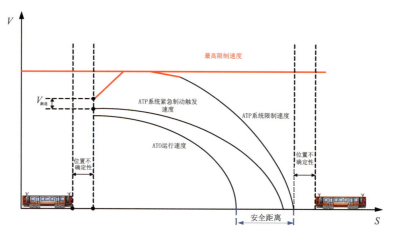

图5-13 信号控制各种速度关系图

为了能够使得机场轨道快线真正达到120km/h的速度持续稳定运行,从信号系统上分析需要确定两个速度:一个是最高ATO目标运行速度,另一个是最高ATP限制速度。最高ATO目标运行速度应等于线路等级速度,最高ATP顶篷速度应不小于线路等级速度+8km/h。而决定限制速度的专业主要有限界、轨道、结构、车辆。

因此,在本工程设计阶段初期,对线路、限界、轨道、结构、车辆、信号等专业之间的速度要求进行了匹配,丰富了多个速度概念与数值,如图5-14所示。

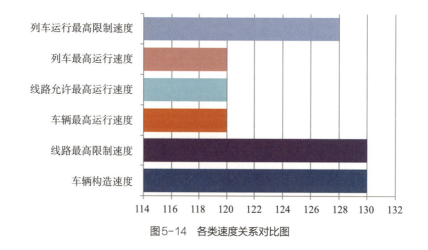

图5-14 各类速度关系对比图

其中：

车辆构造速度：根据车辆设计和制造工艺，为保证车辆整体结构强度和运行安全，规定不允许超过的速度。安全及结构强度等条件限定的，车辆能够以该速度持续稳定运行的最高行驶速度。

线路最高限制速度：平直段、曲线段、道岔、车站等不同路段线路不允许列车运行超过的最高速度。

车辆最高运行速度：车辆设计在规定载荷、平直线路条件下，可保证持续运行的最高速度。

线路允许最高运行速度：平直段、曲线段、道岔、车站等不同路段线路允许列车可达到并持续运行的最高速度。

列车最高运行速度：信号专业综合线路允许最高运行速度、车辆最高运行速度和运营条件，确定的列车运行可达到的最高速度。

列车运行最高限制速度：信号专业综合车辆构造速度、线路最高限制速度和运营条件，确定的列车运行不得超过的最高速度。

可以看出，120km/h线路等级速度下，综合各速度可以确定：车辆构造速度、线路最高限制速度、限界最高限制速度、轨道最高限制速度均应不小于130km/h。

三、120km/h线路等级速度稳定运行的设计方法

在ATO模式下，由信号系统进行ATP超速防护下的速度控制，为尽可能使ATO目标速度接近线路等级速度，以及避免干扰ATO的速度控制，不能触发车辆的超速防护。

如ATO目标速度达到120km/h，按照系统测速误差3%、超速容限3.6km/h，列车的实际速度可能达到：

$$V_{ato}=(120+3.6)×(1+3\%)=127.308km/h$$

当车辆测速误差为+2km/h，车辆测到的速度为：

$$V_{测}=129.308km/h$$

ATP最高限制速度取值$V_{atp}=128km/h$，以利于信号系统对ATO目标速度的控制与调整过程中，不触发车辆的超速防护。

在整个控车运行过程中，为使列车能在线路等级速度或路段设计速度上下运行，各专业应在保证安全的前提下相互配合，其速度的确定应在保证安全和一定舒适度的前提下，尽量贴近上述段设计速度（图5-15）。

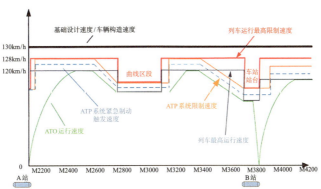

图5-15 列车运行控制各级速度与相关设计速度关系图

四、工程实践意义

从技术制式来看，整个设计过程使原本割裂的各个专业形成一个整体，为今后轨道交通项目接口内容统一提供了行之有效的分析方法，有利于今后城市轨道交通列车运行速度限制与匹配技术要求的相对统一。

从工程整体方面来说，通过协调车辆、限界、线路、轨道、结构、信号等专业之间的速度要求，在保证安全的前提下，使得各专业之间的速度要求相互匹配，充分发挥系统整体效能，实现线路运营效率的最大化。

第五节
地铁长大区间火灾救援方案研究

一、概述

火灾风险是地铁运行过程中对人员安全风险中影响最大的因素之一，区间隧道一旦发生火灾，如不能快速有效地将热量、有害气体、烟雾排出隧道外，将会严重危及隧道本身、隧道内人员及列车的安全。对于城市轨道线路地下长大区间，因其同一区间存在多辆列车且防灾救援方案复杂程度高，其火灾危险性远大于常规区间。因此，针对本工程特点，本节从其长大区间特征、长大区间火灾救援原则、长大区间火灾救援方案、区间疏散和救援设施等方面进行分析。

二、本工程长大区间特征

本工程线路长59.14km，设车站15座，最小站间距1.738km，最大站间距10.110km，平均站间距4.167km。各区间特征如表5-15所示。

本工程各区间特征表　　　　表5-15

编号	区间名称	区间长度（m）	区间运行时间(s)	地上/地下区间
1	苕溪站～火车西站站	4659	195	地下
2	火车西站站～创景路站	2775	151	地下
3	创景路站～海创园站	2179	112	地下
4	海创园站～西溪湿地北站	5126	209	地下
5	西溪湿地北站～文三路	5891	224	地下
6	文三路站～沈塘桥站	1932	105	地下
7	沈塘桥站～西湖文化广场站	1738	96	地下

续表

编号	区间名称	区间长度（m）	区间运行时间(s)	地上/地下区间
8	西湖文化广场站～火车东站站	6107	282	地下
9	火车东站站～御道站	3258	161	地下（2235m）+地上（1023m）
10	御道站～平澜路站	2561	129	地上
11	平澜路站～耕文路站	4716	191	地上
12	耕文路站～知行路站	3527	155	地上
13	知行路站～萧山国际机场站	10110	348	地上（854m）+地下（9256m）
14	萧山国际机场站～永盛路站	3736	162	地下

注：表中区间运行时间是指两座相邻车站中心里程距离内列车运行的时间。

根据牵引计算及远期最小发车间隔（2min），计算确定本工程有6个地下长大区间，共设置8座区间风井：分别是苕溪站～火车西站站（4.66km，1个风井）、海创园站～西溪湿地北站（5.13km，1个风井）、西溪湿地北站～文三路站（5.89km，1个风井）、西湖文化广场站～火车东站站（6.11km，2个风井）、洞口～萧山国际机场站（9.26km，2个风井）、萧山国际机场站～永盛路站（3.74km，1个风井）。

三、长大区间火灾救援原则

本工程的防火设计应按全线同一时间发生一处火灾设计。

区间隧道发生火灾时，采用人、烟分离的疏散原则：背着乘客主要疏散方向排烟，迎着乘客疏散方向送新风。区间火灾排烟时，区间断面风速不小于2.0m/s且不小于临界风速，不大于11m/s。

区间隧道应设联络通道，相邻两个联络通道之间的距离不应大于600m，联络通道内应设并列反向开启的甲级防火门，门扇的开启不得侵入限界。

道床面应作为疏散通道，道床步行面应平整、连续、无障碍物。

全线均设置火灾自动报警及消防联动（包括防排烟联动）控制系统，火灾报警系统的指令具有优先权。

当列车在区间发生火灾时，应优先驶往前方车站实施救援模式。仅当列车失去动力而被迫滞留在地下区间时，由司机利用无线通信方式向OCC报告列车发生火灾部位及ATS提供的列车区间位置信息，由ISCS中央级工作站发布火灾控制模式，由发生火灾区间相邻车站的BAS执行相应防排烟模式。

四、本工程长大区间火灾救援方案

1.区间隧道火灾处理流程

（1）区间隧道自身火灾

区间隧道内设置有分布式感温光纤探测器，当区间隧道发生火灾时，达到感温光纤的探测阈值，区间感温光纤探测器发出警报至所管辖的车站FAS主机，车站FAS主机发送相关信息至控制中心，控制中心防灾调度员确认后告知行调值班员，行调采取相应的扣车操作，禁止车辆继续驶入相应区间隧道。

当处于阴燃阶段，未达到探测器阈值时，经司机发现后，司机通过无线调度报告至中心行车调度员，行车调度员按照规程采取相应的应急处理措施，待火灾危险排除后，恢复正常的行车调度。

（2）区间行车时列车火灾

当区间行车列车发生火灾时，由列车司机通过无线调度台报告至控制中心调度员，控制中心调度员根据列车动力情况、列车位置及列车着火信息，采取相应的救灾措施。

当着火列车未失去动力的情况下，着火列车驶入前方车站进行人员疏散和救灾，由车站值班人员开启轨行区火灾模式；当着火列车失去动力停在区间时，中央防灾调度员根据列车着火位置和列车在区间停车位置开启相应区间救灾模式（图5-16）。

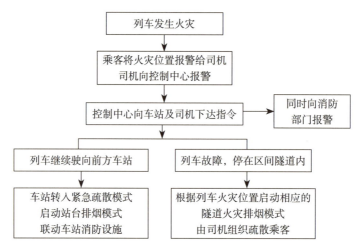

图5-16　防灾疏散流程示意图

2. 区间隧道紧急疏散方案

列车在区间隧道行驶过程中发生火灾事故时，在列车能够行使的情况下，首先应尽可能使列车驶入前方车站，在车站组织乘客疏散并利用车站排烟设备进行排烟。

若出现某一着火列车无法驶入前方车站而必须在隧道内疏散乘客时，疏散运营组织方案的基本要求如下：

（1）着火列车疏散方式

乘客从列车车门下车，通过最近的联络通道疏散到对侧安全区间，并利用隧道通风系统对火灾区间送风和排烟。通风系统要确保烟气排除方向与多数乘客疏散方向相反。当乘客疏散至安全的区间后应按照指示方向向较近的车站逃生。

当同一区间的其中一条隧道发生火灾时，另一条隧道也应根据运营调度中心的指令停止正常行车，待非火灾隧道列车撤离后切断区间隧道的牵引供电，以保证着火隧道内的人员迅速疏散至非着火隧道内。在疏散过程中要保障照明，同时要对乘客疏散路径加强指示。

（2）未着火列车疏散方式

当同一隧道内存在两列车的情况时，若后车发生火灾，在保证着火列车安全疏散的同时，供电系统要保证隧道内着火列车前方的列车继续行驶至前方车站疏散；若前方列车着火，后方改为非限速人工驾驶模式，退出隧道在后方车站完成人员疏散或停在区间直接进行人员疏散。

3. 区间隧道火灾相关联动

(1) ISCS、BAS

由列车调度人员通过无线电话告知中央调度人员列车着火位置，通过中央ISCS调度员工作站启动相应的救灾模式，控制中心ISCS将火灾模式发送给相关车站ISCS，相关车站ISCS通过BAS联动相应救灾设备参与救灾，同时控制中心采取相应的火灾预案，区间发生火灾时，车站FAS不参与救灾（图5-17）。

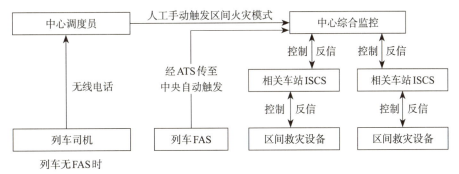

图5-17 区间火灾ISCS联动示意图

(2) 通风

通风系统根据BAS火灾模式，开启、停止相应的救灾设备参与救灾。

(3) 区间消防水

区间火灾时，ISCS将相应的消防水模式下发至相邻车站，相应车站根据模式采取相应的措施，关闭、开启相应消防水管电动蝶阀。

当区间需要消防水时，按下消火栓按钮，相应车站FAS收到消火栓按钮的起泵信号后，启动相应消防泵并点亮起泵指示灯。

(4) 区间疏散指示

地下车站在区间行车方向的左侧墙上每隔10m设带米标指示方向箭头的疏散指示灯，由应急照明集中电源供电，平时不点亮，火灾时区间疏散指示方向由BAS系统根据通风空调专业火灾运行模式控制点亮，将通风模式的启动作为点亮区间疏散指示的触发条件。

地下区间疏散指示原则为指向送新风车站的方向，保证人员迎着新风疏散。

(5) 行车组织

1) 本侧线路所有区间

着火列车运行前方的列车应驶至前方车站，让车上人员疏散后驶至停车线或停车场，以便于救援车辆进入；着火列车后方第一列列车若未驶离车站进行扣车操作，若驶离车站，停车后列车人员疏散至后方车站；着火列车后方其他列车按应急预案其他运行交路运行。

2) 对侧区间隧道行车

着火区间对侧区间隧道列车应快速驶离隧道，以便着火区间疏散人员进入对侧区间疏散，避免出现二次事故。

五、本工程区间疏散、救援设施

1. 安全疏散设施

地下区间紧急出口结合区间风井设置，设置直通地面的楼梯。高架区间按不大于3km间隔设置直通地面的疏散楼梯间。

左右线间设联络通道，相邻两个联络通道之间不大于600m，联络通道内设并列反向开启的甲级防火门，门扇的开启不得侵入限界。

区间隧道设置疏散平台，地下区间平台宽度单侧临空时不小于600mm，双侧临空时不小于900mm，高架区间宽度一般为1000mm。

2. 疏散照明及疏散指示标志

地下区间设置疏散照明及疏散指示标志，由集中控制型消防应急电源和疏散指示系统供电及控制，区间集中电源箱设置在车站端头及区间联络通道内，集中电源蓄电池组供电时的持续工作时间不小于90min。

地下区间每隔10m设置一盏应急照明灯具，在正常情况下，应急照明灯不亮；在火灾情况下，由FAS强制点亮，必要时可在应急照明控制器处手动控制。

在区间行车方向的左侧墙上每隔10m设带米标指示方向箭头的疏散指示灯，由应急照明集中电源供电，正常指向就近疏散口，火灾时指示方向由BAS系统根据送排风模式控制。

3. 隧道通风机排烟设施

地下车站均设置4台可逆转隧道通风机（TVF：风量为70m^3/s、风压为1100Pa），每端2台，并通过设置组合风阀实现上、下行通风排烟模式。

区间风井均设置2台可逆转隧道通风机（TVF：风量为70m^3/s、风压为1100Pa），并通过设置组合风阀实现上、下行通风排烟模式。

洞口或岔线区设置射流风机，辅助排烟。

4. 区间消防给水、排水设施

高架区间不设置消火栓系统，地下区间设置消火栓灭火系统，在每个隧道行车方向右侧各设一根DN150的消防给水管，在区间风井或下一站成环，构成区间安全可靠的环状管网消防给水系统，每隔45～50m设一个单口单阀消火栓。在线路最低点设置区间主废水泵站，以排除区间结构渗漏水和消防废水。泵站设置潜污泵，用电等级为一级消防负荷。平时互为备用，最不利工况时多台潜污泵同时启动，最终抽排至邻近车站主废水池或直接排至室外。

六、洞口～萧山国际机场站区间防灾救援方案

1. 区间隧道通风与人员疏散方案

U形槽洞口～萧山国际机场站区间长度9256m，为本工程最长地下区间。根据行车组织及牵引计算分析，U形槽洞口～萧山国际机场站同一方向区间存在三列车的可能，因此设置2座区间风井

（区间风井6和区间风井7）将本区间分成三个防烟区段（防烟区段1：洞口～区间风井6；防烟区段2：区间风井6～区间风井7；防烟区段3：区间风井7～萧山国际机场站），保证地下区间内每一个防烟段内只有一列车存在。

为减少火灾模式数量，本区间忽略非火灾列车（阻塞列车）的影响，根据火灾列车所处防烟区段、车身火灾位置设置通风模式。共设置12种通风防灾工况：上行防烟区段1车头火灾、上行防烟区段1车尾火灾、上行防烟区段2车头火灾、上行防烟区段2车尾火灾、上行防烟区段3车头火灾、上行防烟区段3车尾火灾、下行防烟区段1车头火灾、下行防烟区段1车尾火灾、下行防烟区段2车头火灾、下行防烟区段2车尾火灾、下行防烟区段3车头火灾、下行防烟区段3车尾火灾。

将火灾列车定义为A车，对上行防烟区段1车头火灾、上行防烟区段1车尾火灾、上行防烟区段2车头火灾、上行防烟区段2车尾火灾、上行防烟区段3车头火灾、上行防烟区段3车尾火灾六种工况进行计算分析。

1）A车停在上行防烟区段1（洞口～区间风井6）发生车头火灾工况。

开启洞口上行线三组射流风机向上行区间送风，开启区间风井6两台TVF风机由上行区间并联排风，可使火灾隧道内风速达2.84m/s，大于2m/s且满足临界风速（2.10m/s）的要求。此时A车乘客向洞口外疏散（图5-18）。

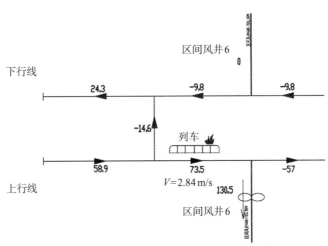

图5-18　A车停在上行防烟区段1（洞口～区间风井6）发生车头火灾工况

2）A车停在上行防烟区段1（洞口～区间风井6）发生车尾火灾工况。

开启洞口上行线三组射流风机向上行区间洞口外排风，开启区间风井6两台TVF风机由上行区间并联送风，可使火灾隧道内风速达2.53m/s，大于2m/s且满足临界风速（2.10m/s）的要求。此时A车乘客向区间风井6疏散（利用风井内部设置的疏散楼梯间疏散至地面）（图5-19）。

3）A车停在上行防烟区段2（区间风井6～区间风井7）发生车头火灾工况。

无论防烟区段1是否有列车堵塞，均开启区间风井6两台TVF风机向上行区间并联送风，开启区间风井7两台TVF风机向上行区间并联排风，可使火灾隧道内风速达2.35m/s，大于2m/s且满足临界风速（2.10m/s）的要求。此时A车乘客向区间风井6疏散（利用风井内部设置的疏散楼梯间疏散至地面）（图5-20）。

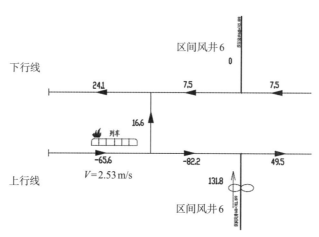

图5-19 A车停在上行防烟区段2（区间风井6～区间风井7）发生车尾火灾工况

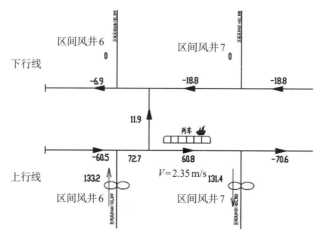

图5-20 A车停在上行防烟区段2（区间风井6～区间风井7）发生车头火灾工况

4）A车停在上行防烟区段2（区间风井6～区间风井7）发生车尾火灾工况。

无论防烟区段1是否有列车堵塞，均开启区间风井6两台TVF风机向上行区间并联排风，开启区间风井7两台TVF风机向上行区间并联送风，可使火灾隧道内风速达2.33m/s，大于2m/s且满足临界风速（2.10m/s）的要求。此时A车乘客向区间风井7疏散（利用风井内部设置的疏散楼梯间疏散至地面）（图5-21）。

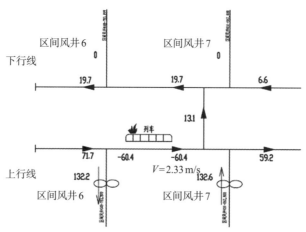

图5-21 A车停在上行防烟区段2（区间风井6～区间风井7）发生车尾火灾工况

5）A车停在上行防烟区段3（区间风井7～萧山国际机场站）发生车头火灾工况。

无论防烟区段1和2是否有列车堵塞，均开启区间风井7两台TVF风机向上行区间并联送风，开启萧山国际机场站四台TVF风机和上行线两组射流风机向上行区间并联排风，可使火灾隧道内风速达3.12m/s，大于2m/s且满足临界风速（2.10m/s）的要求。此时A车乘客向区间风井7疏散（利用风井内部设置的疏散楼梯间疏散至地面）（图5-22）。

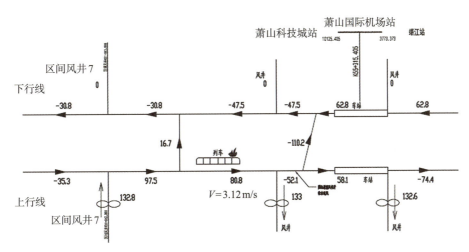

图5-22　A车停在上行防烟区段3（区间风井7～萧山国际机场站）发生车头火灾工况

6）A车停在上行防烟区段3（区间风井7～萧山国际机场站）发生车尾火灾工况。

无论防烟区段1和2是否有列车堵塞，均开启区间风井7两台TVF风机向上行区间并联排风，开启萧山国际机场站四台TVF风机和上行线两组射流风机向上行区间并联送风，可使火灾隧道内风速达2.90m/s，大于2m/s且满足临界风速（2.10m/s）的要求。此时A车乘客向萧山国际机场站疏散（该站开启临近事故区间一侧的两个端门）（图5-23）。

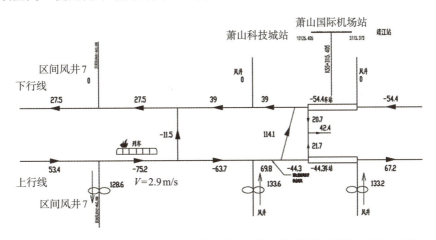

图5-23　A车停在上行防烟区段3（区间风井7～萧山国际机场站）发生车尾火灾工况

2.区间消防水系统方案

在萧山国际机场站两端左右线区间分设DN150的消防给水干管，与区间风井6、7的消火栓环管相接，车站站厅层进区间消防立管上设置手、电两用蝶阀。区间风井6（含）～区间风井7（含）～萧山国际机场站～区间风井8（不含）形成一个独立消防供水分区，构成区间安全可靠的环状管网消防给水系统，每隔45～50m设一个单口单阀消火栓。在知行路站～区间风井6及区间风井6～区间风井7分别设置一座区间主废水泵站，以排除区间结构渗漏水和消防废水。泵站设置潜污泵，用电等级为一级消防负荷。平时互为备用，最不利工况时多台潜污泵同时启动，最终抽排至邻近车站主废水池或直接排至室外。

3. 区间消防报警系统方案

目前，地铁行业所应用的消防报警主机产品的报警总线回路传输距离最大为3～4km，难以支持本工程特殊长大区间洞口到萧山国际机场站9.26km长区间的消防报警设计，必须结合区间风井进行消防报警分机设置。

结合本工程消防报警主机产品特性及区间风井布置情况，洞口～萧山国际机场站长大区间报警方案调整如下：

在区间风井6设置一台火灾报警主机，主机配置不少于8条火灾报警回路，其中2条负责区间风井内部消防报警，6条负责左右两侧区间隧道的火灾自动报警。左侧区间由于区间长度较长（超过2.5km），无法使用环形总线回路，采用四条报警总线单程布设，右侧区间以区间风井6、区间风井7中间里程为界，中间里程以左纳入区间风井6消防报警回路，中间里程以右纳入区间风井7消防报警回路，报警回路采用环形总线布设，从区间隧道强电侧、弱电侧向区间内部敷设，线路一去一回。

在区间风井7设置一台区域型火灾报警主机，主机配置不少于6条火灾报警回路，其中2条负责区间风井内部消防报警，4条负责左右两侧区间隧道的火灾自动报警。左右两侧区间均以区间中间里程为界，报警回路采用环形总线，左右各布设2条报警回路。同时在萧山国际机场设置火灾报警主机到区间风井7与萧山国际机场站中间里程处。

同时区间风井6、区间风井7内部的消防报警主机，通过单模光纤与萧山国际机场站消防报警主机实现联网，上传区间风井6、区间风井7的火灾报警信息，实现萧山国际机场站对整个洞口～萧山国际机场站长大区间的消防报警功能（图5-24）。

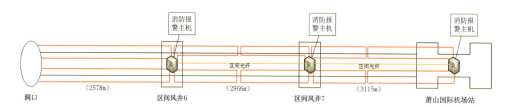

图5-24　洞口～萧山国际机场站长大区间消防报警方案示意图

4. 区间消防电话系统方案

目前多数总线制消防电话主机产品的电话总线总长度为3km，特殊品牌的产品系列可以达到5km，本节在讨论方案时按常规产品进行设计，在预留站内消防电话总线1～1.5km使用的情况下，可以用于区间消防电话的总线长度为1.5～2km。而消防电话地址模块在外挂插孔使用时，常规使用1.5mm²的铜质电话线缆的情况下，可以满足不小于1000m的通话距离。在本工程中，为满足长大区间的使用要求，在电话线缆的选择上加大了线缆截面积，根据计算在加大线径至2.5mm²的情况下，消防电话地址模块可以满足不小于1600m的通话距离。

对于洞口到萧山国际机场站区间的区间消防电话设计，需要选用联网型消防电话主机，结合区间风井的位置设置消防电话主机进行联网，使整个洞口～萧山国际机场站区间的电话插孔均可以实现萧山国际机场站消防电话主机的通话功能。

由于消防电话插孔地址模块的负载距离只有1600m，难以从萧山国际机场站一直覆盖到区间洞口，因此需要对本段9.26km的区间进行分段覆盖，通过光纤组网的方式实现，详细布置如下：

在区间风井6、区间风井7内分别设置消防电话主机，主机与萧山国际机场消防电话主机分别通过光纤进行组网，实现星形连接网络。因为区间风井7距离萧山国际机场站和区间风井6、区间风井7之间的间距均不大于3km，故可以使用区间风井6、区间风井7的消防电话线路。以区间中点为界，分别接入两端的消防电话主机来实现通话，只有区间风井6到洞口的2.5km的区间隧道，需要采用总线延长地址方法实现区间风井6对该段长区间的消防电话插孔通话（图5-25）。

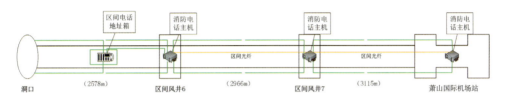

图5-25　洞口～萧山国际机场站区间消防电话组网方案示意图

5. 区间感温光纤探测系统设计方案

根据感温光纤产品参数，感温光纤主机最大支持4通道，光纤长度最大支持10km。洞口到萧山国际机场站长度9.26km，单台光纤主机不能满足区间探测要求，可以采用两台感温光纤，一台主机负责探测一条区间隧道的方式进行设计（图5-26）。

图5-26　洞口～萧山国际机场站区间感温光纤布置方案示意图

七、工程思考

对于类似杭州机场轨道快线的穿城快线，区间站间距往往较长，消防救援疏散方案复杂程度高，其火灾危险性、危害性远大于常规地铁线路区间。本工程所提供的长大区间救援原则、长大区间火灾救援方案、区间疏散和救援设施等可以作为后续长大线路区间火灾救援设计的工程参考。

第六节
空调二次泵系统在地铁车站中的应用

一、概述

目前，我国经济发展迅速，城市化进程加快，城市轨道交通建设方兴未艾。但是城市轨道交通能耗居高不下，其中空调能耗所占比例尤其重，约占车站总能耗的40%～50%，这一比例说明中央空调系统的节能已经是势在必行。随着技术的发展，二次泵变流量系统在空调系统中应用广泛。二次泵变流量系统可以有效地降低空调水系统输送能耗，符合国家倡导节省能源、建设绿色建筑的指导思想。对一般地铁车站而言，冷负荷较小且供冷半径不大，采用一次泵变流量系统即可。但对大型地铁枢纽车站，二次泵变流量系统是一个较好的解决方案。

二、二次泵变流量系统形式及特点

二次泵变流量系统与传统的一次泵系统不同，它是在确保进入冷水机组的冷冻水流量的前提下，将一次泵拆分成两级，通过设计将原来整体的冷冻水系统环路分为冷源侧环路和负荷侧环路。一次泵主要用来克服冷源侧的阻力，二次泵主要用来克服管网系统的阻力，该阻力包括管道的摩擦阻力、过滤网、用户侧控制阀及平衡阀形成的阻力，见图5-27。由于要确保进入冷水机组的冷冻水流量，特别是对于传统的冷水机组来说对流量要求更加严格，因此一次泵的主要作用是保证冷水机组的冷冻水流量不变，即一次泵为定流量运行。而二次泵需要适应负荷的变化，因此是变流量运行。由于二次泵能根据末端负荷需求调节流量，与一次泵定流量系统相比，能节约相当一部分水泵能耗。《工业建筑供暖通风与空气调节设计规范》GB 50019—2015 第6.4.4 条对二次泵系统的选用条件作出了规定："中小型工程宜采用一次泵系统；系统较大、阻力较高，且各环路负荷特性或阻力相差悬殊时，宜在空气调节水的冷热源侧和负荷侧分别设一次泵和二次泵。"

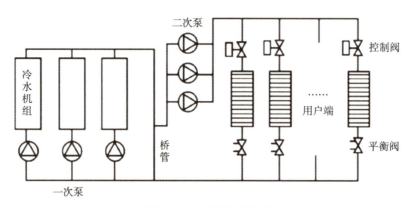

图5-27 二次泵变流量系统

二次泵变流量系统中一次泵的位置与一次泵定流量系统相同，采用一机对一泵的形式，水泵和机组联动控制。在空调系统末端，冷却盘管回水管路上安装两通调节阀，使二次水系统在负荷变化时能进行变流量调节。通常，二次泵宜根据系统最不利环路的末端压差变化，通过变频调速来保持设定的压差值。

旁通管起到平衡一次和二次水系统水量的作用。当末端负荷增大时，回水经旁通管流向供水总管；当末端负荷减小时，供水经旁通管流向回水总管。旁通管是水泵扬程的分界线，由于一次泵和二次泵是串联运行，需要根据管道阻力确定各自的扬程，因此在设计状态下旁通管的流量为零或尽可能小。实际运行时，则需要通过合理的控制来实现这个目标。

三、工程简介

杭州铁路西站站房暨站城综合体位于未来科技城核心片区北侧，是杭州城西科创大走廊的重要组成部分。地铁杭州西站位于杭州铁路西站站房正下方，线路与国铁站台轨道垂直正交。本站为杭州机场轨道快线、3号线、12号线和北环快线四线换乘车站，四线站台呈"工"字形。其中，杭州机场轨道快线、3号线为地下二层岛式车站，为近期实施车站；12号线、北环快线为地下三层岛式车站，为远期规划车站。

本工程地下一层为车站站厅，主要布置为地铁站厅公共区和设备区，并在东南、西南、东北、西北4个象限设置有下沉广场，下沉广场与国铁共用。地下二层沿南北向布置的为杭州机场轨道快线、3号线站台，两线同站台换乘，主要为站台公共区和设备区；沿东西向布置的为南环快线和北环快线，主要为两线的设备区（图5-28、图5-29）。

杭州机场轨道快线、3号线车站外包总长656.50m，标准段外包宽54.20m，站台有效长度为140m，有效站台宽度为18.00m，建筑面积为156442.63m²。车站站厅层公共区33800m²，站台公共区6400m²。车站设备区根据位置的不同划分为C、D、E、F、G、H、I、J、K、L、M、N共12个区。经与国铁统筹，地铁冷却塔需分散布置在西南、东南2个象限下沉广场内，相应地在地下二层南、北环快线设备区设置2个冷水机房，冷水机房为杭州机场轨道快线和3号线服务。

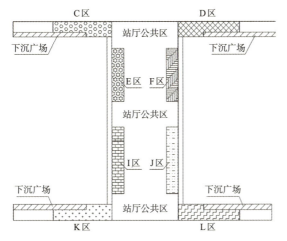

图5-28 车站地下一层平面布置及分区

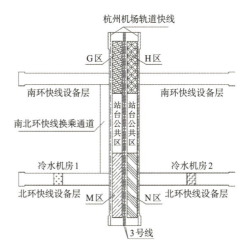

图5-29 车站地下二层平面布置及分区

四、二次泵变流量系统设计

1.计算及选型

（1）负荷计算

经计算，本工程计算总冷负荷7209kW。其中站厅层公共区4649kW、站台公共区1160kW、车站设备区1400kW。设备区各区域冷负荷详见表5-16（其中K区、L区设备用房采用通风排除余热）。

车站设备区冷负荷　　表5-16

区域	冷负荷（kW）	区域	冷负荷（kW）
C区	173	I区	35
D区	206	J区	45
E区	35	K区	0
F区	70	L区	0
G区	138	M区	263
H区	175	N区	260

（2）系统划分

车站公共区和设备区均采用一次回风全空气系统，公共区的空气处理机分散布置在设备区的C～N区，设备区的空气处理机分别布置在各对应的分区内。结合车站冷水机房和冷却塔的布置，将车站沿东西对称划分为2套空调水系统，2个冷水机房承担的末端负荷详见表5-17。

水系统末端负荷汇总表　　表5-17

	水系统1（冷水机房1）			水系统2（冷水机房2）	
区域	公共区末端负荷（kW）	设备区末端负荷（kW）	区域	公共区末端负荷（kW）	设备区末端负荷（kW）
C区	320	173	D区	320	206
E区	900	35	F区	691	70
I区	875	35	J区	1083	45
K区	320	0	L区	320	0
G区	200	138	H区	200	175
M区	290	263	N区	290	260
合计	2905	644	合计	2904	756
总计	3549		总计	3660	

以水系统1为例进行分析：冷水机房1位于地下二层北环快线设备区，供冷最远的末端空气处理机布置在C区，水环路长度约1200m；供冷最近的末端空气处理机布置在K区，水环路长度约200m；其他各末端水环路长度为200～1200m。系统供冷半径较大，最远和最近末端供水环路距离现场1000m，各环路阻力相差悬殊，因此本工程采用二次泵系统，在冷热源侧和负荷侧分别设一次泵和二次泵，根据环路长度将负荷侧划分为K1、K2、K3、K4共4个供冷环路。

水系统2由冷水机房2供冷，与水系统1类似。根据环路长度将负荷侧划分为L1、L2、L3、L4共

4个供冷环路。各环路负责的末端及冷负荷详见表5-18。

水系统环路划分及冷负荷　　　　　　　　表5-18

水系统1（冷水机房1）			水系统2（冷水机房2）		
环路名称	负责区域	冷负荷（kW）	环路名称	负责区域	冷负荷（kW）
K1	C区公共区末端、E区及G区设备区末端	589	L1	D区公共区末端、F区及H区设备区末端	610
K2	E区、G区公共区末端	1100	L2	F区、H区公共区末端	981
K3	I区、M区公共区末端	1165	L3	J区、N区公共区末端	1373
K4	K区公共区末端、I区及M区设备区末端	695	L4	L区公共区末端、J区及N区设备区末端	696

（3）主要设备选型

本工程水系统1和水系统2基本对称布置，两个系统总冷负荷、各环路冷负荷差别不大，下面以水系统1为例，介绍设备选型。

1）冷水机组

冷水机组选型主要考虑各区域运营时段及负荷特性。根据运营需求：

①设备区空调系统具备24h运行条件，公共区空调具备运营期间18h运行条件。

根据表5-17可知，水系统1承担的设备区冷负荷为644kW。夜间公共区停运后，考虑到设备区部分管理用房空调停运且变电所发热量相应有所减少，停运后设备区冷负荷为正常运营的70%～80%，即为450～515kW。冷水机组选型应考虑夜间停运后设备区单独运行的条件。

②站厅公共区南北两端，在南环、北环快线开通前，根据客流的实际情况，具备单独停运条件。

站厅公共区33800m^2，但南环、北环快线近期不实施，需考虑南北端头公共区域不开放的情况。南端头公共区域的空气调节由布置在K区的公共区空气处理末端负责，北端头公共区域的空气调节由布置在C区的公共区空气处理末端负责，冷负荷合计640kW。

综上所述，选取3台水冷螺杆式冷水机组，其中2台制冷量为1531kW，1台制冷量为598kW。夜间停运后，开启1台制冷量为598kW的冷水机组，机组可在满负荷的80%区间附近高效运行。站厅公共区南北端头不开放的情况下，开启2台制冷量为1531kW的冷水机组，以满足其他运行区域的正常运行。

2）冷冻水泵

一次泵：一机对一泵，选择3台水泵，其中2台流量280m^3/h，1台流量110m^3/h，扬程均为15mH_2O。

二次泵：4个供冷环路分别设置二次水泵，为更好地匹配地铁车站初、近、远期客流差异导致的负荷变化，每个环路均设置2台水泵，以方便调节，并通过控制比摩阻将各水泵的扬程控制在合理范围。环路K1单台水泵流量60m^3/h，扬程均为26mH_2O；环路K2单台水泵流量110m^3/h，扬程均为22mH_2O；环路K3单台水泵流量110m^3/h，扬程均为22mH_2O；环路K4单台水泵流量70m^3/h，扬程均为22mH_2O。二次泵配变频器，可变频运行。

3）冷却水泵

一机对一泵，选择3台水泵，其中2台流量330m^3/h，1台流量130m^3/h，扬程均为25mH_2O。水泵配变频器，可变频运行。

4) 冷却塔

选择7台方形横流超低噪声冷却塔，每台冷却水量175m³/h，塔体扬程5mH₂O。冷却塔风机变频器，可变频运行。

2. 系统设计

本工程共设置2个冷水机房，分别设置在北环快线地下二层的东、西两侧，每个冷水机房各负责车站一半区域的供冷。在各冷水机房负责的区域内，大小系统冷源合设，采用水冷螺杆冷水机组+冷却塔方案，冷冻水设计供回水温度为7℃、12℃，冷却水设计供回水温度为32℃、37℃（图5-30）。

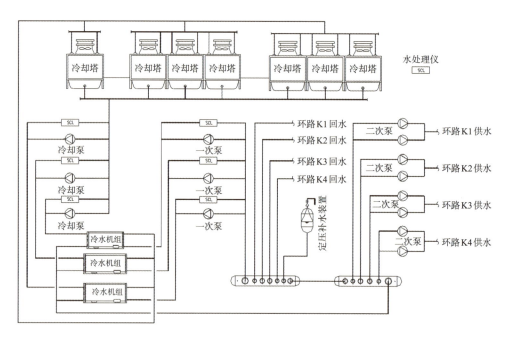

图5-30 车站水系统原理图

每个冷水机房内配置有3台冷水机组，冷冻水系统采用二次泵变流量系统，一次泵为定流量泵，与冷水机组一一对应。二次泵均采用变频泵，根据划分的不同区域设置供回水环路，各供回水环路分别从分、集水器上接出，管道采用异程式布置，分、集水器间设压差旁通装置，空调设备末端设动态平衡电动调节阀。冷却塔设置在东南角和西南角的下沉广场内。

冷冻水、冷却水设计采用循环水旁通处理器，旁通处理水量为1%～3%，处理器与水泵并联安装，处理器采用高效脉冲低压电场捕获水中垢离子并杀灭细菌。另冷却水系统在冷却塔集水盘设置在线吸垢仪，冷水机组配置冷凝器配端盖式胶球自动在线清洗装置。

冷冻水系统采用全自动定压补水排气装置来实现定压补水。设备同时具有压力控制、动态排气和补水功能。

末端空气处理机组的回水管及风机盘管机组的回水干管上均设置有动态流量平衡阀，平衡阀集温控和动态自动平衡于一体。平衡阀一方面可现场设定最大流量，并可显示实际流量，便于现场调试；另一方面可根据空调机组出风段设置的温湿度传感器和温控器（或控制系统）的要求，对供水量进行无级调节，以满足室内温湿度的要求。

3. 运行控制

水系统群控采用高效节能控制系统，控制系统通过对冷水机组、一次泵、二次泵、冷却水泵、冷却塔、系统管路调节阀进行实时控制，实时连续监测冷水机组、水泵和冷却塔的功耗值，在设备安全运行范围内自动调整各单体设备的功率消耗，使冷水机组、水泵和冷却塔综合运行效率最高，整体冷冻站电能消耗最低。

（1）冷机控制策略

通过负荷预判开启对应的冷水机组、水泵及冷却塔。稳定运行后，通过比较单台、多台冷水机组运行效率曲线，判定机组负荷率和供回水温差，执行加机或减机程序。

冷水机组可根据工况条件对出水温度重设，以提升系统能效比。室内温湿度较低、室外温度较低且冷冻水泵频率较低的情况下，可按照模型提高冷冻水出水温度。

（2）冷冻水泵控制

一次泵定频运行，与冷水机组一一对应启停。二次泵变频运行，根据供回水温差及环路最不利端压差进行变频控制（图5-31）。

（3）冷却水泵控制

冷却水泵变频运行，与冷水机组一一对应启停。运行时，根据供回水温差、冷水机组拐点流量、冷却塔最低部水压头等进行变频控制（图5-32）。

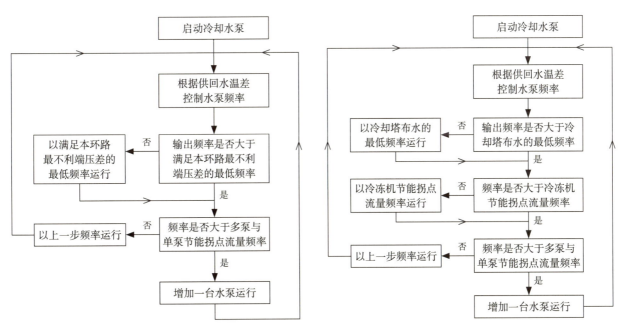

图5-31　二次泵控制逻辑图　　　　　　　图5-32　冷却水泵控制逻辑图

（4）冷却塔控制

冷却塔风机变频运行。运行时，根据相对湿度、出水温度与逼近度差值等进行变频控制（图5-33）。

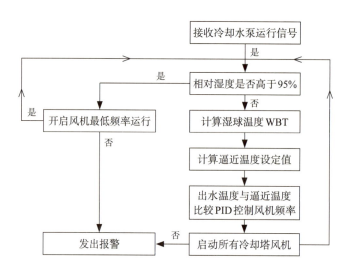

图5-33 冷却塔风机控制逻辑图

■ 五、工程实践总结

杭州机场轨道快线工程中,杭州西站为地铁4号线换乘车站,同时与国铁站接驳,是国内最大的轨道交通枢纽之一。地铁车站体量大、末端多,本工程通过分析一、二次泵系统特点,结合不同分区的负荷特点和运营要求,采用二次泵变流量系统方案,解决了供冷半径大、各分区冷负荷需求不同等问题,可有效降低空调水系统输送能耗,为运营后的稳定运行和场所管理提供了条件。同时,本工程在系统分区划分、设备选型、系统设计及运行控制方案方面,也为其他相关工程提供了参考借鉴意义。

第七节
车站多类照明纳入智能照明控制系统方案

■ 一、概述

近年来,我国城市轨道交通行业迅速发展,车站照明方案作为轨道交通服务质量的重要体现以及运营成本等多方面的重要考核指标,多类照明的智能照明控制系统能够更加高效、全面地实现经济、节能的照明控制,同时简化设备接口,方便运营人员工作界面区分。在国家大力提倡节能、环保的背景下,智能照明系统得到了广泛的研究及应用。现阶段车站智能照明系统主要用于公共区正常照明调光,本工程结合地铁车站各类照明控制需求,将有智能控制需求的照明均纳入智能控制照明管控范围。

二、车站照明分类

车站照明分为正常照明和应急照明。正常照明包括公共区正常照明、附属用房正常照明、安全特低电压照明、区间正常照明、导向照明、广告照明。应急照明包括公共区应急照明、附属用房应急照明（包括备用照明、疏散照明）、区间应急照明等。

其中，公共区正常照明（站厅、站台、出入口、地面厅）、导向照明、广告照明、区间正常照明具有几个特征：灯光耗能量大，对于节能要求高且效果显著；照明需求与客流存在直接关系，可以进行线性调整；部分区域对于不同的场景有灯光指标要求；各区域的灯光调整均有集中控制需求。以上多类型照明更适宜纳入智能照明控制系统进行集中化、精细化调整。

三、常用车站智能照明控制系统方案

现有车站基于DALI（数字式可编程灯光控制接口）调光的公共区正常照明的智能照明系统方案应用成熟。常用智能照明控制系统主要由设在公共区照明总配电箱内的DALI调光模块、网关、控制面板、通信网络以及应用软件等组成，系统既可独立控制又可与车站环境及设备监控系统（BAS）进行对接，由BAS系统按照智能照明的控制模式达到控制照明的目的。智能照明系统控制模块之间是手拉手的方式连接。

常见的控制方式包括：

（1）智能面板就地控制：通过人工手动操控智能面板来控制其区域的照明情况，按照预先设定好的场景来控制。

（2）车控室智能照明系统软件控制：既可对所控区域进行多元化控制，又可监视其区域的照明控制情况。

（3）BAS系统控制：通过与BAS系统接口，由BAS按照智能照明的控制模式达到控制照明的目的（图5-34）。

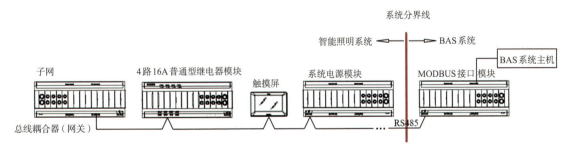

图5-34 系统接口分界示意图

（4）智能照明时钟控制：车站正常运营状态下，公共区正常照明主要以时钟控制为主，可以根据人流量和时间来调节灯光，常见的模式控制有高峰模式、平峰模式、停运模式、清扫模式、全亮模式等其他自定义模式（表5-19）。

车站公共区照明模式控制表（示意）　　　　　　　　　　　表5-19

序号	场景描述	控制区域	控制内容	备注
1	高峰模式	车站公共区域	采用DALI调光，将灯具亮度调为100%亮度	此模式适用于人流量较大时，例如早晚上下班高峰
2	平峰模式	车站公共区域	采用DALI调光，将灯具亮度调为50%亮度	此模式适用于人流量较少时
3	清扫模式	车站公共区域	采用DALI调光，将灯具亮度调为30%亮度	此模式主要适用于车站员工进行车站运营结束后的清扫工作及交接回收工作
4	停运模式	车站公共区域	采用DALI调光，将灯具亮度调为10%亮度	此模式只维持车站内基本照度，供车站人员值班使用
5	全亮模式	车站公共区域	采用DALI调光，将灯具亮度调为100%亮度	此模式下所有区域灯具均完全点亮
6	自定义模式	车站公共区域	可根据车站特殊要求设置不同区域的灯具亮度	—

四、多类照明的智能照明控制系统方案

除公共区正常照明外，导向照明、广告照明、区间正常照明等类型的照明多为通过导向、广告、区间照明配电箱的照明回路中串联接触器，BAS系统利用接触器触点的开、闭实现对设备的控制，但通过BAS控制的照明设备，很难与公共区正常照明的智能控制模式匹配调节，缺乏灵活性。同时对于该类设备在运营阶段的数量调整，相应地BAS控制点位增减需要增减布线，调整复杂；BAS系统控制的照明设备与其他控制内容一起通过相同的远程I/O模块上传至BAS，在BAS系统出现故障时，照明控制将达不到预期控制效果（图5-35）。

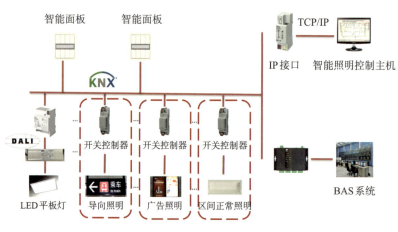

图5-35　智能照明控制系统示意图

本工程将导向照明、广告照明、区间正常照明等纳入智能照明控制系统，可以根据不同类别照明设备的控制需求，通过对应功能的控制模块，如开关型控制模块，实现BAS控制的功能，还有如下优势：

（1）增强控制方案灵活性：随着城市地铁车站的增多，大多车站面临远期的调整及扩容，由BAS实现的控制功能必然会涉及设备的增减和布线的改变；而智能照明系统实现的控制大多只需要调整软件设定，改变量更小，灵活性更优，对于城市的远期规划与调整包容性更高。

（2）控制路径优化：对照明设施进行监视时，BAS控制照明回路的终端控制器是交流接触器，采集动作确认信号时必须增加布线和相应的I/O输入点；而智能照明系统本身配备专用的照明控制终端继电器，通过继电器内置动作反馈电路，通过信号总线，把继电器的状态信息送回控制中心，可减少中间环节，实现路径优化。

（3）简化接口：车站照明与BAS系统的接口不仅有智能照明系统接口，同时有接触器控制的照明回路的配电箱接口，配电箱间存在大量监控线缆，接线复杂，同时动力照明专业所提供的监控点数的变化会导致BAS配线的变化，增加专业之间的协调工作量。配电箱内提供BAS的控制端口导致内部接触器、继电器等二次回路线缆接线复杂，维护不便。多类照明纳入智能照明系统可以简化车站照明与BAS系统的接口，操作方便。

（4）提升可靠性：BAS控制照明回路通过控制接触器线圈的方式间接控制照明负载，接触器长期断电易粘连，频繁地开关会使触点易老化，而智能照明系统的每个控制模块均可独立编程，灵活设置控制关系，且可以独立运行，设备之间互不影响，降低了设备损坏的影响，提升可靠性。

以杭州机场轨道快线某车站为例，车站设置智能照明控制系统，同时由于车站装修方案，公共区正常照明中部分造型灯具需采用RGBW技术调节色彩控制模式，针对该车站的公共区正常照明（站厅、站台、出入口、地面厅）、导向照明、广告照明、区间正常照明，其智能照明系统拓扑结构见图5-36。

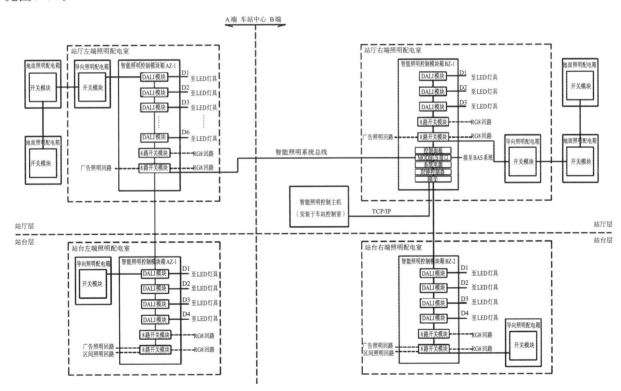

图5-36　杭州机场轨道快线某车站智能照明控制系统拓扑结构图

如图5-36所示，车站内公共区（站厅、站台、出入口）正常照明中采用RGBW技术，照明灯具回路通过开关型控制模块进行开闭控制，其余正常照明通过DALI调光型模块进行调光控制；地面厅照明、导向照明、广告照明、区间正常照明均通过开关型控制模块进行开闭控制，均纳入智能照明控制系统，从而实现车站多类照明的智能控制。

五、工程总结

杭州机场轨道快线的高架车站及地下车站均设置智能照明控制系统，基于多类照明的智能照明控制系统能够更加高效、全面地实现经济、节能的照明控制，同时不仅简化设备接口，也更方便运营人员的工作界面区分。智能照明控制系统是车站照明智能化趋势的重要内容，对于智能照明控制系统的不断完善和深耕也具有重要意义。

第八节
给水排水及消防系统的标准化设计

一、概述

作为杭州地铁第三期建设的最后一条线路，杭州机场轨道快线工程给水排水及消防充分结合前期建设线路的设计经验、运营需求、施工总结及验收意见，制定了给水排水及消防系统的各项标准化设计。主要包含区间主排水泵站标准化设计、消防泵房标准化设计、公共区地漏标准化设计、区间应急排水接头设计以及车站站台层公共区消火栓的标准化设计。

二、区间主排水泵站标准化设计

1. 联络通道兼泵站标准化设计

前期线路，区间主排水泵站联络通道疏散门设置于两端。为避免对疏散门开启的影响，在泵房下方设置夹层板，泵孔及排水管均设置于夹层板上。根据运营反馈，已运营线路中，该设计方案存在以下问题：在泵房积水超过夹层板时，人员无法下去检修；管线位于夹层板上，施工单位常常不按图施工，管线穿越泵孔，使得人员无法下至集水池、水泵无法提起检修；施工过程中，由于土建融沉注浆，导致沉沙坑至废水池排水管被泥浆堵住无法清掏；由于联络通道线间距差异，区间泵站规模出现参差不齐等。为有效解决以上问题，本工程对区间主排水泵站的设计方案进行优化：将联络通道处疏散门设置于一端，取消夹层板；人孔、泵孔及各专业孔洞均调整至泵房地面；对废水泵房的尺寸进行了标准化规定。在满足区间消防排水+结构渗漏排水的要求下，将全线区间泵站废水池的尺寸做到了最小。此外，全线统一在车站主废及区间主废压力排水管上增设应急排水接头；在高报警水位以上冗余设置超高报警水位，以提高泵站排水安全性。优化后的区间主排水泵站标准化设计详见图5-37。

2. 区间道床泵站的标准化设计

近年来，区间道床泵站在地铁区间排水的应用已较为广泛，杭州已运营的3号线、4号线、6号

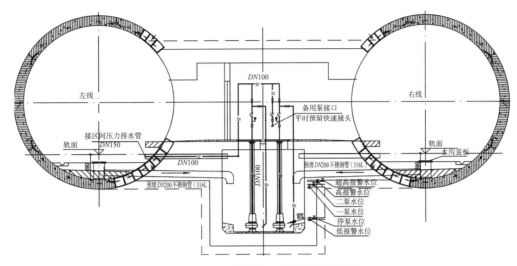

图 5-37 区间主排水泵站标准化设计图

线、8号线均有应用。区间道床泵站一般是在施工风险较大，或无施工联络通道的条件下，在无钢弹簧浮置板减震的盾构区间使用。考虑到本工程部分区间地质条件恶劣，在联络通道设置区间泵站工程风险大，且对工期制约较大，因此将4个区间联络通道兼泵站由冷冻法调整为机械法施工，取消区间泵站，设置区间道床泵站。由于道床泵站需将吸水池设于道床内，对于区间水泵的选型有着较严格的要求，既要能满足安装尺寸，又要保证水泵排水能力和扬程，因此在工程实施过程中对区间泵站的技术参数进行了严格要求，保证水泵扬程。

结合本线区间泵站输水距离长、水泵扬程高、区间断面尺寸大（内径6.1m）等特点，根据已中标厂家水泵产品性能，对本工程区间道床泵站的设计及水泵的选取做了标准化统一。为满足《地铁设计规范》GB 50157—2013 第14.3.6条第3款："其他各类排水泵站（房）的集水池有效容积，不应小于最大一台排水泵15min～20min的出水量"要求，结合离心泵并联工作原理。道床泵站选用4台16m³/h低启泵液位排水泵，扬程30m，就近排至临站主废水泵房吸水池（图5-38）。

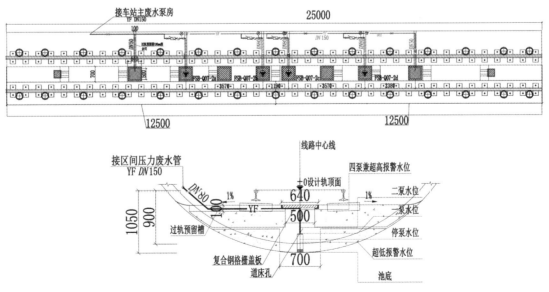

图 5-38 区间道床泵站标准化设计图

三、消防泵房标准化设计

消防泵房作为给水排水专业验收的重点。设计施工的合理性对给水排水专业消防验收的通过与否起到决定性作用。在三期建设线路验收过程中,由于消防验收主体单位的变化,地铁消防泵房设计理念与民建设计理念产生了一系列分歧。针对消防验收的相关建议,充分吸收各方意见。根据《地铁设计防火标准》GB 51298—2018、《消防给水及消火栓系统技术规范》GB 50974—2014(以下简称《水消规》)以及相关图集、指南的相关规定,对全线消防泵房进行了标准化设计。主要包含:

(1)采用设置流量开关作为启泵信号的设计方案。消防水泵控制方式包含:就地控制、车站控制室集中手动控制、FAS系统自动控制、流量开关、压力开关自动控制和机械应急启动。

消火栓主泵出水干管设置压力开关,旁通管设置流量开关。消防水出流时,旁通管流量达到启动值或水压下降达到压力开关启动值时连锁消火栓主泵启动灭火。流量开关启泵流量值按2.5L/s考虑。流量开关接至消防环网的位置,参考国标图集《消防给水稳压设备选用与安装》17S205稳压设备置于泵房的消火栓给水系统图示接入。压力开关启泵压力值按0.35MPa考虑。在消防水泵出水干管的水泵两侧分别设置一个压力开关,以防止水流流向一侧时压力开关动作滞后。压力开关具有两副触点:一副接至消防泵控制柜用于直接连锁启泵;另一副接入FAS模块箱。

(2)消防水泵压力表常存在型号、量程、精度、阀门等设置不规范等问题。经梳理规范的相关要求:根据《水消规》第5.1.11条第3款、5.1.17条及12.3.2条第3款之规定,明确水泵吸水管采用真空压力表,量程为-0.1~0.9MPa,水泵出水管压力表量程为0~1.6MPa(车站、场段根据工作压力确定)。并明确压力表的安装顺序自下而上为:球阀—缓冲管—旋塞阀—压力表(图5-39)。

(3)消防水泵试水管、试水阀的设置:根据《水消规》第5.1.6条、13.1.3条、13.1.4条、13.1.11条之规定,消防水泵的测试,主要包含对水泵自身性能(流量、扬程、0流量时的扬程、150%流量时的压力等)以及连锁试验时的性能测试。因此,每台泵均设置一个DN65试水阀,排水至泵房排水沟。两台泵共用一根DN150试水管,检测水泵性能时,最大流量为30L/s,试水总管流速为1.77m/s;电磁流量计(接口采用DN150)量程为设计流量的2.33倍,选用量程为0~50L/s,计量精度0.4级。消防泵房设于车站主体时试水管与超压泄压阀排水接至风井集水坑,避免30L/s消防水排至轨行区影响行车安全。消防泵房设于车站附属时,消防泵房内设置集水坑。试水管的连接方式详见图5-40。

此外,针对消防泵房防水淹措施、水泵控制柜前检修空间、水泵吸水管管顶平接、超压泄压阀泄压值的设置等均进行了统一规定。在施工前,组织全线各标段施工单位进行消防泵房标准化安装的专项交底,有效提高了施工准确性和美观度。标准化设计后的消防泵房现场安装详见图5-41(以双水源车站为例)。

四、站台层公共区地漏、消火栓标准化设计

1.站台层公共区地漏的标准化设计

地铁车站的重力排水设计,属于给水排水专业设计容易忽略的点,但站台公共区地漏设置位置的

图5-39 真空压力表安装实例图

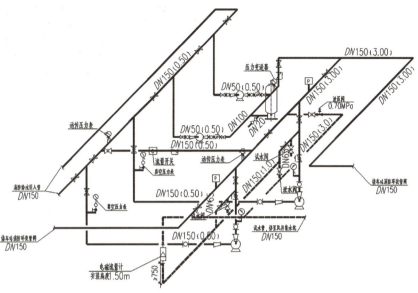

图5-40 消防泵房系统设计图

图5-41 消防泵房标准化安装图

合理性对运营管理以及站台整体美观起到了不可忽视的作用。早期站台层公共地漏主要排除站台清洗用水，随着站台层公共区清扫方式的变化，地漏的作用已弱化；将地漏设于人员经常走动处，极易被人为损坏。鉴于此，对车站站台层公共区地漏的设计进行了统一规定，在站台公共区隐蔽处交错布置，并避开站台区域，满足排水要求的同时，减少地漏数量，提升站台的整体美观度。

2. 站台层公共区消火栓的标准化设计

一直以来，站台层公共区消火栓的设计已被默认为设置4套双栓消火栓。《消防给水及消火栓系统技术规范》GB 50974—2014已取消了双栓消火栓的定义，《地铁设计防火标准》GB 51298—2018也将双栓消火栓的描述修改为"两只单口单阀为一组的消火栓"。因此，结合本工程车站设计特点，全线采用标准化模板，在站台公共区每跨设置两组独立的单口单阀消火栓箱，尽量避免了双栓消火栓的使用（图5-42）。

图5-42 站台层公共区地漏、消火栓标准化安装图

五、区间应急排水接头设计

为满足防涝防汛需求，全线区间排水管上增设三通阀组合，作为区间应急排水口，将排水管作为应急排水管路使用。三通阀组合由三通、止回阀、快接排水口（消火栓口）组成，其中三通阀组合的设置原则为：在区间最低处设一处，同时以区间最低点为起点，车站为终点，纵断面垂直距离每3m或路径长度每300m设一处。三通阀组安装应避开供电支架，快速接口朝向轨行区，快速接口中心距道床完成面0.6m，不得侵入轨道限界。栓口位置设置固定标牌，注明"快接排水口"以区分区间消火栓（图5-43）。

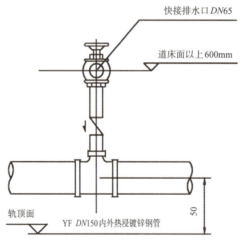

图5-43 区间应急排水接头示意图

六、工程实践反馈

本工程设计阶段通过对给水排水专业各项设计内容的标准化，不仅提升了设计效率、设计品质，给施工带来了更好的施工依据，提升了验收的通过率，也给后期的运营维护带来了多重便利。除上述内容外，全线还对车站污水泵房的设计进行了统一深化，对设置防淹门区间进行了增设液位传感

器的保障设计，建立了全线给水排水接驳总台账实时跟踪等优化设计措施，有效保障了本工程的顺利施工。

第九节
疏散平台设计方案研究与工程实践

一、概述

疏散平台是地铁不可或缺的安全措施，杭州机场轨道快线工程区间结构包括地下盾构隧道、高架区间等多种形式，疏散平台的设置需根据结构类型，结合疏散模式进行设计，并同时满足疏散、防火、限界等专业需求，杭州机场轨道快线工程根据线路实际工况，对疏散平台在设计条件、设计原则、设计方案，特别是高架段、联络通道段、车站内等特殊节点进行了详细研究，确定了最终实施方案。

二、方案简介

杭州机场轨道快线工程正线区间及车站范围内有条件地段均设置区间疏散平台。地下段疏散平台一般设置在行车方向左侧，高架段和路基段以及部分地下车站内疏散平台设置在行车方向右侧。

疏散平台高度为轨面以上950mm，地下段悬臂型平台上方900mm处设置扶手，地下T形支撑段、高梁段均设置栏杆。

地下段疏散平台采用"钢结构支撑+高分子复合材料步板"形式（图5-44），高架段疏散平台采用T形钢支撑+RPC活性粉末混凝土步板形式（图5-45）。疏散平台主体结构设计使用年限为50年，步板等可更换构件为30年。

图5-44 地下段疏散平台

图5-45 高架段疏散平台

三、区间疏散平台与疏散模式研究

城市轨道交通的设计应以人为本,尽量减少列车在事故、故障条件下乘客的疏散障碍。本工程全线设置应急疏散平台,在有限的空间内为乘客提供最多的疏散通道和疏散空间。

疏散平台的设置起到增加疏散空间、提高疏散速度等作用,但由于其宽度较窄、离地面较高,有二次伤害风险。根据《地铁设计规范》GB 50157—2013"道床应作为疏散通道"的规定,本工程采用"道床疏散为主、平台疏散为辅"的疏散模式。

为避免乘客在道床上行走有过多的障碍,要求区间各类设备应尽量避免设置在两轨之间,对过轨的管线、道床面上的信号设备布置,采取不妨碍疏散的无障碍处理措施。

为保证车辆在任何地段停靠均能通过侧门进行疏散,疏散平台断开距离以及疏散平台与站台间隔距离宜小于80m,困难条件下不大于100m。

需要区间疏散时,乘客通过平台离开车体,并通过步梯下至道床,可通过道床疏散至车站,也可从道床到达联络通道或由防火门进入相邻隧道等待接驳。

本工程联络通道底板高度早期设计为900mm,与疏散平台基本等高,后调整为450mm,低于疏散平台。根据《地铁设计防火标准》GB 51298—2018,疏散平台与联络通道的高度采用坡道接平,坡道坡度不大于1:12,用坡道替代步梯,可以减少疏散过程中的二次灾害。

四、疏散平台方案研究

1. 疏散平台主体结构方案

(1)疏散平台设置的主要技术标准确定

1)疏散平台根据《地铁设计防火标准》GB 51298—2018及《地铁设计规范》GB 50157—2013,考虑疏散平台下方电缆支架及水管布置空间后,确定疏散平台高度为950mm(以轨道标高为基准,半超高段为两钢轨连线中心线标高,全超高段为内轨标高)。

2)疏散平台设计应满足限界要求,保证行车安全,疏散平台上方应有2000mm的疏散空间。

3)疏散平台最小宽度:单侧临空时不小于600mm,双侧临空时不小于900mm;当疏散平台两侧临空(T形)时,应在远离正线一侧设置栏杆。

4)疏散平台在端部设置步梯,在联络通道处及区间每隔约300m处设置坡道。

5)疏散平台荷载

由于目前所执行的规范中对疏散平台均无明确规定,因此在疏散平台结构设计时,须对平台荷载作出规定和比选。

参考站台板及人行天桥的设计荷载,疏散平台及平台步梯荷载采用均布荷载5kPa,同时,考虑车辆6人/m^2的设计标准,平台疏散时采用单股人流疏散,因此考虑每延米6个0.65kN的集中荷载。均布荷载和集中荷载分别考虑,取最不利值进行计算。

考虑本工程120km/h行车速度和6100mm的盾构内径,疏散平台考虑活塞风产生的往复荷载为

2.0 kPa（分别考虑垂直向上、向下），周期为120s。

由于扶手为非主要受力构件，且只供人员辅助使用，结合民用栏杆的设计标准，确定本工程扶手竖向荷载为1.0kN/m，水平荷载为1.2kN/m。

（2）疏散平台材料的选择

本工程包含地下段和高架段，疏散平台应根据不同工况进行选择，其中高架段疏散平台的材料对户外环境的防老化等要求更高。

针对地下段疏散平台，杭州地铁有非常成熟的材料选型，因此本工程采用与既有线一致的"钢结构支撑+高分子复合材料步板"的组合（图5-46）。其中地下区间疏散平台板和扶手采用高分子复合材料，采用HC标准升温曲线测试。疏散平台复合材料需满足燃烧性能等级不低于A2级（A2、s1、d0燃烧时不允许有滴落物、毒气安全等级为安全级）。应用到工程实践之前，对材料进行机械性能试验、防火性能试验、热性能试验、大气暴露试验、结构负载试验、出厂试验以及现场试验。

图5-46 地下段高分子复合材料步板

高架段疏散平台，支撑则选择与地下段一致的钢结构，便于标准化生产和施工。由于高分子复合材料在户外工况条件下的耐久性等性能尚未得到证实，国内也鲜有应用的实例，因此高架段疏散平台步板不再选择高分子复合材料，应另行选择材料。

参照国内其他城市的应用成果，高架段疏散平台步板采用活性粉末混凝土（RPC）材料。RPC步板在外观性能与钢筋混凝土极为相似，可以适应杭州高温、多雨、潮湿、高晒、台风等恶劣的室外环境，而RPC材料的内在性能又明显优于钢筋混凝土，故本工程采用RPC120等级活性粉末混凝土，其抗压强度≥120MPa，抗折强度≥14MPa，弹性模量E≥40GPa（图5-47）。

（3）疏散平台结构设计

本工程包含地下段盾构隧道内径为6100mm，相比于杭州既有线的5500mm内径，疏散平台宽度由900mm左右增加到1100mm左右，因此在钢结构设计时，适当增加了钢支撑方钢断面，以满足宽度增加引起的荷载、弯矩和剪力的增加（图5-48）。

高架段疏散平台，原设计为悬臂结构，安装于桥梁护栏板预留的钢板上，但由于预留钢板为隐蔽工程，不能完全保证施工质量，疏散平台安装存在一定风险，因此将疏散平台结构调整为T形支撑，安装于桥面上（图5-49）。

图5-47 高架段RPC材料步板　　图5-48 地下段疏散平台钢结构

图5-49 高架段疏散平台钢结构

2. 疏散平台在节点设计

（1）疏散平台坡道

根据《地铁设计规范》GB 50157—2013和《地铁设计防火标准》GB 51298—2018，地铁道床均应作为疏散通道，道床疏散的安全性和效率均远远高于疏散平台，因此在疏散平台设计时，同时兼顾了道床疏散。疏散平台的设置应考虑疏散路径，包括平台上的人下到道床和道床上的人员进入联络通道等。

杭州机场轨道快线联络通道底板高度早期设计为900mm，与疏散平台基本等高，后调整为450mm高，低于疏散平台。根据《地铁设计防火标准》GB 51298—2018，疏散平台与联络通道的高度采用坡道接平，坡道坡度不大于1∶12，用坡道替代步梯，使得疏散平台连续不中断，可以减少疏散过程中的二次灾害。对于调整前已经施工的联络通道，则在联络通道的一侧设置坡道。

联络通道处的坡道有两个作用：一是当该处联络通道不能作为疏散或邻线人员通过联络通道进入本线时，人员可以通过坡道底部与道床间较小的高差（或踏步），从平台下至道床，进行更为安全和高效的疏散；二是从道床疏散至联络通道处的人员，均可通过坡道上至联络通道进入邻线等待接驳救援，同时平时在道床上进行维保的工作人员，也可通过坡道进入联络通道或泵房进行维保工作。

由于平台宽度较小、高度较高，大量乘客在平台上行走时存在较大的风险，而道床在安全性和疏散效率上均远远优于疏散平台，当道床具备疏散条件时，应尽量采用道床疏散，因此根据浙江省工程建设标准《城市轨道交通疏散平台工程技术规程》DB33/T 1193—2020，本工程地下段每隔300m设置一处坡道，引导乘客下至道床疏散，减少在疏散平台上的走行距离。

由于在坡道处，平台与车辆地板的高差逐渐变大，当车辆在此处开门时，乘客下车的风险很大，因此在杭州机场轨道快线设计中，首先引入了禁止下车警示牌（图5-50）。

（2）疏散平台与站台的衔接

为减少疏散路由上的障碍，疏散平台在有条件的地方，均与车站站台直接相接。

此时，在疏散路由上，平台上的人员可以直接进入车站，道床上的人员可以通过站台自身的下轨楼梯进入车站，同时兼顾了平台和道床上的人员。

在车站建筑和结构设计中，疏散平台专业积极配合，在车站站端为疏散平台预留接口条件。但在道岔区、人防门处，疏散平台无条件与站台衔接，均设置了步梯断开，人员从平台下至道床疏散（图5-51）。

图5-50　联络通道处坡道及禁止下车警示牌

图5-51　疏散平台与站台的衔接

五、疏散平台在全国范围内的设计和验收动向

1. 疏散平台对水灾的应对

2021年郑州水灾，使郑州地铁遭受巨大损失，也使疏散平台的使用从几乎隐形突然被推到前台，疏散平台的使用工况由火灾或列车故障又增加了水灾工况。虽然应采用防洪水位、防水淹挡板等措施从根部防止地铁隧道被淹，但疏散平台在水灾中的作用和使用也不应被忽视。

首先是疏散平台的连续性。杭州机场轨道快线在设计中，采用坡道代替步梯与车站站台直接相接的方式，均在一定程度上提高了疏散平台的连续性。但在道岔区、人防门等地段，疏散平台无法做到连续，应在疏散预案制定中对这些地段作出详细设计，同时尽量在疏散平台断开的节点处给出对疏散有利的标注。

在前期设计中，要求疏散平台坡道底部在满足电缆通过的情况下，尽量降低高度，从而使乘客能顺利地从坡道下至道床。在考虑水灾之后，可适当提升坡道底部高度，提升水漫高度，减小水灾工况下的疏散风险。提升高度后，可设置垂直于线路的踏步，为乘客提供上下平台的通道（图5-52）。

2. 车站范围内轨行区的疏散路由

限界设计中，在墙体不挂电缆设备时，其限界为设备限界+200mm。杭州机场轨道快线墙柱限界为1900mm，与车体间隙仅有400mm，若设备区外墙采用此限界设计，当车辆停靠在此位置时，墙体与车体间隙过小，将阻碍人员通过。在目前的消防和验收中，应逐渐关注到这种并不常见的工况。

图5-52 抬高坡道底部高度及设置踏步

因此,在设计中,需要尽量考虑疏散平台的延续,要求疏散平台的断开距离、疏散平台与站台的间隔距离不应大于$N-1$节车长(N为车辆编组数),使得无论运营车辆在正线的何处位置停靠,均可通过侧门疏散乘客。同时在与建筑专业的配合过程中,尽量少使用最小限界设计值,为疏散留出通路。

在区间隔断门的设计中,杭州机场轨道快线也采用了宽体门(门体型号为4258),即宽度为4200mm,这样可以使得门体与车体的间隙大于550mm,留出疏散通道。

六、工程实践意义

本工程疏散平台的设计充分考虑疏散通道、疏散路由,使得各种工况下均有宽度足够的、连续可靠的疏散路由;疏散平台设计同时兼顾考虑火灾、列车故障、水灾等工况下的使用和安全,为120km时速和A型车的类似工程提供了借鉴和参考意义。

第六章
车辆基地

CHAPTER 6

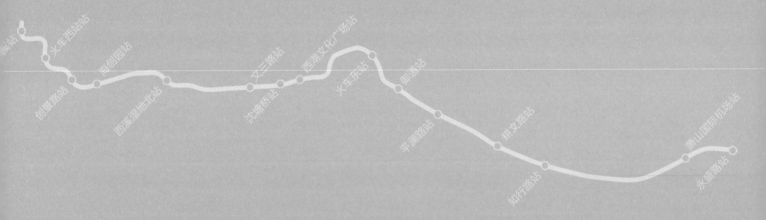

第一节
全自动车辆基地设计及资源共享

一、概述

杭州机场轨道快线工程设置一座车辆基地和一座停车场，分别为仓前车辆基地、靖江停车场，仓前车辆基地距离靖江停车场约58km。靖江停车场功能定位为承担部分配属列车的运用、停放、洗刷、消毒等日常维修保养及运用技术交接等任务；承担部分配属车辆的双周、三月检任务。仓前车辆段定位为大架修段，承担本线配属列车的大架修、定临修，部分列车的停车、运用、整备、列检、双周三月检验任务，设停车列检36列位、双周/三月检6列位、定修3列位、大架修3列位。土建预留全自动驾驶条件。

杭州机场轨道快线仓前车辆基地与3号线仓前车辆段共址建设，选址位于高铁动车所及鲁凌线以东，东西大道以西，杭长线（铁路）及龙西线以北，杭长高速西连线以南的地块内。杭州机场轨道快线车辆基地和3号线车辆段呈反向纵列式布置，杭州机场轨道快线仓前基地采用顺向纵列式布置。新征用地74.74hm²（含3号线停车场用地），新建单体房屋面积302286m²，盖板面积483262m²。本节主要对仓前车辆基地全自动化工艺设计及资源共享问题展开研究（图6-1）。

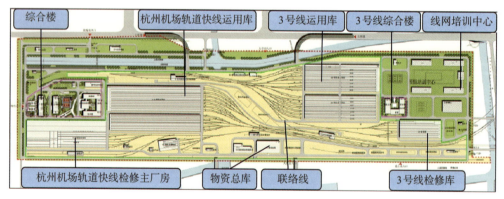

图6-1 仓前车辆基地总平面布置图

二、全自动化车辆基地设计

1. 全自动车辆基地功能要求

（1）功能分区

根据信号模式，车辆基地应划分为自动驾驶区和人工驾驶区。自动驾驶区包括出入段线、停车列检库及相应咽喉区、洗车机库；人工驾驶区包括检修库、调机工程车库、试车线、镟轮库及相应咽喉区；双周/三月检库设于自动驾驶区或人工驾驶区均可，本段按照全自动驾驶区进行考虑。

（2）转换轨设置

转换轨包括两种：一种用于驾驶模式转换，一种用于控制权交接。对于划分了自动驾驶区和人工驾驶区的车辆基地，需设转换轨用于驾驶模式转换，一般设于牵出线或两分区咽喉区的联络线上。

某些全自动运营线路可能会将车辆基地内全自动驾驶区域交由车辆段DCC控制，正线由OCC控制，这种情况下，需在出入段线上设置转换轨，用于控制权交接。

（3）安全防护措施

全自动运行区域原则上为无人作业区，无人区内需要人工参与完成车内清扫和列检作业，原则上在全天运营时段结束、车辆全部入库停放妥当后再统一进行。

如果特殊情况下，工作人员需要在白天正常运营时段内进入全自动运行区域，必须向控制中心申请取得同意后，禁止该区域内的列车移动，并通知门禁系统开启相应的通道大门，工作人员才可持卡进场工作。

（4）相关防护措施

1）运用库地下通道（或架空廊道）应与轨道立交，保证作业人员进入作业区域的过程中与自动行驶的列车互不干扰。

2）应设置隔离栏杆，通过隔离栏杆将运用库划分为若干保护单元，作业人员进入某保护单元作业时，不干扰其他单元内列车的运行。

3）设置人员防护开关，用于保证作业人员的安全，当SPKS开关打开时，不允许相应保护单元内列车移动。

4）地下通道出地面的出口设门禁，库内设视频监控与广播，以确保作业人员的安全。

（5）总平面设计

1）车辆基地分为自动驾驶区和人工驾驶区，总图布置要进行合理分区，避免交叉作业。道路布置应尽量避免与自动驾驶区线路平交。人员作业区、办公区和生活区应尽量集中到人工驾驶区设置。

2）试车线、工程车线、材料线、镟轮线等人工检修作业线路不应直接接入自动驾驶区，宜布置在人工驾驶区内，通过统一的信号转换轨接入自动驾驶区。

3）双周/三月检线路宜设置在自动驾驶区，困难条件下，可以布置在人工驾驶区。

4）分区之间设置信号转换轨，一般设于牵出线或两分区咽喉区的联络线上，转换轨长度满足1列车长+60m。

5）自动化车辆段部分线路需考虑安全防护距离，牵出线根据信号系统要求，设15m安全防护距离。

（6）运用库设计

1）运用库采用一线两列位布置，列位之间应满足20m安全距离，末端列位距车挡不小于20m设计，库线长度需考虑车挡安装距离，建议采用液压缓冲车挡。

2）由于运用库为全自动驾驶区域，在运用库前平过道和中间横向通道加设门禁系统，以保证正常运营时段形成物理隔离。

3）无人区内需要人工参与完成车内清扫和列检作业，原则上在全天运营时段结束、车辆全部入库停放后再统一进行。人员进出隔离区通道优先采用在库内中间平过道下方设置地下人行通道的方案，清洁和列检人员通过人行通道及通往股道的楼梯到达指定的股道进行作业。也可采用库尾设置人行出入口的方案进出运用库内隔离区，但增加了作业人员的走行距离。

4) 运用库不设置车库大门，以简化出入库控制，保证列车进出库安全、便捷。

(7) 洗车机设计

1) 洗车机根据信号系统要求以及洗车工艺在库前（后）增加15m安全防护距离。

2) 洗车机采用无人值守、远程监控模式，洗车机的控制纳入正线信号联动系统，洗车实现自动控制。

2. 仓前车辆基地全自动设计方案

(1) 总平面布置

仓前车辆基地采用顺向纵列式布置，划分为自动驾驶区和人工驾驶区（图6-2）。自动驾驶区包括出入段线、停车列检库及相应咽喉区、洗车机库，双周/三月检库设于自动驾驶区。人工驾驶区包括检修主厂房、调机工程车库、试车线、镟轮库及相应咽喉区。转换轨位于自动驾驶区域的牵出线至人工驾驶区域线群的联络线上，长度为1列车长+60m。

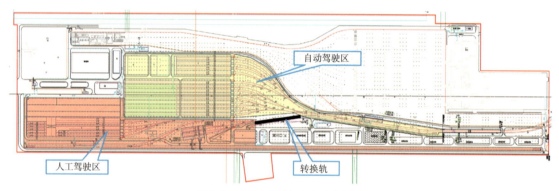

图6-2　仓前车辆基地全自动分区图

(2) 停车列检库设计

停车列检库库长经与信号专业沟通，按两列位间不小于20m，末端列位距车挡不小于20m设计。运用库每两股道为一个防护分区，分区之间用金属栅栏网分隔，防止人员作业时进入相邻防护分区，保护运营维保人员作业安全。人员通过库尾通道进入指定防护分区。

(3) 洗车线设计

仓前车辆基地洗车线采用咽喉区通过式布置，库前增加15m安全距离。洗车设备预留自动洗车功能的接口条件。

三、共址建设车辆基地资源共享

1. 资源共享的必要性分析

为严防国有土地资源流失，各级审查部门对轨道交通用地审批愈发严格。因此，当车辆段共址建设时，基于车辆基地各功能组成相对模块化，对可以两线共同使用生产、生活功能区合并后进行资源共享是十分必要的，能够有效节省用地和工程投资。对于共址建设的车辆段，资源共享方案建议如下：

（1）车型相同的线路，其定修以上修程可资源共享。

（2）物资存放区可资源共享，实现车辆段物资集中采购、存放和发放。

（3）综合楼、食堂和司机公寓等办公生活区可合并设置，降低生活区占地面积，节约用地。

（4）线网型工程车和工程车检修设施可以资源共享。

2. 仓前车辆基地资源共享方案

（1）生产设施资源共享

由于杭州机场轨道快线和3号线车辆选型不同，机场轨道快线为120km/h的6辆编组A型车，3号线为80km/h的6辆编组Ah型车，因此，两线生产检修设施相对独立，仅考虑物资存放区集中设置资源共享。

杭州机场轨道快线仓前车辆基地和3号线仓前车辆段合并设置物资总库一处，用于物资的集中存放、发放和管理工作。物资总库设置自动化立体存储设备、阁楼式货架和钢结构平台各一套，充分利用库内立体空间，提升物资存放能力，满足两线物资存放需求（图6-3）。

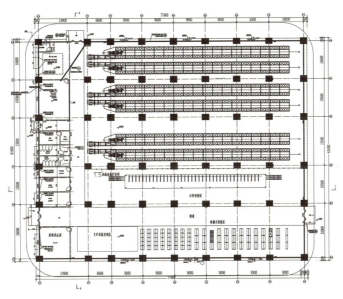

图6-3 物资总库平面布置图

（2）生活设施资源共享

杭州机场轨道快线仓前车辆基地和3号线仓前车辆段除各大库配套辅助办公用房仍分散设置外，综合楼、食堂和司机公寓均集中设置于厂前区北区，三种功能合并为一个单体，呈双塔建筑造型，有效节约占地面积，并使综合楼高度和盖上物业开发高度匹配，美化城市天际线（图6-4）。

（3）工程车资源共享

根据杭州线网规划的工程车资源共享方案，3号线共享使用杭临线配备的钢轨打磨车，但由于3号线与杭临线的联络通道已取消，因此利用共址车辆段优势，在段内设置联络线一处，杭州机场轨道快线仓前车辆基地配备线网钢轨打磨车一台与3号线共享，并在仓前车辆基地调机工程车库内配备移动式架车机、起重机和制动机试验台等工程车检修设施，3号线仓前车辆段工程车库仅用作本线工程车停放，相关检修作业通过联络线专线至机场轨道快线进行。

图6-4 综合楼效果图

四、总结

全自动运行车辆基地是将正线对列车的运营控制权由车站延伸至车辆段的全自动运行区域,不仅需要满足常规车辆基地所具备的列车停车、整备、清洁、检查、定期检修、调试等功能,还具备自动唤醒待班列车、启动列车并运行至正线等功能。全自动运行车辆基地的总图设计中首先要定义哪些区域为全自动运行区,哪些区域为有人区。基于列车运行、检修工艺及流程基础的合理功能需求,为车辆基地提供便捷、可靠的服务。

第二节
基于一体化设计理念的车辆基地厂前区设计

一、概述

车辆基地是轨道交通车辆的停放、检查、整备和修理的场所,车辆基地中的厂前区是其内部工作人员办公、生活的区域,是车辆基地的核心区域和塑造车辆基地建筑形象的关键点。

在车辆基地厂前区设计中,采用协调、绿色、以人为本的设计思路,在建筑布局、空间形态、交通组织等多个层面进行一体化设计,能更好地使厂前区形象和上盖开发、周边落地开发的建筑风格协调融合,更符合新时代的上盖开发车辆基地厂前区形象。本节以靖江停车场为例,对厂前区设计的一体化设计理念进行研究。

二、厂前区的设计特点

车辆基地在占地规模上以厂房区和轨行区为主,厂前区是生活服务区域,是车辆基地中人员聚集和主要活动的区域。建筑单体主要有综合办公楼、宿舍楼、食堂和多功能厅等，建筑功能以办公、住宿和后勤服务功能为主，厂前区的广场兼具景观性和集散性，考虑到上述情况，厂前区的设计具有聚集性、景观性、综合性。

厂前区的建筑单体出于节约用地和聚集功能房间的目的，通常设计为高层建筑，使其在车辆基地建筑群中起到统领全局的作用。

厂前区作为主要生活活动区域，应配置适宜的景观绿化广场，优化环境，提升车辆基地的建筑形象。

厂前区汇集了车辆基地中的办公、宿舍、餐饮、后勤、培训、会议、停车、休憩等诸多功能，综合性较强，是车辆基地的核心节点。

三、靖江停车场项目概况

靖江停车场自永盛路站接轨，位于杭州市萧山区育才路以北、协东线以东、永盛路以南的地块内。

靖江停车场用地面积21.6hm²，为配套上盖物业开发的停车场，盖下为运用库、洗车库等库房建筑、咽喉区及出入段线，厂前区位于停车场的北端，用地呈东西向长条形，上盖盖板占地面积16.4万m²（图6-5）。

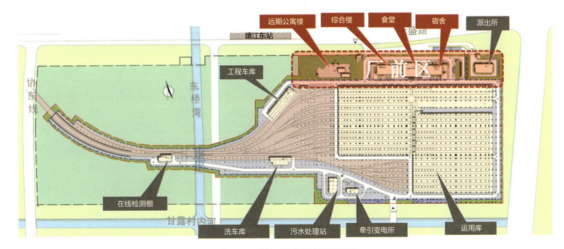

图6-5 靖江停车场总平面图

四、厂前区的场地生成

轨道交通车辆基地的总体布置是以轨道行车运营为最基础的要求，在对车辆基地的出入段线、咽喉区和库房区进行合理布局后，生成整个段场的基础骨架。段场的厂前区为配套区域，且与库房区联系紧密，进而对厂前区的选址进行了初步的限定。

厂前区的功能复合性决定了其场地的外向性，从而便于设置出入口、活动广场、景观绿化和办公生活建筑，也利于厂前区和周边物业开发建筑衔接，从而实现资源共享。

因此，在靖江停车场的基本骨架形成后，厂前区的可选择位置有北侧、西南侧和西北侧，在综合考虑厂前区其他功能需求后，选择北侧的狭长用地，有利于实现厂前区的便利交通、临街城市界面以及与物业开发区域、上盖区域的联通。厂前区用地狭长的不利因素可以通过对厂前区自身建筑和场地的调整来适应用地。

五、厂前区城市界面一体化设计

厂前区用地狭长临街，设计时将整个厂前区作为临街建筑进行考虑，将厂前区建筑与盖上开发建筑和白地开发建筑进行一体化设计，塑造出和谐丰富、现代美观的城市界面，既遮挡了后方的段场上盖盖板，又提升了片区的城市形象（图6-6）。

图6-6　靖江停车场厂前区鸟瞰效果图

建筑布局一体化设计：厂前区需要布置综合楼、宿舍楼、食堂多功能厅、公安派出所、远期公寓楼五栋建筑，在建筑布局上，根据各个建筑单体的功能和建设时序，在狭长的厂前区用地中将单体建筑横向排列布局设计，结合不同建筑单体之间的功能和体量，设置单体位置，形成高低起伏的临街建筑形态。综合楼、宿舍楼、食堂多功能厅、远期公寓楼之间设置架空连廊衔接，使得建筑布局既满足功能独立的要求，又互相结合，构成一体化的厂前区建筑布局形式（图6-7）。

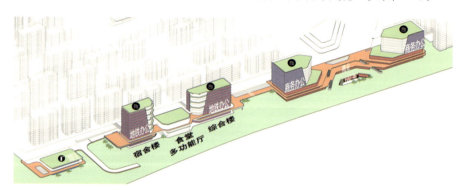

图6-7　靖江停车场厂前区建筑布局一体化示意图

建筑造型一体化设计：厂前区建筑采用横向线条为主的现代造型设计手法，通过对建筑形体的变化，与后方的盖上开发建筑和西侧的白地开发建筑相协调，塑造出整体统一的建筑群落风貌。

六、厂前区建筑景观一体化设计

临街景观一体化设计：厂前区南侧为上盖盖板界面，盖上设置有覆土绿化，种植有乔木、灌木等绿化植物（图6-8）。厂前区建筑设计有架空连廊，连廊上方设置有绿化花池。厂前区地面有广场绿化景观。三重绿化界面形成层叠变化的临街景观，实现了轨道交通段场空间向城市界面的友好过渡，进一步提升城市环境品质。

建筑和景观广场一体化设计：针对厂前区用地狭长的情况，综合楼、宿舍楼的首层设置了大面积的架空区域，既增加了广场活动空间，又形成了灰空间交融室内室外，将室外广场景观引入室内。

图6-8　靖江停车场厂前区鸟瞰效果图

七、厂前区交通组织一体化设计

区域交通组织一体化：厂前区北侧为城市主干道永盛路，考虑到段场停车场出入口、上盖坡道出入口和物业开发区域出入口均需接入永盛路，因此在区域交通组织上，设置横向临街道路，将各个出入口横向拉通，车流汇集后，通过一个出入口接入永盛路，从而优化区域交通衔接情况。

盖上盖下交通组织一体化：盖上物业开发道路通过架空坡道穿过厂前区东侧，接入横向临街道路，与盖下交通互不干扰。

厂前区内部交通组织一体化：厂前区设置内部消防环道衔接段场停车场内部车道，建筑物通过局部架空和二层平台，设置多条可竖向贯通厂前区的隐形车道，方便需要时将车辆行驶至建筑出入口灰空间（图6-9）。

图6-9　靖江停车场厂前区交通组织示意图

八、结语

车辆基地配套上盖物业开发后,融合了居住、商业、厂房、办公、轨道交通等诸多业态和功能为一体。厂前区作为车辆基地中的节点空间,一体化的设计理念就是在满足各个业态功能需要的情况下,做到和谐共存、互为依托。使得车辆基地厂前区能够结合周边复杂的功能业态,形成一个复合型建筑综合体,从而彻底、恰当地嵌入城市肌理。

第三节
段型选择及咽喉区纵向设计研究

一、工程概况

本工程车辆基地与杭州地铁3号线车辆段共址建设,位于高铁动车所及鲁凌线以东,地块东西宽约0.8km,南北长约2.5km,地势平坦,地面高程为1.8~4.1m。

用地现状为民居、农田及河道,段址及周边有东西方向、南北方向两条220kV高压线走廊。用地控制因素有:220kV高压走廊、纵横交错的河道、居民住宅、基本农田等。本节主要对杭州机场轨道快线仓前车辆基地和3号线仓前车辆段的段型设计及咽喉区纵向设计进行研究。

二、段型选择

车辆基地的选址、接轨形式及段型应考虑相互联系、相互影响和相互制约的关系。总平面布置设计符合城市规划要求,并在满足功能要求的前提下,总图布置尽量紧凑,最大限度利用土地资源。

仓前车辆基地和3号线仓前车辆段的段型设计结合段址位置、用地形状及站段关系,综合考虑节约土地资源、集约用地原则,减少工程投资等因素,经过多方案比选后,总平面布置基于尽端式段型设计,其中出入线均采用单站双线接轨形式及运用库线均采用尽端式布置。

杭州3号线仓前车辆段接轨站为吴山前村站,其运用库和检修库采用并列式布置于用地红线西北侧。为满足运营公司关于贯通式洗车的需求,在用地条件限制的情况下,洗车线采用类贯通式压岔洗车,库前满足一列车有效长,库后需压岔洗车。

杭州机场轨道快线仓前车辆基地接轨站为苕溪站,其运用库及检修主厂房采用顺向纵列式布置于用地红线东南侧,由于用地条件限制(运营要求必须采用贯通洗车),洗车线采用类贯通式压岔洗车,库前满足一列车有效长,库后需压岔洗车。

相对"八字"往复式洗车和尽端式洗车,贯通式洗车效率最佳,但由于车辆基地受地形限制,应因地制宜合理设计。因此,应运而生的类贯通式洗车方式继承了贯通洗车的优势,可实现减少调车作业量，提高洗车效率，降低运营成本。参考已建成的双桥停车场类贯通洗车布置（靠运用库端压岔洗车）经验，因受用地条件限制，仓前车辆基地采用了类贯通洗车机布置（图6-10）。

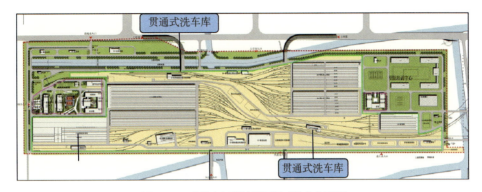

图6-10　仓前车辆基地类贯通式洗车布置图

既有工程实例：杭州地铁2号线双桥停车场，洗车机库库前线路纵向坡度：85.123m-8‰＋65.3033m-30‰＋平坡。回访杭州地铁运营公司（维保公司工务部），双桥停车场洗车线上8‰坡道上7号碎石道床道岔养护维修情况，无不良反馈；且类贯通式洗车也申请了实用新型专利。

三、咽喉区纵向设计

1. 基本要求

车辆基地线路路肩设计高程应满足防洪要求，根据《地铁设计规范》GB 50157—2013及杭州市相关要求，车辆基地线路路肩高程按照1/100洪水频率的防洪要求确定，并应参照周边规划及出入段线、排水设计等情况综合确定。

根据防洪评价单位提供的资料，仓前车辆基地1/100设计洪水位为4.18m，计算确定车辆基地线路路肩高程为5.18m（其中试车线路基面高程4.90m），相应设计轨顶高程为5.80m，该高程满足防洪要求，便于与周边道路连接，有利于排水设计。车辆基地内线路除洗车线、牵出线、出入线咽喉区以外均设计为平坡。

由于仓前车辆基地用地周边环境限制因素较多，且用地红线已获浙江省自然资源厅批复。仓前车辆基地在必须采用贯通洗车、出入线下穿河道、场坪标高需满足百年洪水位要求等多重不利因素的控制下，需要在咽喉区设置坡度方可满足以上要求，因此，综合考虑场坪的安全性及工程投资等问题，最终确定在咽喉区设置坡度的方案。

2. 咽喉区坡度方案

出入段线先以2‰-200m缓坡顺接正线向下，然后以31.2‰-250m坡段向下下穿鲁凌线后下穿预留止线，冉以8.893‰-1110m坡段向上下穿河道，后以34.8‰-419m坡段向上下穿陈家头港（因受用地及出入段线下穿紧邻河道爬升困难限制）爬出地面，此后通过咽喉区1.5‰-480m坡段向上爬升至5.80m。其中咽喉区、洗车库、出入线终点道岔均位于1.5‰坡道上，可以满足洗车作业需求；因受工程条件限制，该纵向坡度设计也是合理可行的。

既有工程实例：青岛地铁3号线安顺车辆段（1号线安顺车辆段共址2020年底开通运营），尾部咽喉区（碎石道床）采用7.47‰坡度，2015年底开通运营，设计回访，运营及工务反馈良好。

四、总结

综上所述，为减少调车作业量，增加洗车效率，降低运营成本，应按贯通式洗车设置洗车线，当地形限制时，应因地制宜合理设计，仓前车辆基地总图采用了类贯通式洗车机布置，参考杭州地铁2号线2期双桥停车场工程实例，并征得运营的认可。因此，类贯通式洗车机布置是有效的洗车方式。

针对咽喉区的坡度设置，综合《地铁设计规范》GB 50157—2013与《铁路车站及枢纽设计规范》TB 10099—2017，道岔及咽喉区设于5‰坡道上，符合规范要求。但在有条件的情况下咽喉区坡度设置越小，对工程条件越有利。

第四节
超大尺寸盖板盖下消防设计

一、概述

近年来，北京、上海、深圳等城市先后落成上盖一体化开发的车辆基地，国内其他城市也正在建设和计划建设上盖一体化开发车辆基地。杭州地铁车辆基地上盖开发的步伐正在逐步加紧，而盖板下的消防设计就尤为重要。

仓前车辆基地东西宽约0.8km，南北长约2.5km，总建筑面积61.08万m^2，盖板投影面积48.33万m^2，盖下总建筑面积约48.99万m^2。首层盖板建筑高度9.0m，局部高度15m。结构形式为钢筋混凝土框架结构，建筑结构安全等级为二级，结构设计使用年限50年。本节将对仓前车辆基地首层盖板盖下建筑的消防、排烟、盖下水消防及自动灭火系统进行研究。

二、建筑消防设计

1. 基本原则

盖下车辆段的使用空间定性为工业建筑类型，主要以《建筑设计防火规范（2018年版）》GB 50016—2014第3节厂房和仓库进行消防设计，同时参考《地铁设计防火标准》GB 51298—2018。参照《地铁设计防火标准》GB 51298—2018，车辆段消防设计按同一时间发生一次火灾考虑。

（1）消防车道

仓前车辆基地盖下设置环形消防车道，消防车道净宽与净高不小于4m，转弯半径不小于9m，并与市政道路连接的出入口有5处，满足规范要求，且消防车道坡度不大于8%。

（2）建筑分类及耐火等级

盖下车辆基地主要作为工业建筑，以室外道路作为建筑高度的起算点，按照地上建筑进行防火设计。9m（局部15m）盖板下方为地铁车辆基地，总建筑面积约489979m²，主要是以工艺为主的建筑单体（厂房及库房）及咽喉区，建筑的生产火灾危险性、消防设计符合国家和杭州市现行有关标准的规定，盖下建筑耐火等级为一级。

2. 防火分区及间距

盖下单体主要分为丁戊类和丙类单体，各个单体均按照《建筑设计防火规范（2018年版）》GB 50016—2014进行防火分区，不同防火分区之间通过防火门、防火窗、防火墙进行分隔，防火门及防火窗按其耐火极限分为甲级、乙级，其耐火极限分别不应低于1.50h、1.0h；各建筑单体间距符合规范要求，满足单体间最小防火间距不低于10m的要求。运用库、检修库四周设有净宽7m的环形消防车道；工程车库及镟轮库、牵混所、污水处理站、跟随所等单体均满足一条长边临消防车道。距盖边小于30m考虑自然排烟，大于30m的消防车道设置机械排烟设施，可以保证烟气层高于人员疏散所需的最小清晰高度。消防车道内部不得设置可燃物；不得存在阻碍消防车的障碍物。

3. 安全疏散与防火分隔

盖下车辆基地建筑各单体中人员通过消防车道向盖板外疏散，丁戊类厂房疏散距离不限，丙类单层厂房疏散至盖边距离均小于80m；盖下部分视车辆段盖外为消防安全界面，各建筑内人员疏散到盖外视为安全。

车辆基地与物业开发之间通过楼板、梁、柱等进行防火分隔，不开设除疏散、进风、排风井以外的其他洞口。物业开发的垂直交通及水平交通也与车辆基地完全分隔。本工程的屋面均为钢筋混凝土屋面，耐火极限不低于3h，变形缝阻火带耐火极限同楼板耐火极限，不得低于3h。需满足《建筑防火封堵应用技术标准》GB/T 51410—2020要求。

三、防排烟设计

1. 排烟设计依据及标准

防排烟系统的目标是火灾危险性相对较高的建筑发生火灾时，保证人员在火灾发展到威胁人身安全之前到达安全区域，在可用的逃生时间内维持人员疏散路径上的逃生条件，即通过防排烟系统的运行使逃生路径上的烟层维持在一定的高度之上，并控制烟层平均温度。

根据《建筑设计防火规范（2018年版）》GB 50016—2014第8.5.2条规定："人员或可燃物较多的丙类生产场所应设置排烟设施；建筑面积大于5000m²的丁类生产车间及占地面积大于1000m²的丙类仓库应设置排烟设施。"盖下车辆段的调机库、工程车库、物资总库及检修主厂房需设置排烟设施。

《地铁设计防火标准》GB 51298—2018第8.2.7条规定："车辆基地的地下停车库、列检库、停车列检库、运用库、联合检修库、镟轮库、工程车库等场所应设置排烟系统。"目前国内尚无规范明确地上盖下车辆段建筑单体的排烟设计标准。

盖下调机库（面积约1000m²）和工程车库（面积约2000m²）为丙类厂房，物资总库（面积约3000m²）为丙类仓库，检修主厂房（面积约30000m²）为面积大于5000m²的丁类厂房，根据《建筑设计防火规范（2018年版）》GB 50016—2014，调机库、工程车库及检修主厂房应设置排烟设施。

盖下车辆段的运用库、停车列检库虽然为戊类厂房，但建筑面积较大（>30000m²），位于地下或盖下时不具备自然通风条件，在列车停放期间存在一定的火灾危险性，为便于灭火救援和尽快排除有毒烟气，设置排烟设施是必要的。

盖下镟轮库（面积约500m²，层高8.7m）为丁类厂房，未设置自动喷淋系统，按照《地铁设计防火标准》GB 51298—2018第8.2.7条需设置排烟设施。按照《建筑防烟排烟系统技术标准》GB 51251—2017表4.6.3计算排烟量约为21.1×10^4m³/h，每平方米排烟量约422m³/h，换气次数达到48次/h以上，库内排烟风管截面积大于2.93m²，排烟风口布置需考虑单个风口的最大允许排烟量及排烟风口边缘之间距离，排烟系统管路布置难度较大。

2. 高大厂房排烟量计算

盖下车辆段高大厂房按烟羽流模型计算排烟量时，火灾规模根据《建筑防烟排烟系统技术标准》GB 51251—2017表4.6.7取值。

层高小于12m厂房和层高小于13.5m仓库设置自动喷淋灭火系统，计算排烟量时火灾规模按设置喷淋取值。检修主厂房层高为14.5m，设置自动消防炮灭火系统，其火灾规模若按无喷淋取值，每个防烟分区排烟量为21.1×10^4m³/h。检修主厂房内的静调库、吹扫库及处理间一般采用实体隔墙与其他区域分隔，形成实际的防烟分区，同时防烟分区长边长度不大于60m，静调库、吹扫库及处理间内每个防烟分区的面积为400～600m²，各防烟分区每平方米排烟量为351～527m³/h，换气次数达到24～36次/h。各防烟分区内排烟管道截面积大于3m²，防烟分区宽度约9.5m，排烟系统管路及排烟风口布置难度较大。

《建筑防烟排烟系统技术标准》GB 51251—2017第4.6.7条的条文说明："当房间设有有效的自动喷水灭火系统（简称喷淋）时，火灾时该系统自动启动，会限制火灾的热释放速率。"自动消防炮灭火系统属于自动喷水灭火系统，但其是否属于"符合现行国家标准《自动喷水灭火系统设计规范》GB 50084—2017的有效喷淋灭火措施"仍存在争议，对于层高大于12m设置自动消防炮灭火系统的高大厂房，按烟羽流模型计算排烟量时火灾规模是否可按有喷淋取值，同时排烟量计算是否应考虑防烟分区面积的因素需要进一步研究。

《建筑防烟排烟系统技术标准》GB 51251—2017表4.6.3中的数值基本为最不利情况下的计算排烟量，工程中按烟羽流模型计算确定的排烟量一般都小于表4.6.3中数值。《浙江省消防技术规范难点问题操作技术指南（2020版）》（浙消〔2020〕166号）第7.2.30条规定对于净高大于6m的场所（不含中庭）可按《建筑防烟排烟系统技术标准》GB 51251—2017第4.6.6条～第4.6.13条计算确定，设计清晰高度的取值应在最小清晰高度的基础上增加不小于1.0m。高大厂房的储烟空间较大，有利于保证人员疏散时的清晰高度要求，因此笔者认为按照《浙江省消防技术规范难点问题操作技术指南（2020版）》（浙消〔2020〕166号）计算确定排烟量比较合理。

3. 盖下消防车道防排烟设计

盖下消防车道是平时车辆段的运输通道及火灾时供消防车通行的道路，同时也是盖下车辆段建筑单体火灾时人员疏散的主要通道，目前国家规范对盖下消防车道的安全性及防排烟设计均无明确规定，各地上盖车辆段消防性能化设计及消防评审意见，一般要求距离盖边缘大于30m的盖下消防车道应设置通风排烟设施，但对排烟量的计算及火灾规模无明确要求。

北京市地方标准《城市轨道交通车辆基地上盖综合利用工程设计防火标准》DB11/1762—2020第4.3.3条规定："板地下方车辆基地的消防车道应在顶部或侧部设置开口，开口的面积不应小于消防车道地面面积的25%，且宜均匀设置，间距不应大于60m。"在消防车道顶部设置不小于地面面积25%的自然通风采光井，消防车道可视为与室外连通的安全区域，可作为盖下建筑的人员疏散通道，但盖板开口较多，其对盖上物业开发影响较大。

上海市地方标准《城市轨道交通上盖建筑设计标准》DG/TJ 08-2263—2018第8.3.2条规定盖下车辆基地内部通道在满足以下条件时可视为准安全区域进行人员疏散：①内部通道宽度不小于9m；②通道两侧采用耐火等级不低于1.0h的防火隔墙及乙级防火门窗与其他区域分隔；③通道上设置不少于2个直通室外地坪或板地的安全出口，安全出口间距不大于180m，宽度不小于1.4m；④能够自然通风、采光或采用机械通风、应急照明。根据该标准第8.5.4条规定，排烟分区的面积不应大于5000m²，排烟量按不小于4次/h换气量计算。

江苏省地方标准《城市轨道交通车辆基地上盖综合利用防火设计标准》DB32/T 4170—2021第2.0.9条明确盖下车辆基地外围敞开咽喉区、消防车道为准安全区，消防车道设置机械排烟时也可视为准安全区。第4.2.4条明确了消防车道顶部或侧部为开敞形式时的要求；第8.3.4条明确："咽喉区与库区之间供消防车通行的道路应独立设置排烟设施。供消防车通行的道路设置机械排烟系统时，每个防烟分区的建筑面积不宜超过2000m²，最小机械排烟量应按换气次数不小于6次/h计算确定。"

本工程盖下消防车道采用组合排烟方式，即距离盖板边缘小于30m范围内的消防车道采用自然排烟（盖边敞开区域面积大于立面25%），距离盖边大于30m的内部消防车道设置机械排烟，防烟分区之间设置挡烟垂壁。消防车道排烟量按照《建筑防烟排烟系统技术标准》GB 51251—2017第4.6.6条~第4.6.13条计算确定，火灾规模参照表4.6.7中汽车库取值为3.0MW，设计清晰高度的取值在最小清晰高度的基础上增加1.0m，且各防烟分区计算排烟量不小于60m³/(m²·h)。

4. 注意事项

盖下车辆段的运用库、联合检修库、工程车库等场所按照《地铁设计防火标准》GB 51298—2018的要求设置排烟设施。盖下镟轮库为面积小于500m²的丁类厂房，火灾危险性较小，火灾时人员能够较快地疏散至库外消防车道，其设置排烟设施的必要性值得商榷。

盖下车辆段的高大厂房内火灾规模宜根据《建筑防烟排烟系统技术标准》GB 51251—2017表4.6.7取值，对于层高大于12m设置自动消防炮灭火系统的高大厂房，计算排烟量时火灾规模是否可按有喷淋取值需进一步研究。

高大空间的计算排烟量取值建议考虑防烟分区面积因素，否则会存在防烟分区面积较小，而计算排烟量偏大的情况，导致该防烟分区排烟系统布置难度较大。

高大厂房的储烟空间较大，有利于满足人员疏散时的清晰度要求，根据《浙江省消防技术规范难点问题操作技术指南（2020版）》（浙消〔2020〕166号）第7.2.30条规定，排烟量按照烟羽流模型计算确定。

目前国家规范对盖下消防车道的安全性及防排烟设计均无明确规定，如何保证盖下消防车道人员疏散及消防救援的安全性，尚需更多的研究。

四、盖下水消防及自动灭火系统

消防系统的设置方式分为高压消防给水系统、临时高压消防给水系统和低压消防给水系统。高压消防给水系统要求消防管网内水始终保持灭火所需的压力和流量，火灾时，消防设施可以直接从管网中取水，不经过加压，直接用于灭火。对于水源取自城市自来水，水压和水量均不能满足火灾时基地各单体消火栓系统、自动喷淋系统和固定消防炮系统所要求的水压和流量。

低压消防给水系统主要应用于室外消火栓系统。室外消火栓系统采用低压消火栓给水系统，需满足两路市政给水管网作为消防供水，仓前车辆基地无两路市政给水管。

因此，仓前车辆基地各个消防给水系统采用临时高压消防给水系统。

1. 室外消火栓系统

运转维修综合楼是基地最高层建筑，建筑高度15.3m，室内外消火栓系统所需扬程相近，室内外消火栓系统合用一套临时高压消防给水管网，共用一套消火栓泵组，盖下只设一套消火栓环状管网，消火栓管网工程量少。

（1）室外消火栓系统采用临时高压消火栓给水系统，和室内消火栓系统合设一套消火栓水泵，消火栓水泵参数$Q=70L/s$，$H=70m$，$N=75kW$，一用一备，消火栓水泵安装于运转维修综合楼地下一层消防泵房内。运转维修综合楼屋顶水箱间内设置一套消火栓稳压泵，稳压泵参数$Q=1.5L/s$，$H=20m$，$N=3kW$，一用一备，配有效容积不小于150L的气压罐。火灾时，消防水池的水经消火栓泵加压后，供给基地内室外消火栓用水量。

（2）消防水泵应由消防水泵出水干管上设置的压力开关、高位消防水箱出水管上的流量开关直接自动启动。消火栓水泵房设有现场机械应急启、停泵按钮，消防控制室设有手动、自动远控启泵按钮。消火栓水泵设置定时低频自动巡检装置。消防控制室中心及泵房内均可自动或手动启动水泵，水泵在60s内投入正常运行。水泵事故与启动均应声光报警并显示，两台泵互为备用，事故自动转换并声光报警。水泵启动后运行信号反馈至消防控制中心。

（3）室外消火栓布置

首层盖板下室外消火栓按规范布置，室外消火栓尽量沿道路布置，间距不大于120m，保护半径不大于150m。室外消火栓布置在消防车易于接近的人行道和绿地等地点，且不妨碍交通，距路边0.5～2m，距建筑外墙或外墙边缘不小于5m，考虑到盖下各单体间距较近，如停车列检库和双周/三月检库之间外墙距离16.78m，道路宽度7m，在道路两侧分别布置室外消火栓，满足室外消火栓距离建筑外墙边缘不小于5m的要求。

（4）室内消火栓系统

室内消火栓系统采用临时高压消火栓系统，和室外消火栓系统合设一套消火栓水泵。室内消火栓箱内设置报警按钮，栓口动压超过0.5MPa处采用减压稳压消火栓，布置间距不大于30m，满足同一平面有2支消防水枪的2股充实水柱同时达到任何部位的要求。各单体室内消火栓给水管道引入管上设置止回阀。

各单体消火栓系统水泵接合器布置数量根据该单体的室内消火栓设计流量确定，布置在室外消防车易取用的地方，距离室外消火栓15~40m。

2. 自动喷淋系统

（1）仓前车辆基地盖板下的停车列检库、双周/三月检库、检修主厂房、工程车库和物资总库设置自动喷水灭火系统。

自动喷淋泵安装于运转综合楼地下一层消防泵房内，自动喷淋泵（除物资总库仓储区）参数$Q=50$L/s，$H=70$m，$N=75$kW，仓储自动喷淋泵参数为$Q=80$L/s，$H=80$m，$N=90$kW，均为一用一备。运转维修综合楼屋顶水箱间设置一套自动喷淋稳压泵，稳压泵参数$Q=1.5$L/s，$H=20$m，$N=3$kW，一用一备，配有效容积不小于150L的气压罐。火灾时，消防水池的水经自动喷淋泵加压后，供给基地内自动喷淋系统灭火用水量。

（2）运转综合楼设置自动喷淋系统，建筑高度不大于12m的厂房、厂房辅跨和物资总库非仓储区，设置自动喷淋系统。

（3）运转维修综合楼自动喷淋系统按轻危险级考虑；层高不大于8m的厂房、仓库的办公辅跨、厂房库内部分带屋面的房间按中危险I级布置自动喷淋系统，采用标准覆盖面积，标准响应洒水喷头，喷头流量系数$K=80$。

层高大于8m，不大于12m的停车列检库、双周/三月检库库区，按厂房高大空间场所布置自动喷淋系统，喷水强度为15L/(min·m^2)，作用面积160m^2。

物资总库仓储区净高不大于13.5m（吊顶高度），储物高度不大于12m，货架采用通透层板，层板通透面积不小于50%。仓储区自动喷淋系统按仓库危险级I级设计，采用早期抑制快速响应喷头，流量系数$K=363$，下垂型喷头，喷头最低工作压力为0.35MPa，作用面积内开放的喷头数按12个计，仓储区自动喷淋设计流量140L/s。

（4）车辆基地设置自动喷淋系统的停车列检库、双周/三月检库、物资总库、调机工程车库、检修主厂房，分布在盖下260~670m占地范围内，单体面积2785~39882m^2，按一个报警阀后连接的喷头数不超过800个计，停车列检库设9组湿式报警阀，双周/三月检库设3组湿式报警阀。为了减少首层盖板下自动喷淋管道的数量，盖板下自动喷淋管道供水侧（报警阀前管道）成环状管网布置，湿式报警阀安装在各个单体的湿式报警阀间内，优点在于首层盖板下仅设一套供水侧环状管网，减少了首层盖板下系统侧管道数量，达到减少管道工程量的目的，各个湿式报警阀压力开关设连锁启泵线，接入运转维修综合楼地下一层消防泵房自动喷淋控制柜。

（5）喷淋水泵可由水泵出水干管上设置的压力开关、高位消防水箱出水管上的流量开关和报警阀压力开关直接自动启动消火栓泵。消防控制室中心及泵房内均可自动或手动启动水泵，水泵在60s内投入正常运行。水泵事故与启动均应声光报警并显示，两台泵互为备用，事故自动转换并声光报警。水泵启动后运行信号反馈至消防控制中心。

五、总结

地铁车辆基地的上盖开发，对推动土地综合利用、盘活土地经济、节约土地资源、改善城市环境、促进地铁建设有积极重要的意义。随着近几年各地一些相关规范的陆续实施，盖下车辆基地的消防设计依据越来越充实，但带上盖开发的车辆基地综合性建筑在建设中仍需继续探索消防、防灾等特殊处理措施，逐步完善此类建筑的标准规范，为相关工程的设计、建设、运维提供安全保障。

第五节
仓前车辆基地桩基选型研究

一、概述

为最大限度利用土地资源，对地铁车辆段进行上盖开发成为大多数城市的选择。考虑上盖开发后，上部荷载增大，车辆段桩基数量庞大，合理的桩基选型至关重要。除了灌注桩外，预制管桩在近些年工程实践中也得到了较快的发展。本节以杭州机场轨道快线仓前车辆段为背景，分别分析采用钻孔灌注桩及预制管桩的设计方案，为仓前车辆段及类似项目的桩基选型提供参考。

二、项目概况

仓前车辆段位于高铁动车所及鲁凌线以东，东西大道以西，杭长线（铁路）及龙西线以北，杭长高速西连线以南的地块内，范围涉及连具塘村与苕溪村。

仓前车辆段上盖开发面积47.64万 m^2，总建筑面积93.71万 m^2，其中住宅建筑面积54.43万 m^2，公建建筑面积9.44万 m^2。

盖上建筑包括运用库、高层住宅、幼儿园、社区文化艺术中心、商业中心、社区养老照料服务中心等（图6-11）。

图6-11　仓前车辆基地上盖开发效果图

仓前车辆段南北向约1700m，东西向约380m，通过设置变形缝将整个平台分为41个大底盘多塔结构单元。上部住宅竖向构件需在停车库顶板上作转换，结构形式为底部框架+梁式转换+上部剪力墙，转换层设置在二层。

根据勘察成果，结合沿线周边勘察报告：勘探孔揭露的地层结构、岩性特征、埋藏条件及物理力学性质，自上而下分述如下：①$_1$杂填土、①$_2$素填土、②$_2$粉质黏土、②$_3$淤泥质粉质黏土、③$_2$砂质粉土、③$_7$砂质粉土、④$_1$淤泥质黏土、⑥$_1$淤泥质黏土、⑧$_3$粉质黏土夹粉砂、⑫$_2$中砂、⑫$_4$圆砾、⑬$_1$粉质黏土、⑭$_2$中砂、⑭$_4$圆砾、⑳$_{a-1}$全风化泥质粉砂岩、⑳$_{a-2}$强风化泥质粉砂岩、⑳$_{a-3}$中风化泥质粉砂岩等。各土层的物理力学参数如表6-1所示。

土层物理力学参数表　　　　　表6-1

层号	岩土名称	天然重度 γ kN/m³	岩土施工工程分级	地基土承载力特征值 f_{ak} kPa	压缩模量 $E_{s0.1-0.2}$ MPa	桩基参数 钻孔灌注桩 极限侧阻力标准值 q_{ntk} kPa	钻孔灌注桩 极限端阻力标准值 qp_k kPa	预制桩 极限侧阻力标准值 q_{ntk} kPa	预制桩 极限端阻力标准值 qp_k kPa	抗拔系数 λ —
①$_1$	杂填土	(19.2)	Ⅱ							
①$_2$	素填土	(18.5)	Ⅱ							
②$_2$	粉质黏土	18.3	Ⅱ	90	4.0	18		20		0.75
③$_2$	砂质粉土	18.6	Ⅱ	100	7.1	22		24		0.70
③$_3$	砂质粉土	19.2	Ⅱ	130	9.1	34		36		0.70
③$_5$	砂质粉土	19.4	Ⅱ	150	10.0	42		45		0.70
③$_7$	砂质粉土	18.3	Ⅱ	100	6.0	30		34		0.70
④$_1$	淤泥质黏土	17.0	Ⅱ	60	1.8	14		16		0.75
⑥$_1$	淤泥质黏土	17.2	Ⅱ	65	2.2	16		18		0.75
⑦$_1$	粉质黏土	19.1	Ⅱ	130	5.5	42		44		0.75
⑧$_2$	粉质黏土夹粉砂	18.3	Ⅱ	80	3.3	28		30		0.75
⑧$_3$	含黏性土粉砂	19.2	Ⅰ	130	8.0	40		44		0.65
⑫$_1$	细砂	19.8	Ⅰ	200	13.8	56		60		0.60
⑫$_4$	圆砾	(20.5)	Ⅲ	350	(30.0)	85	3200	90	6500	0.55
⑫$_{4夹1}$	粉质黏土	18.5	Ⅱ	80	3.7	30		32		0.75
⑫$_{4夹2}$	粉质黏土	19.5	Ⅱ	160	6.8	52		54		0.78
⑬$_1$	粉质黏土	19.8	Ⅱ	180	8.2	54		56		0.78
⑭$_4$	圆砾	(21.0)	Ⅲ	400		100	4000		7500	0.50
⑳$_{a-2}$	强风化泥质粉砂岩	(20.2)	Ⅲ	300		80				0.80
⑳$_{a-3}$	中风化泥质粉砂岩	(25.0)	Ⅳ	800		160	6000			0.85

注：括号内的参数为经验参数值。

三、钻孔灌注桩设计方案

针对典型的上盖开发情况进行结构受力计算，得到柱底反力数值（图6-12）。

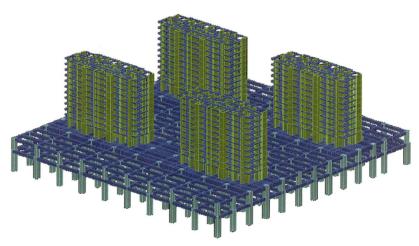

图 6-12 典型上盖开发图

上盖平台住宅情况：

（1）上盖 7 层住宅楼，柱底力最大约 40000kN（A 区检修主厂房柱跨较大），共 12 幢。

（2）上盖 11 层住宅楼，柱底力最大约 40000kN，共 52 幢。

（3）上盖 18 层住宅楼，柱底力最大约 46000kN，共 17 幢。

（4）裙楼，柱底力为 13000~16000kN。

根据柱底反力，若采用钻孔灌注桩基础，则方案如下：

（1）裙楼基础采用：$D800$ 钻孔灌注桩，持力层为 ㉑$_{a-3}$ 中风化泥质粉砂岩，桩长为 38~42m，进持力层为 9~12m，单桩竖向承载力特征值为 4200kN。

（2）住宅楼基础采用：$D1000$ 钻孔灌注桩，持力层为 ㉑$_{a-3}$ 中风化泥质粉砂岩，桩长为 40~45m，进持力层为 12~15m，单桩竖向承载力特征值为 6200kN。

整个仓前车辆段，$D800$ 桩约 9000 根，$D1000$ 桩约 6000 根。

四、预应力预制管桩设计方案

结合仓前车辆段场地地质情况，可选用的预应力管桩沉桩方案有两种：旋挖植桩工法以及内钻锤击工法。两种工法的介绍如表 6-2、表 6-3 所示。

旋挖植桩工法 表 6-2

工法简介	预先采用旋挖钻机成孔，在孔内灌注适量水泥浆、水泥砂浆或细石混凝土等，并将预制桩沉入其中的施工方法。可用沉桩设备将桩打入、压入或振入
适用地质	旋挖植桩适用于填土、粉土、黏性土、砂卵石、基岩、岩溶等地质条件，主要为端承桩或摩擦端承桩。特别适用于桩端持力层为密实的卵砾石、硬质岩层，可以充分发挥持力层和管桩桩身的承载力
工法特点	竖向承载力高，施工质量可靠、可控，现场文明施工、工期短，综合经济性优
施工设备	旋挖机，锤击（静压）设备

内钻锤击工法　　　　　　　　表6-3

工法简介	针对大直径管桩中空特点，结合锤击施工和长螺旋引孔施工方法，充分发挥各自优点。利用钻机在管桩内取土、减小桩端阻力，达到沉桩目的
适用地质	适用于黏土、粉细砂、圆砾土及易坍孔和地下承压水地质下顺利地完成沉桩
工法特点	钻机在管桩内取土，成桩工艺属于部分挤土桩。既能保证足够的侧摩阻力，又能降低全挤土带来的不利影响。无需泥浆、施工文明整洁、不受天气影响
施工设备	长螺旋钻机、锤击设备

五、桩型比选分析

1. 工程投资比较

每延米钻孔灌注桩与预应力管桩工程投资比较如表6-4所示。从工程总造价上看，钻孔灌注桩略高。

不同桩型工程投资对比表　　　　　　表6-4

分项	钻孔灌注桩（元）	预应力混凝土管桩（元）
旋挖成孔（土）	730	820
旋挖成孔（圆砾+岩）	860	970
旋挖成孔平均单价	795	895
钢筋混凝土	650	—
管桩自身+静压施工PHC800A130	—	421
管桩接头	—	20
水泥砂浆	—	56
闭口桩尖	—	15
总造价	1445	1407

2. 工期对比

单根桩施工时间对比如表6-5所示。

单根桩施工时间对比表　　　　　　表6-5

钻孔灌注桩		预应力混凝土管桩	
旋挖成孔	8h	旋挖成孔	8h
清孔	30min	灌注砂浆	20min
钢筋笼下放（9m一节）	10min	第一节压桩（单桩15m）	10min
钢筋笼焊接	25min	桩间机械连接	10min
剩余4节钢筋笼下放及焊接	115min	第二节压桩	15min
接、拆导管灌注混凝土	40min	桩间机械连接	10min
		第三节压桩	20min
总时间	11h40min	总时间	9h25min

根据仓前车辆段盖区桩基数量，总施工工期分析如下：

考虑工期较紧，在保证夜间施工的情况下，旋挖钻按1d成孔两根桩，静压桩基按1d施工300m考虑。初步考虑现场采用80台旋挖钻+20台管桩静压机。

考虑到普通钻孔灌注桩施工与旋挖植桩的管桩两种工艺，在成孔和成桩时均完全采用两套独立施工机具，因此，在完全保证混凝土供应及充足管桩供应的情况下，两者施工工期基本相同，影响总体工期的主要因素为投入旋挖钻的数量。理想状态下，估计打桩工期均为80d。

鉴于之前其他车辆段的施工情况，钻孔灌注桩进度主要受制于商品混凝土供应，往往成孔后12～24h才能浇筑成桩，导致整体工期推后10%～20%。

3. 综合分析

结合仓前车辆段项目，综合对比钻孔灌注桩与预应力混凝土管桩：

（1）地层适用性上，两种桩型都适用。

（2）成桩可靠度上，现浇钻孔灌注桩可靠度较高，管桩连接处有接头，需重点把控接头施工质量。

（3）施工机械上，钻孔灌注桩需采用旋挖钻机，预应力管桩需采用旋挖钻机及管桩静压机。

（4）工程投资上，预应力管桩略低。

（5）工期上，由于均需采用旋挖成孔的方式，单根管桩工期略短，但考虑到混凝土无法像管桩一样现场储存堆放，管桩有一定的工期优势。

六、总结

本节以杭州机场轨道快线仓前车辆基地为工程背景，针对钻孔灌注桩及预应力混凝土管桩进行桩基选型对比分析。总体而言，两种桩型均具有适应性，管桩在工程投资、工期上略有优势，然而在成桩质量上，现浇钻孔桩更为可靠。综合工程投资、施工工期等多方面因素，仓前车辆基地推荐采用钻孔灌注桩。

第六节
首层盖板防水及排水设计研究

一、概述

地铁车辆段和上部空间物业开发一般存在时间差，地铁车辆段先期通车使用，并为上盖物业开发预留实施条件。首层盖板是地铁车辆基地和上盖物业开发的实施分界，做好首层盖板的雨水排水设计，兼顾远期物业开发，确保盖板上、下两部分的功能不受影响十分必要。

仓前车辆基地盖板投影面积48.33万m^2，盖板面积较大，设置的结构变形缝数量多，首层盖板径流系数大，无下渗、滞蓄雨水的能力，降雨时雨水量大，对车辆基地周边的水体、市政管网的冲击很大，首层盖板雨水排水投资高。车辆段首层盖板的防排水、过渡期临时排水、上盖永久排水路径预留等已经是现阶段车辆段物业开发中比较棘手的问题。本节将对仓前车辆基地首层盖板防水及排水设计进行研究。

二、变形缝和排水沟设置原则

9m板主要漏水点在变形缝处，故应尽量减少结构变形缝设置，设计中应采取相应措施预防和减轻结构温度收缩带来的不利影响来延长设缝长度限值，具体措施如下：

（1）通过留设后浇带，把结构分成若干块，以减少施工过程中的收缩应力；

（2）楼板设置双向通长钢筋网，适当增大楼板配筋量，加强水平构件的抗温度变化及抗收缩能力；

（3）适当加大梁配筋，梁钢筋在构件截面周边均匀分布，通长配置；

（4）混凝土中通过掺加带有微膨胀性能的添加剂，以补偿结构的部分收缩；

（5）严格控制商品混凝土中的水泥含量及添加剂，合理控制粉煤灰掺量，减少混凝土硬化时的水化热；加强施工组织，切实做好养护工作等；

（6）结合具体结构单元长度，必要时可考虑采取设置预应力筋的对应措施。

排水沟为盖板主要排水措施，设于盖板四周，排水沟截面应满足盖板排水需求。

三、排水特点

首层盖板防排水设计的重难点：

（1）规模大，一般车辆段的盖板20万~30万m^2，停车场的规模也在10万m^2左右，仓前车辆基地的盖板面积达到了48.33万m^2，其中孤岛（四周均为结构缝围合的区域）面积达7.64万m^2。

（2）首层盖板下布置有密集的接触网，地面铺设有股道，雨水系统管道安装、检修有难度（图6-13）。

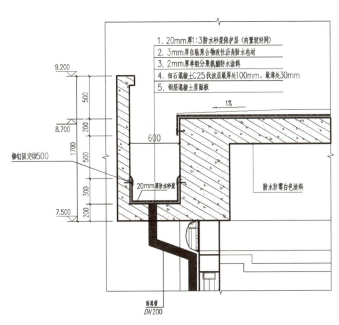

图6-13　首层盖板排水沟节点

（3）首层盖板是钢筋混凝土盖板，物业开发前作为车辆段建筑屋面，开发后作为上盖物业开发是小汽车停车库的室内地面。盖板雨水系统的设计要永临结合，过渡期的雨水系统在物业开发后能排除物业雨水，减少废弃工程量，降低物业开发的工程投资。

四、盖板雨水设计

1. 设计重现期和降雨历时的确定

首层盖板按屋面考虑，根据《建筑给水排水设计标准》GB 50015—2019表5.2.4，公共建筑屋面雨水设计重现期P不小于10年，盖板的雨水排水管道工程P取10年（孤岛区$P=50$年），设计降雨历时按$T=5\text{min}$，硬屋面径流系数$\psi=1$，按杭州市余杭区暴雨强度公式：

$$q=\frac{7039.735\times(1+0.497\log P)}{(T+22.764)^{0.89}}\text{L}/(\text{s}\cdot\text{hm}^2)$$

暴雨强度$q_{10}=547.116\text{L}/(\text{s}\cdot\text{hm}^2)$，$q_{50}=674.077\text{L}/(\text{s}\cdot\text{hm}^2)$，仓前车辆基地首层盖板的总排水量$Q=27.41\text{m}^3/\text{s}$。

暴雨量超过设计暴雨重现期，雨水管道系统来不及排除盖板雨水，发生溢流时还可利用盖板投影面四周道路和绿化带作为首层盖板溢流雨水排水通道。

车辆基地西侧有一条改移河道，长约1235.5m。距车辆基地围墙约11m处为7m宽的道路，除门卫外，无其他车辆基地功能性建筑。盖板东侧边缘毗邻改移村道，宽6m。首层盖板南、北侧和厂前区单体之间各有1条7m的车道。

由此可见，在不影响车辆基地停放、管理、检修功能的基础上，可合理降低盖板雨水排水设计重现期，按室外雨水排水设计重现期$P=3$年考虑（孤岛区$P=50$年），减少盖板过渡期雨水排水工程投资。

首层盖板在上盖物业实施前的过渡期间应设计临时排水措施，临时排水措施宜结合物业开发，永临结合，尽量减少废弃工程；盖板设置有若干结构缝，被结构缝划分成多个独立的排水区域，各区域均应设计雨水排水系统；上盖物业实施后，如需利用临时排水措施，应对其排水能力进行核算，对排水路径进行核实，废弃不用的排水管应拆掉，废弃的雨水口应封堵。

仓前车辆基地首层盖板分为42个汇水面，汇水面划分见图6-14。

图6-14 首层盖板汇水面划分

除25号汇水面面积为292m²外，1～42号汇水面面积为4947～18525m²，远超一般屋面汇水面积，首层盖板每个汇水面的降雨历时可通过测试确定，仓前车辆基地降雨历时T取10min。

首层盖板的总排水量$Q=20.32\text{m}^3/\text{s}$，设计雨水排水量按屋面计，减少25.87%。首层盖板汇水面积、雨水量计算和87型雨水斗布置数量详见表6-6。

首层盖板雨水计算表　　　　　　表6-6

编号	汇水面积（m²）	设计重现期（a）	降雨历时（min）	径流系数	雨水流量（L/s）	DN200 87型雨水斗（个）	单斗流量（L/s）
1	7483	3	10	1	291.97	10	29.20
2	4947	3	10	1	193.02	6	32.17
3	5918	3	10	1	230.91	6	38.49
4	13995	3	10	1	546.06	20	27.30
5	9984	3	10	1	389.56	11	35.42
6	18525	3	10	1	722.81	19	38.04
7	7259	3	10	1	283.23	7	40.46
8	10379	3	10	1	404.97	12	33.75
9	12324	3	10	1	480.86	11	44.71
10	11420	3	10	1	445.59	12	37.13
11	14509	3	10	1	566.12	14	45.48
12	12823	3	10	1	500.33	11	42.23
13	10570	50	10	1	645.59	13	49.66
14	7690	3	10	1	300.05	9	33.34
15	6851	3	10	1	267.31	8	33.41
16	5274	3	10	1	205.78	6	34.30
17	13575	3	10	1	529.67	14	37.83
18	12681	50	10	1	737.66	20	36.88
19	11675	50	10	1	679.14	20	33.96
20	11603	50	10	1	674.96	18	34.50
21	15584	3	10	1	608.06	16	38.00
22	12292	50	10	1	715.04	19	37.63
23	17169	50	10	1	998.73	25	39.95
24	12652	50	10	1	735.98	20	36.80
25	292	50	10	1	19.68	7	2.81
26	12623	50	10	1	734.29	20	36.71
27	15766	3	10	1	615.16	16	38.45
28	12840	3	10	1	500.99	12	41.75
29	11375	3	10	1	500.99	13	34.14
30	8946	3	10	1	349.06	10	34.91
31	12086	3	10	1	471.58	13	36.28
32	11356	3	10	1	443.09	12	36.92
33	10338	3	10	1	403.37	12	33.62
34	11061	3	10	1	431.58	11	39.24
35	16757	3	10	1	653.83	17	38.46
36	14121	3	10	1	550.98	14	39.36
37	11832	3	10	1	461.66	13	35.51

续表

编号	汇水面积（m²）	设计重现期（a）	降雨历时（min）	径流系数	雨水流量（L/s）	DN200 87型雨水斗（个）	单斗流量（L/s）
38	7505	3	10	1	292.83	8	36.60
39	13459	3	10	1	525.15	14	37.51
40	13013	3	10	1	507.75	16	31.73
41	13960	3	10	1	544.70	14	38.90
42	12706	3	10	1	495.77	12	41.31

2. 虹吸式雨水系统和重力流雨水系统

国内已建成的有盖地铁车辆基地盖板的排水，一般采用的是重力流雨水系统。杭州双浦车辆段、丰北停车场和仓前车辆基地首层盖板雨水采用重力流雨水系统排除。

虹吸式雨水系统和重力流雨水系统的比较详见表6-7。

虹吸式和重力流雨水系统对比表　　　　　　表6-7

虹吸式雨水系统		重力流雨水系统	
优点	缺点	优点	缺点
（1）排水能力强，及时有效排除雨水 （2）排水横管无坡度，节省安装空间，适用于大跨度屋面	（1）盖板上孔洞多，板下多处雨水管线交错，漏水 （2）管道安装在接触网和盖板之间的空间，运营检修不便 （3）物业开发后废弃工程量大 （4）盖下排水不及时，虹吸被破坏，影响排水能力	（1）重力流雨水系统造价低于虹吸式 （2）物业开发后，盖边排水沟、雨水斗可用于排除盖板上物业雨水	（1）排水效率低于虹吸式，布置更多的雨水斗和雨水立管，有业主反映盖边雨水管影响车辆基地美观 （2）雨水管道不跨越接触网

仓前车辆基地首层盖板过渡期排水采用重力流雨水系统，上盖物业正式雨水排水须与盖下车辆基地分开，单独设置，盖上雨水排水沿9m盖板直接排至盖外。

临边盖板，雨水设计排水量按50年暴雨重现期考虑，DN200口径87型雨水斗均匀布置在盖边排水沟内，通过DN200管道收集后，排入盖下排水沟或道路雨水管内，经盖下排水沟和道路雨水管汇至车辆基地周边的水体或市政雨水管。

孤岛的盖板，雨水设计排水量按50年暴雨重现期考虑，雨水斗布置在盖板上，盖板结构缝有300mm高翻边，盖板产生积水后，板面积水通过雨水斗和管道排至板下车辆基地的站场排水沟内，引至基地外水体或市政雨水管。

盖板大库上方的"孤岛"区域，考虑虹吸雨水，雨水设计排水量按50年暴雨重现期考虑，排至盖板下道路雨水管；虹吸雨水排水沟计算最小尺寸：

①宽度520mm，深度不小于350mm（有效水深250mm），坡度$I=0.003$。

②雨水斗在天沟内均匀布置，最大间距不宜大于20m。

该区域内虹吸排水如需利用，应保证虹吸形成的条件不被破坏，即应保证排水沟不被淤积，保证虹吸雨水斗不被堵塞。车辆基地通过合理的变形缝设置，避免了在库房上方出现"孤岛"区域。

五、盖板（含伸缩缝）防水设计

1. 盖板防水做法

仓前车辆基地占地面积73.74万m^2，盖板面积达48.33万m^2。盖板进行上盖物业开发，主要业态为住宅，9m板为后期物业停车层。9m板做法如下（从上至下）：

（1）70mm厚C20细石混凝土保护层，配$\phi 6$的HRB300级钢筋，双向间距150mm，钢筋网片绑扎（设分隔缝不大于6m×6m）；

（2）10mm厚低强度等级砂浆隔离层；

（3）2mm厚单组分聚氨酯防水涂料（Ⅰ型）；

（4）钢筋混凝土（抗渗）屋面板。

考虑到远期业态、投资成本及已建成同类项目实际经验，9m板漏水位置主要在变形缝处。因此，仓前车辆基地强化了变形缝的防水处理。

2. 变形缝防水做法

仓前车辆基地盖板规模巨大，结构设计时将盖板划分为42个区域（图6-15），各区域之间的变形缝成为下部车辆基地容易漏水的薄弱环节，防水处理尤为重要。

图6-15 首层盖板变形缝设置

针对变形缝的处理，有两种传统形式以供选择，下面对各个处理方式的优缺点进行分析。

（1）钢筋混凝土女儿墙式变形缝。女儿墙采用钢筋混凝土，外侧包裹附加防水卷材与屋面防水卷材相接，顶部加设变形缝装置。此种变形缝整体性好、防水效果好。但是后期物业开发时，施工车辆需要在9m板上行驶，需要拆除高出9m板的变形缝女儿墙，对盖板变形缝进行封堵处理。钢筋混凝土女儿墙在后期拆除时会对主体结构造成一定程度的破坏，影响防水效果。

（2）停车屋面式变形缝。不设女儿墙，变形缝装置埋入屋面做法内，完成后与屋面完成面平齐，便于开发时施工车辆在9m板上行驶，但是防水效果较女儿墙式差。并且施工杂物容易掉落进受损变形缝中，影响后期防水效果，引起下部漏水。

结合上述两种方案，及后期物业开发9m板停车库地面做法，选用女儿墙式变形缝，将女儿墙翻遍降低至350mm，100mm厚盖板面层+250mm厚泛水高度，满足规范最低要求。后期物业开发后，9m板停车库地面在变形缝处采用缓坡处理（图6-16）。

变形缝宽为100mm，变形缝处柱间距拉宽至300mm，拉开9m板上预留柱子间距，便于9m板变形缝施工，同时也预留变形缝处接水盒安装空间，方便施工。

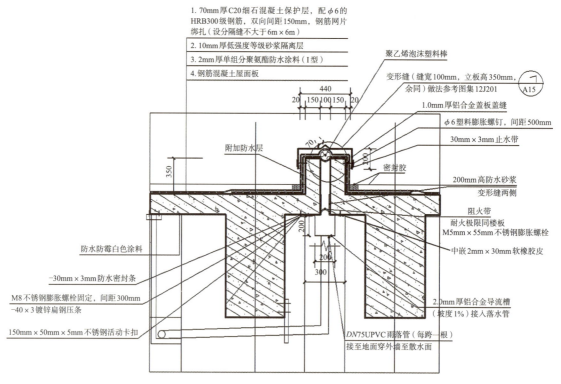

图6-16 首层盖板变形缝防水节点

六、总结

首层盖板是地铁车辆基地和上盖物业开发的实施分界，做好首层盖板的雨水排水设计，兼顾远期物业开发，确保盖板上、下两部分的功能不受影响是关键且必要的。

首层盖板规模大，采用重力流排水可以大大节省工程投资，但需要处理好孤岛区域的排水问题；首层盖板是钢筋混凝土盖板，物业开发前作为车辆段建筑屋面，开发后作为上盖物业开发小汽车停车库的室内地面，盖板雨水系统的设计要永临结合，过渡期的雨水系统在物业开发后能排除物业雨水，减少废弃工程量，降低物业开发的工程投资；考虑到远期业态、投资成本及已建成同类项目实际经验，9m板漏水位置主要在变形缝处，因此，仓前车辆基地强化了变形缝的防水处理。

第七章
工程安全性评价及风险控制

第一节
圆砾泥岩复合地层超深埋盾构下穿紫金港隧道风险控制研究

一、引言

杭州机场轨道快线将工程技术安全风险分为自身风险和环境风险，分述如下：

（1）自身风险工程指因工程自身特点和地形地貌或地质条件复杂导致工程实施难度大、安全风险高的工程。如软土地层中的深大基坑施工、软土地层中的大断面暗挖通道、土-岩复合地层盾构掘进、承压水地层中的矿山法联络通道。

（2）环境风险工程指因工程周边环境条件复杂，地铁工程施工可能导致其正常使用功能或结构安全受到影响的工程。周边环境主要指工程实施毗邻区域内的建筑物和构筑物（含地下管线、桥梁、隧道、道路、轨道交通设施等），如盾构下穿萧山国际机场停机坪和高铁路基段、运营隧道上方超大卸荷比基坑施工和邻近深基坑的浅基础建筑物保护等。

《城市轨道交通地下工程建设风险管理规范》GB 50652—2011中，根据城市轨道交通地下工程建设风险发生的概率和损失等级，将工程风险等级分为五级，建立风险分级矩阵，如表7-1所示。

风险等级标准　　　　　　　　　　　　　　　　　　　　　　　　　表7-1

损失等级	A 灾难性的	B 很严重的	C 严重的	D 较大的	E 可忽略的
1 频繁的	Ⅰ级	Ⅰ级	Ⅱ级	Ⅱ级	Ⅲ级
2 可能的	Ⅰ级	Ⅱ级	Ⅱ级	Ⅲ级	Ⅲ级
3 偶尔的	Ⅰ级	Ⅱ级	Ⅲ级	Ⅲ级	Ⅳ级
4 罕见的	Ⅱ级	Ⅲ级	Ⅲ级	Ⅳ级	Ⅳ级
5 不可能的	Ⅲ级	Ⅲ级	Ⅳ级	Ⅳ级	Ⅳ级

根据《城市轨道交通地下工程建设风险管理规范》GB 50652—2011，城市轨道交通建设不同等级风险应采用不同的风险控制处置措施，各等级风险的接受准则及控制对策宜参照表7-2。

风险接受准则表　　　　　　　　　　　　　　　　　　　　　　　　表7-2

等级	接受准则	处置对策	控制方案	应对部门
Ⅰ级	不可接受	必须高度重视，并采取措施规避，否则必须将风险降低至可接受的水平	需制定控制、预警措施，或进行方案修正与调整	政府部门及工程建设参与各方
Ⅱ级	不愿接受	必须加强监测，采取风险处理措施降低风险等级，且降低风险的成本不应高于风险发生后的损失	需防范、监控措施	

续表

等级	接受准则	处置对策	控制方案	应对部门
Ⅲ级	可接受	不需采取特殊风险处理措施，但需采取一般设计及施工措施，并注意监测	加强日常管理和审视	工程建设参与各方
Ⅳ级	可忽略	无须采取风险处理措施，实施常规监测	日常管理和审视	

1. 工程自身风险分级标准

杭州机场轨道快线工程自身风险源根据工程特点分为Ⅰ级、Ⅱ级、Ⅲ级、Ⅳ级，分级原则如表7-3所示。

自身风险等级分类　　　　　　　　　　　　　　　　表7-3

风险等级	施工方法	工程自身风险	级别说明
Ⅰ级	明挖法、盖挖法	深度超过25m（含25m）的深基坑	—
	矿山法	净跨超过15.5m的区间	—
	盾构法	较长范围处于非常接近状态的并行或交叠盾构隧道	—
Ⅱ级	明挖法、盖挖法	深度为15～25m（含15m）的深基坑	（1）见表注1、2、3 （2）对基坑平面复杂、偏压基坑等，风险等级可上调一级
	矿山法	断面跨度大于6m的矿山法工程	（1）见表注1、2、3 （2）对断面复杂、存在偏压、受力体系多次转换的暗挖工程，风险等级可上调一级
	盾构法	较长范围处于接近状态的并行或交叠盾构隧道	见表注1、2、3
		盾构区间的联络通道	—
		盾构始发到达区段	—
Ⅲ级	明挖法、盖挖法	深度为5～15m（含5m）的基坑	（1）见表注1、2、3 （2）对基坑平面复杂、偏压基坑等，风险等级可上调一级
	矿山法	一般断面矿山法工程	（1）见表注1、2、3 （2）对断面复杂、存在偏压、受力体系多次转换的暗挖工程，风险等级可上调一级
	盾构法	较长范围处于较接近状态的并行或交叠盾构隧道	见表注1、2、3
		一般的盾构法区间	—
Ⅳ级	—	基坑深度小于5m，隧道建设无相互影响的工程	—

注：在自身风险工程基本分级的基础上，当遇到以下情况时可进行调整：
1. 当工程地质及水文地质条件复杂时，一般可上调一级；
2. 当新建地铁工程采用与工程施工安全有关的新技术、新工艺、新设备、新工法施工时，根据具体情况结合相关工程经验进行调整；
3. 根据新建地铁工程风险因素的识别和深入分析，可结合具体工程调整。

2. 工程环境风险分级标准

杭州机场轨道快线工程环境风险源根据工程特点和周边环境特点分为Ⅰ级、Ⅱ级、Ⅲ级、Ⅳ级，分级原则如下：

工程环境影响的风险等级需根据城市轨道交通地下结构与工程影响区范围内环境设施的重要性、

位置关系、地下结构类型与施工方法等因素划分。

位于城市轨道交通地下工程影响区范围内的环境设施，按其重要性可划分为两类：重要设施和一般设施。环境设施重要性分类见表7-4。

环境设施重要性分类 表7-4

环境设施类别	环境设施重要性类别	
	重要设施	一般设施
轨道交通	既有城市轨道交通线路和铁路	—
既有地面建（构）筑物	省市级以上的保护古建筑，高度超过15层（含）的建筑，年代久远、基础条件较差的重点保护的建筑物，重要的烟囱、水塔、油库、加油站、汽罐、高压线铁塔等	15层以下的一般建筑物，一般厂房、车库等构筑物
既有地下构筑物	地下道路和交通隧道、地下商业街及重要人防工程等	地下人行过街通道等
既有市政桥梁	高架桥、立交桥的主桥等	匝道桥、人行天桥等
既有市政管线	雨污水干管、中压以上的煤气管、直径较大的自来水管、中水管、军用光缆等，其他使用时间较长的铸铁管、承插式接口混凝土管	小直径雨污水管、低压煤气管、电信、通信、电力管（沟）等
市政道路	城市主干道、快速路等	城市次干道和支路等
水体（河、湖）	江、河、湖和海洋	一般水塘和小河沟
绿化、植物	受保护古树	其他树木

环境风险工程分级，综合环境设施的重要性分类（表7-4）和工程不同施工方法对周围环境设施接近程度特征，建立环境影响的风险等级，见表7-5。

城市轨道交通地下工程施工环境影响的风险等级 表7-5

风险等级	环境设施分类	相邻位置关系	说 明
Ⅰ级	接近重要设施	非常接近	（1）注意分析地下工程施工方法及穿越接近形式 （2）需考虑现场接近设施保护要求和特点进行具体分析 （3）风险评估可根据施工方法适当进行等级调整
Ⅱ级	接近重要设施	接近	
	一般设施	非常接近	
Ⅲ级	接近重要设施	较接近	
	一般设施	接近	
Ⅳ级	接近重要设施	不接近	
	一般设施	较接近	

在环境风险工程基本分级的基础上，当遇到以下情况时可进行调整：

（1）当工程地质及水文地质条件复杂时，一般可上调一级；

（2）新建轨道交通工程采用盾构施工时，一般可下调一级；

（3）当新建轨道交通工程采用与工程施工安全有关的新技术、新工艺、新设备、新工法施工时，根据具体情况结合相关工程经验进行调整；

（4）对保护标准要求高的古建、国家城市标志性建筑等提高一级；

（5）根据新建轨道交通工程风险因素的识别和深入分析，可结合具体工程调整。

新建轨道交通工程施工将对周边环境及其自身产生不良影响，此时的施工称为接近施工。根据新建轨道交通工程的施工方法确定接近程度。

根据施工工法，分别对明挖法、矿山法、盾构法进行接近度划分，见表7-6。

接近度划分　　　　　　　　表7-6

施工方法	非常接近	接近	较接近	不接近	说明
明挖法、盖挖法	<0.7H	0.7～1.0H	1.0～2.0H	>2.0H	H为地下工程开挖深度或埋深
矿山法（钻爆法、浅埋暗挖法）	<0.5B	0.5～1.5B	1.5～2.5B	>2.5B	B为矿山法隧道毛洞宽度，当隧道采用爆破法施工时，需研究爆破振动的影响
盾构法、顶管法	<0.3D	0.3～0.7D	0.7～1.0D	>1.0D	D为隧道的外径

3. 风险统计及评价

杭州机场轨道快线工程沿线地质条件复杂，经过城市繁华区域，线路穿越的既有地铁区间、市政道路桥梁、铁路线、大量建筑物及河流水系等风险源，给地铁设计和施工带来一定困难（表7-7）。

杭州机场轨道快线全线初始风险统计表　　　　　　　　表7-7

初始风险等级		Ⅰ级	Ⅱ级	Ⅲ级
车站	自身风险数量	21	27	22
	环境风险数量	11	49	28
区间	自身风险数量	0	60	8
	环境风险数量	9	102	19
合计		41	238	77

针对杭州机场轨道快线工程中的工程风险，设计各阶段进行了识别、分析和评价。工程自身风险应重点考虑深厚软土及暗浜、暗塘等不利地质条件及软弱地层的超深基坑工程等。工程环境风险中初始Ⅰ级风险源有：西湖文化广场站单层换乘厅上跨既有1号线区间，盾构区间下穿既有1号线、2号线、3号线、4号线以及5号线、6号线、7号线地铁区间，盾构区间下穿宣杭铁路、高铁路基，盾构区间下穿京杭运河及桥梁、绕城高速及高速路，下穿萧山国际机场等。

以上工程风险，采取针对性的工程措施后，风险等级均降为Ⅲ级，总体风险均在可控范围。

二、概述

随着城市现代化进程加快、城市轨道交通快速发展，在很多大型城市地铁建设中，不可避免地出现盾构隧道穿越各种建（构）筑物的情况。盾构隧道施工对地面及周边建（构）筑物影响有了大量的工程案例，但在不同工程水文地质、隧道外径、隧道埋深、建（构）筑物基础形式、隧道穿越形式、隧道与建（构）筑物净距、盾构机选型等情况下，盾构隧道施工对建（构）筑物的影响也各不相同，若不能正确地控制盾构掘进施工过程中的各种参数，将影响既有建（构）筑物的正常使用与安全。

杭州机场轨道快线西溪湿地北站～五联站区间隧道从西溪湿地北站出发后，以800m曲线半径下穿紫金港路隧道及其他建筑物，最后到达五联站。西溪湿地北站～五联站全长2750m，采用盾构法施工，纵坡采用"V"字坡，最大坡度28‰（图7-1、图7-2）。

图 7-1　区间隧道平面图

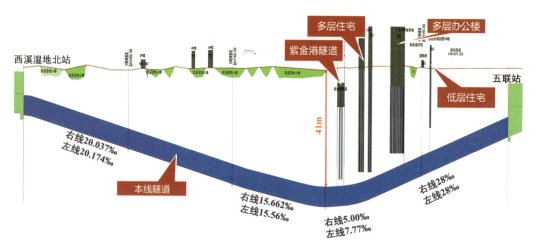

图 7-2　区间隧道断面图

由西溪湿地北站～五联站区间钻孔揭示，地表至联络通道底部土层自上到下依次为：①杂填土、$④_1$淤泥质黏土、$④_2$淤泥质粉质黏土、$⑥_1$淤泥质黏土、$⑦_1$黏土、$⑧_1$黏土、$⑨_1$粉质黏土、$⑩_1$粉质黏土、$⑩_2$粉质黏土夹粉砂、$⑫_1$粉细砂、$⑫_2$含砾中砂、$⑫_4$圆砾、$⑬_2$粉质黏土、$⑭_1$粉细砂、$⑭_4$圆砾、$⑳_{1b}$强风化泥质粉砂岩、$⑳_{1c}$中风化泥质粉砂岩（图7-3）。

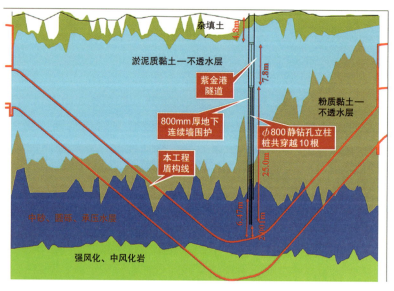

图 7-3　地质剖面图

本区间下穿紫金港隧道，环境初始风险等级均为Ⅱ级，需采取相应控制措施，降低风险等级至可接受范围。本节以杭州机场轨道快线西溪湿地北站～五联站区间斜交下穿紫金港隧道为依托，根据现场盾构隧道掘进要点，结合三维有限元数值分析方法，研究圆砾泥岩复合地层中，超深埋盾构隧道施工对既有市政公路隧道的影响及其控制措施。

三、紫金港隧道简介

1. 紫金港隧道概况

紫金港路南隧道（紫金港路立交—紫之隧道入口）北起紫金港立交，下穿文二西路、文三西路后抬升至地面，连接紫之隧道，隧道设计里程为K1+700（南端U形槽起点）～K2+820（隧道北段U形槽起点），全长1120m，其中两端U形槽共长340m。隧道西侧为西溪湿地生态保护区，东侧为住宅（图7-4）。

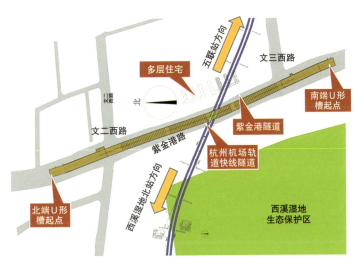

图7-4　紫金港路南隧道位置图

紫金港路南隧道结构净宽28.8m，分两个腔，结构净高为5.8m，结构底埋深为1.5～13.6m，双向六车道。结构顶、底板厚度为1200mm，侧墙厚度为900mm，中隔墙厚度为600mm，紫金港路南隧道围护为800mm厚地下连续墙，中间布置ϕ800立柱桩（局部兼作抗拔桩），桩长为25m。

污水泵房处结构为6400mm×4700mm，此处顶底板为700mm，结构侧墙700mm，泵房下沉1700mm（图7-5）。

2. 本区间盾构与紫金港隧道关系

平面：杭州机场轨道快线盾构区间与紫金港隧道约46°相交，叠交长度为44～47m。紫金港路南隧道净宽28.8m，分两个腔，双向六车道。杭州机场轨道快线盾构隧道平面位于直线段。3号联络通道兼泵站距离"紫金港路南隧道"为41.0m。

剖面：杭州机场轨道快线盾构区间下穿紫金港路南隧道800mm厚地下连续墙围护，盾构隧道与地墙最小净距约6.47m；下穿紫金港路南隧道主体，盾构与紫金港路南隧道主体最小净距约27.0m；下穿紫金港路南隧道D800静钻孔立柱桩10根，盾构与紫金港路南隧道桩基最小净距约2.001m（图7-6）。

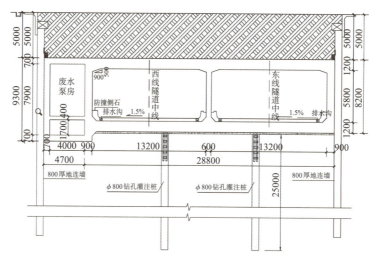

图7-5 紫金港路南隧道结构剖面图

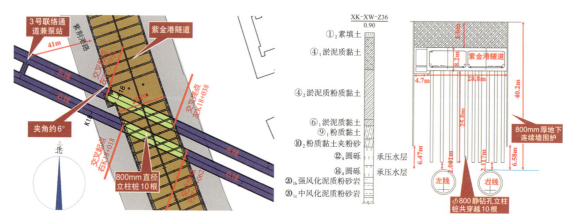

图7-6 杭州机场轨道快线与紫金港路南隧道平剖面关系图

四、三维数值模拟分析

1.模型建立

采用有限元软件Midas GTS进行建模分析。模型中,岩土体采用实体单元模拟,基坑围护结构采用板单元模拟,内支撑及格构柱采用梁单元模拟。岩土体本构模型采用修正摩尔-库伦(Modified Mohr-Coulomb)模型进行模拟,其余采用弹性模型。

为消除模型边界效应影响,并考虑计算效率问题,根据工程经验和理论分析,取模型大小为200m(长)×150m(宽)×70m(高)。考虑到基坑开挖的影响范围,基坑周边范围内网格尽量划分较密,网格剖分时考虑了不同岩土的特性、围护桩等介质的不同处理方法(图7-7)。

采用一个标准段建模,紫金港路南隧道采用800mm厚地下连续墙,内部结构为净宽28.8m、净高5.8m的双洞结构,桩基为φ800mm、长25m。盾构隧道采用外径6.9m、内径6.1m、壁厚400mm的管片,按照直线进行建模模拟。主要模拟步骤如下:

(1)工序一,建立模型,进行开挖前土体初始应力场计算,将重力引起的位移归零,只保留初始应力;

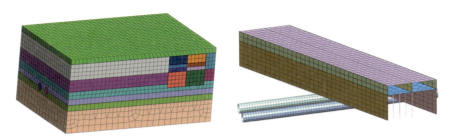

图7-7 紫金港路南隧道及杭州机场轨道快线盾构模型与网格划分图

（2）工序二，模拟紫金港路南隧道围护和结构施工，位移清零；
（3）工序三，模拟杭州机场轨道快线盾构隧道左线掘进及管片拼装；
（4）工序四，模拟杭州机场轨道快线盾构隧道右线掘进及管片拼装。

2. 变形数据分析

（1）紫金港路南隧道水平位移分析结果如图7-8～图7-11所示。

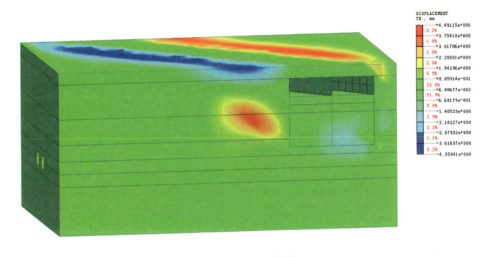

图7-8 整体水平位移

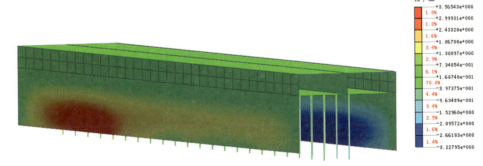

图7-9 紫金港路南隧道地下连续墙、桩基及结构水平位移

从以上结果图可知，工序四杭州机场轨道快线盾构隧道右线掘进及管片拼装引起的地表最大水平位移为4.50mm，地下连续墙最大水平位移为3.57mm，结构最大水平位移为0.14mm，桩基最大水平位移为1.45mm。

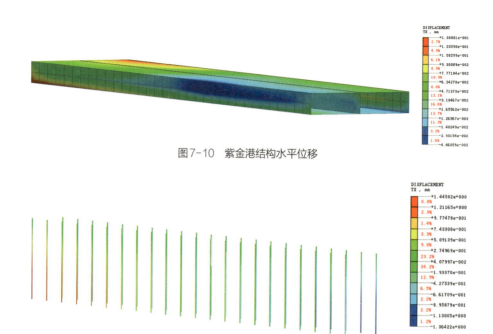

图7-10 紫金港结构水平位移

图7-11 紫金港桩基水平位移

（2）紫金港路南隧道竖向位移分析结果如图7-12～图7-15所示。

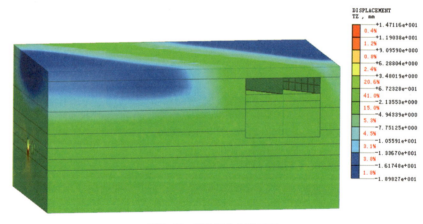

图7-12 整体竖向位移云图

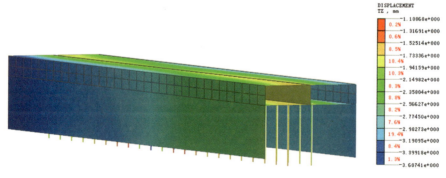

图7-13 紫金港路南隧道地下连续墙、桩基及结构竖向位移

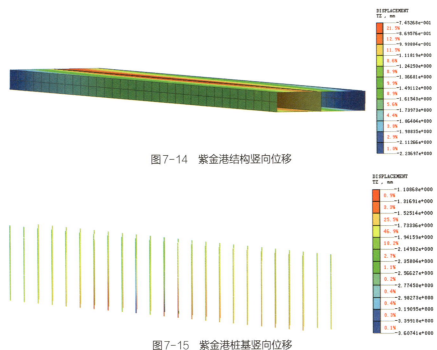

图7-14 紫金港结构竖向位移

图7-15 紫金港桩基竖向位移

从以上结果图可知,工序四杭州机场轨道快线盾构隧道左线掘进及管片拼装引起的地表最大竖向位移为-18.98mm,地下连续墙最大竖向位移为-3.48mm,结构最大竖向位移为-2.24mm,桩基最大竖向位移为-3.61mm。

(3)盾构隧道水平位移分析结果如图7-16所示。

图7-16 杭州机场轨道快线盾构隧道左线、右线水平位移

从以上结果图可知,工序四杭州机场轨道快线盾构隧道右线掘进及管片拼装引起的隧道自身最大水平位移为4.40mm。

(4)盾构隧道竖向位移分析结果如图7-17所示。

图7-17 杭州机场轨道快线盾构隧道左线、右线竖向位移

从以上结果图可知，工序四杭州机场轨道快线盾构隧道左线掘进及管片拼装引起的隧道自身位移范围为6.99mm。

各工况变形分析结果如表7-8所示。

各工况变形分析结果（mm） 表7-8

工序	盾构隧道		紫金港路南隧道					
			地下连续墙		结构		桩基	
	水平位移	竖向位移	水平位移	竖向位移	水平位移	竖向位移	水平位移	竖向位移
工序三	3.75	6.36	3.23	−3.21	0.11	−1.90	1.40	−3.00
工序四	4.40	6.99	3.57	−3.48	0.14	−2.24	1.45	−3.61

五、超深埋隧道管片防水设计

本段区间隧道顶部最大埋深约41m，属于超深埋区间，管片结构受力及接缝防水可靠性也直接影响紫金港隧道安全。经计算，采用钢纤维混凝土管片，接头螺栓直径加大，保障结构受力，详见钢纤维混凝土管片试验章节，以下对超深埋区间管片接缝防水设计进行讨论。

1.隧道防水规范要求

《地铁设计规范》GB 50157—2013第12.8.5条要求："管片接缝密封垫应能被完全压入密封垫沟槽内，密封垫沟槽的截面积应为密封垫截面积的1倍～1.15倍。"

第12.8.6条要求："管片接缝密封垫应满足在计算的接缝最大张开量和估算的错位量下、埋深水头的3倍水压下不渗漏的技术要求；选用的接缝密封垫应进行一字缝或T字缝耐水压检测。"

2.管片防水设计

（1）杭州地区常规采用3316G型防水密封垫，经试验确定在接缝张开量为6mm、错缝10mm时能长期抵抗0.95MPa的水压。最多适用于35m埋深（图7-18）。

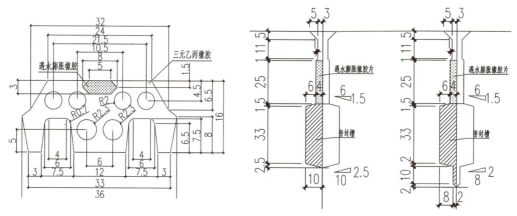

图7-18 3316G型防水密封垫大样图

（2）3316G型防水密封垫面积为$A_0 = 327\text{mm}^2$。

环缝密封槽面积$A_1 = 353\text{mm}^2 = 1.08A_0$，满足$A = 1 \sim 1.15A_0$；

纵缝密封槽面积$A_2 = 374.5\text{mm}^2 = 1.14A_0$，满足$A = 1 \sim 1.15A_0$。

(3)由于本区间在穿越紫金港隧道处埋深已达41m,故需增强防水设计。

(4)经试验确定采用4422A型防水密封垫,在接缝张开量为6mm、错缝10mm时能长期抵抗1.5MPa的水压,满足本区间隧道最大埋深41m的防水要求(图7-19)。

(5)4422A型防水密封垫面积为$A_0 = 563 \text{mm}^2$;

环缝密封槽面积$A_1 = 563 \text{mm}^2 = 1.00 A_0$,满足$A = 1 \sim 1.15 A_0$;

纵缝密封槽面积$A_2 = 593.5 \text{mm}^2 = 1.05 A_0$,满足$A = 1 \sim 1.15 A_0$。

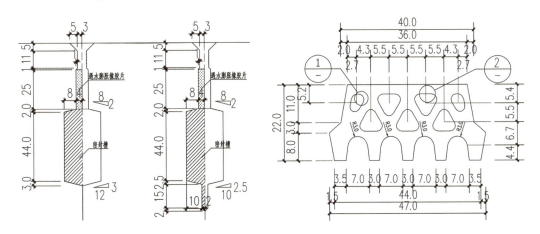

图7-19 4422A型防水密封垫大样图

六、施工风险控制措施

1. 盾构隧道穿越条件

杭州机场轨道快线西溪湿地北站～五联站区间线路上无法避开紫金港隧道,考虑到既有紫金港隧道的运营安全,杭州机场轨道快线盾构隧道从紫金港隧道桩基(ϕ800mm桩基10根)下方斜穿过。

盾构隧道距离桩基底最近为2.0m,距离结构底27.0m,距离地面(隧道顶埋深)40.2m。盾构隧道穿越地层为⑭₄圆砾、㉑₁ᵦ强风化泥质粉砂岩、㉑₁c中风化泥质粉砂岩复合地层,属于上软下硬地层,且⑭₄圆砾层为承压水层,水压较大、水量丰富。

2. 盾构机选型加强措施

(1)权衡地质条件、造价、安全可靠等因素,采用双螺旋土压平衡盾构机。

(2)采用复合式刀盘,配备中心滚刀、正面撕裂刀、正面滚刀、边缘滚刀、切刀、边缘刮刀等多种刀具,能在淤泥、黏土、粉砂、圆砾、泥岩等多种地质条件中掘进。

(3)盾构设置3道盾尾刷,最外一道采用弯板设计,高弹性钢片材质。结合盾尾刷选用优质盾尾油脂,能抵抗超大水压。

(4)螺旋输送机闸门设置断电自动关闭功能,防止喷涌。

3. 盾构机掘进模式及参数

(1)针对穿越位置上软下硬且地下水丰富、水压很大的土层,采用气压辅助模式掘进。土仓内注入高压气体,土仓在位控制在1/2仓,利用气压平衡地下水,减少仓内水汇集。

(2)管片拼装期间,采用改良膨润土对掌子面进行改良,避免高压气损失。

（3）根据隧道埋深，土仓压力设置为3.9～4.1bar，总推力为3000～3600t。

（4）后注浆量按照理论注浆量的150%注浆。

（5）盾尾12环处采用二次注浆，少量多次注浆补充土体损失。

七、既有隧道监测情况

1. 盾构隧道掘进施工情况

2021年7月18日左线开始穿越掘进，至2021年7月20日掘进完成。

2021年7月21日右线开始穿越掘进，至2021年7月23日掘进完成。

2. 紫金港隧道沉降监测点位布设

紫金港隧道内两侧主体结构侧墙上布置2排沉降监测点，每5m布置一个监测点，具体布置如图7-20所示。

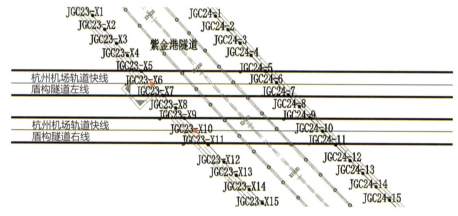

图7-20 紫金港隧道结构布点情况

3. 现场实际的沉降监测情况

具体如图7-21、图7-22所示。

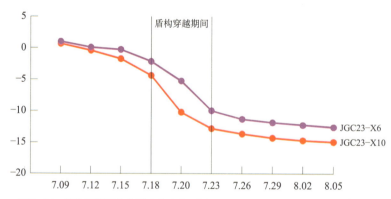

图7-21 紫金港隧道左右线中心点位JGC23-X6及JGC23-X10沉降时程图

4. 监测结果

（1）盾构隧道正下穿前，建（构）筑物已开始沉降，盾构隧道穿越时建筑物沉降速率变大，盾构隧道穿越后沉降速率逐渐变小，直至稳定。

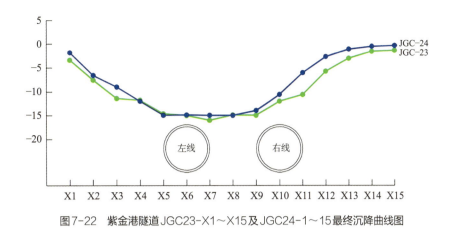

图7-22 紫金港隧道JGC23-X1~X15及JGC24-1~15最终沉降曲线图

（2）垂直于隧道横断面沉降呈V形沉降槽分布，在隧道中心线附近沉降值最大，往两侧影响越来越小，影响范围约20m。且盾构隧道先掘进侧对建（构）筑物沉降影响稍大。

（3）盾构先穿越侧紫金港隧道最终沉降较后穿越侧大，紫金港隧道整体向先推进侧发生微量扭转。

八、小结

（1）对于圆砾泥岩复合地层，土压平衡盾构机配备复合刀盘、滚刀、撕裂刀等刀具后，能较好地适应淤泥、黏土、粉砂、圆砾、泥岩等多种地质条件。对于该类上软下硬且地下水丰富、水头高度极大的地层，采用气压辅助模式掘进。掘进过程中，土仓压力与水头压力基本保持一致。

（2）本区间隧道顶部最大埋深41m，盾构设置3道盾尾刷，最外一道采用弯板设计，高弹性钢片材质。选用优质盾尾油脂，能抵抗超大水头高度，盾构掘进安全。

（3）通过本工程实践以及施工参数控制，盾构下穿明挖暗埋框架结构，引起既有构筑物的沉降变形可控，成功将隧道掘进自身风险等级和紫金港隧道环境风险等级降低至Ⅲ级。

（4）对于超深埋区间，对防水密封垫进行针对性设计，使管片接头防水满足规范要求。

第二节
三线盾构穿越萧山国际机场安全性评价及风险控制

一、引言

本节以杭州地铁1号线、7号线及杭州机场轨道快线三线盾构隧道穿越萧山国际机场为实例，研究分析盾构隧道穿越萧山国际机场的主要风险点及采取的风险控制措施，并以实际穿越效果及监测数据加以验证，供后续类似工程的设计及施工借鉴。

二、工程概况

1. 场地环境、工程及水文地质

机场内主要设施有航站楼、东西联络隧道、特种车辆隧道、跑道体系、滑行道体系及各类管线。机场跑道体系包括跑道、道肩、跑道端安全区、净空道、停止道、防吹坪、升降带。滑行道系统把分散在机场各处的各个功能单元，如跑道、旅客航站楼、货物航站楼、飞机停放和服务维修与供应区连成一体，主要有平行滑行道、快速出口滑行道、停机坪滑行道、出入机位的滑行道等（图7-23、图7-24）。管线主要有航油、通信以及各种市政管道。

图7-23　停机坪现状

图7-24　滑行道现状

场地属钱塘江冲海积沉积平原，场区第四系覆盖层约90.0m，基底岩性为白垩系下统（K1c）紫红色泥质粉砂岩、砂砾岩，属极软岩，厚度为200～600m。

场区一般均分布有厚度1～3m的人工填土；浅部为厚15～25m的冲海相砂质粉土及粉砂，中部为厚15～20m的高压缩性流塑状淤泥质粉质黏土以及厚5～15m的软塑状粉质黏土，局部夹粉砂，下部为性能较好的粉砂、圆砾。

淤泥质土中富含的有机质在还原环境条件下会生成沼气，因此浅层沼气主要分布于淤泥质土的上覆、下伏的粉性土或砂土中，本场地③$_{7-1}$砂质粉土夹淤泥质粉质黏土、③$_{7-3}$粉砂夹淤泥质粉质黏土层、⑥$_{1-1}$层淤泥质粉质黏土、⑥$_{1-2}$层淤泥质粉质黏土、⑥$_2$层淤泥质粉质黏土夹粉砂为产气层，同时以上土层中粉土、粉砂层为储气层。

根据地下水的含水介质、赋存条件、水理性质和水力特征，勘探揭露范围内场地地下水类型主要是第四纪松散岩类孔隙潜水和孔隙承压水，分述如下：

（1）孔隙潜水

拟建场地浅层地下水属孔隙潜水，主要赋存于表层填土，③层砂质粉土、粉砂，⑥大层淤泥质土中，由大气降水径流补给以及湖水的侧向补给，潜水水量较大，地下水位随季节变化。详勘期间测得的水位一般为0.70～3.50m，相应高程为2.21～5.51m，根据区域水文地质资料，浅层地下水水位年变幅为1.0～2.0m。

（2）孔隙承压水

拟建区间承压水主要赋存于⑧夹粉砂、⑫$_1$粉砂、⑫$_4$圆砾层中，其中⑧夹粉砂层局部呈透镜体分布，具微承压性，其余部分与⑫₁粉砂、⑫₄圆砾层连通；⑫₁粉砂、⑫₄圆砾中承压水水量丰富，隔水层为上部的粉质黏土层（⑥、⑧层），承压水主要接受古河槽侧向径流补给，侧向径流排泄，受大气降水垂直渗入等的影响较小，根据详勘区间风井处承压水观测水头观测成果，⑫₁粉砂、⑫₄圆砾层承压水水位高程2.20m（埋深3.20m），承压水水头存在周期性上下浮动变化。

2. 三线盾构隧道概况

（1）地铁1号线隧道

地铁1号线向阳路站～萧山国际机场站区间出萧山国际机场站后下穿航站楼、停机坪及东西联络隧道，之后下穿顺丰枢纽分拣中心仓储大楼，然后向北下穿机场滑行道，过滑行道后下穿红十五线转入振阳路接入向阳路站。向阳路站～萧山国际机场站区间为单圆盾构区间，全长为3274.08m，设置5个联络通道和1个区间风井，采用盾构管片外径6200mm，内径5500mm，管片宽1200mm，厚350mm，主要穿越土层为③₅粉砂、③₃砂质粉土、⑥₁淤泥质黏土、⑥₂₁粉土夹淤泥质粉质黏土、⑥₃淤泥质黏土，本工程穿越机场段单线长753m。

（2）地铁7号线隧道

地铁7号线萧山国际机场站～永盛路站区间出萧山国际机场站后下穿T3航站楼、停机坪、东西联络隧道，过顺丰枢纽中心后沿永盛路敷设，局部下穿农田，隧道止于永盛路站。全长3599.10m，设置5个联络通道，1个区间风井。盾构管片参数与地铁1号线隧道一致。主要穿越土层为③₆夹砂质粉土、③₆ₐ粉砂、③₇₋₁淤泥质粉质黏土夹砂质粉土、③₇₋₃粉砂夹淤泥质粉质黏土、③₈砂质粉土夹粉砂、⑥₁₋₁淤泥质粉质黏土，本工程穿越机场段单线长744m。

（3）杭州机场轨道快线隧道

杭州机场轨道快线隧道萧山国际机场站～永盛路站区间出萧山国际机场站后即下穿T3航站楼、停机坪、特种车辆隧道，过顺丰枢纽中心后沿永盛路敷设，隧道止于永盛路站，与地铁7号线隧道呈双线平行关系。采用盾构管片外径6900mm，内径6100mm，管片宽1500mm，厚400mm。主要穿越土层为③₅砂质粉土、③₇砂质粉土夹淤泥质粉质黏土、⑥₁淤泥质粉质黏土，本工程穿越机场段单线长738m。

3. 盾构隧道与萧山国际机场航站楼、停机坪、东西联络隧道及特种车辆隧道的空间关系

地铁1号线隧道与航站楼桩基最小水平净距1.10m，与航站楼底板最小竖向净距6.27m，与停机坪最小竖向净距12.3m，与东西联络隧道最小竖向净距5.2m（图7-25、图7-26）。

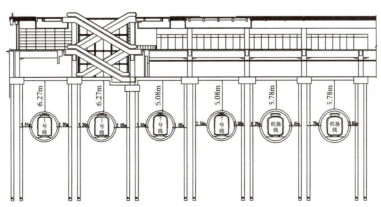

图7-25　三线侧穿航站楼群桩

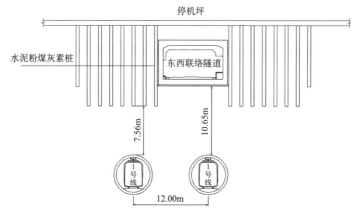

图 7-26　地铁 1 号线下穿机场东西联络隧道

地铁 7 号线隧道与航站楼桩基最小水平净距 1.11m，与航站楼底板最小竖向净距 6.13m，与停机坪最小竖向净距 11.40m，与东西联络隧道最小竖向净距 3.45m（图 7-27）。

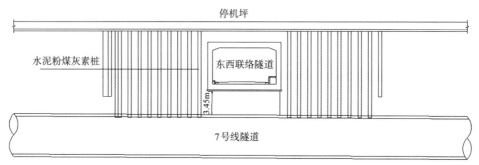

图 7-27　地铁 7 号线下穿机场东西联络隧道

杭州机场轨道快线隧道与航站楼桩基最小水平净距 0.8m，与航站楼底板最小竖向净距 5.77m，与停机坪最小竖向净距 14.19m，与特种车辆隧道最小竖向净距 9.63m，与特种车辆隧道抗拔桩最小竖向净距 3.56m（图 7-28、图 7-29）。

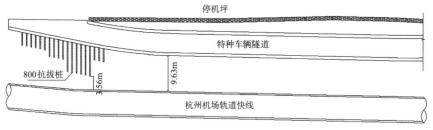

图 7-28　杭州机场轨道快线下穿机场特种车辆隧道

图 7-29　三线下穿机场停机坪、输油管

三、工程风险分析

1. 对应地勘资料缺失条件下盾构穿越萧山国际机场

由于在机场内的停机坪、滑行区中开展勘探工作对机场运营影响较大,最终未在机场内开展钻探作业,故机场范围内区间(734m长)勘察资料缺失。地勘资料作为设计及施工的依据,是地下工程的"眼睛",对于设计及施工有重要的指导意义。在该段区间无详勘钻孔的情况下,保障盾构掘进安全、使萧山国际机场范围内地表沉降在安全可控范围内,对设计、施工提出了新的挑战。

2. 盾构近距离侧穿航站楼群桩

地铁1号线、7号线及杭州机场轨道快线区间均近距离侧穿航站楼桩基,其中杭州机场轨道快线隧道侧穿桩基距离最小,净距为0.8m,盾构掘进会引起前方土体横向变形,产生对桩基的横向力,同时盾构通过桩基后会引起周围土体水平位移,产生对桩基的负摩阻力。航站楼桩基承受轴力较大,当侧向位移过大时,在明显的"挠曲二阶效应"下,桩端弯矩增大,影响桩基及航站楼结构底板承载力。

3. 含气土层中盾构穿越机场停机坪、滑行道

既有地勘资料揭露,本区间涉及沼气层,沼气主要分布于淤泥质土上覆、下伏的粉性土或砂土中,本场地 ③$_{7-1}$ 砂质粉土夹淤泥质粉质黏土、③$_{7-3}$ 粉砂夹淤泥质粉质黏土层、⑥$_{1-1}$ 层淤泥质粉质黏土、⑥$_{1-2}$ 层淤泥质粉质黏土、⑥$_2$ 层淤泥质粉质黏土夹粉砂为产气层,产气层以上的粉土、粉砂层为储气层。

盾构掘进过程中,若地下有害气体受外因作用而突发性释放,含气层的压力急剧下降,导致气-水界面向喷气口移动,快速的气流对土层产生强烈的冲刷作用,大范围地扰动含气土层,同时严重扰动上覆或下卧地层。随着强烈喷气的结束,土层产生急剧沉降,随后土体重新固结下沉。由于地下气体的分布是不均匀的,气压大小不等,地层承载力大小差异较大,故在气体释放过程中往往引起不均匀沉降,进而诱发隧道结构的严重变形,甚至管片断裂损坏。同时,当浅层沼气大面积涌出时,若盾构机内通风不畅会造成一定范围内聚积,由于沼气主要成分为甲烷和氮气,气体浓度过高时,会使空气中氧含量明显降低,使人窒息,当空气中甲烷达25%~30%时,可引起头痛、头晕、乏力、注意力不集中、呼吸和心跳加速、共济失调。若不及时脱离,可致窒息死亡。当浓度在5%~15%的爆炸极限范围内时,遇到明火,将发生剧烈的爆炸,严重危害人身安全。沼气地层中,保障盾构掘进及施工人员安全是重中之重,尤其是萧山国际机场范围内缺少勘察钻孔的情况下,安全形势尤为突出。

4. 盾构穿越机场飞行区安全要求

机场飞行区进行盾构穿越,存在的环境问题主要为道面变形过大导致飞机运营颠簸严重而危害飞行安全、道面和管线破坏。

(1)断裂破坏

道面面板内应力超过混凝土强度会产生横向或纵向以及板角的拉断和折断裂缝。荷载越大,道面板越薄,板所产生的弯拉应力就越大,当弯拉应力超过混凝土的极限抗弯强度时,混凝土板便产生断裂裂缝。断裂是混凝土面层结构破坏的临界状态。因此,必须严格限制地表变形,尤其是杜绝道面下部掏空现象。

（2）冒浆破坏

当地下穿越埋深不太深或注浆压力较大时，浆液通过薄弱层冒出地面，并引起道面开裂。如盾构法施工时，如果注浆压力过大，其将渗透到道面底部，从而将道面拱起并沿着薄弱面裂开冒浆，台北松山机场地铁盾构施工期间就由于地层中薄弱夹层的存在造成道面冒浆开裂。

（3）错台破坏

施工期间可能产生的错台主要为竖向错台，竖向是横向接缝两侧面层板端部出现的竖向相对位移。错台的出现，降低了运行的平稳性和舒适性，加速了轮胎和起落架的损坏，影响飞行安全。

（4）拱起破坏

当地下穿越时引起道面隆起过大，将造成拱起破坏，如盾构法推进时速度过快、推进力大于初始土压力，将造成上体隆起，从而导致混凝土拱起破坏。

5. 不停航施工安全风险

根据中国民用航空总局令第191号《民用机场运行安全管理规定》，国际民航公约附件14规定了净空障碍物限制面的要求，在飞行区实施地下穿越，对安全要求非常严格，安全控制要求主要有以下几方面：

（1）施工本身的安全问题

由于飞行区环境的特殊性，施工各工序发生安全事故不仅影响到工程进展，同时将对机场运营造成影响，因此施工工法必须能适应地层和线路的条件，施工安全可靠性高。

（2）机场跑道滑行道运营对平整度的安全要求

道面平整度和坡度不得超过容许值，道面底部不得出现掏空，不得因施工引起道面大的变形甚至破坏而影响机场运营。

（3）施工期间地面作业对机场运营安全的影响

跑道和滑行道运营期间对地面作业范围和高度有着严格的限制，避免施工机具和人员侵限。

6. 盾构下穿机场停机坪下方航空用油输油管

盾构穿越停机坪区域布置大量的管线，管线安全直接关系到机场的正常运营，主要管线有航油管线、上水管、雨污水管、电力电缆管线等。除部分新建机场管线采用共同沟方式埋设外，机场管线大部分采用直埋方式设置，管线埋深一般在地表3m以下范围内。其中航油管线由于管内油压大，对其保护要求特别严格，不均匀沉降需控制在1‰内。

7. 已运营的萧山国际机场站内盾构始发

（1）盾构始发自身风险

地铁1号线、地铁7号线及杭州机场轨道快线盾构均从萧山国际机场站东端头始发，始发端头地层为粉砂层，若始发端头加固效果不佳，在洞门破除过程中容易造成涌砂、涌水、坍塌事故。

（2）盾构始发对邻近线路已成型隧道的影响

因航站楼下穿条件限制，地铁1号线、地铁7号线及杭州机场轨道快线隧道与邻近线路隧道距离远小于本线左右线隧道净距，净距最小处为地铁1号线左线隧道与地铁7号线左线隧道，净距为3.344m（小于1倍洞径）。根据工筹，地铁7号线盾构先于本工程盾构始发，故本工程盾构始发可能对已成型地铁7号线隧道造成较大影响，由于始发地层为粉砂层，若后始发洞门出现涌砂、涌水、坍塌情况，将造成邻近线成型隧道的管片变形、错台等隧道病害，极端情况甚至造成成型隧道的管片破损、开裂及渗漏水。

综上，本区间下穿萧山国际机场自身与环境初始风险等级均为Ⅱ级，需采取相应控制措施，降低风险等级至可接受范围。

四、工程风险控制措施

1. 借鉴机场停机坪原地勘报告补全缺失地勘资料

因杭州萧山国际机场区域受停机坪、滑行区场地条件限制无法钻孔，引用了原机场在本区间线路邻近的既有勘察成果，共利用其勘探孔18个，引用自《杭州萧山国际机场二期项目机场场区东西联络隧道工程岩土工程勘察报告》（深圳市市政设计研究院有限公司 2010.04）、《杭州萧山国际机场二期二阶段国内航站楼工程岩土工程勘察报告》（机械工业勘察设计研究院 2009.10）。

根据既有勘察成果，拟建场区属于钱塘江冲海积平原，上部③层为钱塘江冲积成因，分布比较平稳；中部⑥层淤泥质粉质黏土为海水携带淤泥质土的海相沉积层，总体起伏变化分布平稳；中下部为海积的⑧层粉质黏土、粉砂层，同样为海水携带淤泥质土的海相沉积层，总体起伏变化分布平稳；下部为⑫层冲积粉砂、圆砾层，分布比较平稳。

该区域盾构主要在③$_6$粉砂层、③$_{7-3}$粉砂夹淤泥质粉质黏土、⑥$_{1-1}$淤泥质粉质黏土层中掘进。

2. 实测航站楼结构柱坐标以校核群桩坐标准确性

实测萧山国际机场T3航站楼结构柱坐标，与建（构）筑物调查报告进行数据比对，校核T3航站楼桩基坐标数据，经核实，实测坐标与建（构）筑物调查资料误差7mm，考虑测量误差等因素，实测坐标与调查报告基本一致。

3. 盾构穿越萧山国际机场三维计算分析

（1）模型概况

以杭州机场轨道快线盾构穿越萧山国际机场为例，采用FLAC3D软件，对盾构下穿航站楼、停机坪项目施工过程进行三维数值模拟分析。模型总长250m，宽100m，深度60m，模型单位总数459361，节点数140615（图7-30）。杭州机场轨道快线隧道外径6.9m，内径6.1m，为三线中盾构尺寸最大的隧道。

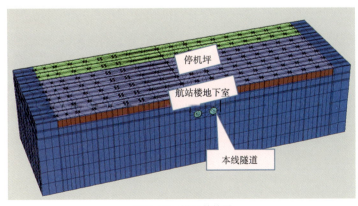

图7-30 模型整体图

（2）计算工况

计算工况分三种：

工况一：初始地应力；

工况二：机场地下结构完成；

工况三：杭州机场轨道快线隧道施工。

（3）计算结果，如图7-31～图7-35所示。

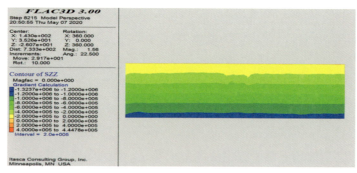

图7-31　初始应力云图（Pa）

图7-32　工况三机场结构沉降云图（m）

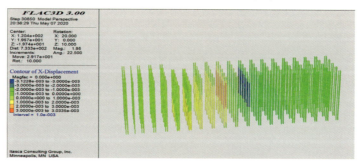

图7-33　工况三航站楼桩基水平位移云图（m）

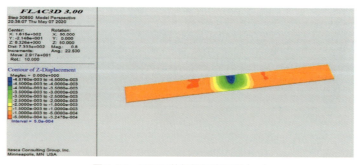

图7-34　工况三停机坪沉降云图（m）

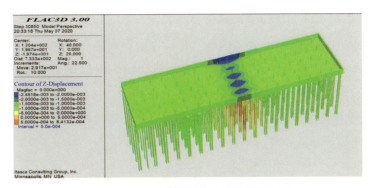

图7-35 工况三航站楼地下室沉降云图（m）

经计算，杭州机场轨道快线盾构施工对机场建（构）筑物产生一定影响，航站楼地下室下沉2.482mm，桩基水平位移3.123mm，停机坪下沉4.876mm。故杭州机场轨道快线盾构施工过程中引起机场结构变形整体较小，在控制值范围内，安全可控。

4. 盾构穿越停机坪（下方设输油管）、滑行道的变形控制措施

（1）盾构穿越停机坪、滑行道前应对盾构机的各项指标参数进行全面检查，保证一次性通过桩基影响区，避免在穿越过程中停机。

（2）随时调整盾构施工参数，减少盾构的超挖和欠挖，以改善盾构前方土体的塌落或挤密现象，降低地基土横向变形施加于桩基的横向力。

（3）加强同步注浆管理，减少盾构通过后隧道外的建筑空隙，减少隧道周围土体的水平位移及因此产生的桩基的负摩阻力。根据隧道的埋深情况及外界周围水土压力情况，同步注浆的注浆压力需进行适当调整变化，以满足浆液的均匀填充及施工安全要求；实际注浆量控制在理论建筑空隙的150%~200%，注浆量和注浆压力视压浆时的压力值和地层变形监测数据而定。

（4）根据机场自动化监测情况及时调整掘进参数，适当增加土仓压力，严格控制每一环出土量与理论计算量相符，严禁多出土，尽量减少对土体的扰动。出现隆起现象则是由于推力和土仓压力过大造成的，适当减小掘进参数。

（5）掘进过程中向土仓内注入泡沫剂、膨润土、TAC高分子材料等提高渣土的流动性和止水性。

5. 盾构穿越含气土层施工防爆措施

（1）采用人工便携式沼气检测仪和光干式沼气检测仪对作业区沼气易聚集处、盾构机电子元件聚集区域及回风流中沼气浓度进行检测，每工作班安排两名瓦检员连续平行检测，及时上报并做好存档记录。人工检测是对自动沼气检测系统的有效补充，采用两者相结合的监控方案以确保施工安全。

（2）根据浓度，当任一点红外甲烷传感器达到报警值，监测控制系统发出报警信号和关联设备的控制指令，可紧急关闭螺旋输送机闸门，停止盾构掘进。全体人员佩戴防毒面具，除盾构机操作人员及机电人员外其余人员全部撤离，检查隧道内是否有明火，并保持隧道通风，待沼气浓度下降至安全浓度不影响施工后方可继续施工。隧道照明灯具，固定式的采用防爆灯带灯具，移动式的必须使用矿灯。盾构机上的电缆接头做好保护，无接头连接不紧密现象，电气设备要定期检查是否存在安全隐患。

（3）根据相关规范要求，沼气隧道内回流风速不低于1m/s，隧道外设置高功率压入式轴流风机，通过通风管路持续提高新鲜空气置换隧道内污浊空气。

（4）由于盾构机主体内构造复杂，主风机风流在机身内存在较多盲区，不能使盾构机全部断面处于循环风中，因此在盾构机及后配套台车上共设置10个局部防爆风扇，加强盾构机、台车部分空气流通，防止沼气在死角部位聚集。

（5）为了缩短沼气在隧道中泄露的时间，同时减少沼气在单位时间内泄露量，减轻通风压力，将每环出土分两次在沼气浓度高的地段，对渣车及时用塑料布覆盖，减少沼气气体从渣土中溢出。同时在螺旋出土口位置设置通风管及离心风机进行沼气抽排，避免沼气气体在出土口位置聚集。

（6）根据出渣情况及时向开挖面注入优质的泡沫和高分子聚合物添加剂，对渣土进行改良，提高渣土的和易性及流塑性，降低渣土的透气性，从而改善土仓和螺旋输送器出土时的密封性。通过控制螺旋输送机出土速度和开口度，形成土塞，进一步提高螺旋输送机的密封性，减少沼气从螺旋输送机泄入隧道。使用高浓度的膨润土和泡沫混合使用技术，从土仓的上部和刀盘的泡沫孔注入泡沫，土仓的下部加注高浓度的膨润土，以增加渣土的和易性。

（7）有效的盾构盾尾密封可防止沼气从盾尾渗入隧道，如果盾尾密封失效，管片破损或止水条损坏等将会导致沼气由盾构尾部泄入，所以盾尾密封是否正常工作对施工进度和安全都有重大影响，必须切实保证盾尾内充满优质油脂并保持较高的压力，以防沼气通过盾尾进入隧道。

（8）每隔5环检查管片的超前量，推进时不急纠、不猛纠，多注意测量盾尾间隙，相对区域油压的变化量随出渣量和千斤顶行程逐渐变化，以减少盾构施工对地面的影响，在掘进过程中关键是要严格控制千斤顶的行程、油压，根据测量结果调整盾构机及管片的位置和姿态，按"勤纠偏、小纠偏"的原则，通过严格的计算合理选择和控制各千斤顶的行程量，从而使盾构和隧道轴线沿设计轴线在容许偏差范围内平缓推进。严格控制盾构机在掘进过程中的姿态，水平及垂直偏差不大于50mm。使盾尾间隙保持均匀，避免出现单侧盾尾间隙过大，从而导致盾尾密封失效、漏水、漏砂、沼气气体等进入盾壳内部。

（9）为了确保施工安全，防止紧急情况下螺旋机闸门由于被异物卡住或机械原因无法正常启闭，在螺旋机外加设一道闸门，与原有闸门组成双保险，一旦发生沼气泄入现象，立即关闭螺旋机闸门。

（10）严格控制管片拼装错缝、错台，避免管片碎裂现象，保证管片拼装质量，从而有效防止沼气从盾尾和管片接缝泄露。

五、施工监测数据分析及经验总结

1. 数据分析

结合国内类似工程及萧山国际机场运营要求，地铁1号线、7号线及杭州机场轨道快线穿越萧山国际机场盾构施工变形控制标准如下：

（1）盾构穿越停机坪：

1）地面沉降≤10mm；

2）5m间距的差异沉降≤5mm。

（2）盾构下穿航站楼：航站楼地下室沉降≤10mm。

(3)盾构下穿东西联络隧道、特种车辆隧道：

1)东西联络隧道沉降≤10mm；

2)特种车辆隧道沉降≤10mm。

待盾构完全穿越萧山国际机场范围后，取监测数据趋于稳定后的变形量累计值与控制标准进行比对，整理盾构穿越萧山国际机场停机坪及建（构）筑物变形量统计表，如表7-9～表7-11所示。

地铁1号线穿越萧山国际机场停机坪及建（构）筑物变形量统计表　　　表7-9

监测项目	停机坪（mm）	航站楼地下室（mm）	东西联络隧道（mm）	停机坪板块差异沉降（mm）
变形控制标准	±10.0	±10.0	±10.0	±5.0
变形量累计值	−7.2	−3.32	+5.82	+4.59

地铁7号线穿越萧山国际机场停机坪及建（构）筑物变形量统计表　　　表7-10

监测项目	停机坪（mm）	航站楼地下室（mm）	东西联络隧道（mm）	板块差异沉降（mm）
变形控制标准	±10.0	±10.0	±10.0	±5.0
变形量累计值	−9.01	−3.26	+3.75	+3.35

杭州机场轨道快线穿越萧山国际机场停机坪及建（构）筑物变形量统计表　　　表7-11

监测项目	停机坪沉降量（mm）	航站楼地下室沉降量（mm）	东西联络隧道沉降量（mm）	特种车辆隧道沉降量（mm）	停机坪板块差异沉降（mm）
变形控制标准	±10.0	±10.0	±10.0	±10.0	±5.0
变形量累计值	−6.39	−2.39	−6.30	−6.91	+4.20

说明："+"值表示上抬，"−"值表示下降。

通过盾构穿越萧山国际机场施工监测数据与变形控制标准比对分析，地铁1号线、7号线及杭州机场轨道快线盾构施工引起的停机坪、航站楼、东西联络隧道、特种车辆隧道及板块差异变形量均小于控制标准，三线穿越萧山国际机场盾构掘进安全可控，保证了萧山国际机场不停航运营。

2. 小结

根据施工监测数据分析可知，杭州地铁1号线、7号线及杭州机场轨道快线盾构区间穿越杭州萧山国际机场施工安全可控。盾构掘进期间杭州萧山国际机场航班运营正常，航站楼、停机坪、滑行道、东西联络隧道、特种车辆隧道等机场内设施变形在毫米级，已成型的地铁1号线、7号线及杭州机场轨道快线隧道管片拼装质量良好，破损率低，管片错台均小于5mm。成功将隧道掘进自身风险等级和杭州萧山国际机场环境风险等级降低至Ⅲ级。

（1）对于盾构穿越含有害气体土层但没法提前排气的工程，应做好以下几点：

①盾构机的防有害气体改造，建立自动化有害气体报警系统；

②应保证隧道及盾构机内部的空气流通，防止有害气体聚集；

③做好施工人员的安全教育工作，施工前做好相应应急预案；

④做好盾构掘进期间的渣土改良及盾尾油封，杜绝有害气体从盾前盾尾渗入。

（2）对于盾构穿越机场停机坪等对地层沉降极为敏感的类似工程，应做好以下几点：

①针对地层确定合适的盾构机配置，并在施工前全面检查盾构机，避免停机；

②控制盾构出土量、掘进速度等施工参数，不欠挖、超挖，严格控制地层沉降；

③加强同步注浆量、注浆压力及浆液配比的管理，保障注浆效果；

④提高渣土的流动性和止水性。

第三节
既有隧道上方超大卸荷比基坑工程关键技术研究

一、概述

随着城市的发展，在有限的地下空间资源中，上跨下穿既有轨道交通结构的需求越来越多，在灵敏度较高的软土地区，在既有运营地铁上方进行大面积卸载时，采用科学的施工时序和有效的分坑、合理的注浆范围及工艺是确保既有线安全的关键。本节对杭州机场轨道快线西湖文化广场站换乘大厅工程基坑开挖引起下卧隧道变形控制问题展开研究，通过三维数值模拟换乘厅在施工过程中对既有线变形的影响；结合现场情况及工序进行分坑设计，提出合理的加固范围、加固参数，选取合适的加固工艺，布置合理的监测范围和监测方案，可为类似工程控制施工风险提供参考经验。

二、工程简介

杭州机场轨道快线西湖文化广场站换乘大厅及通道为本线与1号线、3号线换乘节点，其中1号线、3号线车站，1号线叠落区间（既有线）沿中山北路南北方向布置，杭州机场轨道快线车站沿文晖路东西向布置。换乘大厅位于文晖路与中山北路路口，与杭州机场轨道快线车站相接；换乘通道沿中山北路南北向布置，连接换乘大厅与既有车站。

换乘大厅上跨既有线1号线区间，结构覆土约1.86m（局部约0.51m），1号线区间和3号线区间左线右线在换乘大厅区域均为上下叠交形式。换乘大厅基坑上跨1号线区域，基坑开挖深度约8.2m，距离1号线左线为1.66~2.7m，如图7-36、图7-37所示。3号线为后建设线路，待换乘厅施工完后穿越。换乘大厅及通道基坑底主要位于③$_4$砂质粉土层。地下水位于地面下1m。既有1号线叠落隧道处于④$_2$淤泥质粉质黏土、⑥$_1$淤泥质粉质黏土。地层参数详见表7-12。

换乘大厅基坑自身风险初始等级为Ⅱ级，环境初始风险等级为Ⅰ级，需采取相应控制措施，降低风险等级至可接受范围。

三、上跨既有线基坑设计

由于轨道交通运行要求严格，既有轨道交通对邻近施工要求也非常严格，《城市轨道交通结构安全保护技术规程》DB33/T 1139—2017中3.0.4条规定，轨道交通控制保护区内进行外部作业，应制

图 7-36　换乘大厅平面图

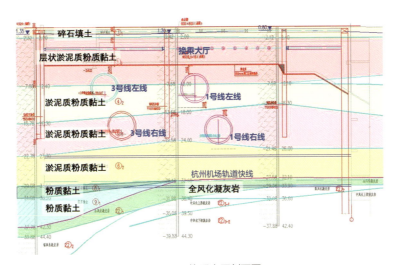

图 7-37　换乘大厅剖面图

地层参数表　　　　　　　　　　　　　　　表 7-12

层号	岩土名称	天然重度 γ (kN/m³)	垂直基床系数 K_v (MPa/m)	水平基床系数 K_x (MPa/m)	水平渗透系数 K_H (cm/s)	垂直渗透系数 K_V (cm/s)	凝聚力 c (kPa)	内摩擦角 ϕ (°)	静止侧压力系数 k_0
①₁	碎石填土	19	(12)	(10)	5×10^{-2}	4×10^{-2}	2	18	0.48
③₄	砂质粉土	17.8	8	10	7×10^{-5}	6.5×10^{-5}	4	18	0.47
④₁	淤泥质粉质黏土	17.1	5	5	3×10^{-6}	2×10^{-6}	13	10	0.58
④₂	淤泥质粉质黏土	17.2	5.5	5	2.5×10^{-6}	2×10^{-6}	14	10	0.58
⑥₁	淤泥质黏土	17.4	6	5.5	8.5×10^{-7}	7×10^{-7}	16	10.5	0.57
⑥₂	淤泥质粉质黏土	17.5	6.5	6	9×10^{-7}	8.5×10^{-5}	17	11	0.56
⑧₁	褐色粉质黏土	17.6	8	7	3×10^{-6}	2×10^{-6}	20	13	0.52
⑨₃	粉细砂混砾石	19.5	25	20	7×10^{-3}	6.5×10^{-3}	0	32	0.37
⑩₁	褐色粉质黏土	18.7	10	8	7×10^{-7}	6×10^{-7}	20	13	0.48
⑪₁	粉质黏土	19.4	25	20	5×10^{-7}	3×10^{-7}	45	16.5	0.40
⑫₁	灰色粉砂	19.3	18	25	5×10^{-3}	4×10^{-3}	3	29	0.40

定安全可靠的作业方案、轨道交通结构安全保护措施和安全应急预案；外部作业不得影响轨道交通结构的承载能力、正常使用功能、耐久性和其他特殊功能。

《城市轨道交通结构安全保护技术规范》CJJ/T 202—2013给出了隧道水平位移和竖向位移10mm的预警值。同时也解释城市轨道交通结构的现状即健康状态存在差异，其实际安全状态也不尽相同，如新建隧道与已投入运营经历多次扰动影响的隧道、施工时存在缺陷的结构与没有缺陷的结构、各时期各地城市轨道交通建设标准的差异等，现状的差异导致难以用统一的量化值进行安全评价。因此，需综合考虑各方面因素，才能合理确定具体的结构安全控制值。只有制定了相应标准，才能实现设计监测，所以本工程的监测也是方案实施的关键点之一。

1. 换乘厅基坑设计

结合道路交改需要，换乘大厅基坑开挖深度约8.2m，根据施工场地安排，将换乘大厅分为4期施工，共分成6个基坑，其中隧道的上方基坑进一步减小基坑开挖面积以减小盾构隧道的变形，分坑宽度为5m，共分成8个小坑。围护采用φ1000@800钻孔咬合桩，远离既有地铁隧道侧局部采用SMW工法桩，采用一道混凝土支撑和一道钢支撑，基坑范围内土体进行加固处理，A区、B区、C区基坑西侧采用三轴搅拌桩对土体进行加固，纵向加固范围为地面至坑底以下3m；A区、B区基坑中部地铁3号线区间外轮廓两侧3m范围内采用三轴搅拌桩（地面～地面以下20m），采用MJS（地面以下25m～隧道下3m）进行土体加固，纵向加固范围为地面～杭州机场轨道快线区间结构外轮廓下3m；其余采用MJS对土体进行加固，纵向加固范围为地面～杭州机场轨道快线区间结构外轮廓下3m，分坑平面布置详见图7-38。

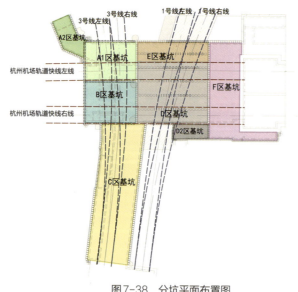

图7-38 分坑平面布置图

对基坑范围内土体进行加固处理，根据加固范围及形式不同，加固区分为4个区域，详见图7-39、图7-40。

Ⅰ区：三轴搅拌桩加固。平面范围：3号线区间3m以外至围护结构；竖向范围：地面～坑底以下3m（基坑开挖范围采用弱加固）。

Ⅱ区：①三轴搅拌桩加固。平面范围：3号线区间外轮廓3m范围内；竖向范围：地面～本线区间以上0.5m范围内（基坑开挖范围采用弱加固）。②MJS加固。平面范围：本线3m范围；竖向范围：

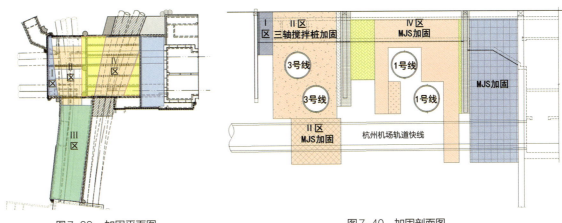

图7-39 加固平面图　　　　　　　图7-40 加固剖面图

本线以上0.5m～本线区间以下3m或中风化岩层。

Ⅲ区：①三轴搅拌桩加固。平面范围：围护结构范围内；竖向范围：地面～3号线下行线以下3m（基坑开挖范围采用弱加固）。②MJS加固。平面范围：围护桩1m范围内；竖向范围：地面以下2m～围护桩桩趾。

Ⅳ区：MJS加固。区间上方MJS：地面以下2m～1号线区间以上1m；1号线区间左侧1～4m范围MJS：地面以下2m～杭州机场轨道快线区间以上0.5m；桩径2800@800mm；1号线区间右侧1～4m范围MJS：地面以下2m～杭州机场轨道快线区间以下3m；桩径2800@800mm。

嵌缝加固：既有线侧采用MJS加固，远离既有线侧采用高压旋喷桩加固；竖向范围：地面以下2m～桩趾（换乘通道处）、地面以下2m～坑底以下3m（其他区域）。

MJS桩径2800mm，搭接800mm，水泥掺量建议不宜小于700kg/m³，水灰比为0.8～1.3，28d无侧限抗压强度为1.2MPa。三轴搅拌桩加固土体水泥掺量为20%，28d无侧限抗压强度不小于1.0MPa；高压旋喷加固土体水泥掺量为25%，28d无侧限抗压强度不小于1.0MPa。

换乘大厅上跨既有线基坑分条开挖施工步序如图7-41所示。其中1号线上方通道基坑施工方法如下：分段开挖土至第二道钢支撑下方0.5m，架设钢支撑；开挖下方两侧土，施工两侧底板，将抗拔桩与底板连接，固定在底板下方；之后开挖中间留土，并将两侧底板相连，详见图7-42。

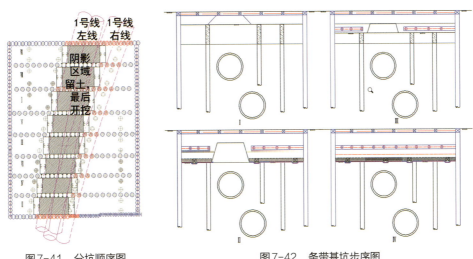

图7-41 分坑顺序图　　　　　图7-42 条带基坑步序图

结合软土地区上方基坑的工程案例，提出了考虑基坑空间尺寸效应的卸荷比模型，该计算模型认为盾构上方的卸荷比为基坑开挖的体积与隧道上方主要覆土区内的基坑最大体积之比。可通过控制基坑沿盾构隧道方向的长度减小上方基坑的卸荷比。

通过减小土体单次卸载量和缩短隧道上方基坑暴露时间，能较好控制隧道的隆起。因此，假定盾构隧道上方基坑沿隧道方向长度为5m，采用隔离桩将上方基坑分割成多个小坑。每个小基坑采用跳仓、分层开挖的方式，当开挖完成后立即限时进行底板浇筑并进行上方压重，抑制盾构隧道隆起变形。结合上述思路，将换乘厅分成8个条带基坑，分仓跳仓施工。每一条带基坑再进行二次细化分段，先实施既有线两侧基坑、底板、底板与抗拔桩连接，最后实施既有线上方的卸载，采用先施工的底板和抗拔桩约束地应力的释放。

2. 相关规程执行情况

根据《城市轨道交通结构安全保护技术规程》DB 33/T 1139—2017，外部作业净距控制（部分节选）要求如表7-13所示。

外部作业净距控制要求 表7-13

外部作业结构		地下结构	
		盾构法	其他
围护桩、地下连续墙		≥7m	≥5m
工程桩	非挤土桩	≥4m	≥3m
	挤土桩	≥30m	≥20m
土体加固	深层搅拌法	≥6m	≥5m
	高压喷射注浆法	≥20m	≥15m
上方基坑		≥2m	—

根据上表中的规定，对本工程外部作业要求如下：

（1）上方基坑与既有盾构隧道竖向净距应大于2m，本项目上方基坑与既有盾构隧道竖向净距为1.66m，超过控制要求。

（2）旁侧围护桩、地下连续墙与既有盾构隧道距离应大于7m，本项目车站主体和附属基坑与既有盾构隧道距离为10.17m，符合控制要求，换乘厅基坑C区与既有盾构隧道距离为3.5m，超过控制要求。

（3）深层搅拌桩距离盾构隧道应大于6m，高压旋喷桩距离盾构隧道应大于20m。本项目上方基坑外侧土体加固与既有盾构隧道竖向净距仅为1m。采用高压旋喷桩加固，超过控制要求。

（4）工程桩非挤土桩距离盾构隧道应大于4m，挤土桩距离盾构隧道应大于30m。本项目换乘大厅因抗浮需要设置抗浮工程桩，结构设计时应设置工程桩，且到盾构隧道距离符合控制要求。

（5）上方基坑坑底与盾构法或顶管法地下结构顶部的竖向净距不宜小于0.5D（D为地下结构外径或宽度），且不应小于2m，本项目上方基坑与既有盾构隧道竖向净距为1.66m，超过控制要求。

（6）换乘大厅C区基坑开挖深度8.2m，邻近隧道侧基坑面积800m^2<1500m^2，与轨道交通设施平行方向的基坑边长为47.5m>30m，超过单体基坑平面尺寸要求。

（7）上方基坑分坑后形成的单体基坑卸荷比，轨道交通结构安全保护等级为A级时不宜超过0.2，本项目卸荷比达到0.85，超过上方基坑控制要求；本工程换乘厅上方基坑开挖深度达到8.2m，地铁1号线左线盾构隧道顶埋深约9.66m。按一维卸荷比模型计算，该基坑卸荷比为$v=8.2/9.66=0.85$。

3. 既有线调查与分析

杭州地铁1号线西湖文化广场站～打铁关站区间（K16+463～K16+750段）长期监测数据如图7-43所示。

图7-43 既有隧道长期运营监测数据

由长期监测数据可知，2012年7月至今，隧道长期沉降基本可控，期间左线隧道的长期沉降在12.2mm之内，右线隧道的水平收敛在7.6mm之内。

根据隧道内现场巡查，洞门及管片接缝局部存在少量渗漏水、管片破损等病害。

根据杭州地铁1号线该区间长期运营监测数据及现状调查结果，确定轨道交通结构安全状况：

（1）隧道影响区一区（K16+461～K16+505）：右线（上行线）按已运营Ⅱ类考虑，左线（下行线）按已运营Ⅰ类考虑。

（2）隧道影响区二区（K16+505～K16+580）：右线（上行线）、左线（下行线）按已运营Ⅲ类考虑。

（3）隧道影响区三区（K16+580～K16+750）：右线（上行线）、左线（下行线）按已运营Ⅱ类考虑。

参考《城市轨道交通结构安全保护技术规程》DB33/T 1139—2017，轨道交通结构安全状况分类见表7-14。

4. 既有线受力及变形分析

由于工程复杂、施工风险大，采用数值模型风险预测分析方法（图7-44）。考虑主要工程因素，按照实际尺寸进行建模，根据基坑开挖对周边的影响范围，合理选取模型尺寸可减少边界条件对计算结果的影响。计算模型尺寸为360m（X方向）×360m（Y方向）×60m（Z方向），整个项目工况均建

轨道交通结构安全状况分类　　　　表7-14

轨道交通结构安全状况	轨道交通结构变形或结构损失情况
Ⅰ类	变形大或者结构损伤严重
Ⅱ类	变形较大或者结构损伤较为严重
Ⅲ类	除Ⅰ类、Ⅱ类、Ⅳ类以外的情况
Ⅳ类	未铺轨运营、变形较小且结构性能完好

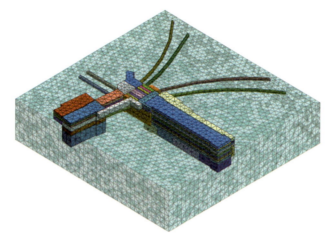

图7-44　模型示意图

立在同一模型中，也便于观察在各工况共同作用下隧道的变形。

施工过程复杂多变，数值模拟预测能提供参考性结果及趋势，为设计和施工提供参考。本次计算记录了整个工程的主要53步施工工况，对应工况下的既有隧道变形情况，本节主要提取了换乘厅分坑开挖完成的5个工况（其中还穿插着3号线隧道掘进和车站主体基坑开挖等工况），根据影响区距离进行分布，详见图7-45～图7-49。

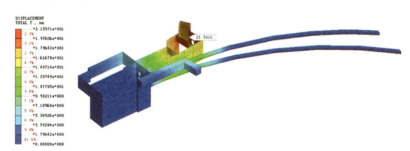

图7-45　换乘厅A区、C区开挖至坑底

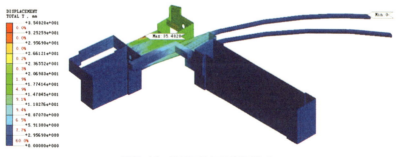

图7-46　换乘厅B区开挖至坑底

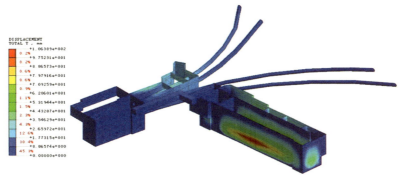

图7-47 换乘厅F区开挖至坑底

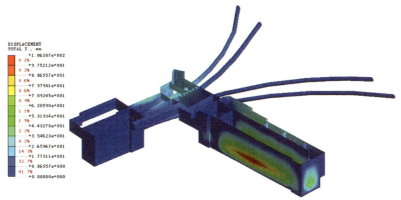

图7-48 换乘厅D区开挖至坑底

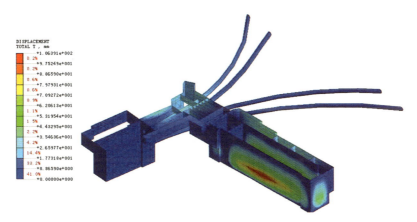

图7-49 换乘厅E区开挖至坑底

由Midas GTS计算可知,本项目施工过程中,地铁1号线盾构隧道最大位移出现在工况换乘厅D区6分坑整体开挖至坑底后,以隆起变形为主。经分析可知,地铁1号线左线最大竖向位移13.1mm,最大水平向位移6.2mm;地铁1号线右线最大竖向位移10.1mm,最大水平向位移6.2mm;1号线、3号线车站最大竖向位移2.1mm,最大水平向位移2.3mm。

地铁1号线盾构隧道左线 $\Delta R \approx 16\text{mm}$, $L=50\text{m}$, $R=\dfrac{L^2}{8\Delta R}=19532\text{m}>15000\text{m}$,满足规范运行控制值;地铁1号线盾构隧道右线,$\Delta R \approx 13.5\text{mm}$,$L=50\text{m}$,$R=\dfrac{L^2}{8\Delta R}=23148>15000\text{m}$,满足规范运行控制值。

地铁1号线左线隧道变形的收敛变化达到2.73mm,地铁1号线右线隧道变形后的收敛变化达到2.63mm。

四、监控量测与实测数据分析

1. 既有线监测设计

根据现场对既有线的质量、表观调查及安全评价,结合设计施工步序,将既有线监测区域划分为影响一区、二区、三区,对既有线轨道沉降、水平收敛及位移进行自动化监测,自动化监测频率为1次/4h。

自动化由工控机控制智能型全站仪。每周期测量结束后,将原始观测数据传输给工控机,工控机通过无线路由等设备将数据传输至监控中心。通过对参考周期(初始值)的设定和本周期与参考周期、上周期之间的对比,得出监测点累计变形量和本期变形量,反映每个监测断面点的实时变化趋势。

2. 自动化监测成果

截至2022年5月底,整体的施工阶段大致可以划分为四个:第一个阶段是2020年3~12月,换乘厅A、B、C三个基坑施工结束;第二个阶段是2021年1~8月,D、F基坑加固;第三个阶段是2021年9月~2022年1月完成D、F基坑及结构;第四个阶段是2022年3~5月E区加固及开挖。根据自动化监测数据,提取了道床沉降和隧道水平后移数据,如图7-50~图7-53所示。

第一阶段道床沉降:隧道左线整体呈下沉趋势,其中左线道床沉降,影响一区为-4.3mm,影响二区为-7.8mm,影响三区为-1.7mm;右线隧道总体呈下沉趋势,影响一区为-1.9mm,影响二区

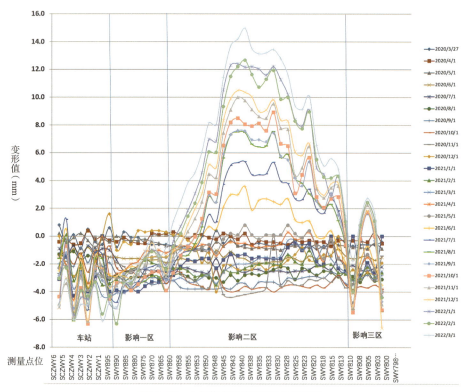

图7-50 上行线水平位移累计分布曲线

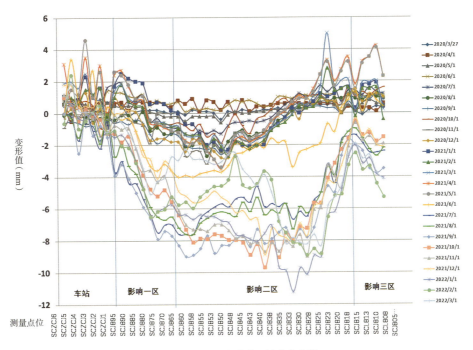

图7-51　上行线道床累计分布曲线

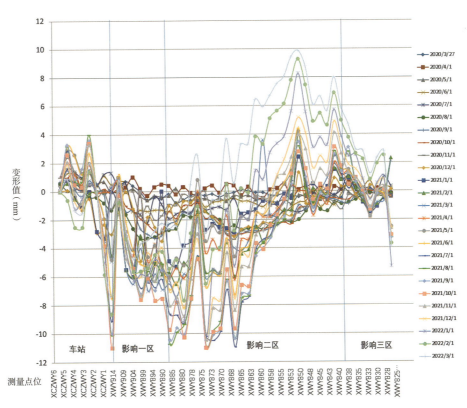

图7-52　下行线水平位移累计分布曲线

为-2.9mm，影响三区为-1.7mm。水平收敛：隧道左线均表现为扩张趋势，其中右线水平收敛影响二区为4.4mm；左线影响一、三区呈收敛趋势，影响二区呈扩张趋势，其中左线水平收敛影响二区扩张趋势为1.9mm左右。10个月中左线月沉降速率为0.78mm/月，整体变化平稳。

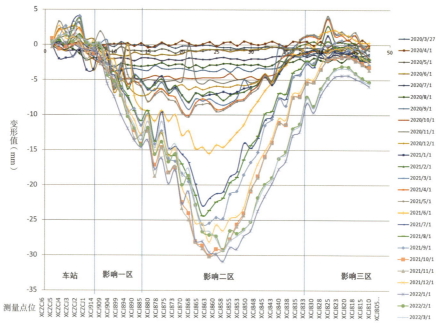

图7-53 下行线道床累计分布曲线

第二阶段道床沉降：隧道左线整体呈下沉趋势，其中左线道床沉降影响二区为-11.6mm左右；右线隧道总体呈下沉趋势，其中右线道床沉降影响二区为-2.2mm。水平收敛：隧道左线均表现为扩张趋势，其中左线水平收敛影响二区为5.7mm；右线影响一、三区呈收敛趋势，影响二区呈扩张趋势，其中右线水平收敛影响二区扩张趋势为10.3mm左右。

从数据上分析，第二阶段已经累计完成了隧道85%的变形量，本阶段主要表现为下行线的累计沉降，在开挖阶段隧道隆起回弹约3mm，在结构完成后回填覆土，又表现出工后沉降，回到沉降最大值。

第四阶段规律和第二、第三阶段相似，加固过程中，整体表现为沉降，本阶段沉降量约为4mm，开挖回弹最大量为2.4mm，近期表现为工后沉降。

既有隧道在第一阶段各项数据均变化平稳，整体安全可控，累计值基本可控，在临侧隧道施工总体影响符合设计标准。第二阶段较第一阶段数据增加较大，竖向沉降、水平收敛速率均增加，分析总结有以下原因：此阶段主要以既有线侧向、上方的MJS加固；隧道主要位于淤泥质土层，土层稳定性较差，容易受到外部影响；MJS加固引起的土体置换导致隧道上方土体增重，使左线隧道、右线隧道均发生较大的收敛，右线隧道收敛增量明显；在MJS初凝之前，加固体强度未形成，整体的土体应力被扰动，导致隧道沉降加大。开挖过程中的土体卸载使地层应力释放，隧道得到短暂的回弹，当工程结束后又表现为沉降工况。

五、小结

西湖文化广场站换乘厅基坑开挖深度达到8.2m，开挖后，1号线运营隧道上方土体仅剩1.66m，按一维卸荷比模型计算，该基坑卸荷比达到0.85；根据《城市轨道交通结构安全保护技术规程》

DB33/T 1139—2017附录C二维卸荷比模型，该基坑卸荷比为最不利断面基坑面积与主要覆土区面积之比，其值为0.92，远超该规范允许的卸荷比0.2。目前国内鲜有卸荷比大于0.8的工程项目，本项目为国内软土地层中的最大卸荷比基坑。

本工程通过地基加固、"弹钢琴"分区卸载等措施，将基坑开挖自身风险等级和运营隧道的环境风险等级降低至Ⅲ级，并得到以下工程经验：

（1）采用地基加固，提高土体抗力及变形模量，可有效降低施工对既有线的扰动。其中MJS施工对邻近地铁隧道的影响较小，应用较为普遍，本工程在既有线周边大规模地使用了此工艺，MJS工法通过地内压力监测和强制排浆措施，对地内压力进行调控，可以大幅度减少施工对周边环境的扰动，并保证超深施工的效果。从A、B、C基坑开挖情况看加固效果较好，加固对既有线保护较好。但是加固过程中对既有隧道也产生了一定的负面影响，从D、E、F基坑加固工况看，加固过程对既有线影响较大，所以跳桩施工、等强度施工在实际操作中显得尤为重要。

（2）基坑分区卸荷、基坑开挖卸荷作用明显，产生的位移场影响范围广，若采用常规的分层开挖法，可能较难控制开挖所引起的地层变形。一次可利用分隔桩将明挖基坑分为若干个小基坑，小基坑采用跳仓和分层开挖方式，可以有效控制邻近地铁隧道的变形。

（3）条带基坑设置一道混凝土支撑+一道钢支撑，施工空间有限，小型挖机施工操作困难。现场实际施工过程中，条带基坑保留了既有隧道上方的钢支撑，取消了条带两侧区域第二道钢支撑，经过大面积加固后的土体形状改良，换乘厅基坑开挖深度达8m多，在设置一道混凝土支撑的情况下开挖到底对基坑安全可控，同时也加快了施工速度，降低基坑风险。

第四节
深基坑开挖对邻近浅基础建筑物保护关键技术研究

一、概述

随着城市化的快速发展，地铁工程大规模建设，越来越多深大基坑需要在城市建筑密集区施工，施工场地狭小且环境保护要求高。老城区部分建筑物建设时期早，基础浅或无基础，且房屋结构刚度、强度较弱，地铁车站设置于旁，施工易对周边建筑物产生较大影响。

深基坑在围护结构、基坑降水、基坑开挖等各施工阶段对周边建筑均有不同程度的影响。目前，深基坑围护结构、基坑降水、基坑开挖施工对周边建筑影响较大，对设计阶段、施工阶段需要采用的保护方案却少有总结。

本节主要依据工程实例针对杭州机场轨道快线地铁车站深基坑邻近周边浅基础建筑物的设计措施、施工措施进行研究总结，为类似工程提供参考。

二、工程概况

1. 基坑周边环境

杭州机场轨道快线五联站位于杭州市文三西路与古墩路交叉口西侧,沿文三西路东西向布置,为地下两层两柱三跨框架结构。车站主体全长约290m,标准宽度为22.5m,端头井扩大端宽26.4m,基坑开挖深度为22～24m。场地以城市道路为主,地势平坦,东西向的文三路为双向6车道、南北向的古墩路为双向6车道,目前车流量较大,由于施工需要,对文三西路进行半封闭。

五联站两侧建筑较多(图7-54),基坑周边建筑物均为5～7层框架结构带局部2层裙房,采用ϕ377沉管灌注桩基础(裙房无基础),基础桩长11～18m(钢筋笼长4～7m),距离基坑净距为3.2～11.2m。

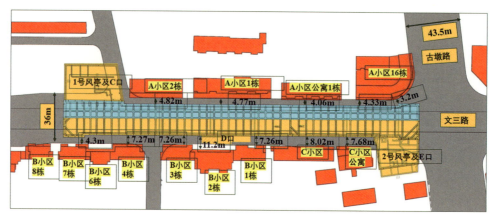

图7-54 五联站周边环境布置图

2. 工程地质及水文地质

基坑开挖范围内土层分布主要为:①$_1$杂填土、①$_3$淤泥填土、④$_2$淤泥质粉质黏土、⑤$_1$黏土、⑦$_1$黏土、⑨$_1$粉质黏土。基底位于⑨$_1$粉质黏土层,围护墙底部进入中风化岩层1m,隔承压水层(图7-55)。

潜水:场地潜水水位随季节气候动态变化明显,与地表水体具有一定的水力联系,地下水位埋深

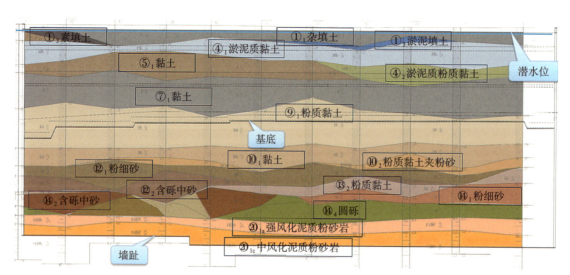

图7-55 工程地质剖面图

和变化幅度受季节和大气降水的影响,动态变化大,水位变幅2.0m。勘察期间实测地下水位埋深为1.80~2.70m,相应标高为1.85~2.37m。

承压水:根据场地勘探揭露,第四系孔隙承压含水层可具体分为两层。第四系孔隙承压含水层主要为⑫、⑭层砂土、砂砾土。根据附近项目承压水抽水孔资料,早期承压水水头埋深在地面下4.48m,相当于85国家高程为-1.07m。根据五联站观测孔资料,⑫承压水水头高程约为-2.13m(85国家高程);⑭实测承压水观测孔,水位高程约为-2.06m(85国家高程)。

三、基坑设计方案选择

地下大体量工程的设计施工工法众多,常见的有明挖顺作法、半盖挖顺作法、全盖挖顺作法、全盖挖逆作法等(表7-15)。

设计工法对比　　　　　　　　　　　表7-15

序号	对比项目	明挖顺作法	半盖挖顺作法	全盖挖顺作法	全盖挖逆作法
1	施工围挡场地	☆☆☆	☆☆☆☆	☆☆☆☆☆	☆☆☆☆☆
2	交通影响	☆☆☆	☆☆☆☆	☆☆☆☆☆	☆☆☆☆☆
3	施工难度	☆☆☆	☆☆☆☆	☆☆☆☆	☆☆☆☆☆
4	防水效果	☆☆☆☆	☆☆☆☆	☆☆☆☆	☆☆☆
5	施工速度	☆☆☆☆	☆☆☆☆	☆☆☆	☆☆☆
6	扰民程度	☆☆☆☆	☆☆☆☆	☆☆☆	☆☆☆
7	工程造价	☆☆☆	☆☆☆☆	☆☆☆☆	☆☆☆☆☆

本项目位于文三西路上,文三西路宽度为36m。为保证周边小区的疏散及消防能力,根据交警大队要求,基坑北侧需保留一条4m宽人非混行车道,基坑南侧须保留一条3m宽机动车道+一条3m宽人非车道(图7-56)。

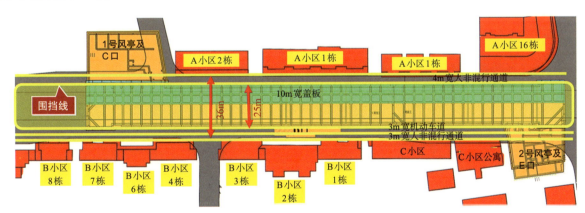

图7-56　西文区间风井3场地布置图

结合施工工期、工程造价、施工场地及交通等因素,本站选用半盖挖顺作法体系施工,基坑北侧设置10m宽盖板作为施工场地。

基坑自身和环境初始风险等级均为Ⅰ级,需采取相应控制措施,降低风险等级至可接受范围。

四、紧邻建筑物的保护措施

1. 建筑物保护总体思路

（1）减少围护结构施工对周边建筑物影响。根据相关文献，地下连续墙成槽施工时，在未采取任何保护措施的情况下，对周边建筑产生的影响在整个施工阶段的30%以上。

（2）控制地下水。由于基坑周边地下水位极高，水体损失将直接影响周边土体固结，引起周边建筑物沉降。故基坑应封闭，对坑内进行降水，基坑外不得降水。

（3）减少基坑围护结构自身变形。这是降低对周边建筑影响的源头，适当增加围护结构刚度及支撑刚度，有效抵抗开挖过程中坑外水土压力，从而减小变形。

（4）增加时空效应。另基坑在开挖之后支撑架设之前，围护结构会有较大变形，增加时空效应对基坑变形有较大作用。方案一：分坑施工；方案二：增设中隔壁，在基坑土方开挖后支撑架设前可起到预支撑的作用。

（5）增加支撑可靠性。钢支撑一般采用轴力计进行轴力监测，根据规范要求，每层支撑的监测数量不宜少于每层支撑数量的10%，且不应少于3根，轴力计设置于钢支撑端部，对于钢支撑受力有削弱作用，故常规基坑的监测布点无法准确反馈每根支撑的轴力。基坑开挖支撑的下一层土时，轴力损失后采用千斤顶进行复加具有滞后性，导致围护结构变形已产生，难以实现过程调控。钢支撑采用伺服轴力系统后，能实时补偿支撑轴力，控制基坑围护结构各施工阶段的变形。

（6）坑外隔离桩保护。基坑土方开挖引起的变形需在地层中传导至周边建筑地基，进而引起建筑物沉降。在建筑物与基坑中间设置隔离桩可有效阻隔建筑物下方的土体位移，从而保护建筑物。

（7）增加坑内土体抗力。基坑内土体进行加固处理，提供坑内土体强度，在基坑土方开挖后支撑架设前，可增加被动区土体的抵抗变形能力。

（8）及时注浆，补偿损失土体。基坑土方开挖引起的周边建筑地基土体损失从而导致建筑物沉降。因此，在基坑开挖过程中对周边建筑基础下部进行注浆处理，及时填充损失土体，可最大限度地降低建筑物沉降。

（9）合理安排基坑施工工序。基坑施工包含槽壁加固、围护施工、降水井施工及降水、坑内加固、桩基施工、基坑开挖、结构回筑、围护拆除等。合理安排各施工工序可有效降低对周边建筑物不必要的影响。

2. 本工程建筑物保护具体措施

（1）坑内钢支撑全部采用伺服轴力系统

钢支撑轴力伺服系统特点在于24h实时监控（图7-57），低压自动补偿、高压自动报警，全方位多重安全保障，具体如下：

1）高效：数控泵站体积小、重量轻，布设方便，分布式结构大大缩短泵站与支撑设备间的油管连接，系统整体组装更便捷快速。

2）安全：低压状态自动补偿、高压等异常状态自我锁紧并警报，提供包括油压位移双控等全方位多重安全保障。

图7-57 钢支撑伺服系统施工照片

3）可靠：数控泵站互相独立，相对大型集中泵站，避免出现因单个油路泄漏或爆管而影响其他油路的情况，同时避免泵头等液压动力源故障而导致全系统瘫痪的窘境，较大程度分散系统性风险，提高整体可靠性。

4）智能：监测数据均可通过电控专用加密无线网络输出，同时配有专用数据采集工业电脑及手机终端监控（可定制开发），实现24h在线监控。

（2）设置槽壁加固

为避免围护墙成槽对周边建筑的影响，需对地墙槽壁进行加固。因场地限制，只能采用高压旋喷桩进行槽壁加固，加固范围主要包括杂填土、淤泥层等容易塌孔的土层。

因距离周边房屋建筑较近，高压旋喷桩施工需控制好压力，避免压力过高造成房屋及地面隆起。

（3）隔断潜水、承压水

本基坑深度较深，承压水水头较高，不满足基坑抗突涌要求，若降承压水，对周边环境影响极大。故地下连续墙围护直接隔断承压水，避免坑内降水对周边建筑物的影响。

（4）增加围护体系刚度

本站围护结构采用1000mm地下连续墙。设置6道支撑，其中2道混凝土支撑+4道钢支撑。

（5）基坑分坑、设置中隔壁

考虑到工期等各因素，可分为东西两个基坑。另基坑每隔30m设置一道中隔壁。中隔壁做成T字幅，与主体围护地下连续墙有效连接，在开挖至下一层支撑架设完成后方可予以凿除。

（6）施工工序计划

本站基坑先施工槽壁加固（槽壁加固先施工地墙外排，后施工地墙内排）、地下连续墙围护及中隔壁，在围护结构完成后形成一道封闭的隔离墙；而后施工降水井、桩基、第一道支撑及盖板，随后按步开挖及架撑，支撑架设完成后方可凿除上一层中隔壁，直至开挖至坑底，完成底板浇筑。

3.设计采用方案

（1）基坑支护工程安全等级为Ⅰ级，变形保护等级Ⅰ级（图7-58、图7-59）。标准段基坑深度：22~24m。

（2）槽壁加固：ϕ800高压旋喷桩，桩长10m。围护结构：1000mm地下连续墙，工字钢接头。

（3）嵌固深度：25~27m（素墙段7m，进入中风化岩层1m，隔断承压水）；插入比：1.1~1.3。

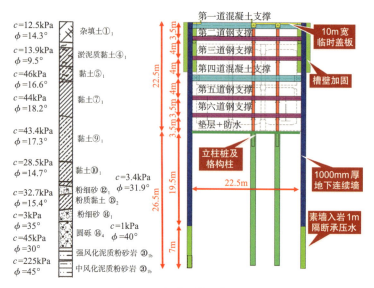

图7-58 标准段基坑横剖面图

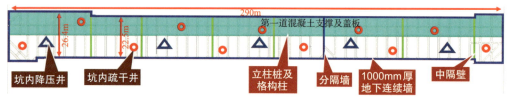

图7-59 基坑平面布置图

（4）支撑：2道混凝土支撑（盖板10m宽）+4道 $\phi 800=16$ 钢支撑（钢支撑全部采用伺服系统）。混凝土支撑间距6m，钢支撑间距2m/4m。

（5）立柱：1100mm直径立柱桩，内插 600×600 格构柱。

五、三维模型模拟

1. 模型建立

采用有限元软件Midas GTS进行建模分析。为消除模型边界效应影响，并考虑计算效率问题，根据工程经验和理论分析，取模型大小为120m（长）×120m（宽）×70m（高）。考虑到基坑开挖的影响范围，基坑周边范围内网格尽量划分较密，网格剖分时考虑了不同岩土的特性、围护桩等介质的不同处理。

基坑围护采用1000mm厚地下连续墙，基坑深度22.5m。主要模拟步骤如下：

（1）工序一，建立模型，进行初始应力场计算，将重力引起的位移归零，只保留初始应力；

（2）工序二，模拟五联站槽壁加固、围护施工，位移清零（此变形不可控）；

（3）工序三，进行主体基坑第一次基坑开挖，激活第一道混凝土支撑，进行平衡计算；

（4）工序四，进行主体基坑第二次基坑开挖，激活第二道钢支撑，进行平衡计算；

（5）工序五，进行主体基坑第三次基坑开挖，激活第三道钢支撑，进行平衡计算；

（6）工序六，进行主体基坑第四次基坑开挖，激活第四道混凝土支撑，进行平衡计算；

(7) 工序七，进行主体基坑第五次基坑开挖，激活第五道钢支撑，进行平衡计算；

(8) 工序八，进行主体基坑第六次基坑开挖，激活第六道钢支撑，进行平衡计算；

(9) 工序九，进行主体基坑第七次基坑开挖，激活结构底板，进行平衡计算。

2. 变形结果分析

由三维模拟可知（图7-60、图7-61），邻近建筑物侧，基坑墙体最大变形为23.6mm，建筑物最大竖向位移为-18.2mm。

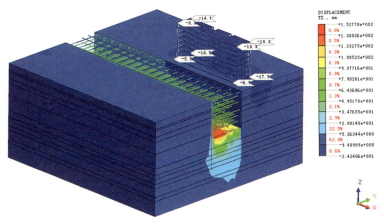

图7-60　竖向方向（Z）变形-工序九

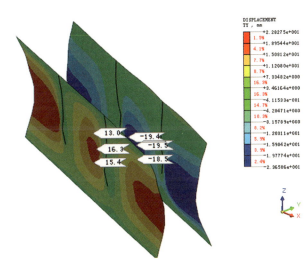

图7-61　地下连续墙垂直基坑方向（Y）变形-工序九

六、基坑及周边建筑变形情况

1. 墙体测斜变形

本站主体全长290m，主体基坑每隔20m布置一处墙体测斜点，主体施工完成后，地下连续墙围护变形为18.7～36.7mm，均值为26.7mm，与三维模型模拟结果相符。

2. 建筑物沉降变形

主体施工完成后，A小区1栋、A小区公寓1栋主体建筑沉降为-9.84～-5.64mm。裙房距离基坑更近，最小平面净距为4.07m，沉降在-29.52～-11.03mm，均值为-21.8mm，与三维模型计算结果相符。

七、小结

基于"预处理、预支撑、动态调整"的基坑设计理念，本工程采用了槽壁加固（预处理，保障地下连续墙成槽期间的微扰动）、中隔壁（随挖随凿，预支撑作用）和钢支撑伺服轴力系统（动态调整）等措施，根据基坑围护结构变形、建筑物沉降监测数据，实施效果良好。将基坑开挖自身风险等级和浅基础建筑物的环境风险等级降低至Ⅲ级。

采用类似控制措施的还有杭州地铁3号线潮王路站，车站位于河东路下方，潮王路与德胜河之间，沿河东路布置。车站位于深厚的淤泥质地层中，该地层具有"三高三低"特征，即高含水率、高压缩性、高灵敏度，低强度、低密度、低渗透。其承载力低，工程性能较差。车站主体基坑距邻近浅基础老旧房屋最小距离仅12.5m，基坑采取"中隔壁+伺服钢支撑"等综合工程措施后，建筑物最大沉降量为13.8mm，变形控制效果良好。

结合以上案例，总结地铁深基坑邻近建（构）筑物保护的设计方案如下：

（1）增加围护结构刚度是对周边建筑物保护较直接有效的方案。

（2）增设中隔壁可有效增加空间效应，利于控制基坑及周边环境变形。

（3）地下连续墙施工期间的塌孔等可能导致周边建筑变形，淤泥质土层或砂土中，采用槽壁加固进行预处理是有效的控制措施，但要注意槽壁加固施工期间对周边环境的扰动控制。

（4）基坑开挖过程中支撑轴力难以保证，采用支撑伺服系统实施监测调整支撑轴力，可有效减少支撑轴力损失而引起的基坑变形。

（5）合理布置施工工序，可最大限度降低施工对周边建筑的影响。

第五节
邻近承压水层矿山法联络通道设计、施工关键技术研究

一、概述

杭州机场轨道快线工程某区间受前后输水隧道、快速路隧道限制，采用大埋深设计方案，又根据消防疏散、隧道排水等要求，在最低处设置4号联络通道兼泵站。根据地勘报告，结合周边地形可知，此处联络通道存在埋深大、距承压水层近等突出问题。

本节以4号联络通道兼泵站成功案例为例，详细阐述该深埋联络通道底板在距承压水层不足3m工况下，因工期因素，采用地面加固方案时涉及的一系列设计、施工关键技术，为后续类似问题提供参考。

二、工程概况

杭州机场轨道快线工程某区间隧道长4863.207m,采用盾构法施工,受前后输水隧道、快速路隧道限制,采用大埋深设计方案,又根据消防疏散、隧道排水等要求,在最低处设置4号联络通道兼泵站,综合考虑工期、地面条件、地质情况,采用地面加固地层矿山法施工。

4号联络通道兼泵站所处隧道线间距12.5m,通道宽4.0m,位于文一西路以北现状绿化带内,地面无管线、无河道,具备良好的地面加固条件。通道顶埋深约24.4m,底埋深约32.7m,上盖土层分别为杂填土、淤泥质土和黏土,其中洞顶以上3m均为⑨₁层粉质黏土,洞身所处地层主要为⑨₁粉质黏土和⑩₁粉质黏土,下卧土层为⑫₁粉细砂、⑫₂含砾中砂和⑬₁粉质黏土,其中⑫₁、⑫₂土层含第三系孔隙承压水(图7-62)。

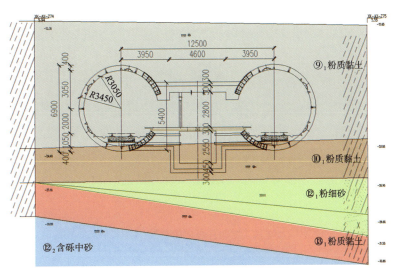

图7-62 4号联络通道兼泵站地质纵断面

1. 工程地质

4号联络通道所处主要地层特征见表7-16,物理力学性质见表7-17、表7-18。

洞身主要地层特征　　　　表7-16

地层名称	编号	地层描述
粉质黏土	⑨₁	硬可塑为主,下部粉粒含量明显,局部夹高岭土团块。无摇振反应,切面稍有光滑,有光泽,干强度高,韧性中等
粉质黏土	⑩₁	局部软可塑,含少量植物腐殖质和木炭碎屑,局部近淤泥质黏土。无摇振反应,切面较光滑,有光泽,干强度高,韧性高
粉细砂	⑫₁	中密,厚层状,局部夹较多黏性土,偶见圆砾,局部为含砾中粗砂
含砾中砂	⑫₂	饱和,中密,含云母及贝壳屑,局部夹少量粉质黏土层
粉质黏土	⑬₁	硬可塑状,黏塑性一般,偶见黄绿色斑团,含氧化铁斑点,稍有光泽,无摇振反应,干强度中等,韧性中等

土层物理力学性质（一）　　　　表7-17

岩土编号	天然孔隙比 e	液限 w_L（%）	塑限 w_p（%）	塑性指数 I_p	液性指数 I_L	压缩模量 $E_{s0.1\sim0.2}$（MPa）	直剪 内摩擦角 ϕ_q（°）（快剪）	直剪 黏聚力 c_q（kPa）（快剪）
⑨₁	0.701	32.3	20.0	13.1	0.47	6.6	37.4	17.9
⑩₁	0.778	32.3	20.0	12.7	0.64	5.8	34.1	14.6
⑫₁	—	—	—	—	—	11.3	3.0	30.0
⑫₂	—	—	—	—	—	−22.0	2.0	32.0
⑬₁	0.699	31.8	19.9	12.5	0.46	6.7	38.0	17.2

土层物理力学性质（二）　　　　表7-18

岩土编号	竖向渗透系数（室内）k_v（×10⁻⁶cm/s）	水平渗透系数（室内）k_h（×10⁻⁶cm/s）	静止侧压力系数 K_0	垂直基床系数 K_v（MN/m³）（MPa/m）	水平基床系数 K_h（MPa/m）
⑨₁	0.770	1.510	0.53	14.9	15.1
⑩₁	0.324	0.539	0.48	8.0	9.0
⑫₁	750.000	750.000	0.40	25.0	28.0
⑫₂	750.000	750.000	0.38	35.0	40.0
⑬₁	0.569	0.769	0.40	26.5	28.5

2. 岩土施工工程分级及隧道围岩分级

根据《城市轨道交通岩土工程勘察规范》GB 50307—2012附录E、F，本工程围岩分级与岩土施工工程分级详见表7-19。

岩土施工工程分级及隧道围岩分级　　　　表7-19

层号	主要工程地质特征	围岩级别	岩土施工工程分级等级
⑦₁	硬可塑	Ⅴ	Ⅱ级普通土
⑨₁	硬可塑	Ⅴ	Ⅱ级普通土
⑩₁	软塑	Ⅵ	Ⅱ级普通土
⑩₂	软可塑	Ⅵ	Ⅱ级普通土
⑫₁	稍密	Ⅵ	Ⅰ级松土
⑫₂	中密	Ⅵ	Ⅱ级普通土
⑬₁	硬可塑	Ⅴ	Ⅱ级普通土

3. 水文地质

根据场地勘探揭露，影响本工程安全的承压水层为第三孔隙承压水层。该含水层主要为⑫层砂土、砂砾土。为古河道冲积形成，其上覆厚层状的黏性土构成相对隔水层，并形成承压含水层。局部分布有⑬粉质黏土层，因⑬层分布不连贯，上下两层含水层之间或直接接触或存在越流补给，因此可视为同一承压含水层。

由于该含水层顶板埋藏较深，砂、砾层中黏粒含量分布上部较少、往下增多，透水性较好，属晚更新世早期（Q_{31}）沉积，受晚更新世晚期（Q_{32}）海侵影响，地下水咸化明显。根据附近车站承压水抽水孔资料，⑫承压水水头高程约为-0.36m（85国家高程），水位变幅2.0m，相应标高为-1.07~-0.34m。

三、联络通道加固及止水方案

软土地层联络通道一般经冷冻法加固后，采用矿山法施工，基本上能达到安全施工的目的。而冷冻法工艺的缺点也十分明显，主要有冷冻费用高、冷冻时间长、融沉持续时间长以及影响洞内交叉作业、对工期不友好等方面。本工程为杭州亚运保障工程，工期是主要矛盾。同时，结合地面管线、地形、地质等条件，推荐采用止水条件下地面加固方案。

联络通道施工自身初始风险等级为Ⅱ级，环境初始风险等级为Ⅲ级，需采取相应控制措施，降低风险等级至可接受范围。

1. 土体增强

联络通道洞身所处土层为⑨$_1$粉质黏土，该土层物理力学性质相对较好，处于硬可塑状态，围岩等级Ⅴ级，施工等级Ⅱ级。该地层在止水条件下，基本具备直接矿山法开挖的条件，但考虑到本通道埋深大，地应力大，裸开挖仍然具有一定坍塌风险，因此，考虑旋喷桩进行土层预加固，提高土体强度，再结合洞内小导管超前注浆加固，保证开挖土体的稳定性。地面加固及超前小导管加固见图7-63、图7-64，主要加固参数见表7-20。

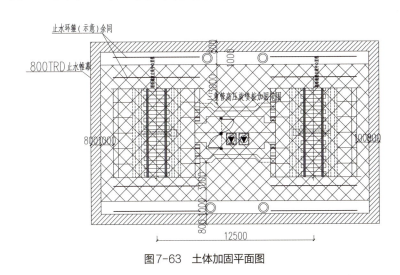

图7-63 土体加固平面图

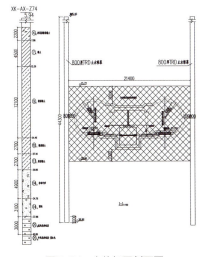

图7-64 土体加固剖面图

联络通道主要加固参数 表7-20

项目	参数
三重管高压旋喷桩（ϕ800@600）	①加固范围：纵向至盾构管片外1m，宽度至两侧各3m，通道上3m，泵站下2m；②控制参数：空气压力0.7MPa，浆液压力25~28MPa，水压25MPa，提升速度10~15cm/min，旋转速度15~20r/min，水灰比1:1，水泥掺量25%~30%。垂直偏差不大于1/100，桩位偏差≤50mm。③土体检测强度：无侧限抗压强度≥1.3MPa，渗透系数≤1.0×10^{-7}cm/s
初支	①拱部范围ϕ42超前小导管，外插角15°；②径向ϕ22砂浆锚杆间距1000mm×800mm（梅花布置）L=2500mm；③环向间距0.3m，L=3.0m（2榀格栅设置一环小导管）；④ϕ25格栅钢架，纵向间距0.5m；⑤单钢筋网片ϕ8@150mm×150mm；⑥C25喷射早强混凝土
二衬	C35模筑钢筋混凝土，抗渗等级P12

2. 承压水隔断

根据地勘报告，承压水水头高程约为-0.36m，而泵站底板与地层之间竖向净距不足3m，通道开挖过程中承压水突涌计算无法通过，是本工程安全施工的最大风险点，因此需在开挖前隔断处理。

本工程⑫$_2$含砾中砂土层底埋深约42m，该地层呈浅灰绿色，饱和、中密、含云母及贝壳屑，局部夹少量粉质黏土层，含第三孔隙承压含水层，透水性较好，渗透系数750×10^{-6}cm/s，水头高程约为-0.36m（85国家高程）。为保证止水效果，帷幕底应穿透该地层进入下卧风化岩至少1m，因此，适合本工程的常用止水帷幕工艺只有地下连续墙、TRD等，类似搅拌桩止水帷幕、钻孔咬合桩等因深度太深而无法保证止水效果。地下连续墙隔水效果好，但经济性差，且会给后续盾构掘进带来额外困难，因此，本工程选择TRD作为承压水隔水帷幕。实践表明，TRD穿透含砾中砂地层效果较好，未发生塌孔等现象，抽水试验表明，隔水效果达到预期目标。

管片与土体之间的空隙，由同步注浆进行填充，一般情况下，具有较好填充效果。但若填充效果较差，盾构施工通过TRD后，承压水仍有可能通过墙体与土体空隙→管片与墙体空隙→管片与土体空隙进入联络通道开挖面，继而引发突涌事故发生。因此严格控制同步注浆填充质量的同时，纵向上，在每道墙体前后增加2道止水环箍，进一步降低承压水通过"管片与墙体空隙"的可能性。

采用TRD、止水环箍措施后，止水效果可通过降水试验确定，承压水突涌发生的概率极低，但地下工程的不可见性，仍应对极端情况予以考虑。因此，在TRD范围内布设一口疏干井的同时，设置3口承压井，作为承压水突涌时的备用井。

四、现场监控量测

联络通道施工过程中，监测工作是重中之重，通过监测数据，分析联络通道实时状态，为联络通道安全施工提供依据。

4号联络通道布置5排19列共95个地表沉降观测点，沿隧道方向布置19列，垂直隧道方向布置5排；隧道管片收敛、拱顶沉降、拱底沉降监测点每隔2环进行布设。其中地表沉降最大值为19.29mm，隧道管片收敛最大值为-5.3mm，管片拱顶沉降最大值为-3.85mm，管片拱底沉降最大值为-4.87mm，可判定联络通道开挖施工安全可控。具体监测数据曲线如图7-65～图7-67所示。

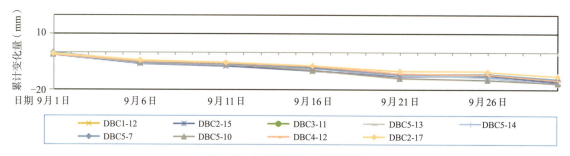

图7-65 地表断面竖向位移曲线图

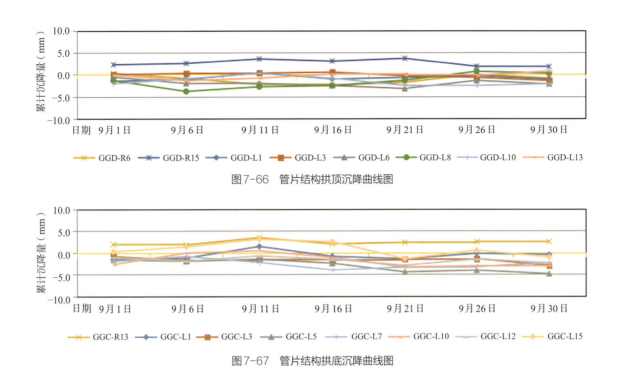

图7-66 管片结构拱顶沉降曲线图

图7-67 管片结构拱底沉降曲线图

五、小结

本工程4号联络通道顶埋深约24.4m，泵站底板距承压水含水层不足3m，采用TRD止水帷幕＋三重管高压旋喷桩加固的方案，将联络通道开挖自身风险等级降低至Ⅲ级，实践表明：

（1）TRD工法在圆砾层中具备可实施性，通过合理的参数设置及施工过程控制，止水效果良好，能有效隔断承压水。

（2）三重管高压旋喷桩在粉质黏土层中的施工，经开挖前探孔以及开挖过程中掌子面的验证，止水及土体加固效果较好。

（3）盾构掘进过程中采用止水环箍工艺，保证穿越加固体后，开挖面与管片之间的空隙填充，潜水和承压水不会从空隙中进入，影响联络通道开挖安全。

第六节　盾构下穿高铁路基沉降控制技术研究

一、概述

新建盾构隧道下穿既有铁路路基段必然会引起路基及轨道的沉降，沉降影响集中体现在盾构掘进过程中对地层的扰动，这种扰动包括盾构掘进过程中的地层挤压、沿盾构外壁的间隙土体缺失、盾尾脱出和壁后注浆导致的地层变位以及上下坡推进和曲线段推进导致的超挖等。本节依托杭州机场轨道快线西湖文化广场站～火车东站站区间盾构下穿杭州东站咽喉区路基段工程，通过三维数值模拟的对比分析，根据盾构隧道穿越土层的工程性质、线路线形和相关工程经验确定隧道开挖引起的地层损失率，然后进行分步开挖模拟分析盾构施工对路基变形及上方轨面变形的影响。为后续类似土层中穿越铁路路基段的方案优化和安全施工提供借鉴。

二、工程简介

杭州机场轨道快线工程双线盾构下穿高铁铁路路基（均为有砟道床），采用土压平衡盾构机推进施工。隧道外径为6900mm，隧道内径为6100mm，采用400mm厚钢筋混凝土管片。

杭州机场轨道快线与杭州东站上行方向咽喉区铁路相交，该处铁路共计10股轨道，依次为宁杭高铁行走线（第1股道）、宁杭高铁正线（第2、3股道）、宁杭与沪昆高铁行走线（第4股道）、沪昆高铁正线（第5、6股道）、沪昆高铁行走线（第7股道）、沪昆铁路上行线（第8股道）、沪昆杭州站联络线（第9股道）、沪昆铁路下行线（第10股道）。其中第1~4股道为同一路基，路基全宽约33m；第5~6股道为同一路基，路基全宽约14m；第7~10股道为同一路基，路基全宽约37m。平面关系见图7-68。

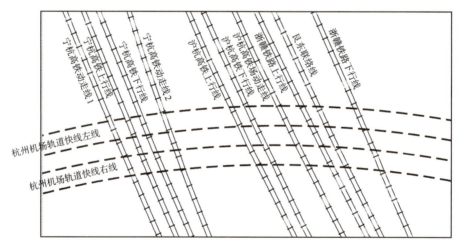

图7-68 杭州机场轨道快线与铁路路基平面关系图

既有铁路路基均为碎石道床，路基厚约为4.6m，路基下布设约12m深的水泥搅拌桩，水泥搅拌桩直径0.5m，间距1.2m。区间隧道主要穿越粉质黏土夹粉土、粉质黏土层。区间隧道顶距场地地坪为34.2~37.7m，与铁路轨面竖向净高差为39~41.5m，隧道与铁路路基加固土层底竖向净距为13.5~16.3m。剖面关系见图7-69。土层参数如表7-21所示。

盾构区间自身初始风险等级为二级，既有运营高铁路基段的环境初始风险等级为Ⅰ级。

三、数值计算建模

选取下穿节点处的典型断面，采用数值模拟方法计算盾构隧道下穿施工对路基变形的影响。利用

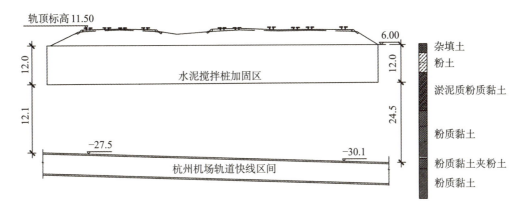

图7-69 杭州机场轨道快线与铁路路基剖面关系图

土层参数表　　　　　　　　　　　　　　　　表7-21

层号	岩土名称	状态	压缩模量（kPa）	黏聚力（kPa）	摩擦角（°）	天然重度（kN/m³）
①	杂填土	松散	—	—	—	19.0
②	粉土	稍密	7.0	12	26	19.4
③	淤泥质粉质黏土	流塑	2.5	11	6	17.8
④₁	粉质黏土	可塑～硬塑	6.0	42	20	19.2
④₃	粉质黏土夹粉土	软可塑	5.0	22	18	19.4
⑤	粉质黏土	硬塑	7.0	48	16	19.3

Plaxis 3D建立三维有限元模型，尽量消除边界效应的影响。模型总长度为200m，宽度为250m，深度为70m。

1. 列车荷载取值

普速铁路路基上部列车和轨道荷载参照《铁路路基设计规范》TB 10001—2016表4.2.3，线路荷载换算为67.81kPa均布荷载，分布宽度为3.5m。

高铁铁路路基上部列车和轨道荷载参照《高速铁路设计规范》TB 10621—2014表6.1.11选取。

2. 地层损失率取值

盾构隧道施工对地面变形及周边结构物产生的影响集中体现在盾构掘进过程中对地层的扰动。在数值分析中将盾构掘进施工对地层的扰动用一个综合的地层损失率来模拟。

本项目隧道下穿杭州东咽喉区铁路路基区域，主要穿越土层为④₂粉砂、④₃粉质黏土夹粉土，工程性质一般。鉴于穿越区域地基加固难度大，且容易破坏既有铁路路基下的地基加固，加固效果有限，建议不采取注浆加固措施。因此，按照不加固进行计算，在数值计算中采用5‰的地层损失率，以考察盾构隧道施工对杭州东咽喉区铁路路基的变形影响。

3. 边界条件的确定

几何模型底部施加完全固定约束，两侧施加竖直滑动约束，模表面为自由边界。土体采用土体硬化模型模拟，土层计算参数结合本工程地质勘察报告和相关的工程经验取值。

四、数值计算结果

通过数值模拟,得到地层损失率为5‰时杭州东咽喉区铁路各股道中心位置路基在各个施工工况下的竖向位移(横坐标为路基沿模型边界距离,纵坐标为路基的竖向位移),将其汇总并绘制路基竖向沉降分布曲线,如图7-70、图7-71所示。

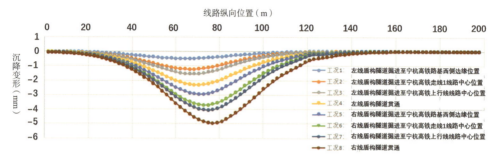

图7-70 数值模拟宁杭高铁动走线1股道中心位置路基沉降变形

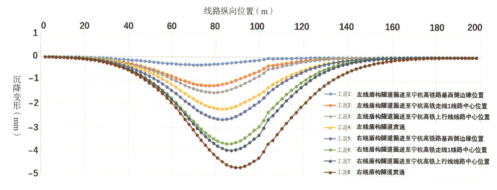

图7-71 数值模拟沪昆高铁上行线股道中心位置路基沉降变形

汇总计算结果可知,按照地层损失率5‰计算,高铁股道中心位置路基沉降变形值小于5mm。根据轨道交通的施工经验,盾构隧道的施工速度一般为6环/d,即7.2m/d。结合相应工况下路基顶面沉降量和间隔时间,计算得到在各工况施工时路基顶面的平均沉降速率小于0.5mm/d。

盾构穿越后,路基在左线盾构施工期间竖向沉降累计最大变化量为-2.01~1.98mm,右线盾构路基监测位移沉降数据均稳定在-1.99~1.85mm,如图7-72、图7-73所示。

五、施工采取措施

建议盾构隧道下穿且盾构推进时的施工参数为:理论计算土仓压力为0.531~0.560MPa;掘进速度2.0~3.0cm/min,匀速推进,每天推进5~6环,排土量为45.75~46.68m³/环;采用同步注浆,理论计算注浆压力为0.388~0.401MPa,每个行程(1.2m)注浆量控制在2.75~3.68m³,注浆速度为0.766~1.532L/s。

在盾构隧道推进过程中,根据现场监测反馈的数据实时调整盾构掘进姿态、土仓压力、推进速

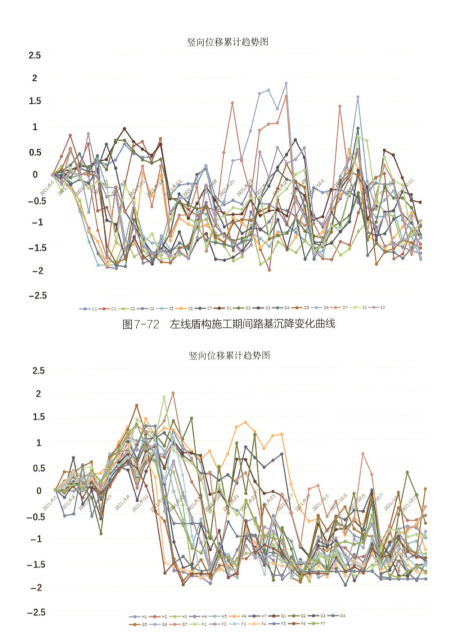

图7-72 左线盾构施工期间路基沉降变化曲线

图7-73 右线盾构施工期间路基沉降变化曲线

度、出土速度、注浆压力、注浆速度及注浆量等盾构施工参数，尽量使盾构掘进达到最佳状态。

六、小结

本区间下穿路基段已在高铁建设期间施工约12m深的水泥土搅拌桩，本工程未对高铁路基段下方进行预处理。根据盾构掘进前、中、后的实际监测数据，盾构穿越造成的路基段竖向位移为$-1.99\sim1.85$mm（负值为沉降），成功将盾构区间的自身和环境风险等级降低至Ⅲ级。实践证明，本项目采取的如下保护技术措施是经济有效的：

（1）严格按设计建议施工参数控制土仓压力、千斤顶总推力和掘进速度，使刀盘前方土体出现微隆起。

（2）严格控制出土量、同步注浆量和压力，及时补偿掘进过程中产生的地层损失。

（3）及时进行二次注浆，直至监测数据稳定。

（4）通过下穿前的试验段调整盾构掘进过程中的推进参数、同步注浆参数和二次注浆参数等，以实现软土地层中盾构下穿高铁路基段的"微变形"控制目标，满足铁路运营要求。

第七节　新建四条盾构隧道连续下穿既有多条运营盾构隧道结构沉降变形研究

一、概述

随着社会的发展、地下空间的开发，城市地铁线路趋于网络化。为了创造更好的城市轨道线网，势必会出现新建隧道上穿或下穿既有线路的情况，甚至会出现多条线路穿越多条既有线路的特殊工况。伴随着国内多条穿越线路工程的建设，印证了盾构隧道穿越既有隧道时，会对土体产生扰动，对既有隧道结构产生影响。

现有隧道穿越影响分析中，更多地聚焦于施工参数的分析、超大直径盾构隧道分析、双线穿越结构影响分析、地面沉降分析和隧道不同开挖方式影响分析等，与此类相关的研究已趋于成熟。但是目前研究的对象更多的是单线穿越既有单线和双线隧道，以及双线穿越既有单线和双线隧道；未曾出现4条盾构隧道先后穿越既有4条运营隧道的研究，这类多线穿越的课题也将是未来网络化地下空间线路穿越研究的重点和难点。

本节以杭州机场轨道快线和地铁6号线盾构下穿既有运营1号线、4号线隧道为背景，结合施工监测数据、盾构推进参数和数值模拟结果，分析既有隧道变形规律，以及隧道在穿越不同阶段下的沉降分析。

二、工程简介

既有运营1号线、4号线隧道由北向南依次为1号线左线、4号线右线、4号线左线和1号线右线。既有隧道均采用错缝拼装混凝土管片，外径6.2m，内径5.5m，管片厚350mm，宽1.2m。所处地层主要为③$_3$粉砂夹砂质粉土和⑥$_1$淤泥质黏土。

6号线区间隧道由南向北掘进下穿1号线、4号线区间隧道，最小净距约3.1m，下穿段盾构隧道所处地层主要为⑥$_1$淤泥质黏土。6号线下穿段区间隧道顶埋深约26.5m，隧道外径6.2m，内径5.5m，环宽1.2m，管片厚度350mm。

杭州机场轨道快线区间隧道由南向北掘进下穿1号线、4号线区间隧道，最小净距约4.6m，下穿段盾构隧道所处地层主要为⑥$_2$淤泥质粉质黏土。杭州机场轨道快线下穿段区间隧道顶埋深约28.7m，隧道外径6.9m，内径6.1m，环宽1.5m，管片厚度400mm。穿越后对火车东站东广场地下室钻孔桩进行盾构磨桩施工。相对位置中平面与竖向关系如图7-74所示，相关地层参数如表7-22所示。

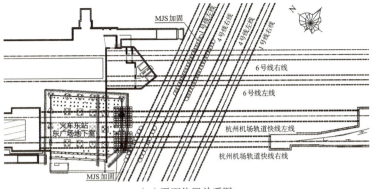

(a) 平面位置关系图

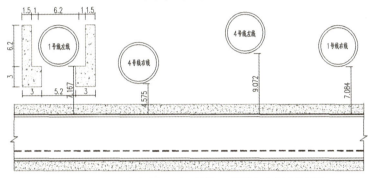

(b) 杭州机场轨道快线与既有1号线、4号线竖向位置关系图

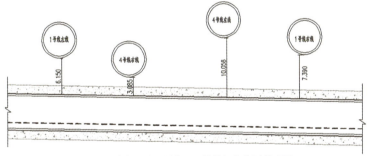

(c) 6号线与既有1号线、4号线竖向位置关系图

图7-74 相对位置关系

地层参数表　　　　　　　　　　　　　　　表7-22

层号	土层名称	天然重度 γ(kN/m³)	固结快剪 c(kPa)	固结快剪 ϕ(°)	渗透系数 K_H(10⁻⁶cm/s)	渗透系数 K_V(10⁻⁶cm/s)
①₁	杂填土	(18.0)	(15.0)	(18.0)	(100)	
①₂	素填土	19.3	(10.0)	(15.0)	(100)	
③₁	砂质粉土	19.7	7.3	25.3	424	
③₂	砂质粉土	20.2	6.6	28.2	293.0	192.8
③₃	粉砂粉质黏土	19.8	5.1	29.1	665.0	541.8
③₄	砂质粉土	(19.5)	6.3	27.4	1665.3	674.3
⑥₁	淤泥质粉质黏土	17.8	14.8	10.3	0.4	0.2
⑧₁	黏土	17.8	21.2	10.1	0.5	0.3
⑨₁	粉质黏土	19.8	41.5	15.5	0.4	0.2

续表

层号	土层名称	天然重度 γ (kN/m³)	固结快剪 c (kPa)	固结快剪 ϕ (°)	渗透系数 K_h (10^{-6} cm/s)	渗透系数 K_v (10^{-6} cm/s)
⑨₂	含砂粉质黏土	20.0	29.3	17.5	50.1	33.6
⑩₁	含砂粉质黏土	(20.5)	(25.0)	(15.0)	(60.0)	
⑫₁	粉砂	20.2	6.8	31.6	1357.0	
⑫₄	圆砾	(19.0)	(3.0)	(35.0)	58400.0	

注：括号内数值为经验值。

三、工程措施

对于首次4条隧道近距离下穿既有4条隧道工程，同时周边环境复杂，影响因素众多，盾构区间自身初始风险等级为Ⅱ级，既有运营隧道的环境初始风险等级为Ⅰ级，其施工风险难点如下：

（1）本次工程隧道穿越次数多，对既有隧道产生叠加影响大，此外隧道净距最小值为3.1m，盾构推进控制难度大、风险高。

（2）本次隧道穿越地层主要为淤泥质粉质黏土层，属于易扰动地层，穿越时易对运营隧道结构产生影响。

（3）杭州机场轨道快线穿越既有1号线左线后，需要进行工程桩磨桩施工，对运营隧道产生影响存在不确定性。

对于上述工程风险点，需对施工增加相应工程措施，减少对运营隧道影响。

1. 自动化监测

盾构下穿既有运营隧道向两侧延伸20m范围内进行自动化监测，加密地面监测，实时反应运营隧道变形情况，可及时调整盾构推进参数，控制地层损失。

2. 施工措施

（1）在盾构下穿前120m设置模拟段，优选盾构掘进参数，确定下穿段盾构推进速度、刀盘转速、土仓压力、出土量、同步注浆等参数。

（2）杭州机场轨道快线穿越前对地铁1号线左线及东广场地下室磨桩范围进行MJS预加固，减小磨桩及穿越对其产生的影响。杭州地铁6号线下穿前对距离最近的4号线右线进行MJS预加固，减小穿越对其产生的影响。

（3）加强穿越段隧道管片及螺栓等级，并增设管片注浆孔。

（4）穿越过程中，根据监测数据，及时对隧道进行微扰动二次注浆加固，减小对既有隧道影响。

（5）盾构穿越后，持续监测并加强二次注浆，直至隧道沉降稳定。

四、数值模拟计算

1. 局部模型分析

为了更好地了解盾构隧道掘进对周边环境的影响，本次采用Plaxis 3D软件分析盾构隧道施工对轨道交通的影响，计算影响因素有土仓压力、盾尾注浆压力和盾构推进产生的摩阻力等（图7-75）。

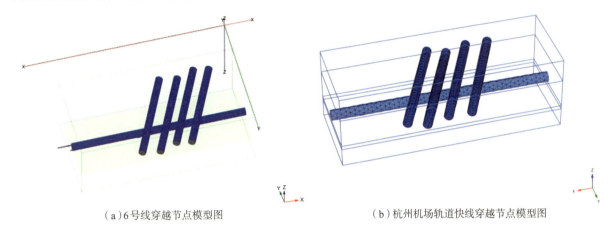

(a) 6号线穿越节点模型图　　　　　　(b) 杭州机场轨道快线穿越节点模型图

图7-75　局部穿越模型图

通过数值模拟逐环推进，分析新建6号线盾构隧道施工对既有1号线、4号线隧道的影响，具体结果如图7-76、图7-77所示。

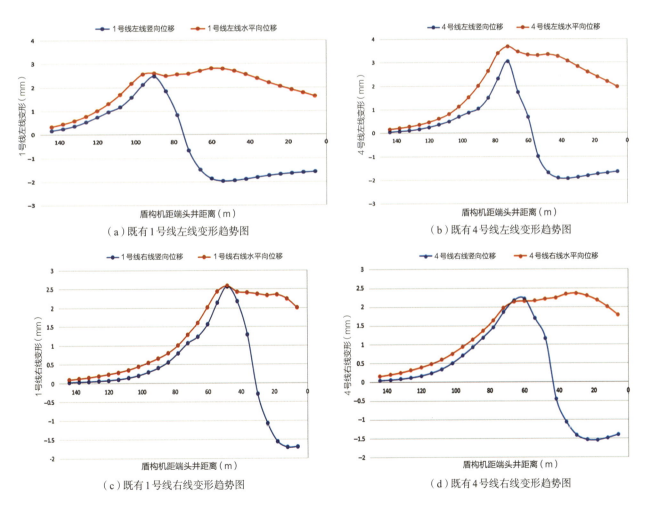

(a) 既有1号线左线变形趋势图　　　　　　(b) 既有4号线左线变形趋势图

(c) 既有1号线右线变形趋势图　　　　　　(d) 既有4号线右线变形趋势图

图7-76　6号线下穿1号线、4号线影响趋势图

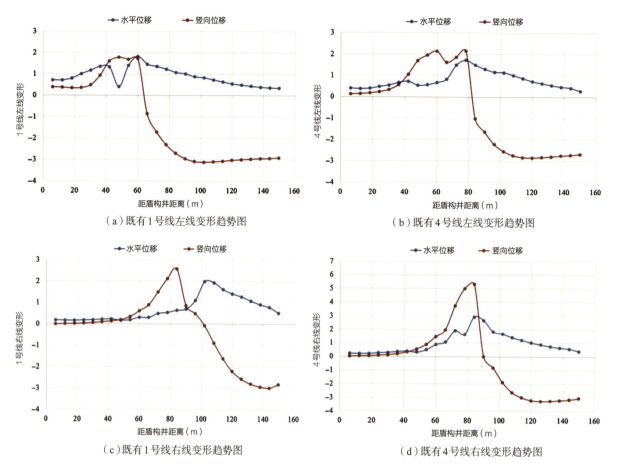

图7-77 杭州机场轨道快线下穿1号线、4号线影响趋势图

通过对6号线及杭州机场轨道快线进行局部穿越模型数值分析,可以得出,既有隧道受穿越隧道影响的范围较大,且盾构下穿主要引起的既有隧道变形为竖向位移大、水平位移较小。

2. 整体模型分析

根据地质勘察报告及实际结构相对位置关系,本次数值模拟采用Plaxis 3D软件以及Midas GTS软件同时建立三维数值分析模型,模型长度取530m,宽度取260m,高度取80m,确保分析结果不受边界约束的影响。本次模拟不考虑工后沉降影响。整体模型见图7-78,具体计算结果详见表7-23、表7-24。

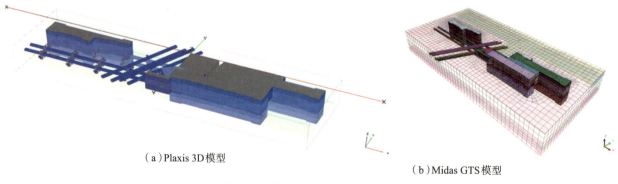

图7-78 整体模型图

Plaxis 3D软件计算结果 表7-23

工况	1号线右线(mm)			4号线右线(mm)			1号线左线(mm)			4号线左线(mm)		
	水平	竖向	收敛	水平	竖向	收敛	水平	竖向	收敛	水平	竖向	收敛
6号线穿越中	-1.1	-1.7	1.5	0.8	-1.7	1.5	1.0	-1.8	1.5	2.1	-2.7	2.0
杭州机场轨道快线穿越中	-0.9	-3.0	2.5	1.3	-3.0	2.5	1.5	-3.3	2.5	3.4	-4.1	4.0

注释：水平方向变形向东侧为"+"，竖向变形沉降为"-"。

Midas GTS软件计算结果 表7-24

工况	1号线右线(mm)			4号线右线(mm)			1号线左线(mm)			4号线左线(mm)		
	水平	竖向	收敛	水平	竖向	收敛	水平	竖向	收敛	水平	竖向	收敛
6号线穿越中	-0.9	-2.2	2.0	0.6	-2.2	2.0	1.0	-3.1	2.5	1.7	-3.8	3.0
杭州机场轨道快线穿越中	-0.7	-3.5	3.0	0.7	-3.5	3.0	1.4	-3.8	3.5	2.0	-4.1	4.0

注释：水平方向变形向东侧为"+"，竖向变形沉降为"-"。

根据两款计算软件计算结果显示：

（1）6号线盾构隧道穿越过程中引起运营隧道最大水平变形2mm，最大竖向变形-3.8mm，最大收敛变形3.0mm。

（2）杭州机场轨道快线盾构隧道穿越过程中引起运营隧道最大水平变形3.4mm，最大竖向变形-4.1mm，最大收敛变形4.0mm。

五、既有隧道变形分析

1. 现场监测点布设

本次下穿工程施工自动化监测布点根据相关要求及项目特点，在区间隧道强烈影响区域及显著影响区域范围每3m布置1个监测断面，在一般影响区域范围每6m布置1个监测断面。由于6号线与杭州机场轨道快线工程施工存在先后关系，具体监测点布置如图7-79、图7-80所示。

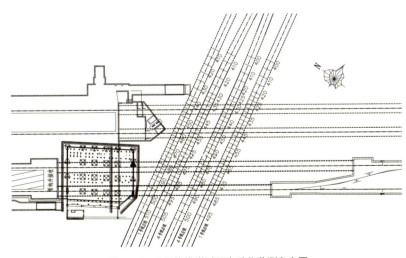

图7-79 6号线推进过程自动化监测布点图

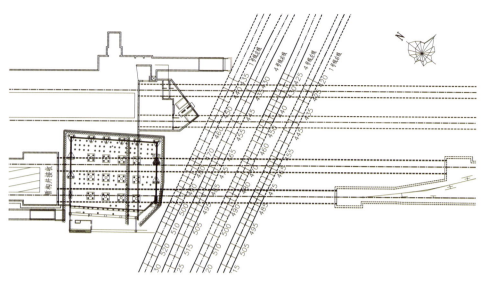

图7-80 杭州机场轨道快线推进过程自动化监测布点图

2. 既有结构变形规律

地铁6号线与杭州机场轨道快线下穿运营隧道相关时序关系统计如表7-25所示。

施工时序表 表7-25

时间	工程概要
2020年09月27日～2020年11月17日	6号线MJS加固施工
2020年11月18日～2020年12月29日	6号线洞门注浆施工
2020年12月30日～2021年02月09日	6号线下穿1号线、4号线
2021年02月09日～2021年03月10日	工后沉降0～30d
2021年03月10日～2021年07月05日	工后沉降31～147d
2021年08月06日～2021年09月03日	杭州机场轨道快线下穿区域MJS加固
2021年09月04日～2021年11月08日	东广场地下室围护咬合桩施工
2021年11月09日～2022年01月05日	东广场地下室范围MJS加固施工
2021年12月14日～2021年12月23日	杭州机场轨道快线左线始发至正下穿前
2021年12月24日～2021年12月31日	杭州机场轨道快线左线正下穿1号线、4号线
2022年01月01日～2022年01月17日	杭州机场轨道快线左线完成贯通
2022年01月08日～2022年01月21日	杭州机场轨道快线右线始发至正下穿前
2022年01月22日～2022年01月30日	杭州机场轨道快线右线正下穿1号线、4号线
2022年01月31日～2022年02月07日	杭州机场轨道快线右线完成贯通
2022年02月08日～2022年03月10日	工后沉降0～30d

本节主要对新建4线盾构隧道MJS加固、穿越前、穿越过程中、穿越完成后，以及工后沉降等方面对既有运营区间结构竖向位移量进行监测数据整理，并根据施工先后顺序分析既有隧道结构竖向变形规律。

根据图7-81～图7-84，分析地铁6号线下穿既有运营1号线、4号线隧道竖向位移曲线可得出如下结论。

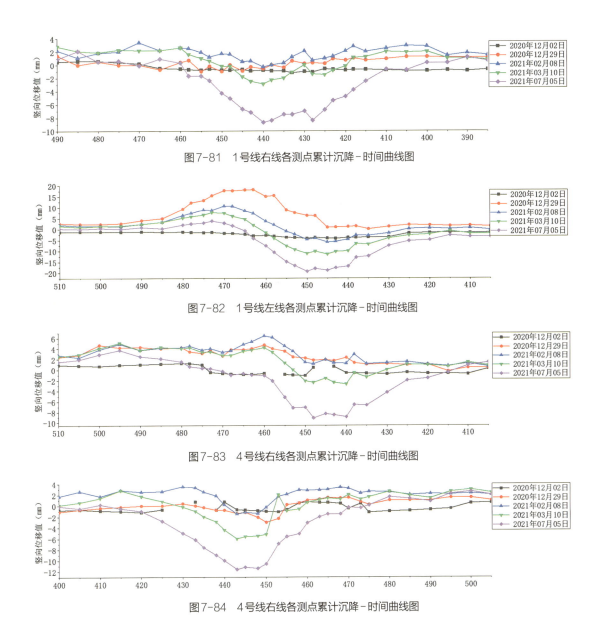

图7-81　1号线右线各测点累计沉降-时间曲线图

图7-82　1号线左线各测点累计沉降-时间曲线图

图7-83　4号线右线各测点累计沉降-时间曲线图

图7-84　4号线右线各测点累计沉降-时间曲线图

（1）始发前

在新建隧道下穿既有隧道结构前，主要施工步骤为MJS加固与洞门水平注浆施工，施工导致淤泥质粉质黏土地层产生扰动，短时间内的应力突变，对距离车站端头最近1号线左线隧道产生较大影响，最大竖向位移18.1mm，并向两侧递减；其余各既有线路隧道竖向变形均较为平缓。

（2）隧道下穿、贯通

整个施工过程中对既有运营隧道结构产生的竖向影响，主要表现为轻微的隆起，说明了施工过程中同步注浆、二次注浆可以有效地减小对既有隧道的影响，保持土体一定的稳定性。在盾构下穿过程中，土体自身经过一定时间变形，注浆影响范围内土体进行了应力重分布，具体表现为上阶段较大变形的1号线左线隧道产生了较大的竖向沉降，沉降最大值为13.5mm。

（3）工后沉降

以1号线右线为例，两个时间段的沉降变化趋势符合正下穿位置变形最大，并向两侧逐渐变小的一般规律；同时，最大变形位置处第二个时间段变形值较第一个时间段来看，有明显的增加，并超过一般规范对工后沉降的要求，说明在易扰动地层中隧道的工后沉降是隧道产生变形的主要阶段，亦说明在该阶段采用必要的工程措施以减小隧道变形的必要性。

根据图7-85～图7-88，分析杭州机场轨道快线下穿既有运营1号线、4号线隧道竖向位移曲线可得如下结论。

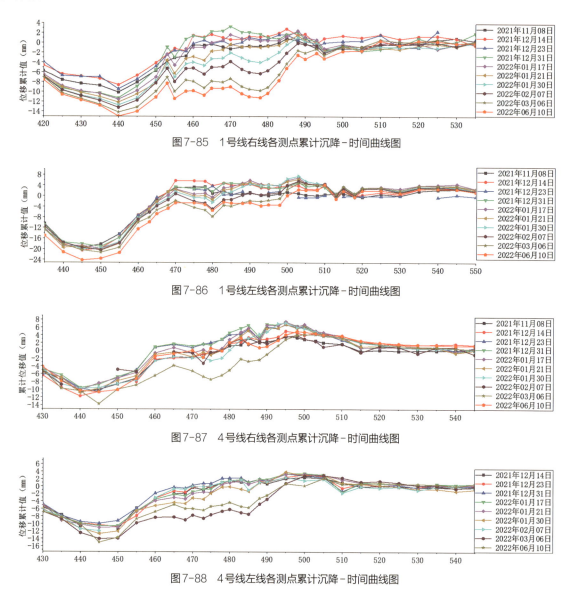

图7-85　1号线右线各测点累计沉降-时间曲线图

图7-86　1号线左线各测点累计沉降-时间曲线图

图7-87　4号线右线各测点累计沉降-时间曲线图

图7-88　4号线左线各测点累计沉降-时间曲线图

（1）始发前

在新建隧道下穿既有隧道结构前，既有运营隧道由于受到东广场地下室围护桩施工及地下室MJS加固施工影响，1号线左线隧道结构产生最大3.8mm的竖向位移，4号线右线隧道结构产生最大2.5mm的竖向位移，其余既有线路隧道结构竖向位移较为平稳；体现了侧向注浆施工对隧道影响随着距离的增加而减小。

（2）隧道正下穿前

杭州机场轨道快线左线正下穿前，1号线右线位于6号线隧道正上方，竖向位移值为-3.3mm，属于工后沉降影响,正下穿位置隧道结构产生竖向位移值为3.8mm,为盾构机施工推进过程土体出土不及时导致既有隧道隆起;1号线左线最大竖向位移值为-4.4mm,位于离东广场地下室最近位置,属于加固浆液收缩导致。

(3)隧道正下穿中

新建隧道正下穿既有隧道结构过程中,由监测数据可知各断面变形规律基本趋于一致。正下穿过程中,各既有运营隧道结构主要影响区域竖向变形均表现为上浮;影响最大为杭州机场轨道快线左线施工过程中,对1号线左线产生竖向位移影响值5.7mm,而其余隧道竖向变形较为平稳。通过比较几条线路的变形情况可以得出,隧道通过后,其余3条线路有一定的沉降趋势,同时由于水平推进土体挤压导致1号线左线产生较大的竖向上浮影响。

(4)隧道贯通

新建隧道下穿贯通后,隧道竖向变形均表现为下沉,位移值大小与隧道下穿顺序相反,先下穿通过的既有隧道竖向变形较大,符合盾构通过后,既有隧道受影响的工后沉降一般规律。

(5)工后沉降

根据数据可以得出,既有运营1号线、4号线隧道竖向位移均表现为下沉,沉降最大位置位于正影响范围,并向两侧递减;接近6号线下穿区域隧道竖向变形要较另一侧大,属于6号线盾构隧道工后沉降影响产生。同时,既有隧道受新建隧道影响仅处于工后的第一个阶段,最大竖向变形值已达到-10.3mm,经过现场调查,隧道贯通后,本区间仅进行了2次二次注浆施工,说明工后及时进行二次注浆的必要性。

3. 与数值计算结果对比分析

对盾构4线穿越既有运营1号线、4号线隧道竖向位移变形值最终结果统计,并与数值模拟计算结果进行对比。6号线下穿贯通后,既有隧道最大竖向位移为-6.0mm,杭州机场轨道快线下穿贯通后,既有隧道最大竖向位移为-7.0mm,与数值模拟结果相比差值为-2.9mm,分析其原因在于施工过程中推进速度较快,未能及时有效地进行注浆,推进产生的分析无法得到有效填充。同样,由于受扰动的土体会进行一段时间的固结与应力重分布,同时过程中会伴随着注浆浆液的收缩,现场未能及时地根据监测数据对收缩沉降位置管片进行低压、少量、多次的二次注浆,从而导致最终既有隧道结构的竖向沉降要远大于数值模拟结果。

4. MJS加固效果分析

杭州机场轨道快线推进之前,对既有运营1号线左线隧道485~500环之间进行MJS加固。根据数据显示,MJS加固范围管片竖向沉降最大值为-4.0mm,位于485环,MJS加固范围边缘,受杭州机场轨道快线左右线盾构施工影响;而1号线左线非加固区隧道最大沉降值为-9.7mm;同时,隧道沉降大于-5mm范围为475~485环。对于穿越距离相似的1号线右线隧道,受杭州机场轨道快线下穿影响竖向位移最大值为-10.3mm,处于杭州机场轨道快线右线正下穿位置;同时,隧道沉降大于-5mm范围为4445~485环。通过实测数据得出MJS的加固可以有效降低既有隧道的影响。

六、小结

本节依托于杭州机场轨道快线和地铁6号线盾构近距离下穿既有运营1号线、4号线区间工程，研究了4线盾构隧道间隔施工近距离穿越变形控制重要节点。通过预加固、"克泥效"注浆、同步注浆、二次注浆以及盾构掘进试验段，将区间掘进自身风险等级和既有运营隧道的环境风险等级降低至Ⅲ级。

（1）6号线下穿过程中，既有线变形符合多数有关双线下穿既有隧道的变形规律的研究。注浆隆起、穿越微隆起、工后沉降，整体趋势为正下穿位置变形值最大，并向两侧递减。

（2）杭州机场轨道快线下穿过程中，既有线在盾构下穿前、正下穿、下穿贯通三个阶段中，隧道主要竖向位移产生阶段为正下穿阶段。

（3）盾构掘进过程中，采用"克泥效"及时填充开挖直径和盾体之间的空隙，能有效减少隧道穿越施工期间的土体损失，以控制既有隧道的沉降。同时，通过试验段提前调整掘进压力、出土量与掘进距离平衡（进土量）和同步注浆量等施工参数，实现了掘进过程中的扰动。

（4）4号线盾构隧道施工完成后，既有隧道工后沉降值要远大于数值模拟值，其原因在于因工作面制约未能及时有效地对盾构隧道进行二次注浆。二次注浆应控制注浆压力，并采用少量、多次、均匀的原则，可以有效减小土体损失后应力重分布过程中的沉降，进而减小对既有隧道结构的影响。

（5）根据1号线左线485～500环之间MJS预加固后，既有隧道沉降监测数据得出，对既有运营隧道进行MJS预加固是一项有效减小沉降及穿越影响范围的措施。

第八节
盾构穿越既有建筑物群关键技术研究

一、概述

随着各大城市轨道交通工程的推进，盾构隧道从既有建筑物下方穿越的情况越来越多。控制盾构穿越引起的建筑物变形，对建筑物进行保护，成为工程实施的重点。不少学者针对此问题开展了研究：徐朝辉以北京地铁10号线穿越嘉禾民巷为背景，通过盾构机改造、渣土改良、掘进参数控制及加注新型回填材料等技术措施，保证了工程顺利实施；张会远以深圳地铁9号线车公庙站～香梅站盾构区间下穿装修家私城为例，介绍了下穿段盾构掘进控制技术；孙宇坤与关富玲结合杭州地铁1号线某区间下穿砌体结构建筑物群，分析了砌体结构沉降的规律；魏纲等基于杭州1号线某区间下穿建筑物，结合盾构掘进系统的数据，对建筑物与地表的实测沉降数据进行了分析；陈浩与张建坤对北京某地铁下穿平瓦房进行了监测试验，总结了房屋变形沉降规律；刘承宏与陈宇博探讨了粉细砂及粉质黏土层中盾构下穿老旧房屋的控制措施及施工技术参数。

淤泥质地层中盾构下穿建筑物群的案例较为罕见，本节以杭州机场轨道快线下穿某小区浅基础建筑物群为背景，分析施工过程沉降控制措施，对建筑物及地表沉降监测数据进行分析，研究建筑物沉降规律，为类似工程提供参考。

二、工程概况

1. 工程概况

杭州机场轨道快线某区间采用盾构法施工，结构形式为单圆盾构隧道，隧道外径6.9m，内径6.1m，衬砌厚度400mm。区间以600m半径大面积下穿某社区房屋。区间穿越范围埋深为24.5～28.0m。该社区房屋为7层钢筋混凝土框架结构，采用ϕ377夯扩桩基础，夯扩桩桩底标高-7.500m，桩底埋深约13.5m，盾构隧道拱顶距离桩底为11～14.5m。

盾构区间与建筑物平剖面关系如图7-89与图7-90所示。

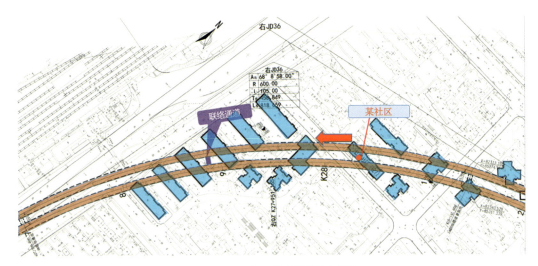

图7-89 区间下穿房屋平面示意图

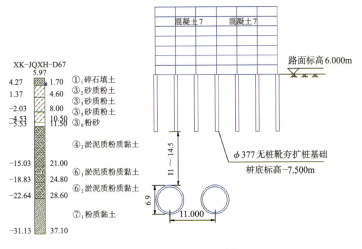

图7-90 区间下穿房屋剖面关系图

2. 工程地质、水文地质

盾构隧道穿越范围地层为：①$_1$碎石填土、③$_2$砂质粉土、③$_3$砂质粉土、③$_5$砂质粉土、③$_6$粉砂、④$_2$淤泥质粉质黏土、⑥$_1$淤泥质粉质黏土、⑥$_2$淤泥质粉质黏土、⑦$_1$粉质黏土。隧道位于⑥$_2$淤泥质粉质黏土层与⑦$_1$粉质黏土层中。

拟建场地地下水以潜水为主，承压水含水层埋层较深，不在本工程影响范围。拟建场地浅层地下水主要赋存于表层填土及地层中，由大气降水径流补给以及地表水的侧向补给，潜水一般水位为0.40～3.40m。

场地地层物理力学性质如表7-26所示。

场地地层物理力学参数表　　　表7-26

层号	岩土名称	含水量 w %	天然重度 γ kN/m³	孔隙比 e —	地基承载力特征值 f_{ak} kPa	压缩模量 $E_{s0.1\sim0.2}$ MPa	固结快剪 凝聚力 c kPa	固结快剪 内摩擦角 ϕ °	静止侧压力系数 k_0 —
①$_1$	碎石填土	—	19.0	—	90	3.5	0	15	0.50
③$_2$	砂质粉土	28.8	18.9	0.806	110	5.5	4	22	0.45
③$_3$	砂质粉土	25.3	19.3	0.720	150	9.0	3	28	0.40
③$_5$	砂质粉土	26.1	19.2	0.734	130	6.5	4	20	0.45
③$_6$	粉砂	24.5	19.4	0.700	150	9.0	3	29	0.39
④$_2$	淤泥质粉质黏土	42.0	17.3	1.177	75	2.1	13	10	0.58
⑥$_1$	淤泥质粉质黏土	41.5	17.4	1.168	70	2.5	13	10	0.58
⑥$_2$	淤泥质粉质黏土	42.2	17.3	1.190	75	2.6	14	10.5	0.58
⑦$_1$	粉质黏土	25.8	19.3	0.723	170	6.2	40	16.6	0.39

3. 盾构穿越建筑物群设计与施工措施

为控制盾构穿越建筑物群引起的建筑物沉降，提出主要措施如下：

（1）采用复合式土压平衡盾构施工，下穿段前后15m范围管片增加全环注浆孔，并于下穿段压注"克泥效"及时填充开挖直径和盾体之间的空隙，注入率为120%～130%，同时控制注入压力和注入量。

（2）下穿段盾构管片配筋加强，螺栓强度等级提高一级。

（3）设置盾构施工模拟段，并将监测到的数据提供给技术人员，技术人员通过分析，及时通知盾构施工人员调整盾构推进速度、刀盘转速、正面土舱压力、出土量、同步注浆量等施工参数。

（4）盾构掘进中时刻控制掘进速度和螺旋输送机出土速度，使掘削量等于出土量，以保证不多出土，保证掌子面稳定及拱顶土体稳定。

（5）严格控制好土仓压力波动，防止压力波动太大对拱顶土体造成扰动，发生拱顶沉陷。施工中应特别注意调整掘进速度和出土量，使土仓压力波动控制在最小的幅度范围内，以减少对建（构）筑物带来的变形和沉降。

（6）严格控制同步注浆量，通过同步注浆及时填充建筑空隙，减少施工过程中土体的受扰动变形。合理控制注浆压力，注浆压力过大，管片外的土层将会被浆液扰动而造成较大的沉降，并易造成跑浆。同时，注浆压力过小填充速度过慢，填充不足，也会使变形增大。实践证明，注浆压力应控制在1.1～1.2倍的静止土压力值。

（7）盾构推进中优选最佳施工参数，保证开挖面稳定，加强同步注浆和二次注浆，将盾构施工引起的地层损失率控制在3‰内。盾构穿越时控制纠偏量，单次纠偏量≤2mm。

（8）加强监测，施工前应建立完整的测量和监控量测系统对上述结构的沉降、变形进行监测，监测频率及周期应通过模拟试验段施工的具体情况确定，确保反映盾构施工时周边环境的实时影响。

（9）掘进过程中加强渣土改良，严防由于泥饼生成和土仓的堵塞。

三、建筑物沉降控制标准

本次盾构穿越的建筑物以框架结构为主，框架结构的变形允许值根据《建筑地基基础设计规范》GB 50007—2011确定。根据规范规定，中、低压缩性地基土地区框架结构相邻柱基的沉降差允许值为$0.002L$（L为相邻柱基的中心距离）。

此外，根据工程经验，对于一般框架结构，沉降差极值δ/L小于$1/1000$（L为建筑物长度，δ为差异沉降），最大隆起小于10mm及最大沉降小于20mm时，破坏程度极其轻微，只有很细的裂缝，无建筑破坏。

因此，在盾构施工期间，建筑物隆起量不大于10mm，沉降量不大于20mm，差异沉降不得大于$0.001L$（L为相邻独立基础的间距）。

四、盾构穿越建筑物群监测数据分析

1. 监测方案

本区间下穿某社区的房屋共有15幢，本节以最典型的3幢建筑物为例展开研究。

区间左线盾构自2021年3月21日开始先后下穿3幢建筑物（1号、2号、3号），2021年3月25日完成本段穿越施工；右线盾构自2021年4月27日开始下穿3幢建筑物，2021年5月1日完成本段穿越施工。

2. 监测结果分析

3幢建筑物沉降变化趋势如图7-91～图7-93所示。

截至2021年5月1日，盾构穿越完成后，1号、2号及3号房屋最大沉降数值分别为4.9mm（测点JGC37-2）、5.7mm（测点JGC38-5）及5.6mm（测点JGC39-3）。盾构施工引起的房屋最大沉降数值均较小，满足房屋变形控制要求。

由于隧道所处地层及隧道上方存在10m以上淤泥质土，淤泥质地层受盾构掘进扰动之后，难以迅速恢复地层稳定。因此，2021年5月1日隧道掘进完成后，上部房屋仍保持下沉趋势。通过在隧道内部注浆，可以短时间抑制房屋下沉，注浆次数及注浆量无法保持的情况下，房屋工后沉降发展较快。

最终，1号、2号及3号房屋最大沉降数值分别为25.6mm（测点JGC37-1）、21.0mm（测点JGC38-8）及26.3mm（测点JGC39-1）。工后沉降占总沉降的比例分别为80%、72.8%及78.7%。

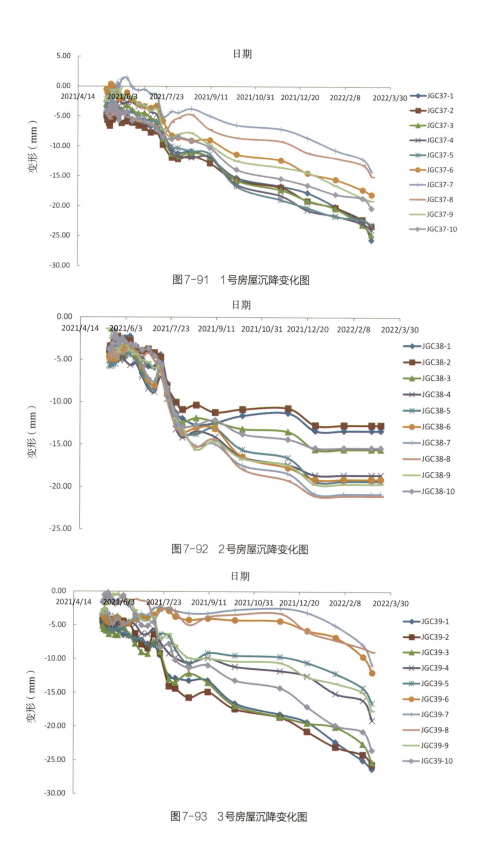

图7-91　1号房屋沉降变化图

图7-92　2号房屋沉降变化图

图7-93　3号房屋沉降变化图

1号沉降最大的测点为JGC37-1及JGC37-3，沉降最小的测点为JGC37-7及JGC37-8；2号沉降最大的测点为JGC38-7及JGC37-8，沉降最小的测点为JGC38-1及JGC38-2；3号沉降最大的测点为JGC39-1及JGC39-2，沉降最小的测点为JGC39-7及JGC39-8。房屋沉降与盾构隧道引起的地表沉降槽吻合，隧道上方沉降最大，远离隧道的位置沉降较小。1号、2号及3号三幢房屋的差异沉降数值分别为0.3‰、0.26‰及0.54‰。差异沉降的数值能够满足变形控制要求。

因此，本项目盾构下穿房屋总沉降数值虽然超过设定的控制值，但差异沉降的数值满足控制要求，建筑物并未出现明显裂缝等状况。

五、小结

本节以杭州机场轨道快线区间隧道下穿建筑物群为背景，提出了软土地区盾构隧道下穿建筑物的沉降控制措施，同时对建筑物沉降监测数据进行分析，经研究发现：

（1）盾构掘进过程中，采用"克泥效"及时填充开挖直径和盾体之间的空隙，能有效减少隧道穿越施工期间的土体损失，以控制地表及建筑物沉降。同时，通过试验段提前调整掘进压力、出土量与掘进距离平衡（进土量）和同步注浆量等施工参数，实现了掘进过程中的微扰动。

（2）软土地区尤其是淤泥质地层，工后沉降占总沉降的比例超过70%，所以控制工后沉降是减少建筑物累计沉降量的关键。需要及时通过二次注浆稳定被扰动的地层，填充同步注浆浆液收缩等引起的空隙，二次注浆应控制注浆压力，并采用少量、多次、均匀的原则。

第八章
新技术与新工艺

第一节
盾构隧道管片设计关键技术

一、概述

杭州机场轨道快线设计最高速度为120km/h，采用6A型车辆编组。目前国内已通车运营设计速度为120km/h的地铁线路管片相关参数统计如表8-1所示。

120km/h地铁线路概况　　　　　　　　　　　　　　　　表8-1

名称	线路长度	行车速度（km/h）	阻塞比	内径（mm）
广州3号线	主线28.75km，设13站；支线7.41km，设5站	120	0.5	5400
深圳11号线	51.7km，全线设18站，地下13站，高架5站	120	0.4	6000
上海16号线	59km，全线设11站，地下2站，高架9站	120	0.33	10360，单洞双线加中隔墙

结合本工程特点，经线路、限界、通风、结构等各专业综合比较分析，国内既有120km/h设计速度线路的隧道管片设计已不适用于本工程，本节主要对杭州机场轨道快线工程的隧道选型展开论述，为类似工程提供借鉴。

二、工程与水文地质

杭州机场轨道快线工程全线贯穿杭州市南北两大地貌单元，从苕溪的湖沼积平原到钱塘江的冲海积平原，沿线地域均涉及深厚的软土地层，依据其埋深和分布对杭州机场轨道快线的影响程度，城西段的西溪湿地范围的软土层影响尤为明显，其埋深浅、厚度大且分布范围广，是湖沼-海积地层的典型代表。一般软土具有天然含水量高、天然孔隙比大、压缩性高、抗剪强度低、固结系数小、固结时间长、灵敏度高、扰动性大、透水性差、土层层状分布复杂、各层之间物理力学性质相差较大等总的性状特点。

杭州机场轨道快线区间主要穿越深厚的软土地层，以全线隧道埋深最大的西湖文化广场站～火车东站站区间为例，其隧道穿越范围内地层的物理力学参数如表8-2所示。

三、盾构隧道衬砌选型

1. 隧道衬砌内径确定

隧道内径的确定主要取决于限界（包括车辆限界、设备限界、建筑限界等），同时还要考虑阻塞比、施工误差、测量误差、设计拟合误差、不均匀沉降等因素。

西湖文化广场站～火车东站站区间地层物理力学参数表　　　　表8-2

层号	岩土名称	地基土承载力特征值 f_{ak} kPa	压缩模量 $E_{s0.1-0.2}$ MPa	基床系数 水平 K_h MPa/m	基床系数 垂直 K_v MPa/m	地基比例系数 m kN/m⁴	渗透系数 水平 K_h cm/s	渗透系数 垂直 K_v cm/s	剪切试验 直剪固结快剪（标准值）凝聚力 c kPa	剪切试验 内摩擦角 ϕ °	静止侧压力系数 k_0
⑤$_1$	灰黄色、褐黄色黏土	160	5.5	20	16	5000	5.0×10^{-7}	4.5×10^{-7}	38	15	0.41
⑤$_2$	灰黄色、褐黄色粉质黏土夹粉土	120	4.5	15	12	3500	8.0×10^{-6}	6.0×10^{-6}	30	14	0.46
⑥$_1$	灰色淤泥质粉质黏土	70	2.5	5	5	1500	2.5×10^{-6}	2.0×10^{-6}	13	10	0.58
⑥$_2$	灰色淤泥质粉质黏土	75	2.6	5.5	5	1600	6.0×10^{-7}	5.0×10^{-7}	14	10.5	0.58
⑥$_3$	黏质粉土	110	3.0	13	11	3000	7.0×10^{-5}	6.0×10^{-5}	5	20	0.46
⑦$_1$	褐黄色粉质黏土	170	6.2	25	20	5600	5.0×10^{-7}	4.5×10^{-7}	40	16.5	0.39
⑦$_2$	褐黄色粉质黏土夹粉土	120	5.0	17	14	4000	8.0×10^{-6}	6.0×10^{-6}	35	14	0.46
⑦$_3$	灰黄色粉砂	130	6.0	17	14	4000	3.0×10^{-3}	2.5×10^{-3}	3	25	0.43
⑧$_1$	灰色粉质黏土	80	3.0	10	8	2000	3.0×10^{-6}	2.0×10^{-6}	15	11	0.54
⑧$_2$	灰色粉质黏土	110	4.2	14	11	3000	8.0×10^{-6}	6.0×10^{-6}	24	13	0.47
⑨$_1$	青灰色、褐黄色粉质黏土	160	6.0	25	20	5600	5.0×10^{-7}	4.5×10^{-7}	36.5	16	0.41
⑨$_2$	青灰色、褐黄色含砂粉质黏土	130	5.0	17	14	4000	8.0×10^{-6}	6.0×10^{-6}	27	14	0.46
⑨$_3$	灰黄色中细砂	170	6.5	25	20	5600	8.0×10^{-3}	7.5×10^{-3}	1	30	0.39
⑩$_1$	青灰色粉质黏土	120	6.0	15	12	3500	8.0×10^{-6}	6.0×10^{-6}	25	14	0.46
⑪$_1$	褐黄色粉质黏土	160	6.0	20	16	5000	5.0×10^{-7}	4.5×10^{-7}	32	16	0.40
⑪$_2$	灰色、灰褐色含砂粉质黏土	100	4.0	14	11	3000	3.0×10^{-6}	2.0×10^{-6}	31	13.5	0.46
⑫$_1$	灰、灰黄色粉砂	180	11.0	25	20	5500	6.0×10^{-3}	5.5×10^{-3}	2	30	0.39
⑫$_3$	灰、灰黄色粉砂	220	12.0	30	24	6500	2.0×10^{-2}	1.5×10^{-2}	0	33	0.38
⑫$_4$	灰、灰黄色圆砾	400	18.0	60	50	40000	3.0×10^{-1}	2.0×10^{-1}	5	37	0.34
⑬$_1$	灰色粉质黏土	110	4.0	14	11	3000	3.0×10^{-6}	2.0×10^{-6}	23	13	0.48
⑭$_1$	灰、灰黄色粉细砂	170	11.0	25	20	5600	6.0×10^{-3}	5.5×10^{-3}	2	30	0.39
⑭$_4$	灰、灰黄色圆砾	420	19.0	65	55	45000	2.50×10^{-1}	2.00×10^{-1}	5	38	0.32

（1）限界要求

杭州机场轨道快线圆形隧道（单线）建筑限界直径为5800mm。

（2）阻塞比

根据《地铁设计规范》GB 50157—2013第13.2.7条，当隧道内空气总的压力变化超过700Pa时，其压力变化率不得大于415Pa/s，作为车内乘客压力舒适度标准。根据国内近几年的研究成果，当列车速度为100km/h及以下时,阻塞比为0.45～0.5;当列车速度为120km/h时,阻塞比小于0.4,区间隧道内压力变化率能满足规范要求。

对于设计最高速度为120km/h的A型车:采用内径为6000mm圆形隧道时,其阻塞比为0.410;采用内径为6100mm圆形隧道时,其阻塞比为0.385,小于0.4。

从舒适度方面考虑,杭州机场轨道快线地下区间隧道内径不宜小于6100mm。

(3)土建施工及变形余量

本工程地下区间隧道埋深多为15～30m(所占比例约为64%),超深埋隧道约占整个盾构区间的47.15%。沿线主要穿越粉砂、粉砂夹淤泥质粉质黏土、淤泥质黏土及黏土层,部分区间下卧深厚淤泥质黏土层,沿线工程地质较差,结合上海、南京、杭州等软土地区已有隧道结构受外界工程活动扰动后的变形现状(隧道收敛可达100mm),隧道应预留一定的变形余量,并考虑后期补强、二衬加固等余量。

结合盾构区间隧道建筑限界、阻塞比、变形余量等要求,盾构隧道内径选择有三个方案,见表8-3、表8-4。

杭州机场轨道快线地下区间隧道内径方案 表8-3

盾构参数	方案一	方案二	方案三
建筑限界(mm)	5800	5800	5800
误差、补强及变形余量(mm)	100	150	200
管片内径(mm)	6000	6100	6200
阻塞比	0.410	0.385	满足

杭州机场轨道快线地下区间隧道内径方案比选 表8-4

方案	盾构内径(mm)	阻塞比	优点	缺点
方案一	6000	0.410	杭州有适用的盾构机型	阻塞比不满足;预留施工误差及变形余量较小
方案二	6100	0.385	预留钢环补强及变形余量	盾构机改造或重新购置盾构机
方案三	6200	满足	预留钢环补强及变形余量	盾构机改造或重新购置盾构机

(4)方案比选

1)除方案一外,其余两个方案,杭州均无适用的盾构机型,需进行盾构机改造或重新购置盾构机;

2)考虑阻塞比要求,应选用内径为6100mm及以上的隧道管片,方案一需采用其他措施满足阻塞比要求,且土建施工及变形余量较小;

3)方案三预留土建及变形余量更大,但在管片厚度相同时,方案二隧道综合刚度更大,抵抗变形能力更强,对于变形控制做到"疏""堵"结合。同时,方案三盾构开挖断面更大,对于车站数量少、区间长度大的工程,造价更高。

因此,在建筑限界为5800mm的条件下,结合软土地区盾构隧道现状,选用内径为6100mm的隧道,考虑两侧预留150mm的施工误差、变形余量及结构补强空间,更好地满足经济性与安全性要求。

2. 管片厚度确定

管片厚度的选取与地质条件和隧道埋深等有关。另外,管片环宽、分块、接头刚度、接缝防水等因素涉及刚度匹配问题，对管片厚度亦有影响，管片厚薄的优缺点比较及与管片刚度、耐久性、接头刚度、接缝防水等的关系如图8-1所示。

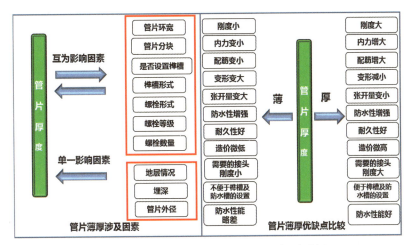

图8-1 管片厚薄的优缺点比较及影响因素分析

从图8-1可以看出，适当增大管片厚度时管片结构刚度大、变形小、耐久性好、防水性能好，但同时需要考虑接头刚度的匹配性。

根据《盾构隧道工程设计标准》GB/T 51438—2021，隧道外径为5～8m时，钢筋混凝土管片厚度一般为衬砌环外径的5%～6%，对于内径为6100mm的隧道，其适宜的管片厚度为350～400mm。管片厚度主要取决于隧道外部的荷载条件，应满足隧道在正常运营工况及隧道周边施工工况下的受力与变形要求。

本工程建立了不同隧道内径与管片厚度的计算模型，得到隧道变形量与侧向卸载量的整体刚度曲线，如图8-2所示。目前杭州地铁90%左右的运营隧道内径为5.5m，管片厚度为350mm。

由图8-2可知，隧道内径一致时，管片厚度越大。在相同的卸载量下，其变形量越小，即隧道整体刚度越大；管片厚度一致时，管片内径越大，隧道整体刚度越小。

正常运营工况下，隧道受力变形均处于线弹性阶段，随着隧道侧向卸载工况的出现，管片受力从线弹性逐渐变为弹塑性。在相同的卸载量下，6.1m内径、400mm厚度的隧道整体刚度优于5.5m内

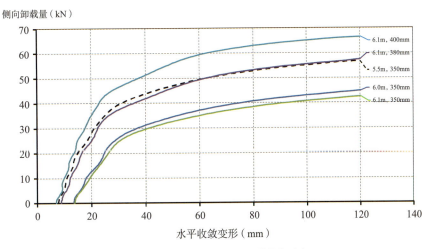

图8-2 不同管片尺寸的隧道整体刚度

径、350mm厚度的衬砌环。

考虑杭州机场轨道快线地下区间隧道埋深较大，沿线特殊的地质环境及复杂的周边环境可能带来建设期和运营期问题，为保证盾构隧道的结构受力及安全正常使用，全线采用内径6100mm、厚度400mm管片。对于40m以上的超深埋区段，采用钢纤维钢筋混凝土管片解决承载力及耐久性问题。

3. 管片环宽确定

决定管片环宽的因素主要有楔形量、线路曲线半径、拼装能力、管片分块、管片厚度等，涉及刚度匹配、重量匹配问题。管片环宽大利于防水，其耐久性好、刚度大，对拼装要求高，拼装速度快，但拼装灵活性差；管片环宽小不利于防水，其耐久性差，对于拼装要求低，拼装速度慢，但拼装灵活性好。管片环宽涉及因素及优缺点如图8-3所示。

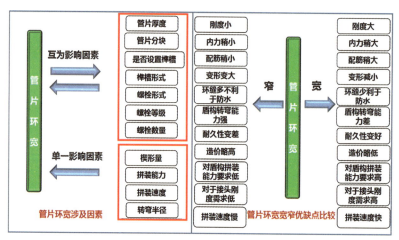

图8-3 管片宽度涉及因素及优缺点

目前国内地铁管片主要有1.2m和1.5m两种环宽，结合国内类似工程经验，从隧道内径、管片厚度与环宽的刚度匹配、重量匹配来看，杭州机场轨道快线推荐采用1.5m管片环宽。

4. 管片楔形量确定

在确定楔形量时，除了考虑曲线半径、隧道外径、管片宽度和在曲线段使用楔形衬砌环所占的百分比外，还要按盾尾间隙量进行校核。据日本统计，当隧道外径为5~7m时，楔形量宜取为30~60mm；外径为8~10m时，楔形量宜取为40~80mm。楔形量是按照线路最小曲线半径并满足错缝拼装的要求，且要结合盾构施工纠偏考虑。

杭州机场轨道快线全线区间的最小曲线半径为347m，考虑盾构施工可能产生的偏差，设计楔形量时，按最小半径250m考虑，另外考虑到管片错缝拼装，按前后管片分别左右旋转45°配对进行组合来确定楔形量。楔形量按下式计算：

$$\rho = 4DL/(2\Delta + 2\Delta\sin 45°)$$

式中：D为管片外径，取6.9m；L为环宽，取1.5m；Δ为楔形量；ρ为线路的曲线半径，取250m。

计算得到本管片楔形量Δ为48.5mm。

采用盾构管片排版软件进行全线右线排版，得到拟合线路曲线与设计线路的水平偏差如表8-5所示，左线与右线线型基本一致，不再另外进行排版验算。规范允许隧道轴线偏差为50mm，采用本管片能满足规范要求。

拟合线路曲线与设计线路的水平偏差结果对比表　　　　　表8-5

水平偏差（mm）	数量	百分比（%）
≤10	29556	97.35177866
>10，≤15	634	2.088274045
>15，≤20	128	0.421607378
>20，≤25	28	0.092226614
>25，≤30	7	0.023056653
>30，≤35	4	0.013175231
>35，≤40	3	0.009881423
合计（不含高架段）	30360	100

5. 衬砌环类型

轨道交通区间隧道的线路是由直线与曲线（圆曲线与缓和曲线）组成，为了满足盾构隧道在曲线施工和行驶时的需要，需设计楔形衬砌环。目前，国内通常采用的衬砌环有两种类型：

（1）直线、楔形衬砌环之间相互组合

盾构隧道在曲线上是以若干段折线（最短折线长度为一环衬砌环宽）来拟合设计的光滑曲线。设计和施工是采用楔形衬砌环与直线衬砌环的优选及组合进行线路拟合的。根据线路偏转方向及施工纠偏的需要，设计左转弯、右转弯楔形衬砌环及直线衬砌环。设计时根据线路条件进行全线衬砌环的排版，以使隧道设计拟合误差控制在允许范围之内。盾构推进时，依据排版图及当前施工误差，确定下一环衬砌类型。

（2）通用型管片

通用楔形圆环通过不同的转角度同时满足平、纵断面上不同曲线线路的要求。

它只采用一种类型的楔形衬砌环，盾构掘进时通过盾构机内环向千斤顶的传感器的信息确定下环转动的角度，以使楔形量最大处置于千斤顶冲程最长处，也就是说，管片衬砌环是可以多角度旋转的。由于它只需一种管片类型，大大减少了模具数量，降低了管模成本，加快了管片生产速度，避免因管片类型供应不上造成工期延误。但是通用型管片相比常规"左右转弯+直线型管片"而言，其对盾构施工技术及质量控制提出了更高的要求。

总体而言，通用型管片优势主要有：

1）衬砌环类型只有一种，模具利用率高，降低工程造价。

2）管片生产管理方便，不会出现不同衬砌环数量不匹配的情况。

3）管片拼装位置多，选择余地大，不会因管片类型采用不合适而造成质量问题。

4）利于区间设计，根据隧道埋深分段配筋的实施，避免多种衬砌环时不同配筋的衬砌环类型数量的不确定性，节约钢筋用量。

5）采用通用衬砌环并不需要盾构机进行特殊配置，国内已有成功的工程经验。

从目前日益提高的施工技术水平、设备投资、拼装质量等角度出发，本工程采用通用衬砌环。

6. 衬砌环的拼装方式

衬砌圆环有通缝和错缝两种拼装方式。在通缝拼装条件下，管片衬砌结构的整体刚度较小，结构容易产生较大的变形,环向螺栓受力大,同时对结构的防水也产生较大的影响;而在错缝拼装条件下,管片衬砌结构的整体刚度较大,相同荷载条件下结构变形较小,在接缝防水上错缝的丁字缝比通缝的十字缝更容易处理,对结构的整体防水有利。

杭州区间隧道主要位于软土层中,为了控制其产生较大变形及良好的防水效果,本工程采用错缝拼装方式。

管片衬砌环分6块,全环由1块小封顶块、2块邻接块、3块标准块构成,小封顶拼装方便,施工可先搭接1/3环宽径向推上,再行纵向插入,衬砌环错缝拼装(图8-4)。

图8-4 衬砌环错缝拼装示意图

7. 榫槽设计

榫槽的设置在不同时期、不同区域的工程实践中有着不同的理解。凹凸榫的设置有助于提高接缝刚度、控制不均匀沉降、改善接缝防水性能,也有利于管片拼装就位,但与此同时增加了管片制作、拼装的难度,影响了拼装的速度,同时也是拼装和后期沉降过程中管片开裂的因素之一,客观上又削弱了管片防水性能。平面式接头构造简单,加工方便,拼装快捷,接头剪力主要靠连接螺栓承担,主要适用于接缝承受较小剪力的情形。榫槽式接头刚度好,管片间剪力传递可靠,抵抗变形能力强,适用于强度低、灵敏度高的地层。

目前国内地铁工程对榫槽的设置也不统一。一般来说,在地基承载力较高的地层中一般不设置榫槽,国内这方面的设计实例很多,例如广州地铁一号线、二号线、深圳地铁和北京地铁五号线试验段等。在富水的软流塑地层中一般要设置榫槽,但是环纵缝榫槽设置情况也不一致,例如上海地铁盾构区间隧道基本上是管片环、纵缝接触面皆设置榫槽,上海的黄浦江观光隧道(内径接近地铁区间隧道)和南京地铁区间盾构隧道管片只在纵缝接触面设置榫槽。

杭州地铁盾构区间隧道穿越的土层主要为软弱土层,高压缩性、高灵敏性,层面分布不均匀。为加强衬环间剪切刚度,防止管片间出现较大的错台,管片衬砌环缝接头面采用凹凸榫槽,纵缝接头面采用定位棒,不设榫槽。本工程亦采用杭州地铁常规做法。

盾构推进时,千斤顶推力反作用在衬砌管片上,是施工过程中对衬砌环影响最大的荷载。盾构机主推进油缸设计为16组(32根主推进油缸,图8-5),单根油缸的最大推力为1800kN,整机最大推力为57600kN。同一组的2根油缸同时推进，2个撑靴焊接为一个整体，一组撑靴沿管片周向长度 a 为768mm（单个撑靴为384mm），沿厚度方向取有效高度 b 为130mm。考虑因顶靴倾斜而产生的应力集中，取安全系数为1.5。根据《混凝土结构设计规范》GB 50010—2010进行局部受压承载力计算，计算结果见表8-6。

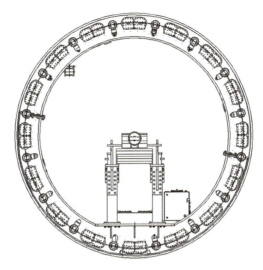

图8-5　主推进油缸布置

局部受压承载力计算表　　　　　　　　　　　　　　　　　表8-6

项目	符号	计算式	数值
C50混凝土轴心抗压强度设计值	f_c(N/mm²)	—	23.1
混凝土强度影响系数	β_c	—	1
单根油缸撑靴沿管片周向长度	l(mm)	—	384
每组油缸含油缸数量	n	—	2
每组油缸与混凝土局部受压区长度	a(mm)	$n \cdot l$	768
混凝土局部受压区宽度	b(mm)	—	130
每组油缸混凝土局部受压面积	A_1(mm²)	$a \cdot b$	99840
每组油缸混凝土局部受压净面积	A_{ln}(mm²)	$A_{ln}=A_1$	99840
每组油缸混凝土局部受压的计算底面积	A_b(mm²)	$(a+2b)(b+2b)$	400920
每组油缸混凝土局部受压时的强度提高系数	β_l	$\mathrm{srq}(A_b/A_1)$	2
每组油缸管片局部荷载设计值	F_1(kN)	$1.35\beta_c \cdot \beta_l \cdot f_c \cdot A_{ln}$	6227
安全系数	K	—	1.5
单根油缸推力	N_1(kN)	—	1800
实际最大油缸推力	N_2(kN)	—	3600
$K \cdot N_2 < F_1$			局部承压满足要求

8. 管片吊装孔设计

本管片吊装孔可兼作注浆孔，采用Q235B热轧无缝钢管，外径60mm，壁厚3.5mm。注浆管壁设置3根锚筋，加强与混凝土的粘结力。在施工中也有为后方设备及建筑材料的起吊提供反力支持等功能，在《盾构工程用标准管片》（2001，日本土木学会，日本下水道协会）中考虑到这个情况，规定混凝土管片的起吊孔需具有完全可以承受相当于1环管片环重量的构造。在《盾构法隧道施工及验收规范》GB 50446—2017中提出，抗拉拔承载力无设计要求时，抗拉拔力不应低于管片自重的7倍。

单块标准块管片重量 $W = \pi(D_2 - d_2)/4 \times 67.5/360 \times L \times \gamma_c = 57.4\text{kN}$

$7 \times 57.4/10 = 40.18\text{t}$

整环管片重量 $W = \pi(D_2 - d_2)/4 \cdot L \cdot \gamma_c = 306.3\text{kN}$

管片起吊、拼装过程中，吊装孔预埋件在动荷载下需具备足够的抗拔力（不考虑预埋件周边锚筋），结合《钢筋混凝土结构预埋件》16G362、《混凝土结构构造手册》（第五版），预埋件承载力极限状态计算采用下式：

$$\gamma_a S_d \leqslant k_1 R_d$$

式中：γ_a 为锚固连接重要性系数，安全等级为一级，$\gamma_a = 1.2$；安全等级为二级，$\gamma_a = 1.1$；本次取二级；S_d 为作用力设计值，当疲劳验算时，荷载用标准值；k_1 为直锚筋的承载力折减系数，疲劳验算受拉时，取0.6，本工程中吊装孔不受循环动荷载作用，故不考虑该折减系数，即 k_1 取1.0；R_d 为承受静力荷载时预埋件的承载力设计值。

预埋件直径 $d_1 = 70\text{mm}$，预埋件锚固段混凝土有效高度 h_0 以350mm计，管片抗拔破裂面与管片径向呈45°夹角，破裂面的外径 $d_2 = 70 + 350 \times 2 = 770\text{mm}$，平均直径：$d_3 = (70 + 770)/2 = 420\text{mm}$，对应的周长为 u_m，C50混凝土的抗剪强度设计值为 1.89 N/mm^2。故预埋件的抗拉拔承载力为：

$$R_d = V = 0.7 f_t u_m h_0 = 0.7 \times 1.89 \times \pi \times 420 \times 350 = 611\text{kN}$$

$$S_d = k_1 R_d / \gamma_a = 1.0 \times 611/1.1 = 555\text{kN}$$

综上，吊装孔预埋件抗拉拔承载力不小于55t。

9. 连接方式设计

目前常用的螺栓连接形式有直螺栓连接、弯螺栓连接、斜螺栓连接、无螺栓连接（砌块）以及销钉连接等。国内区间隧道的管片连接一般采用螺栓连接，而且螺栓是永久性的。这与欧洲的设计习惯差异很大，欧洲的管片的接缝一般只在管片拼装时采用螺栓，工程竣工后大部分螺栓取消。国内管片连接的螺栓在早期上海地铁中以直螺栓为主，直螺栓构造较简单，施工方便，在隧道衬砌为箱形管片时适用性较好。但其用于平板形管片，在接头两侧需设置预埋钢连接盒或较大的手孔，对管片衬砌削弱较大。

国内地铁盾构区间隧道绝大部分采用弯螺栓作为管片衬砌间的连接方式。弯螺栓连接时，接头两侧不需预埋连接盒，手孔也比直螺栓小，对管片截面的削弱也小。弯螺栓的连接存在两个问题：容许管片错位的能力差，因此管片若错位较大，经常造成管片手孔处混凝土的开裂。另外弯螺栓钢材用量较大，造价稍高，而且安装相对困难，基本难以拆卸，为了管片螺栓的拆卸方便，国外经常采用临时的斜螺栓连接。

斜螺栓连接方式就是在接头一侧管片中预埋钢或塑料的连接套筒（螺母），在接头另一侧设较小的手孔，拼装时用直螺栓从手孔中斜向插入，并与预埋连接套筒相连接，螺栓回收率高，造价节省。斜螺栓的缺点是管片间接缝刚度近于铰接，衬砌整体性差，结构抵抗不均匀沉降能力差，不利于结构抗震。

无螺栓连接（砌块）以及销钉连接的接头间没有连接螺栓，也不能施加预紧力，衬砌整体刚度小，隧道的抗震和防水性能均较差，不适合应用于地下水位较高的软土地区及抗震设防地区的地铁区间隧道。

杭州地铁盾构区间一般采用弯螺栓连接，本工程维持该做法，环缝设置16根螺栓，每条纵缝设置12根螺栓。

四、管片接缝承载力验算

1. 地层抗力

侧向地层抗力及地基垂直反力均由沿水平、竖向分布的受压地层弹簧模拟，顶、底设置刚度为1kN/m的水平压弹簧，两腰设置刚度为1kN/m的竖向压弹簧，以平衡模型。地层弹簧刚度根据岩土工程勘察报告计算（图8-6）。

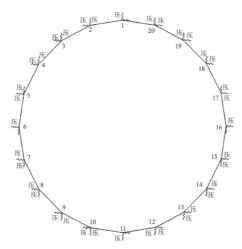

图8-6 模型节点编号及弹簧设置

2. 计算断面选取

标准接缝构造对应区间最大埋深为30m，本次仅计算在埋深最大断面处管片纵缝接头的承载力。埋深超过30m的区间，接头强度需进行针对性设计（表8-7～表8-10）。

隧道顶部及穿越范围不同地层厚度　　　　　　　　表8-7

土层编号及名称	隧道顶部土层厚度（m）	隧道穿越土层厚度（m）
①₁杂填土	3.5	—
①₂素填土	2.5	—
③₄砂质粉土	6	—
③₇砂质粉土	3.9	—
④₂淤泥质粉质黏土	5.2	—
⑥₁淤泥质粉质黏土	4.5	—
⑥₂淤泥质粉质黏土	4.4	3.2
⑧₁粉质黏土	—	3.7

3. 纵缝强度验算

近似地把螺栓看作受拉钢筋，按钢筋混凝土截面进行计算，计算简图如图8-7所示。

土体物理力学参数　　　　　　　　　　　　　　　　　　　　　　　表8-8

隧道穿越地层加权平均饱和重度（kN/m^3）	17.8
隧道穿越地层加权平均浮重度（kN/m^3）	7.8
隧道穿越地层加权平均凝聚力 c（kPa）	16.6
隧道穿越地层加权平均内摩擦角 ϕ（°）	11.8
竖向基床系数 K_v（MPa/m）	6.6
水平向基床系数 K_h（MPa/m）	7.9

弹簧刚度取值　　　　　　　　　　　　　　　　　　　　　　　　表8-9

节点编号	竖向弹簧刚度（kN/m）	水平向弹簧刚度（kN/m）
1	9943	1
2	9456	2735
3	8044	6995
4	5844	9628
5	3072	11319
6	1	11901

荷载取值　　　　　　　　　　　　　　　　　　　　　　　　　　表8-10

	实际环宽		隧道穿越地层静止侧压力系数 k
荷载1	自重（kN/m）	15	
荷载2	顶部水平向土压力 e_1（kN/m）	497.7	0.7
	底部水平向土压力 e_2（kN/m）	627	
荷载3	顶部竖向土压力 q_1（kN/m）	711	
荷载4	地面超载（kN/m）	30	

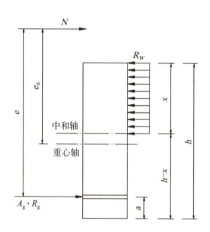

图8-7　纵向接缝强度计算简图

计算受压区高度 x

$$\sum M_N = 0$$

$$b \cdot x \cdot R_w (e - h_0 + x/2) - A_g \cdot R_g \cdot e = 0$$

$$x = h_0 - e + [(h_0 - e)^2 - 2A_g \cdot R_g \cdot e/(b \cdot R_w)]^{0.5}$$

式中：b、h 为管片环宽、高度；x 为接缝受压区高度；R_w 为受压区混凝土等效矩形应力；e 为螺栓中心与轴力作用点间距，$e=e_0+h/2-a$；e_0 为管片重心轴与轴力作用点间距，$e_0=M/N$，M、N 分别为接缝处的弯矩、轴力；a 为螺栓中心与管片边缘间距；h_0 为截面有效高度，$h_0=h-a$；A_g 为螺栓面积；R_g 为螺栓抗拉强度。

解出 x 后，可根据 x 大于还是小于或等于 $0.55h$ 决定断面是处于大偏心受压状态还是小偏心受压状态。

当 $x \leq 0.55h_0$，属于大偏心受压。

$$\sum M_{Rw}=0$$
$$N(K_{e0}\cdot e_0-h/2+x/2)=A_g R_g(h_0-x/2)$$
$$K_{e0}=[A_g R_g(h_0-x/2)+N(h/2-x/2)]/(N\cdot e_0)$$

当 $x>0.55h_0$ 时，属于小偏心受压。

$$K=0.55b\cdot h_0^2\cdot R_w/(N\cdot e)$$

计算出来的 K_{e0} 或 K 在基本使用荷载阶段要满足不小于 1.55 的要求。

（1）正弯矩

基本组合工况下，模型最大计算正弯矩为 529.2kN·m，考虑 0.3 的折减系数，故接缝处最大正弯矩为 370kN·m，对应轴力为 2443kN（表 8-11）。

接缝强度计算 表 8-11

设计输入	混凝土强度等级		C50
	单个螺栓直径（mm）	d	33
	纵缝螺栓数量（个）		2
	螺栓钢材型号		8.8 级螺栓
	管片环宽（mm）	b	1500
	管片厚度（mm）	h	400
	接缝弯矩（kN·m）	M	370
	接缝轴力（kN）	N	2443
	螺栓中心与管片受拉边缘间距（mm）根据内外弧面受力状态，该值需调整	a	160
	纵缝螺栓面积（总）（mm²）	A_g	1711
	螺栓抗拉强度（MPa）	R_g	400
	受压区混凝土等效矩形应力（MPa）	R_w	23.1
计算结果	截面有效高度（mm）	h_0	240
	管片重心轴与轴力作用点间距（mm）	e_0	151
	螺栓中心与轴力作用点间距（mm）	e	191
	接缝受压区高度（mm）	x	149
	小偏心受压		
	K=2.353		
	接缝强度满足要求		

（2）负弯矩

基本组合工况下，模型最大计算负弯矩为549.3kN·m，考虑0.3的折减系数，故接缝处最大负弯矩为385kN·m，对应轴力为3215kN（表8-12）。

接缝强度计算　　　　　　　表8-12

设计输入	混凝土强度等级		C50
	单个螺栓直径（mm）	d	33
	纵缝螺栓数量（个）		2
	螺栓钢材型号		8.8级螺栓
	管片环宽（mm）	b	1500
	管片厚度（mm）	h	400
	接缝弯矩（kN·m）	M	385
	接缝轴力（kN）	N	3215
	螺栓中心与管片受拉边缘间距（mm）（根据内外弧面受力状态，该值需调整）	a	240
	纵缝螺栓面积（总）（mm²）	A_g	1711
	螺栓抗拉强度（MPa）	R_g	400
	受压区混凝土等效矩形应力（MPa）	R_w	23.1
计算结果	截面有效高度（mm）	h_0	160
	管片重心轴与轴力作用点间距（mm）	e_0	120
	螺栓中心与轴力作用点间距（mm）	e	80
	接缝受压区高度（mm）	x	178
	小偏心受压		
	$K=1.897$		
	接缝强度满足要求		

五、盾构管片选型总结

（1）通过工程类比、理论计算等分析手段，确定杭州机场轨道快线隧道管片选型如表8-13所示，其为国内首例采用内径6.1m、壁厚400mm的盾构管片（图8-8）。

管片选型　　　　　　　表8-13

项目	构造	说明
管片内径	ϕ6100mm	—
管片厚度	400mm	—
管片宽度	1500mm	—
管片分块	六块	一个小封顶块F（22.5°）、两个邻接块L（67.5°）、三个标准块B（67.5°）
管片拼装方式	错缝拼装	管片可以出现通缝，但通缝环最多两环
封顶块插入方式	径向插入结合纵向插入式	先搭接2/3径向推上，再纵向插入

续表

项目	构造	说明
管片连接	弯螺栓连接	环向：12根M33螺栓 纵向：16根M33螺栓
榫槽设置	管片环缝内设凹凸榫槽	—
衬砌环类型	通用衬砌环	联络通道处设特殊衬砌环

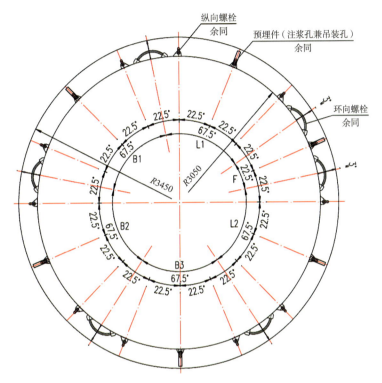

图8-8 隧道衬砌环结构断面示意图

（2）盾构隧道拼装质量

管片出厂前破损率为0.3%～0.4%，盾构拼装施工时，管片平均破损率为5%～6%，成型隧道椭圆度为1.5%～2%，拼装速度可达到10～20环/d。虽然通用环管片拼装难度较标准环大，在盾构掘进前100环完成掘进参数调试后，拼装质量及速度有明显提高，满足设计及规范验收质量要求。

某项目基坑占地面积约413m²，基坑深度39.3m，设置7道混凝土支撑+1道φ800钢支撑，开挖范围内地层自上而下分别为：素填土、淤泥质黏土、粉质黏土、粉砂、砂砾。基坑与本线路区间最小平面净距为4.8m，隧道顶部埋深18.5m。

在基坑完成第七层土方开挖及第七道支撑架设后，基坑在36.5m深处（粉砂层）出现涌水涌砂险情，造成地表沉降约55cm，杭州机场轨道快线左线隧道沉降11cm，收敛44mm，水平位移32.9mm，管片出现局部破损、接缝渗漏水，未出现重大结构性损伤。

通过该项目的反分析计算，杭州机场轨道快线采取6100mm内径/400mm管片，其综合刚度相比常规5500mm内径/350mm管片有所增加，抗变形能力有一定幅度的提升。

第二节
超深埋盾构隧道钢纤维混凝土管片结构足尺试验研究

一、概述

钢纤维混凝土是使用钢纤维对普通混凝土改性后的材料，在保留了混凝土材料高抗压强度、耐腐蚀优点的同时，改善了混凝土的受拉脆性，使得混凝土抗冲击性、韧性提高，具有较好的残余强度，并对裂缝宽度具有很好的控制作用，近年来钢纤维混凝土也在隧道工程中得到了越来越多的应用。

目前对钢纤维混凝土隧道的研究可分为管片、接头和整环结构三个方面。

在钢纤维混凝土管片研究方面，Liu等对降低钢筋用量和不降低钢筋用量情况下使用钢纤维后管片力学性能开展了试验研究，结果表明使用钢纤维替代部分钢筋后管片力学性能仍能达到原钢筋混凝土管片水平，不减筋时管片裂缝控制能力和承载力提升更明显；Meda等通过足尺试验研究了钢纤维混凝土管片和钢纤维复合玻璃纤维筋管片力学性能，结果表明钢纤维完全替代主筋后仍可呈现延性破坏，但复合配筋方式管片裂缝控制能力和承载力更优；Liao、倪坤等开展了相似研究，总结研究结果可得出，使用钢纤维可提升管片的承载力，并降低管片裂缝宽度。除试验研究外，Bernardino、Albert等基于承载力相等原则，分别对使用钢纤维混凝土后的最小钢筋配筋率以及固定配筋率时的钢纤维含量开展了理论计算分析，使钢纤维混凝土管片设计成为可能。在钢纤维混凝土接头研究方面，周龙、Gong等的足尺试验结果均表明，钢纤维可增大接头极限承载力。在钢纤维混凝土整环衬砌结构方面，目前研究资料较缺乏，相似的研究有：孙齐昊对合成纤维混凝土衬砌结构开展了足尺试验及数值分析，研究成果表明，减筋合成纤维混凝土盾构衬砌与原钢筋混凝土衬砌结构相比，极限承载力、刚度等方面仍有一定提升。

综上研究可见，在工程实例方面，使用钢纤维具有可行性。在力学性能方面，使用钢纤维可增加衬砌承载力，降低裂缝宽度。因此，对于深埋隧道结构因较大荷载作用面临的承载力不足和裂缝超限情况，使用钢纤维是可取方案。

杭州机场轨道快线西湖文化广场站～火车东站站区间最大埋深44m，同时隧道位于黏土层内，地质条件差，采用常规的混凝土管片承载力验算难以通过；西溪湿地北站～文三路站区间在40m埋深上部存在7层建筑，大埋深与超载的共同作用导致采用普通的混凝土管片裂缝验算不通过。根据《纤维混凝土结构技术规程》CECS 38—2004，使用$30kg/m^3$钢纤维可使得管片截面承载力及裂缝宽度均达到设计要求。但是该规程对于钢纤维混凝土的残余抗拉强度和裂缝影响系数使用经验参数进行确定，评估可能存在偏差。本节针对添加$30kg/m^3$钢纤维能否解决项目面临的承载不足和裂缝超限问题开展了足尺试验研究。

二、工程背景

1. 结构概况

杭州机场轨道快线盾构隧道外径6.9m，内径6.1m，隧道结构采用通用环管片，管片厚度0.4m，宽度1.5m。整环结构由3块标准块、2块邻接块和1块封顶块组成。纵缝与环缝均使用10.9级M39弯螺栓连接，纵缝为平接头，每个纵缝设置2个螺栓，环缝接头设置凹凸榫，共16个螺栓。

对于埋深超过35m的管片，均采用C55混凝土，并在管片内外侧配置16根32mm的HRB400钢筋，管片配筋见图8-9。

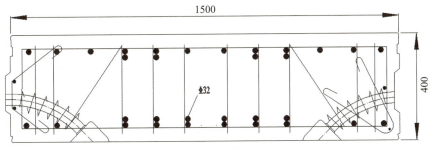

图8-9 管片配筋示意图

2. 工程问题

深埋区间隧道面临管片承载力和裂缝控制能力不足的问题。杭州地处长江三角洲，地层中多为软黏土，地质情况较差，对于深埋区间，也难以形成土拱效应，因此对于顶部土荷载，计算时按全覆土荷载取值，隧道顶部荷载较大，同时由于软黏土地层土体侧压力系数和地基基床系数均较小，隧道侧向荷载较小。不良地质条件使得深埋隧道结构内力较大。

典型深埋断面有两个（图8-10），西湖文化广场站～火车东站站区间，最大埋深44m（断面一）；

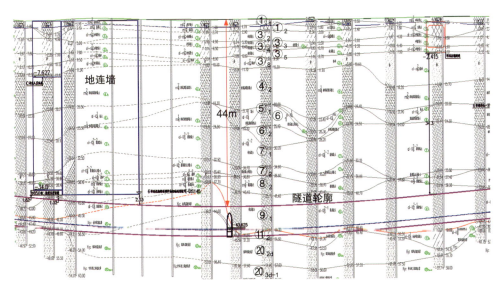

（a）断面一地质情况示意图

图8-10 深埋隧道地质剖面示意图（一）

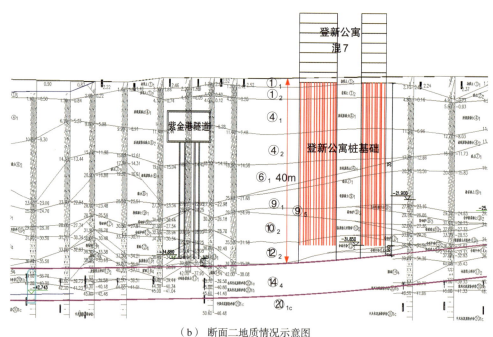

（b）断面二地质情况示意图

图8-10 深埋隧道地质剖面示意图（二）

地层代号：①$_1$碎石填土，①$_2$素填土，③$_2$~③$_5$砂质粉土，③$_6$粉砂，④$_1$淤泥质黏土，④$_2$淤泥质粉质黏土，⑤$_1$黏土，⑥$_1$~⑥$_2$淤泥质粉质黏土，⑦$_1$粉质黏土，⑦$_2$粉质黏土夹粉土，⑧$_2$粉质黏土，⑨$_1$粉质黏土，⑨$_3$粉细砂，⑩$_2$粉质黏土夹粉砂，⑪$_2$含砂粉质黏土，⑫$_2$含砾中砂，⑭$_4$圆砾，⑳$_{1c}$中风化泥质粉砂岩，⑳$_{2d}$强风化凝灰岩，⑳$_{3d-1}$中风化上段凝灰岩

西溪湿地北站～文三路站区间，40m埋深上部存在七层建筑，使得隧道承受105kPa的超载（断面二）。根据地质参数，由设计初期对两个深埋断面进行验算可知（表8-14），断面一存在承载力不足问题，断面二存在裂缝超限问题。

初步设计内力计算结果及结构验算结果　　　表8-14

	工况	弯矩（kN·m）	轴力（kN）	承载力验算	裂缝验算
断面一	施工	1800	3943	承载力不足	—
		-1411	6044	通过	—
	运营	610	3508	通过	通过
		-481	4266	通过	通过
断面二	施工	1438	5664	通过	—
		-1132	7352	通过	—
	运营	1168	2985	通过	0.3mm
		-954	4321	通过	通过

注：内力采用修正惯用法计算（刚度折减系数0.7，弯矩传递系数0.3），表中结果已考虑弯矩传递并换算到管片宽度而非每延米。

三、足尺试验方案

1.试验试件

试验试件包括两半环管片和一整环管片，半环管片错缝拼装于整环管片两侧，形成上半环-中全环-下半环错缝拼装衬砌结构。上下半环封顶块中心位于67.5°，中全环封顶块中心位于247.5°。该拼装方式与实际工程中拼装方式相同，拼装完成后试验试件如图8-11所示。

（a）俯视图

（b）内部正视图

图8-11 试验试件

试验使用的钢纤维为冷拉端钩型钢纤维（图8-12），钢纤维长度60mm，直径0.75mm，强度1700MPa。浇筑试验管片时同步浇筑钢纤维混凝土试件，按照《混凝土物理力学性能试验方法标准》GB/T 50081—2019和《纤维混凝土盾构管片》GB/T 38901—2020相关测试方法，测试纤维混凝土抗压强度$f_{cu,k}$、轴心抗压强度f_c、抗弯比例极限强度f_{Lk}和残余强度$f_{R1} \sim f_{R4}$。测试结果见表8-15。

图8-12 试验使用的钢纤维

纤维混凝土材料力学性能测试结果（MPa） 表8-15

$f_{cu,k}$	f_c	f_{Lk}	f_{R1k}	f_{R2k}	f_{R3k}	f_{R4k}
60.4	48.4	3.64	3.18	3.71	3.57	3.07

由测试结果可见，混凝土强度达到C55要求，同时可见纤维混凝土具有较高的残余强度，残余强度与比例极限强度相比并未明显降低。

2.试验装置

试验装置分为水平加载试验装置和纵向加载试验装置两部分，分别用于模拟水土荷载和纵向残余荷载。

水平荷载通过96个1000kN千斤顶施加，千斤顶每4个一组，共24组，沿管片环向间隔15°布置，形成24个加载点位。千斤顶与外侧环梁反力架形成自平衡加载系统，千斤顶与管片外弧面之间设置分配梁使加载更均匀。千斤顶的油泵连接试验控制系统，从而实现荷载控制。24个加载点按照位置不同分为 P_1、P_2、P_3 三组，P_1、P_2、P_3 位置如图8-13所示。

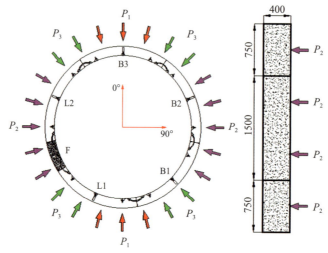

图8-13 水平加载装置分布示意图

纵向加载装置分为12组，每组中，两个加载横梁分别位于结构上下半环两端，通过钢绞线连接，由对穿千斤顶施加荷载。

3. 加载方案

使用内力等效方法确定试验时水平千斤顶荷载。首先按照惯用法计算得出水土荷载作用下结构内力，然后调整 P_1、P_2、P_3 荷载，使得结构由试验装置产生的内力与水土荷载作用产生的内力基本相等，从而使试验达到模拟地层荷载的作用。分别计算不同埋深时水土荷载作用下的结构内力，反算得到不同埋深工况时的试验荷载，深埋隧道断面一和断面二施工和运营工况试验荷载如表8-16所示。加载时按照 P_1 从小到大排序，分级加载。

不同工况试验水平荷载及内力误差　　　　表8-16

工况		P_1(kN)	P_2(kN)	P_3(kN)	弯矩误差	轴力误差
断面一	施工	800	495	609	8%	16%
	运营	541	446	511	10%	9%
断面二	施工	900	681	797	9%	16%
	运营	588	390	488	10%	11%

试验纵向荷载用于模拟隧道中管片环之间残留的纵向力，根据经验，隧道纵向残余荷载为掘进时荷载的15%，结合本工程相关情况，将纵向荷载设定为79kN。该荷载在水平荷载施加前先行施加，在整个试验过程中保持不变。

4. 测试方案

为获取结构在试验过程中的力学响应，在试验开始前布置了各类传感器用于测试结构变形和材料应变。测点主要布置在结构响应较大截面、关键控制截面等位置，测试内容包括结构整体变形、混凝土表面应变、主筋应变、纵缝张开错台、纵缝螺栓应变、环缝错台等。测试方案中的测试项目、测试传感器及测点数如表8-17所示。

测点汇总表　　　　　　　　　　表 8-17

监测内容	传感器	精度	数量
收敛变形	拉线位移计	0.01mm	32
纵缝张开	伸缩位移计	0.01mm	48
环缝错台	伸缩位移计	0.01mm	12
主筋应变	箔式应变片	1με	224
混凝土应变	箔式应变片	1με	80
螺栓应变	箔式应变片	1με	224
裂缝观测	塞尺	0.02mm	—
总计			620

四、主要试验结果

1. 结构破坏情况

在加载至 P_1 为 458kN 时，管片内弧面出现受拉裂缝，裂缝出现于 0°和 180°附近。0°附近裂缝出现在中全环，主要集中在 348.75°（对应上线半环纵缝）附近，出现范围为 5°～338°，共 10 条。180°附近裂缝出现在下半环和中全环。下半环裂缝出现在 168.75°附近（对应中全环纵缝），中全环裂缝出现在 180°附近，出现范围为 150°～200°，共 10 条。裂缝宽度均低于 0.02mm。

加载至断面一和断面二设计工况时，0°和 180°附近裂缝数量增加，约 13 条和 16 条，裂缝发生范围基本不变，裂缝间距变密，裂缝长度增加，宽度最大为 0.03mm。设计工况裂缝如图 8-14 所示。

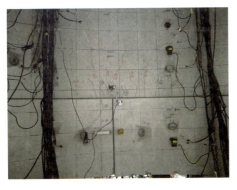
（a）0°附近

（b）180°附近

图 8-14　结构混凝土开裂

由于试验设备限制，无法对外弧面裂缝进行详细记录。试验结束后发现在 90°和 270°附近混凝土开裂，裂缝最大宽度为 0.1mm。由于外弧面混凝土存在浮浆，裂缝宽度比内弧面大。

深埋工况下，除混凝土开裂外，未发现其余结构性破坏。

除结构受力破坏外，在管片边角部位出现两处磕碰掉角、混凝土掉块（图 8-15）。

图8-15 管片边角掉块

2. 结构整体变形

深埋工况下结构变形如图8-16所示。在荷载作用下,结构表现出0°和180°管片向内变形,直径变小,90°和270°管片向外变形,直径增大,结构由圆形变为"横鸭蛋形"。各工况收敛变形最大均发生在0°~180°位置,断面一运营工况最大收敛变形29.04mm,施工工况最大收敛变形41.15mm,断面二运营工况最大收敛变形32.08mm,施工工况最大收敛变形41.96mm。

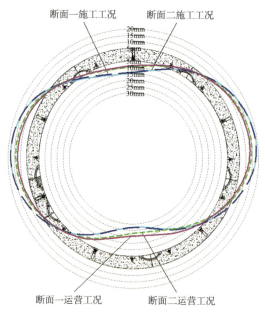

图8-16 各工况收敛变形示意图

3. 纵缝变形结果

四个深埋工况在荷载作用下纵缝张开、闭合如图8-17所示,其中负值表示纵缝闭合,正值表示纵缝张开,图中数值为位移计平均值。由图可见,除33.75°、56.25°和236.25°纵缝内外侧均表现为闭合外,其余纵缝内外侧张开及闭合区分明显,在结构内径变小区域表现为纵缝内侧张开、外侧闭合,内径变大区域表现为纵缝内侧33.75°、56.25°和236.25°,纵缝靠近45°和225°,此区域附近弯矩较小,同时由于拼装时纵缝存在间隙,易造成荷载施加后内外侧均闭合。四个工况中,纵缝最大闭合量为3.16mm,最大张开量为1.32mm。

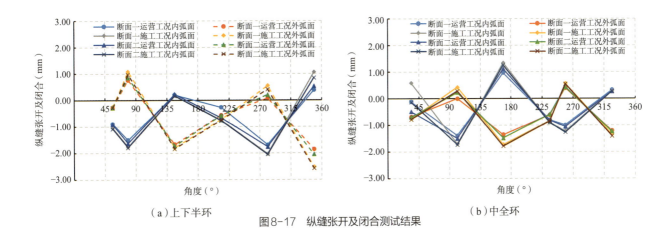

图8-17 纵缝张开及闭合测试结果

4.螺栓应变结果

四个深埋工况在荷载作用下纵缝螺栓应变如图8-18所示。对比图8-17可见,螺栓应变随角度变化规律与纵缝张开、闭合规律吻合。当纵缝内侧张开、外侧闭合时,螺栓内侧产生拉应变,外侧产生压应变;当纵缝内侧闭合、外侧张开时,螺栓内侧产生压应变,外侧产生拉应变。四个深埋工况中螺栓最大拉应变为869με,最大压应变为1664με,螺栓均未屈服。

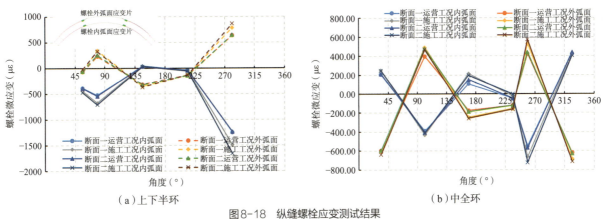

图8-18 纵缝螺栓应变测试结果

五 讨论与分析

1.弯矩传递系数分析

(1)裂缝分布分析

根据设计时内力计算结果,结构正弯矩最大处位于0°和180°,但是在试验中,内弧面混凝土开裂并未集中于0°和180°,而是集中于0°和180°附近相邻块纵缝对应截面,说明结构存在错缝效应,环间存在弯矩传递。另一方面,在管片初裂时,裂缝虽然集中于纵缝对应截面,但在0°和180°处仍有裂缝发生,特别是中全环180°位置,在168.75°存在纵缝情况下,仍有裂缝产生,说明结构虽然存在弯矩传递,但传递强度不高。

（2）结构内力

通过试验过程中测量得到的钢筋和混凝土应变，根据平截面假设，推导得到截面应变沿管片厚度的分布情况，再根据材料本构模型，推导得到截面应力分布情况，对截面应力积分，计算得到试验过程中的结构内力。通过结构在试验过程中实际产生的弯矩与惯用法计算得到的弯矩进行对比，可求解弯矩传递系数。

计算内力时，钢筋本构模型按双折线考虑，在钢筋屈服前应力应变呈线性变化，屈服后应力保持不变。由于钢纤维对混凝土受压性能影响较小，钢纤维混凝土受压本构模型与普通混凝土一致，采用抛物线+直线形式本构。钢筋和钢纤维混凝土受压本构模型按照现行《混凝土结构设计规范》GB 50010—2010中相关公式确定。钢纤维混凝土在开裂后，仍具有受拉残余强度，钢纤维混凝土受拉本构模型按现行《纤维混凝土结构技术规程》CECS 38—2014中提供的钢塑性模型确定，该模型认为钢纤维混凝土开裂后，拉应力保持不变，拉应力f_{Ftuk}取值为$f_{R3k}/3$，根据表8-15测试结果，计算得到f_{Ftuk}为1.19MPa。钢筋和钢纤维混凝土拉压本构模型如图8-19所示。

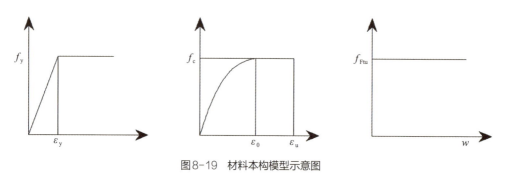

图8-19 材料本构模型示意图

根据试验测量得到的应变情况，断面一施工工况轴力和弯矩计算结果如图8-20所示。由轴力计算结果可见，除180°附近外，其余角度处根据应变计算得到的轴力与理论轴力基本相同，180°附近可能是由于应变片测量线路在试验时受到干扰，导致应变测量结果出现偏差。弯矩计算结果类似，在0°、90°和270°附近关键截面计算结果基本与理论值吻合。

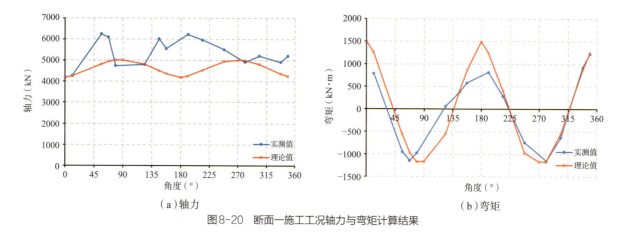

（a）轴力　　　　　　　　　　　　　（b）弯矩

图8-20 断面一施工工况轴力与弯矩计算结果

由于试验应变测量误差存在，单一工况内力计算结果不能很好地评价弯矩传递系数，因此对试验过程中多个埋深的工况均进行了内力计算，计算结果曲线规律与图8-20基本相同，此处不再一一展示。

（3）弯矩传递系数

假设根据惯用法计算得到某截面弯矩为M_0，试验时根据应变测量数据反算得到的截面弯矩为M_s，则弯矩传递系数为$(M_s-M_0)/M_0$。取相邻环纵缝对应截面的计算结果用于计算弯矩传递系数。由于结构的弯矩分布特征，在45°、135°等截面附近，弯矩较小，容易导致更大的计算误差，同时也非关键截面，因此弯矩传递系数选用0°、90°、270°等弯矩较大的关键截面附近的纵缝对应的截面结果进行计算。

根据测试数据，计算了结构在20~44m不同埋深时的弯矩传递系数，弯矩传递系数计算结果为0.01~0.1，可取包络值0.1作为本结构的弯矩传递系数。弯矩传递系数值较小，该值计算结果与通过裂缝发展分析得出的定性结果吻合。

2. 钢纤维混凝土管片裂缝控制能力分析

（1）裂缝测量结果分析

试验管片初裂时，裂缝宽度小于0.02mm，在加载至最后一级设计工况时，裂缝宽度最大为0.03mm，裂缝宽度增长缓慢，且远低于设计计算的最大裂缝宽度，同时裂缝分布细而密集，说明钢纤维混凝土管片裂缝控制能力良好，可解决设计时裂缝宽度超限问题。

（2）裂缝宽度计算方法分析

在钢纤维混凝土裂缝宽度理论计算方面，已有规范存在两种计算方法：《纤维混凝土结构技术规程》按公式（8-1）计算裂缝宽度（方法一）；《钢筋钢纤维混凝土预制管片技术规程》按公式（8-2）~式（8-5）计算裂缝宽度（方法二）。本次通过试验结果与理论计算结果进行对比验证，确定更符合实际的裂缝宽度计算方法。

$$\omega_{f\max} = \omega_{\max}\left(1-\beta_{cw}\rho_f l_f/d_f\right) \tag{8-1}$$

$$\omega_{f\max} = \omega_{\max}\left(1-\alpha_f\right)^2 \tag{8-2}$$

$$a_f = \frac{\min(f_{ftsk},f_{ftuk})}{f_{ftk}} \tag{8-3}$$

$$f_{ftsk} = 0.45 f_{R1k} \tag{8-4}$$

$$f_{ftuk} = 0.5 f_{R3k} - 0.2 f_{R1k} \tag{8-5}$$

式中：$\omega_{\max}$为忽略钢纤维，按照普通钢筋混凝土计算得到的裂缝最大宽度；ρ_f、l_f、d_f分别为钢纤维体积率、长度和直径；β_{cw}为钢纤维对构件裂缝宽度的影响系数，取0.5；f_{R1k}、f_{R3k}为测试得到的钢纤维混凝土残余强度标准值；f_{ftk}为与钢纤维混凝土同等级的普通混凝土抗拉强度标准值。

以结构实际弯矩传递系数重新计算截面弯矩，再根据以上公式计算理论裂缝宽度，四个设计工况裂缝宽度如表8-18所示。

深埋工况钢纤维混凝土管片裂缝宽度理论计算结果　　　　表8-18

工况		弯矩（kN·m）	轴力（kN）	方法一裂缝宽度（mm）	方法二裂缝宽度（mm）
断面一	施工	1523	3943	0.25	0.09
	运营	516	3508	0.017	0.007
断面二	施工	1217	5664	0.14	0.05
	运营	988	2985	0.13	0.05

试验时最大裂缝宽度为0.03mm，对比可知，方法一计算结果过于保守，方法二计算结果更贴近实际值，因此，可使用方法二作为钢纤维混凝土管片裂缝宽度计算方法。方法一使用纤维形状特征和掺量等因素评价钢纤维对裂缝的影响，存在较大经验性，而方法二使用测试得到的纤维混凝土力学参数评价纤维对裂缝的影响，计算参数均为测试数据，因此更加准确。

3. 钢纤维混凝土管片承载力分析

（1）钢纤维混凝土力学贡献强度分析

根据试验时测量得到的钢筋和混凝土应变，可计算得到钢纤维混凝土受压区高度，以及受拉钢筋应力。若无钢纤维，则钢筋应力将增大，根据力矩等效原则，可求出钢筋应力增量σ_{sf}，计算公式如下。应力增量占应力总量的幅度，可作为钢纤维混凝土力学贡献程度。

$$0.5f_{ft}bx(h-x) = \sigma_{sf}A_s(h_0 - 0.5h) \tag{8-6}$$

式中：b为管片宽度；h为管片厚度；h_0为受拉钢筋形心到受压边缘的距离，对于正弯矩截面取78mm，负弯矩截面取74mm；x为受压区高度；A_s为钢筋面积。

根据应变测试结果，可求得各工况受力显著截面σ_{sf}如表8-19所示，表中钢纤维承载作用占比表示钢纤维的等效应力占总应力的比值。由表可知，钢纤维在衬砌结构受力时发挥了显著的承载作用，至少相当于替代了26%的钢筋。

钢纤维承载作用计算 表8-19

	角度	67.5°	281.25°	348.75°
断面一运营工况	实测钢筋拉应力（MPa）	81	97	92
	σ_{sf}(MPa)	52	53	54
	钢纤维承载作用占比	39%	35%	37%
断面一施工工况	实测钢筋拉应力（MPa）	108	141	153
	σ_{sf}(MPa)	52	53	55
	钢纤维承载作用占比	32%	27%	26%
断面二运营工况	实测钢筋拉应力（MPa）	88	115	115
	σ_{sf}(MPa)	52	53	55
	钢纤维承载作用占比	37%	32%	32%
断面二施工工况	实测钢筋拉应力（MPa）	95	125	132
	σ_{sf}(MPa)	50	52	54
	钢纤维承载作用占比	35%	30%	29%

（2）钢纤维混凝土管片承载力验算

试验时，结构除发生管片开裂外，未发生其他破坏，说明钢纤维混凝土衬砌结构承载力充足。在试验时，结构的各项材料参数均确定，但在进行管片设计时，还需考虑可靠度，对材料的力学性能进行折减。因此，对于断面一施工工况钢纤维混凝土管片的承载力，还需要使用材料的力学参数设计值进行验算。

验算时钢筋屈服应力取360MPa，钢纤维混凝土抗压强度取25.3MPa。由于现有规范未给出钢纤维混凝土抗拉强度标准值与设计值之间的关系，参考普通混凝土抗拉强度设计值确定方法，取钢纤维混凝土抗拉强度设计值为$f_{Ftuk}/1.4=0.85$MPa。

极限状态时，钢纤维混凝土管片截面内力分布如图8-21所示。根据轴力和弯矩平衡建立方程求解承载力，求解公式见式（8-7）、式（8-8）。根据计算公式，在轴力为3943kN时，钢纤维混凝土管片极限承载力为1763 kN·m。根据试验得出的弯矩传递系数，管片在水土荷载作用下最大弯矩为1523 kN·m，钢纤维混凝土管片承载力满足要求。

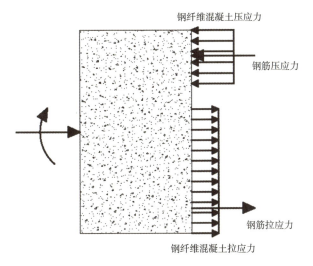

图8-21　钢纤维混凝土管片极限状态受力示意图

$$N = f_c bx + f_y' A_s' - f_y A_s - f_{Ftu} b\left(h - \frac{x}{\beta_1}\right) \tag{8-7}$$

$$M = f_c bx\left(h_0 - \frac{x}{2}\right) + f_y A_s \left(h_0 - a_s'\right) - f_{Ftu} b\left(h - \frac{x}{\beta_1}\right)\left(\frac{h - x/\beta_1}{2} - a_s\right) \tag{8-8}$$

式中：f_c为钢纤维混凝土抗压强度设计值；f_y、f_y'为钢筋屈服强度设计值；A_s、A_s'为受拉、受压钢筋面积；a_s、a_s'为受拉、受压钢筋形心距管片边缘距离；f_{Ftu}为钢纤维混凝土残余抗拉强度设计值；x为受压区高度；β_1为等效矩形应力系数。

4. 非结构破坏分析

试验试件有两处因拼装磕碰造成混凝土掉块，经观察，掉块面未发现有钢纤维，说明本次试验试件钢纤维分散均匀性还有待提高。由于试验管片仅两环，且受限于浇筑环境，在浇筑钢纤维混凝土管片时并未配套钢纤维投放专用机器，而是直接将钢纤维倾倒于砂石骨料之中，缺乏预分散过程，因此造成了部分边角缺乏钢纤维的情况（图8-22）。

图8-22　试验试件钢纤维投放情况

在进行钢纤维混凝土管片规模化生产应用时，为保证钢纤维分散均匀性，应当设立钢纤维专用投放机器，在砂石骨料由传送带进入搅拌仓的过程中，使钢纤维均匀投放在砂石骨料上，实现钢纤维预分散。同时在搅拌过程中，应当在未加入水之前对钢纤维和骨料进行干拌，并适当增加搅拌时长。

5. 配筋优化分析

试验时，在超深埋工况下，结构钢筋未屈服、混凝土未压碎，表明配筋存在优化可能。

对配筋进行优化有两种方法：第一种是根据钢筋总拉力等效原则进行优化，即钢筋在降低面积后，钢筋总拉力与未优化时相等，同时优化后钢筋应力也低于屈服应力。计算公式如下：

$$b = (\varepsilon_{\text{reat}} \times a) / \varepsilon_y$$

式中，a，b 分别为优化前和优化后的钢筋面积。

第二种方法为根据实测得到的修正惯用法参数，重新计算内力，根据内力值，在考虑钢纤维残余强度情况下，计算配筋。计算公式如下：

$$N_{\text{new}} = \int_A [\sigma_f(\varepsilon) + \sigma_c(\varepsilon)] dA + (\sigma_s' A_s' + \sigma_s A_s)$$
$$M_{\text{new}} = \int_A y \times [\sigma_f(\varepsilon) + \sigma_c(\varepsilon)] dA + \sigma_s' A_s' (a_s' - h/2) + \sigma_s A_s (h - a_s)$$

式中，N_{new}，M_{new} 分别为按照实测修正惯用法参数计算得到的轴力、弯矩。

依据上述两种优化方法，分别计算优化结果，为保证安全，取钢筋用量较大者为最终优化结果。优化结果如表8-20所示。由表可见，使用钢纤维混凝土后最多可节约37%的钢筋。

钢筋优化结果 表8-20

对比项	位置	西湖文化广场站～火车东站站区间44m埋深	西溪湿地北站～文三路站区间40m埋深+105kPa超载
原有配筋	内弧面	16Φ32	16Φ32
	外弧面	16Φ32	16Φ32
优化配筋	内弧面	12Φ32	10Φ32
	外弧面	12Φ32	8Φ28+4Φ32
优化率		15.0%	37.1%

六、工程应用示范

根据试验结果，在超深埋区间段开展了钢纤维混凝土管片工程应用。在实际施工时，由于西湖文化广场站～火车东站站区间原设计时承载力不足，为保证安全，最终采纳的优化方法是使用14根32mm钢筋。西溪湿地北站～文三路站区间原设计时裂缝宽度不足，最终采纳方案为表8-20中方案。

管片生产时，钢纤维混凝土管片在西湖文化广场站～火车东站站区间共生产1279环，出厂前管片破损率为0.2%，在西溪湿地北站～文三路站区间共生产1184环，出厂前管片破损率为0.25%。普通钢筋混凝土管片出厂前破损率为0.3%～0.4%，对比可见，使用钢纤维混凝土可降低管片出厂前破损情况。

盾构施工时，西湖文化广场站～火车东站站区间，钢纤维混凝土管片右线356～992环破损51处，破损率8.02%；钢纤维混凝土管片左线356～1001环破损34处，破损率5.26%。其他普通混凝土管片右线共计625环，破损89处，破损率14.24%；左线共计626环，破损122处，破损率19.49%。西溪湿地北站～文三路站区间，钢纤维混凝土管片右线791～802环，880～1459环，1503～1514环，破损19处，破损率3.15%；钢纤维混凝土管片左线780～791环，880～1459环，1493～1504环，破损30处，破损率4.97%。其他普通混凝土管片右线共计1226环，破损73处，破损率5.95%；左线共计1214环，破损78处，破损率6.43%。对比可知，钢纤维混凝土管片较其他类型管片破损率明显降低。

施工完成后，西湖文化广场站～火车东站站区间累计最大收敛变形5.2mm，结构最大变形量与外径比值为0.7‰；西溪湿地北站～文三路站区间累计最大收敛变形3.9mm，结构最大变形量与外径比值为0.56‰，小于3‰的限制值，满足要求。施工后隧道见图8-23。

在经济性方面，由于主筋用量降低，两个深埋区间共节省直接经济费用约594.9万元。同时，由于钢纤维混凝土管片破损率降低，使用钢纤维混凝土管片还可降低管片修补材料费及人工费等隐形经济费用。

图8-23 施工后隧道内部实拍图

七、总结与结论

（1）杭州机场轨道快线是国内首次采用钢纤维混凝土管片解决软土地层超深埋管片承载力不足和裂缝超限难题的盾构隧道。

（2）通过钢纤维混凝土管片的足尺试验研究，可得出如下结论：

1）使用30kg/m³钢纤维可解决裂缝宽度超限问题，深埋工况裂缝最大宽度为0.03mm。

2）根据试验结果验算，钢纤维混凝土管片可满足承载力要求。

3）在本工程深埋隧道受力条件下，钢纤维在承载力方面相当于替代了26%的钢筋。

4）杭州机场轨道快线外径6.9m、厚度0.4m的衬砌结构弯矩传递系数为0.1。

5）使用钢纤维混凝土残余强度测试参数评估钢纤维混凝土构件裂缝宽度比使用钢纤维特征参数进行评估更准确。

6）提出了钢纤维预分散、干拌和增加搅拌时长等措施，保证钢纤维分散均匀性。

7）使用钢纤维可优化结构配筋，对原设计承载不足的超深埋区间，将主筋由16根直径32mm钢筋优化至12根直径32mm，原设计裂缝超限区间，将主筋由16根直径32mm钢筋优化至10根直径32mm（内弧面）和8根直径28mm+4根直径32mm（外弧面）钢筋。

（3）从工程实践来看，使用钢纤维混凝土管片后，管片生产破损率由0.4%降低至0.25%，西湖文化广场站～火车东站站区间施工破损率由19%降低至8%，西溪湿地北站～文三路站区间施工破损率由6.4%降低至3.2%，钢纤维混凝土管片生产及拼装过程中的管片破损率较一般段管片有较大幅度的降低，隧道管片质量总体良好。施工后结构最大变形量与外径比值不超过0.7‰，结构刚度良好。通过钢纤维混凝土对管片配筋进行优化，产生了良好的经济效应。

（4）通过杭州机场轨道快线的盾构管片的组织试验及工程实践经验，为软土深埋地层中盾构衬砌结构面临的承载不足和裂缝超过限值问题提供了解决思路，并可对钢纤维混凝土在隧道工程中的应用提供参考。

第三节
WSS工法在软土地层区间矿山法联络通道中的应用

一、概述

地铁区间联络通道设置于区间隧道中部，主要起连通疏散作用，为减少工程投资，部分联络通道同泵房合建，兼顾排水作用。由于联络通道埋深较大且体量较小，一般采用暗挖法施工，为确保施工安全，目前国内较为常见的预加固处理措施主要有地面深层搅拌法、地面高压喷射法、地面素混凝土连续墙帷幕+注浆法、TRD止水帷幕+注浆法+降水井、洞内水平高压喷射法、洞内水平冻结法、洞内水平注浆加固法等。

实践表明，深层搅拌法仅适用于淤泥、淤泥质土、软塑黏土、粉土等软土地层，但对地面环境及地面场地要求较高；高压旋喷法具有施工速度快、成本低的特点，但在砂卵砾石层中施工质量难以控制，风险较高，且对地面环境也有较高要求；洞内水平冻结法冻土强度高、冻土均匀、自稳性和止水性好，但冻结时间长、工期长，成本较高，且后期冻土融沉及注浆时间较长。洞内注浆加固法适用于淤泥、黏土、粉砂等软土地层，但对砂砾石地层、承压水含水层均匀性差，需配合局部补充注浆，当地层渗透系数较大时效果不甚理想，需配合降水井降水。

本节以杭州机场轨道快线3号风井～文三路站区间5号、6号、7号三处联络通道二重管无收缩双液注浆WSS工法洞内水平注浆加固为例，针对地面环境复杂、工期较紧情况下，对WSS工法施工要点进行阐述。

二、工程简介

杭州机场轨道快线3号风井～文三路站区间全长2327m，位于文三路主干道正下方，采用盾构法施工（图8-24）。纵坡采用"V"字坡，最大坡度13.892‰，在区间"V"字坡最低点（里程右K19+833.345）处设5号联络通道兼废水泵房，在里程右K20+420.000处设置6号联络通道、在里程右K21+000.000处设置7号联络通道。5号联络通道开挖尺寸为9.3m（长）×4.6m（宽）×5m（高），泵房开挖尺寸为5.5m（长）×4m（宽）×2.4m（高），6号联络通道开挖尺寸为7.1m（长）×4.6m（宽）×5m（高），7号联络通道开挖尺寸为5.72m（长）×4.6m（宽）×5m（高）。

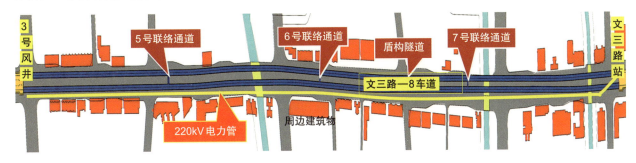

图8-24 杭州机场轨道快线3号风井～文三路站区间平面周边环境图

5号联络通道埋深21.25m，钻孔揭示自地表至联络通道底部土层自上到下依次为：①杂填土、④$_1$淤泥质黏土、④$_2$淤泥质粉质黏土、⑦$_1$黏土、⑧$_1$黏土、⑨$_1$粉质黏土，5号联络通道开挖范围内主要为⑧$_1$黏土、⑨$_1$粉质黏土。6号联络通道埋深18.0m，钻孔揭示自地表至联络通道底部土层自上到下依次为：①杂填土、④$_1$淤泥质黏土、④$_2$淤泥质粉质黏土、⑦$_1$黏土、⑨$_1$粉质黏土，6号联络通道开挖范围内主要为⑦$_1$黏土、⑨$_1$粉质黏土。7号联络通道埋深15.4m，钻孔揭示自地表至联络通道底部土层自上到下依次为：①杂填土、②$_2$黏土、④$_1$淤泥质黏土、⑤$_1$黏土、⑦$_1$黏土、⑨$_1$粉质黏土、⑰$_2$含黏性土碎石，7号联络通道开挖范围内主要为⑦$_1$黏土、⑨$_1$粉质黏土、⑰$_2$含黏性土碎石。地下水主要为潜水、孔隙承压水（⑰$_2$层）（图8-25）。

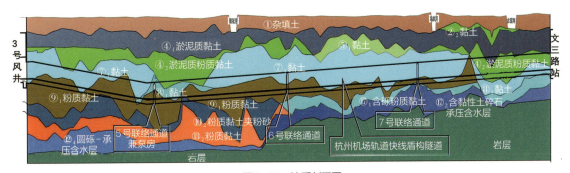

图8-25 地质剖面图

原设计采用洞内水平冻结法进行加固，冻结壁设计厚度为1.7～2.0m，要求冻结后土体单轴抗压强度为3.59MPa，抗折强度为2.12MPa，抗剪强度为1.77MPa（-10℃）。根据杭州机场轨道快线工期安排，3号风井～文三路站区间控制着3号风井以东的铺轨进度，采用冻结法施工工期较长，为加快

3号风井~文三路站区间联络通道的施工进度,同时结合联络通道位置的地质条件、地面周边环境、经济性等条件,将5号、6号、7号联络通道冻结法加固方案调整为WSS注浆加固方案,可节约40d工期。

三、WSS工法及应用特点

WSS是中文"无收缩双液注浆"的拼音缩写。二重管无收缩双液WSS工法注浆止水加固工艺是通过采用二重管钻机钻孔至预定深度后注浆,两种浆液通过端头混合器充分混合后喷出,注浆时采用电子监控设施定向、定量、定压注浆,在不改变地层组成的情况下,将地层颗粒间存在的水强迫挤出,使颗粒间的空隙充满浆液并使之固结,达到改良土层性状的目的。

WSS注浆特性是使地层粘结强度及密实度增加,从而地层粘结力c、内摩擦角ϕ增大,起到加固作用;颗粒间隙充满了不流动且固结的浆材后,使土层透水性降低,形成相对隔水层。土层加固后渗透系数可达$10^{-7}\sim10^{-6}$cm/s。

在对预处理区范围内的土层注浆过程中,先期注浆压力较小,浆液主要填充土层孔隙,当土层孔隙被注入的浆液填充密实后注浆压力也在不断上升,后期注入的浆液不断充挤地层达到超固结状态,从而提高土体的整体性和力学性能。

二重管WSS工法注浆止水加固土体具有以下特点:

1)注浆过程中注浆管不回转,不会发生浆液溢流现象,浆液不流失、固结后不收缩,硬化剂无毒,对地下水不会造成污染。

2)可以进行一次、二次喷射切换,回路变换装置容易实行,所以能实行复合喷射。

3)浆液强度、硬化时间、渗透性能可根据现场实际需要任意调整,设计硬化时间长的注浆液也具有很高强度。

4)渗透性良好,地层中有流动水的情况下具有很强的团结性能。

5)瞬结性一次喷射和浸透性二次喷射的复合比率,在土层改良时可以自由地设定,从黏性土、砂质土到地下水非常多的砂砾层均适用。

四、WSS注浆浆液的选择

1.注浆浆液特点

二重管无收缩双液注浆浆材有溶液型浆液(A浆、B浆组成,简称AB浆)和悬浊型浆液(A浆、C浆组成,简称AC浆)两种。A浆为水玻璃,B浆为凝胶剂及外加剂,C浆为水泥浆,并掺入一定量的外加剂,浆液中的外加剂一方面改良浆液,增强浆液的可注入性;另一方面降低浆液凝固后的收缩性,确保注浆和止水效果。其中AB浆的强度较低,但止(驱)水效果好,AC浆的强度较高,起加固作用,但止水效果相对较差,为了达到止水加固的目的,可将AB浆与AC浆交互使用,具体使用比例根据地质条件决定。

溶液型浆液(AB浆)以水玻璃为主,掺加注入性强的添加剂,适用于密实的砂层、砂砾石层改良的后处理。悬浊型浆液（AC浆）以水泥为主，适用于软弱黏性土、松散砂层、砂砾石层的裂隙的填充。

2. 注浆浆液配合比

（1）5号联络通道开挖范围内主要为⑧$_1$黏土、⑨$_1$粉质黏土，6号联络通道开挖范围内主要为⑦$_1$黏土、⑨$_1$粉质黏土。由于⑦$_1$黏土、⑧$_1$黏土、⑨$_1$粉质黏土均为不透水层，故浆液配比采用以AB浆液为辅，AC浆液为主。表8-21为5号、6号联络通道每1m³液浆材料含量。

5号、6号联络通道每1m³浆液材料含量　　　　　表8-21

浆液类型	名称	密度（g·cm^{-3}）	体积（m³）	质量（kg）	凝结时间（s）
AB浆	A浆	水玻璃（纯）	1.35	0.04	54	14～18
	B浆	磷酸（溶液）	多种化学物质混合剂（0.02）			
AC浆	A浆	水玻璃（纯）	1.35	0.225	303.8	28～32
	C浆	水泥（纯）	3.0	0.113	337.5	

备注：水泥采用P.O42.5级，水灰比为1.0，水玻璃采用35be，采用1:1稀释溶液；两种浆液配比AB浆:AC浆=1:9。

（2）7号联络通道开挖范围内主要为⑦$_1$黏土、⑨$_1$粉质黏土、⑰$_2$含黏性土碎石；中部以上主要为⑦$_1$黏土、⑨$_1$粉质黏土，浆液配比同5号、6号联络通道；中部以下多为⑰$_2$含黏性土碎石，含水量较大，浆液配比采用以AB浆液为主，AC浆液为辅。表8-22为7号联络通道中部以下每1m³液浆材料含量。

7号联络通道中部以下每1m³浆液材料含量　　　　　表8-22

浆液类型	名称	密度（g·cm^{-3}）	体积（m³）	质量（kg）	凝结时间（s）
AB浆	A浆	水玻璃（纯）	1.35	0.125	168.8	10～12
	B浆	磷酸（溶液）	多种化学物质混合剂（0.25）			
AC浆	A浆	水玻璃（纯）	1.35	0.125	168.8	28～32
	C浆	水泥（纯）	3.0	0.063	187.5	

备注：水泥采用P.O42.5级，水灰比为1.0，水玻璃采用35be，采用1:1稀释溶液；AB浆:AC浆=1:1。

五、注浆加固范围及注浆管布置

（1）5号联络通道拱顶存在较厚的淤泥质黏土层，地面为文三路主干道，且存在较多重要管线，故注浆加固范围为拱顶5m、拱腰4m、拱底3m。注浆扩散半径0.75m（需取芯验证，可看到浆脉），加固后的土体抗压强度应达到0.40MPa（图8-26）。

（2）6号联络通道拱顶存在较厚的淤泥质黏土层，地面为文三路主干道，且存在较多重要管线，故注浆加固范围为拱顶5m、拱腰4m、拱底3m。注浆扩散半径0.75m（需取芯验证，可看到浆脉），加固后的土体抗压强度应达到0.40MPa（图8-27）。

（3）7号联络通道拱顶存在较厚的淤泥质黏土层，地面为文三路主干道，且存在较多重要管线，故注浆加固范围为拱顶5m、拱腰4m、拱底3m，另底部存在⑰$_2$含黏性土碎石，含水量较大，额外对

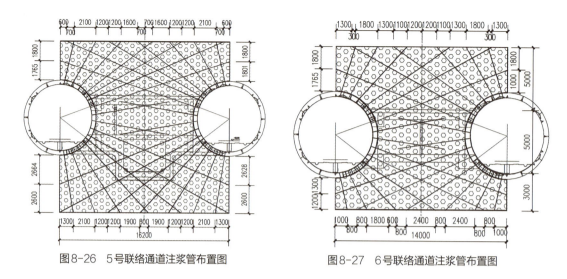

图8-26　5号联络通道注浆管布置图

图8-27　6号联络通道注浆管布置图

后背腰部以下范围进行注浆，深度为3m，以封闭⑰$_2$含黏性土碎石层。注浆扩散半径0.75m（需取芯验证，可看到浆脉），加固后的土体抗压强度应达到0.40MPa（图8-28）。

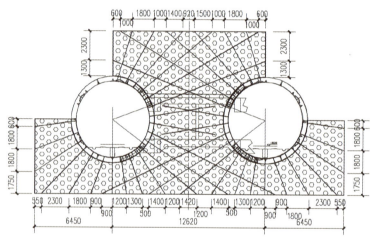

图8-28　7号联络通道注浆管布置图

（4）注浆管沿隧道纵向布置间距为1.2m。

六、WSS注浆量估算

由于注浆液的扩散半径与岩土体孔隙很难精密确定，按以往施工经验及隧道工程地质、水文条件，总注浆量Q按公式$Q=An\alpha(1+\beta)$进行计算（表8-23）。

孔隙率、浆液填充系数、材料损耗系数取值表　　　表8-23

名称	孔隙率n	浆液填充系数α	材料损耗系数β
⑦$_1$黏土	0.44	0.9	1.2
⑧$_1$黏土	0.50	0.9	1.2
⑨$_1$粉质黏土	0.45	0.9	1.2
⑰$_2$含黏性土碎石	0.31	0.9	1.3

式中：A 为设计注浆范围体积（m^3）；n 为孔隙率，参考《西文区间风井 3～文三路站区间-岩土工程勘察报告（详细勘察阶段）》；α 为浆液填充系数，取值 0.7～0.9；β 为注浆材料损耗系数，取值 1.1～1.3；$n\alpha(1+\beta)$ 统称为填充率。

5 号联络通道土体加固体积 $A=12 \times 12.8 \times 16.2=2488.3 m^3$

5 号联络通道注浆量 $Q=An\alpha(1+\beta)=2488.3 \times 0.465（加权平均）\times 0.9 \times (1+1.2)=2291 m^3$

6 号联络通道土体加固体积 $A=12 \times 10.2 \times 14=1713.6 m^3$

6 号联络通道注浆量 $Q=An\alpha(1+\beta)=1713.6 \times 0.445（加权平均）\times 0.9 \times (1+1.2)=1510 m^3$

7 号联络通道土体加固体积 $A=12 \times 10.2 \times 12.61+12 \times 6 \times 12.9=2472.2 m^3$

7 号联络通道注浆量 $Q=An\alpha(1+\beta)=2472.3 \times 0.40（加权平均）\times 0.9 \times (1+1.3)=2047 m^3$

七、WSS 注浆压力控制

注浆压力与土层孔隙发育程度、涌水压力、浆液材料的黏度和凝胶时间等有关，通常情况下注浆压力 p 按照 $p=kH$ 计算。

式中：H 为注浆处深度（m）；k 为由注浆深度确定的压力系数，参考表 8-24 中压力系数 k 取值。

压力系数取值表　　　　　　表 8-24

注浆深度 H（m）	<8	12～16	16～20	20～24	24～28
k	0.023～0.021	0.020～0.018	0.018～0.016	0.016～0.014	0.014～0.012

（1）5 号、6 号、7 号联络通道水平注浆深度 H 为 12～32m，k 取值为 0.010～0.020。

注浆压力 $p=0.24～0.32$MPa。

（2）对于 WSS 工法，施工机械施加的压力使浆材呈流线型，这样能使浆材有效地喷入地层中，并产生相当高的强度，以达到喷入目的，一般以理论 p 值的 3～5 倍控制，根据工程施工经验，一般最大控制在 1.2MPa 以内。

（3）注浆压力根据地面理论注浆压力结合地面隆起情况综合控制。

八、WSS 注浆施工

1. 施工工艺流程

施工工艺流程为：孔位测放→钻机就位→钻孔→配浆→注浆→提升钻杆→注浆结束→移至新孔位。

2. 施工准备

（1）施作止水环箍。为切断周围水体沿着管片外壁纵向径流补给，达到止水帷幕的止水效果，在联络通道加固体外侧，利用管片注浆孔辐射状注浆方式形成 1 道 1m 厚的止水帷幕，施作止水帷幕的浆液采用双液浆，其配比为：水泥浆（水灰比 1:1）:水玻璃溶液（1:1 稀释）=1:1，凝固时间调整到 12s 左右，施作范围为联络通道前后各 10 环。

（2）搭设环向钢架。采用 WSS 工法进行注浆时，区间隧道已经成型，注浆作业时区间隧道需承受水平压力。注浆前在联络通道前后范围内的管片增加环形支撑，钢支撑与管片接触面加设20mm厚钢板+10mm厚橡胶垫，确保贴合紧密，保证管片能均匀受力且不会局部压坏。

（3）布设监测量测点。隧道内联络通道前后20环范围管片上布设加密监测点，监测地表沉降、拱顶沉降、隧道底上浮、隧道收敛、周边建筑、地面管线等情况。根据监测和测量结果，及时调整注浆压力和配合比。

3. 注浆遵循施工原则

注浆处理遵循"由外向内，逐环包围"的顺序，即先对联络通道的外环进行注浆处理，形成对内环的包围，然后再依次逐环向内推进。先对外环周边形成"密封"效果，阻拦和降低联络通道外围水流对内部加固效果的影响，从而降低联络通道内环的施工难度，节约材料并节省工时。

开始注浆时，根据地层情况采用小压力慢速注浆，浆液主要填充土层孔隙，当土层孔隙被注入的浆液填充密实后注浆压力也在不断上升，后期注入的浆液不断充挤地层达到超固结状态，从而提高土体的整体性能和力学性能。当提升到特定土层时进行封孔，利用浆液自身特性进行封孔，使浆液充分渗流入土层，必要时可在浆液中掺入外加剂辅助封孔。钻机应匀速回抽，严格控制回抽幅度，每步不大于20cm。以注浆压力和注浆量为控制标准确定单孔注浆是否结束。

4. 试注浆

正式注浆前，为确定浆液配比、注浆压力、浆液扩散范围等参数，需进行试注浆，根据试验情况再调整注浆参数。

试验结果显示，注浆的扩散范围为0.8～1.5m，注浆压力为0.3～1.2MPa，水玻璃+水泥浆液凝固的时间为28～32s，水玻璃+磷酸浆液凝固的时间为12s左右，注浆后能够有效减少漏水的情况，探孔显示没有漏水情况。

5. 开挖前检测

每个联络通道开挖前需打设3处探孔（深度2m）、2处透孔（打穿至对面管片），以确定加固效果。满足以下几个条件便可以开挖：

1）探孔及透孔无明水流出、透孔1d后无明显收缩。
2）探孔及透孔取芯土体用于检测加固土体强度，强度不小于设计要求的0.4MPa。
3）取芯土体需能看到明显的注浆浆脉。
4）若以上条件未满足时，开挖存在风险。需进行二次补浆直至满足以上条件。

6. 降水井施工

由于7号联络通道底部存在 ⑰$_2$ 含黏性土碎石层，根据地勘报告本层土为微承压性，本层土渗透系数较大且水量也较大，注浆加固前对本层土水量进行开孔测试。

底部开孔后，12h内持续有水涌出，开始为浑浊状态，6h后转为清水状态，12h后停止涌水，随后关闭阀门；阀门关闭1d后打开再次有清水流出，说明水位补给较快（图8-29）。

为避免WSS注浆加固不均匀导致土层中某些裂隙未被加固浆液填充，从而在开挖过程中发生拱底涌水，故在7号联络通道左右线隧道各施工5口真空降水井，以应对紧急情况。

（a）2021.11.08早8点　　（b）2021.11.08午2点　　（c）2021.11.08晚8点　　（d）2021.11.09晚8点

图8-29　隧道底部 ⑰₂ 层土开孔测试

九、加固效果

联络通道钢管片割除后，加固土体比较干燥。开挖后，土体无湿渍情况，土体完整性较好，强度较高，能明显看到注浆浆脉（图8-30）。

图8-30　联络通道开挖后照片

十、监测变形情况

（1）既有隧道收敛情况：从注浆开始到联络通道二衬施工完成，隧道收敛值为0.8～2.4mm，变形较小。

（2）地面沉降情况：从注浆开始到联络通道二衬施工完成，地面沉降为-29.5～14.8mm，其中注浆阶段引起地面隆起，最大为14.8mm；施工阶段地面沉降，最大达到29.5mm（图8-31）。

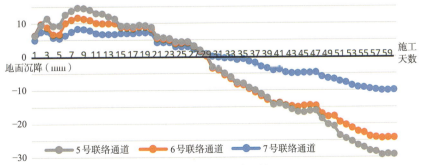

图8-31　地面沉降变形结果

十一、总结

（1）无收缩双液注浆WSS工法在软土地层矿山法联络通道的应用并不多见，3号风井～文三路站区间5号、6号、7号联络通道局部位于软土地层，其中7号联络通道底部尚存在承压水含水层，项目应用WSS工法进行地层加固，土体加固质量及止水效果良好，有效地降低了暗挖施工风险。

（2）本项目为避免联络通道开挖时沿管片周围渗水，注浆前先在联络通道前后10环混凝土管片背后注射环箍，混凝土管片四周形成纵向止水环。为避免注浆时对既有的盾构隧道管片产生影响，注浆施工前宜搭设环向钢架。

（3）采用WSS工法加固联络通道时，注浆孔位布置至关重要，需根据注浆的扩散范围试验布置注浆孔位置、确定注浆孔角度，注浆孔间距应控制在1000~1500mm为宜。原则上先注外围一周的注浆孔，然后再进行中间孔位注浆，使浆液在一个相对封闭的环境里扩散，以更好地固结土体。

（4）注浆应结合现场地质情况，遵循"多设注浆孔、单孔少注浆"的原则，控制单孔注浆量，单孔注浆压力宜根据注浆孔埋深同时结合地面监测情况控制，最大控制在1.2MPa以内，以免压力过大对既有隧道管片结构造成破坏。注浆时水泥浆水灰比控制在0.8～1.0，水玻璃稀释浆液控制在1:1左右，浆液凝固时间缩减至28～32s。

（5）相比冻结法施工工艺，在合适的地层采用WSS注浆加固的联络通道，总体工期短、造价低、沉降小（无冻胀融沉问题），质量安全保障度高。

第四节
公铁合建段钢桥减振降噪分析研究及工程实践

一、概述

近年来，钢桥在铁路、城市轨道交通中得到广泛应用。列车经过钢桥和钢-混组合桥梁时引起的结构噪声辐射问题相比混凝土桥更为突出，对沿线居民造成的影响更大，重庆千厮门大桥就是典型案例，由于该桥距离周围居民小区太近（最近的距离不到5m），当列车经过时产生的车致噪声非常显著，对沿线居民的日常生活影响较大。

杭州机场轨道快线高架段长度约12.00km，与沪杭甬高速合建约10.266km，其中跨钱塘江段桥梁采取劲性骨架钢悬索桥，该段桥梁分为上下两层，其中上层为双向8车道沪杭甬高速公路，下层中间为杭州机场轨道快线高架区间，下部两侧设置慢行系统。

跨钱塘江钢桥距离周围居民区相对较近且钢桥上设置慢行系统，因此，本节以杭州机场轨道快线为背景，建立杭州机场轨道快线钢桥结构噪声与轮轨噪声预测模型，并基于该模型对典型及敏感场点噪声分布情况进行预测，对比不同减振降噪方案下的噪声水平，以期为钢桥减振降噪设计提供理论依据(图8-32)。

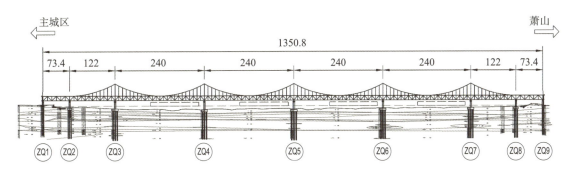

图8-32　钱塘江新建大桥立面布置示意图

二、计算参数与预测模型建立

1. 钢桁梁桥结构噪声模型的建立

钢桁梁桥结构噪声的仿真流程如图8-33所示。本小节首先建立频域内车辆、轨道以及桥梁的耦合作用模型，得到输入桥梁的机理荷载，基于统计能量法（SEA）建立钢梁噪声预测模型，从而对钢桁梁桥结构噪声进行预测，钢梁SEA预测模型如图8-34所示。

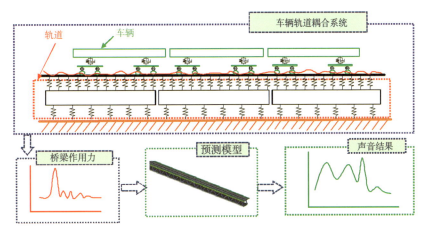

图8-33　钢桁梁桥结构噪声仿真流程图

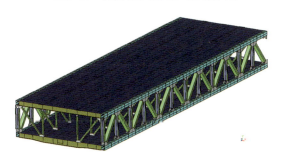

图8-34　钢桁梁桥结构噪声预测模型

对于噪声敏感区域分布情况，选取了本次研究的桥梁结构噪声的预测场点，水平距离分别为0、7m、10m、50m、100m、200m、300m、344m、400m，高度统一为0（轨面）。

本节分别选取了一般整体道床、减振垫浮置板道床、橡胶弹簧浮置板道床和钢弹簧浮置板道床共4种轨道结构进行分析，各轨道结构的示意图见图8-35，其轨道结构参数详见表8-25。

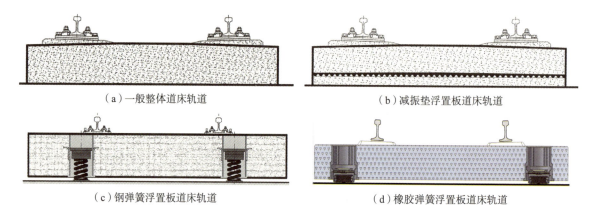

（a）一般整体道床轨道　　　　　　　　（b）减振垫浮置板道床轨道

（c）钢弹簧浮置板道床轨道　　　　　　（d）橡胶弹簧浮置板道床轨道

图8-35　各种轨道类型示意图

轨道结构参数　　　　　　　　　　　　　　　　表8-25

项目	一般整体道床	减振垫浮置板道床	橡胶弹簧浮置板道床	钢弹簧浮置板道床
道床尺寸	6m×2.5m×0.33m	6m×2.8m×0.33m	6m×2.8m×0.33m	6m×2.8m×0.33m
支撑（等效）弹簧刚度	—	34kN/mm	10kN/mm	7kN/mm
纵向（简化）间距	—	1.2m	1.2m	1.2m
弹簧阻尼比	—	—	0.08	0.125
减振垫面刚度	—	0.02N/mm³	—	—
减振垫损耗因子	—	0.2	—	—
通用参数	钢轨弹性模量：2.1×10⁵MPa；道床弹性模量：3.5×10⁴MPa；钢轨密度：7850kg/m³；扣件刚度：40MN/m；扣件阻尼损耗因子：0.25；扣件间距：0.6m；道床密度：2500kg/m³			

2. 轮轨噪声模型的建立

列车运行时的噪声在向四周传播的过程中，传递至声屏障表面时声能量有三种传播方式，即被吸声结构耗散、穿过声屏障传递至外侧、改变传播方向经顶部绕射至外侧。统计能量分析可模拟能量流在不同子系统之间的传递关系，但是没有指向性，因此该方法更适合于半、全封闭声屏障透射路径声传播模拟。在声屏障降噪效果统计能量分析过程中，需要三个必备条件，即等效列车声源、单元板隔声量和声腔内损耗因子。图8-36给出了建模思路示意图。

预测模型根据列车车体与声屏障的几何参数，用统计能量法按照实际尺寸对声屏障进行建模。列车采用6节编组，且为对称结构，列车声源可视为无限长线声源，遵循圆柱形辐射规律。在数值计算过程中，以声学约束模拟声源，以损耗因子和传递损失模拟声屏障的隔声效果，于2m声场节段中进行分析。预测模型如图8-37所示。

3. 噪声评价指标

在噪声测试仪器中，利用模拟人的听觉的某些特性，对不同频率的声压级予以增减，这种通过频率计权的网络读出的声级，称为计权声级。计权方式主要有线性计权和A计权两种（图8-38）。线性计权能够全面反映噪声的频谱特性，但不能很好地反映人耳对噪声的敏感程度。A计权对低频（500Hz以

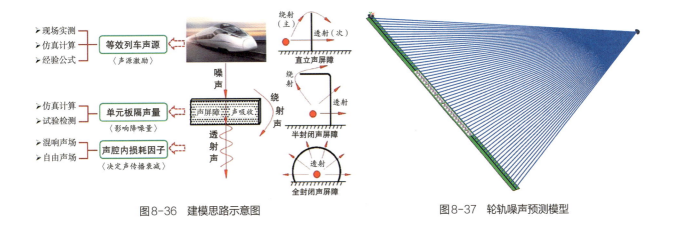

图8-36 建模思路示意图　　　　　　　　图8-37 轮轨噪声预测模型

下）噪声有较大的衰减。A计权声压级简称A声级，单位是dB(A)。A声级不能全面反映噪声源的频谱特性，但其测量结果与人耳对噪声的感受近似一致，即对高频敏感，对低频不敏感，因此A声级是目前评价噪声的主要指标，已被广泛应用。本小节主要研究不同轨道类型结构下噪声值的规律，故选取A声级作为主要指标。但相关规范及环评报告中给定的限值一般为等效A声级，故在分析综合噪声对比限值时采用等效A声级。

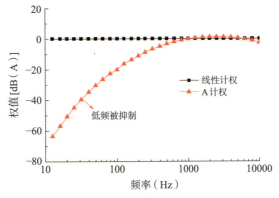

图8-38 A计权和线性计权的权值对比

除研究噪声规律的不同距离场点外，主要关注两处重点场点，即慢行系统及某小区。某小区距离钢桥344m，根据环评报告可知，该小区的声功能区为2类区，环评报告中对该小区背景噪声进行了监测，等效声级分布在63～71dB(A)，即使最小值已超过《声环境质量标准》GB 3096—2008中规定的2类声功能区噪声限值[50dB(A)]。对于现状环境噪声已经超标，预测环境噪声又有增量的敏感点，环评报告中要求采用有效的噪声治理措施，降低新增声源的贡献量，使环境噪声维持现状水平，即噪声增量控制在1dB(A)以内。

因人桥两侧的慢行系统主要是行人通过，其非敏感区域，不能采用《声环境质量标准》GB 3096—2008中规定的限值。《城市轨道交通列车噪声限值和测量方法》GB 14892—2006中规定的噪声主要是针对乘客的，与慢行系统相似，故慢行系统处噪声参照此规范确定，即不超过75dB(A)。

三、钢桁梁桥噪声预测及影响规律分析

1. 不同轨道类型结构噪声预测及影响规律分析

根据行车牵引速度得知列车通过该钢桁梁桥时的速度为105km/h，在此速度运行下分析一般整体道床、减振垫浮置板道床、橡胶弹簧浮置板道床及钢弹簧浮置板道床四种轨道结构下钢桁梁的结构噪声分布规律。声压级云图见图8-39，各轨道类型结构噪声压级对比见图8-40。

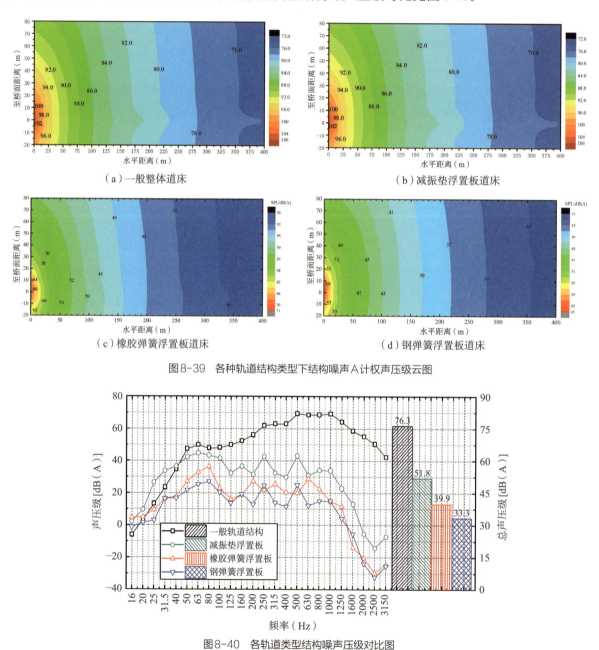

图8-39 各种轨道结构类型下结构噪声A计权声压级云图

图8-40 各轨道类型结构噪声压级对比图

从图8-40对比结果来看，在40Hz以下的低频范围内，减振垫浮置板的降噪效果次于一般轨道结构；当频率超过40Hz以后，三种减振轨道的效果都优于一般轨道结构，其中钢弹簧浮置板轨道结构

的效果最佳;在大于2000Hz的高频范围内,相比一般轨道结构,减振轨道的降噪效果较为明显。在总声压级的对比上,相比一般轨道结构,减振垫浮置板轨道结构可降低噪声24.5dB(A),橡胶弹簧浮置板轨道结构可降低噪声36.4dB(A),钢弹簧浮置板轨道结构可降低噪声达43dB(A)。

2.不同轨道类型轮轨噪声预测及影响规律分析

在上述荷载、速度及边界条件下,分析一般整体道床、减振垫浮置板道床、橡胶弹簧浮置板道床及钢弹簧浮置板道床各场点轮轨噪声频带内分布规律。声压级云图见图8-41,各轨道轮轨噪声压级对比见图8-42。

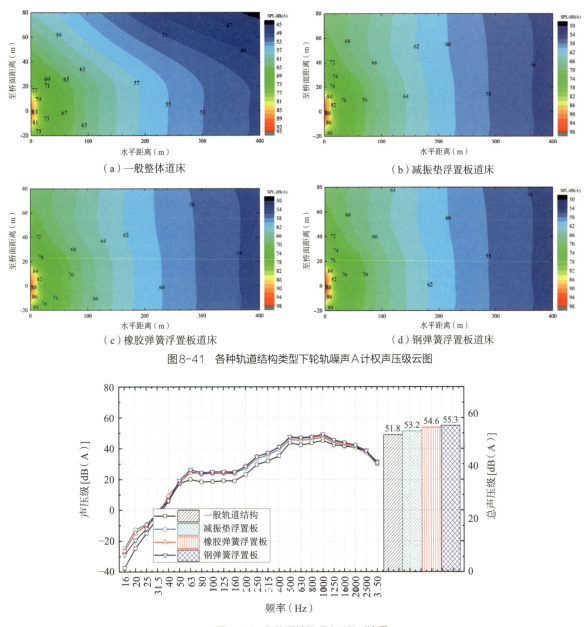

(a)一般整体道床　　　　　　　　　　(b)减振垫浮置板道床

(c)橡胶弹簧浮置板道床　　　　　　　(d)钢弹簧浮置板道床

图8-41　各种轨道结构类型下轮轨噪声A计权声压级云图

图8-42　各轨道轮轨噪声压级对比图

从图8-42对比结果来看,在50Hz以下的低频范围内,四种轨道结构形式下的轮轨噪声水平差异不大,当频率超过50Hz以后,三种减振轨道形式下的轮轨噪声水平高于一般轨道,且三种减振轨道之间的轮轨噪声水平相当。相比一般轨道结构，减振垫浮置板、橡胶弹簧浮置板及钢弹簧浮置板轨道形式下的轮轨噪声总声压级分别高出1.4dB(A)、2.8dB(A)及3.5dB(A)，即不同减振轨道对轮轨噪声影响较小。

3.不同轨道类型下慢行系统噪声预测及对比分析

杭州机场轨道快线跨钱塘江大桥两侧设有10.9m宽的两条慢行通道。为对不同轨道下慢行系统的噪声进行预测和对比，在慢行系统内设置一噪声场点，横向距列车声屏障5.45m，垂向距桥面板高1.8m，如图8-43所示。

对四种轨道下该场点的桥梁结构噪声及轮轨噪声进行预测，得到对比图如图8-44所示。

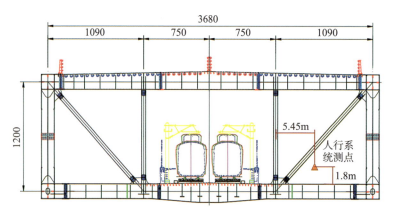

图8-43 慢行系统内噪声场点布置示意图

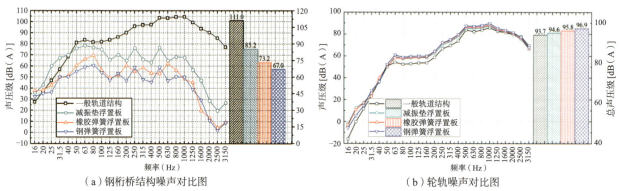

(a)钢桁桥结构噪声对比图　　(b)轮轨噪声对比图

图8-44 各种轨道类型噪声声压级对比图

从图8-44(a)可知，对于钢桁梁结构噪声，从该场点的结构噪声预测结果来看，在小于40Hz的频段内，钢弹簧浮置板和橡胶弹簧浮置板的降噪效果较好，减振垫浮置板的降噪效果次于一般轨道；在大于40Hz频段，三种减振轨道的降噪效果均十分显著，都优于一般轨道结构，其中钢弹簧浮置板轨道结构的效果最佳，橡胶弹簧浮置板轨道和减振垫浮置板轨道次之。在总声压级的对比上，相比一般轨道结构，减振垫浮置板轨道结构可降低结构噪声25.8dB(A)，橡胶弹簧浮置板轨道结构可降低结构噪声37.8dB(A)，钢弹簧浮置板轨道结构可降低结构噪声达44dB(A)。

从图8-44(b)可知，对于轮轨噪声，从该场点的噪声计算结果来看，在小于500Hz的频段内，四种轨道结构形式下的轮轨噪声水平差异不大；在频率大于500Hz以后，三种减振轨道形式下的轮轨噪声水平高于一般轨道，且三种减振轨道之间的轮轨噪声水平相当。在总声压级的对比上，相比一般轨道结构，三种减振轨道结构形式下的轮轨噪声分别高1.5dB（A）、2.1dB（A）及3.2dB（A）。

4.不同轨道类型综合噪声预测及影响因素分析

在第1～3部分，分别对杭州机场轨道快线钢桥的钢桁梁桥结构噪声和轮轨噪声辐射规律及影响因素进行了分析，本小节将在此基础上对分析场点的综合噪声进行分析预测。综合噪声只对慢行系统及某小区敏感点进行分析，荷载、速度及边界条件与上述分析一致，声屏障取3m高。由环评报告可知，某小区附近背景噪声等效声级分布在63～71dB（A），为保证计算结果的准确性，本小节选用标准更高的63dB（A）作为背景噪声进行研究计算，慢行系统处背景噪声取68dB（A）。综合噪声预测评价选用《环境影响评价技术导则 城市轨道交通》HJ 453—2018中附录C推荐的预测计算方法。

从图8-45可知，慢行系统处综合噪声一般整体道床及钢弹簧浮置板道床超标[超过75dB（A）]，减振垫浮置板道床及橡胶弹簧浮置板道床达标。相比一般整体道床，慢行系统场点减振垫浮置板道床、橡胶弹簧浮置板道床及钢弹簧浮置板道床综合噪声分别降低20.5dB（A）、19.4dB（A）、18.3dB（A）。对于某小区四种轨道类型下综合噪声基本无差异，且噪声增量均控制在1dB（A）以内，满足环评报告要求。造成四种轨道类型下某小区外综合噪声基本无差异现象的主要原因是某小区处主导声源为背景噪声。

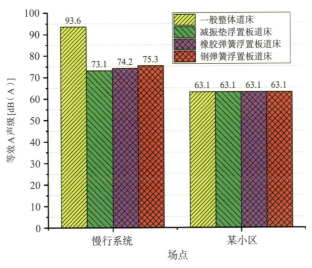

图8-45 各种轨道类型综合噪声对比

四、总结与结论

基于车辆-轨道-桥梁耦合振动理论，并结合统计能量法，本节建立了轮轨噪声及钢桁梁桥结构噪声预测模型，对杭州机场轨道快线工程不同水平距离、慢行系统处及某小区敏感点附近钢桁梁桥噪声特性进行了详细分析，探讨了不同减振轨道结构下钢桁梁桥轮轨噪声、桥梁结构噪声以及综合噪声的分布特点和影响规律，主要结论如下：

（1）钢桁梁桥结构噪声在40Hz以下的低频范围内，减振垫浮置板的降噪效果次于一般轨道结构；当频率超过40Hz以后，三种减振轨道的效果都优于一般轨道结构，其中钢弹簧浮置板轨道结构的效果最佳；在大于2000Hz的高频范围内，相比一般轨道结构，减振轨道的降噪效果较为明显。

（2）轮轨噪声在50Hz以下的低频范围内，四种轨道结构形式下的轮轨噪声水平差异不大，当频率超过50Hz以后，三种减振轨道形式下的轮轨噪声水平高于一般轨道，且三种减振轨道之间的轮轨噪声水平相当。

（3）各种轨道类型钢桁梁桥结构噪声衰减规律基本一致，均为先快后慢。水平距离7m内衰减率较大，约为0.8dB（A）/m，水平距离大于300m后衰减率较小，为0.02~0.03dB（A）/m。

（4）各种轨道类型轮轨噪声衰减规律基本一致，均为先快后慢，其中一般整体道床衰减最快。一般整体道床水平距离7m内衰减率较大，约为1.6dB（A）/m，水平距离大于300m后衰减率较小，约为0.03dB（A）/m。其余三种减振轨道类型水平距离7m内衰减率较大，约为1.1dB（A）/m，水平距离大于300m后衰减率较小，约为0.05dB（A）/m。

（5）对于某小区敏感点在采取3m高声屏障的情况下各种轨道类型综合噪声基本无差异，且噪声增量均控制在1dB（A）以内，满足环评报告要求。对于慢行系统处综合噪声在采取3m高声屏障的情况下一般整体道床及钢弹簧浮置板道床超标，减振垫浮置板道床及橡胶弹簧浮置板道床达标，从降噪效果及造价上综合分析，选取减振垫浮置板道床为最优方案。

（6）目前工程中已按研究结论采取了减振垫浮置板道床及3m高声屏障，经过实测，限速噪声满足规范要求，且经过现场感受发现列车经过时敏感点位置基本听不到钢桁梁桥产生的噪声。

第五节
新型预制道床板在杭州机场轨道快线中的应用

一、概述

轨道结构是承载列车并引导列车安全、平稳运行的重要系统。城市轨道交通传统轨道结构多采用人工现浇混凝土整体道床建造模式，面临线路平顺性差、振动噪声突出、工序繁杂、效率低下、病害频发、运维困难等重大技术难题。高铁板式轨道平顺性和舒适度优势突出，但两者的建设环境和标准存在较大差异，技术应用具有极大的局限性。部分城市引入高铁技术后，仍存在施工效率低、人工调板难度大、抗浮措施繁杂等问题，尤其是轨道结构的病害治理和大修更换已成为世界性难题。

本节首次提出装配式轨道技术理念，将装配式建造理念融入轨道结构技术中，力图在既有高铁及地铁预制板轨道设计、施工等方面有所突破，形成新一代轨道结构技术体系。

装配式轨道技术已成为当前轨道技术的主要发展方向，对于提高轨道工程建设质量、提高铺轨效率、缓解劳动力紧缺、方便运维及改造等具有重要作用，同时线路精度高的情况下能够进一步减少轮轨之间振动和噪声影响，进一步缓解对沿线居民的振动噪声污染，社会效益巨大。再者装配式轨道技术引领了城市轨道交通工业化、绿色建造技术的发展，对于推动行业科技进步作用巨大。本节以杭州机场轨道快线为背景，主要对可缓解城市轨道交通工期压力，便于各专业协调运作，便于开展施工准备工作的城市轨道交通装配式轨道系统进行研究；并制定设计、制造、施工、养护维修等各环节的技术标准，为类似技术提供参考。

二、预制板式轨道的应用现状

1. 高速铁路预制板类型

我国的高速铁路板式轨道在总结日本及德国板式轨道成果基础上，自主研发了CRTS Ⅲ型板式无砟轨道结构。目前在建高铁线路的板式轨道均采用了此种形式。

CRTS Ⅲ型板式无砟轨道由钢轨、弹性扣件、预制轨道板、自密实混凝土层、隔离层、弹性缓冲垫层以及具有限位结构的钢筋混凝土底座等部分组成。预制轨道板下设门形钢筋，自密实混凝土灌注后，通过门形钢筋使预制轨道板和自密实混凝土层连接成为一体，形成"复合板"结构。自密实混凝土层与底座板之间设置土工布。底座板中部设置限位凹槽，与上部自密实混凝土层相连，凹槽内侧填充弹性垫层及泡沫板。

CRTS Ⅲ型板式无砟轨道主要根据高铁线路及工况特点进行研发，具有质量可靠、稳定耐久、可维修的特点（图8-46）。

图8-46　CRTS Ⅲ型板式无砟轨道

2. 城市轨道交通中采用的预制板类型

非减振功能的预制板轨道结构主要有以下几类：

（1）类型一

在上海地铁中广泛采用，目前已成为上海地铁的标准图（图8-47、图8-48）。

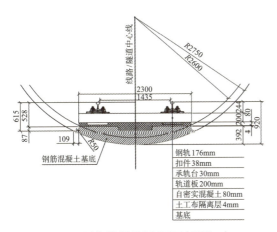

图8-47　预制板轨道结构断面图（类型一）

图8-48　预制板轨道结构现场照片（类型一）

此类预制板轨道结构主要特点是：

1）此类预制板结构与高速铁路CRTS Ⅲ型板式轨道结构类似。

2）预制板结构由钢轨、扣件、预制板、自密实混凝土（标准厚度80mm）、土工布隔离层、现浇钢筋混凝土基底组成。

3）预制板普通钢筋混凝土板，板长分3500mm和4700mm两种，板宽2300mm，板厚200mm。其中4700mm长预制板铺设长$R>550m$的区段，3500mm长预制板铺设长$R\leqslant 550m$的区段。3500mm长预制板兼作调整板使用。板内设置三个圆形孔作为观察孔和灌注孔。

4）标准板缝100mm。管线从板缝处通过时，最大板缝按150mm控制。

5）限位方式：基底表面设置限位凹槽，预制板底部设置预埋门形钢筋（与自密实混凝土连成一体）。自密实混凝土通过基底设置的方形限位凹槽（每块预制板下两个）实现限位。

（2）类型二

此类轨道结构在深圳地铁7号线暗挖区段铺设了约300m试验段，目前已很少采用，见图8-49。

主要结构特点：

1）此类预制板轨道结构的体系与高速铁路CRTS Ⅰ型板式轨道结构类似，主要区别在于用自密实混凝土代替了CRTS Ⅰ型板式轨道采用的CA砂浆（图8-49）。

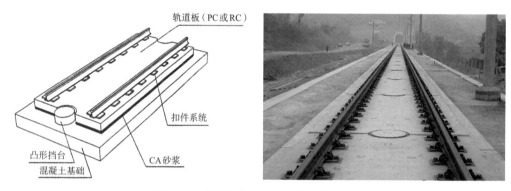

图8-49　高速铁路CRTS Ⅰ型板式轨道结构

2）预制板结构由钢轨、扣件、预制板、自密实混凝土（厚度124mm）、土工布隔离层、限位凸台、两侧现浇混凝土构成，下部有仰拱回填层（可由土建或轨道浇筑）。

3）预制板普通钢筋混凝土板，板长4130mm，板宽2400mm，板厚190mm。板内设置三个圆形孔作为观察孔和灌注孔。

4）板缝设计为70mm，要求管线从仰拱回填层中完成过轨。

5）限位方式：凸台直接从仰拱回填层伸出至预制板顶面，凸台与仰拱同时施工，需要确保凸台位置准确。凸台与预制板之间的缝隙采用树脂材料填充。

（3）类型三

此类轨道结构在天津地铁5号线铺设了试验段，随后在北京大兴国际机场线部分明挖段及地面段铺设，共计约5km，主要结构特点是（图8-51、图8-52）：

1）预制板轨道的结构体系与德国长桥上的博格板轨道结构体系类似（图8-50）。预制板为单元分块式结构，即预制板上设置限位块，通过轨道板下的限位块将力继续传给下部结构。德国的限位凸

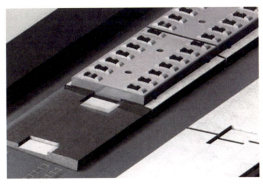

图8-50 德国长桥上的博格板轨道结构

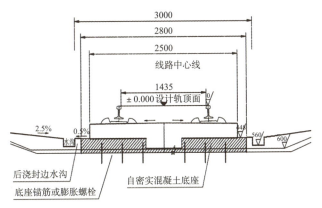

图8-51 预制板轨道结构断面图（类型三）

图8-52 预制板轨道结构现场照片（类型三）

台设在板的两端，本预制板轨道结构则是设置在板中。

2）预制板轨道结构由钢轨、扣件、预制板、自密实混凝土、土工布隔离层、钢筋混凝土底座构成，当轨道结构高度不足时也可取消钢筋混凝土底座，自密实混凝土直接与下部结构衔接。

3）预制板双向预应力体系，北京大兴国际机场线用轨道板尺寸为板长5300mm，板宽2500mm，板厚200mm。板内设置三个圆形孔作为观察孔和灌注孔。

4）标准板缝为100mm，施工时根据需要可对板缝适当调整，但需控制在40～160mm，消防及排水管过轨地段最大可增大到200mm。

5）限位方式：轨道板下部设置有限位凸台，与底座的凹槽形成凹凸限位结构，每块板共计两个限位凸台，限位凸台在工厂内粘贴有弹性垫层，凸台底部采用聚乙烯泡沫板隔离。

（4）类型四

此类轨道结构首先在深圳地铁6号线穿山隧道内得以应用，目前逐步在深圳地铁中推广应用，主要结构特点是：

1）预制板轨道结构仍然分为钢轨、扣件、预制板、隔离层、自密实混凝土调整层（厚100mm）、钢筋混凝土基底、限位结构等主要部分，但与国铁预制板结构有一定区别，主要是：隔离层设置在轨道板下，而非自密实混凝土下；采用板内灌注孔实现限位（图8-53、图8-54）。

2）预制板为普通钢筋混凝土板，轨道板尺寸为板长4100mm，板宽2400mm，板厚200mm。板内设置两个尺寸较大的圆形限位孔，中间设置观察孔。

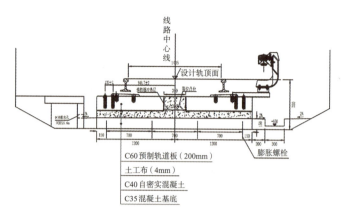

图8-53 预制板轨道结构断面图(类型四)

图8-54 预制板轨道结构现场照片(类型四)

3)标准板缝为100mm,过轨管线处最大一般按200mm控制。

4)限位方式:板内预留两个圆形限位孔,浇筑板下自密实混凝土时,自密实混凝土将圆形孔填充后自动形成限位桩。限位桩与预制板之间采用弹性垫层隔开。预制板下铺设土工布,土工布与弹性垫层之间的搭接处采用氯丁胶粘结。

3. 城市轨道交通中传统预制板优缺点及造价分析

预制轨道板结构在国内多个城市的轨道交通建设中所占比重逐渐增加,其中上海和深圳研究、试铺较早,经验丰富,目前在其在建线路中已全面推广。个别城市也已启动预制板的试铺及研究。

经调研了解,预制轨道板道床具有如下优势(表8-26):

单作业面施工进度指标　　　　表8-26

道床类型	指标
预制板整体道床	传统预制板技术 50m/(d·工作面)
现浇一般整体道床	机铺:75m/(d·工作面),散铺:50m/(d·工作面)
预制钢弹簧浮置板道床	50～75m/(d·工作面)
现浇浮置板整体道床	机铺:35m/(d·工作面),散铺:25m/(d·工作面)

(1)采用预制化构件,道床质量好,后期道床病害少;

(2)轨道施工精度更高,线路平顺性更好,有利于提高乘客舒适度;

(3)道床美观性好,道床表面平整度高,有利于紧急情况下的乘客疏散;

(4)养护维修工作量少,轨道病害整治更便捷;

(5)应对土建沉降能力较强;

(6)下料口灵活;

(7)杂散电流收集网质量好,道床电阻增大,能进一步减少杂散电流外泄。

但预制板轨道仍存在如下一些问题:

(1)道床整体造价相对于现浇道床增加较多,增加100～150万元/(单线·km);

(2)自密实混凝土质量要求较高,且需从商混站采购,如用量小或存在供应不足的问题;

(3)预制板在运输和安装期间需做好保护,防止出现磕碰等有损质量的情况;

(4)板厂、现场所需存料场地较大。

三 杭州机场轨道快线新型装配式轨道系统技术研究

1. 新型装配式轨道技术特点简介

城市轨道交通引入高铁板式轨道技术后,仍存在施工工序多、施工效率低、人工调板难度大等问题,因城市轨道交通隧道空间受限,施工难度进一步增加。鉴于此,北京城建设计发展集团在传统板式轨道结构基础上,首次提出了装配式轨道技术理念,将装配式建造理念融入轨道结构技术中(图8-55),其核心技术理念包括:

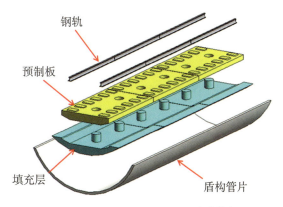

图8-55 城市轨道交通新型装配式轨道技术

(1)道床采用预制板结构。预制板在满足承载力、抗裂等设计要求的前提下,优先采用非预应力厚板,避免预应力带来的变形和徐变问题,且厚板有利于提高减振效果及轨道自身的稳定性,实现了减振及非减振地段预制板类型的尽量统一,便于生产制造。

(2)预制板与下部基础分离。有减振需求时,板与减振垫通过一定的构造设计方式实现工厂化的复合,减振垫弹性根据减振要求进行针对性设计。无减振需求时,减振垫改为仅起隔离作用的隔离层,隔离层采用喷涂工艺实现工厂内复合,也可采用土工布等隔离材料隔离。

(3)轨道结构高度较小时(如直径5.5m的盾构),板下填充层优先采用一次灌注方式,取消底座,减少现场施工环节,施工效率显著提高。轨道结构高度较大时(如直径5.9m的盾构),可预铺一层底座,减少一次灌注的混凝土量。

(4)轨道板内的限位桩兼作灌注孔、观察孔,与板下填充层灌注一次成型。板下填充层采用流动性较好的材料——钢纤维细石混凝土,因地下线结构形式与传统板式轨道结构不同,对填充材料的流动性要求相对较低,价格相对也便宜,技术经济性更佳。

(5)采用配套的系列化施工装备进行施工。施工装备涵盖运板、卸板、调板、换板及板下混凝土灌注等功能。

装配式轨道技术与传统预制轨道板整体道床技术相比,具有以下优势:

(1)所提出的装配式轨道结构体系相比传统板式轨道而言,具有施工工序简单、施工速度快、劳动强度低、用工数量少等诸多优点。

(2)厂内喷涂型隔离材料及厂内实现板垫复合的方式,省去了传统预制轨道板隔离层与限位凹槽采用人工现场铺设施工的工序。在简化施工工序的同时，提高了隔离层的耐久性和绝缘性能，有利于杂散电流防护。

（3）地下线板下钢纤维细石混凝土填充，填充层内无须绑扎钢筋。在确保板下填充层抗裂性满足要求的同时，大幅简化了施工工序，同时相比传统的自密实混凝土填充材料，其拌制、运输及浇筑的要求较低，降低了施工质量控制难度。

装配式轨道技术已成为当前轨道技术的主要发展方向，对于提高轨道工程建设质量，提高铺轨效率，缓解劳动力紧缺，方便运维及改造等具有重要作用，同时引领了城市轨道交通工业化、绿色建造技术的发展，对于推动行业科技进步作用巨大。

2. 装配式轨道技术方案

本小节在既有的装配式轨道设计理念基础上，根据杭州机场轨道快线的特点，进行深化设计。设置范围为杭州机场轨道快线创景路站（不含）～海创园站（不含）、萧山国际机场站（不含）～永盛路站（不含）区间，具体里程为K8+878～K10+575、K56+074～K59+623。总长度为10.2km。

装配式道床结构自上而下包含钢轨、扣件、预制轨道板和填充层。填充层采用钢纤维细石混凝土，混凝土强度等级为C40。轨道结构为900mm，道床中间为平整的预制轨道板面，预制轨道板两侧设置300mm宽的半圆形明沟，沟底距离相邻钢轨轨顶550mm。水沟内壁至线路中心线距离为1250mm，水沟沟壁上表面低于预制轨道板面150mm。

预制轨道板四周与钢纤维混凝土相接位置涂刷PTN密封防水材料，涂刷宽度为接缝两侧各100mm，涂刷厚度为3mm。预制轨道板之间设置100mm板缝，板缝不做填充。填充层每隔14.4m设置一处伸缩缝，伸缩缝宽20mm，以沥青木板填充并以PTN封顶30mm，排水沟内伸缩缝与道床内伸缩缝采用同种方式，并与道床伸缩缝贯通。消防水管过轨位置可适当拉大预制轨道板缝。

预制轨道板与区间一般整体道床衔接时，水沟应以混凝土填充进行顺坡，保证排水坡度不小于2‰；与可调式框架板整体道床衔接时，通过横沟将两侧水沟引入中心水沟（图8-56、图8-57）。

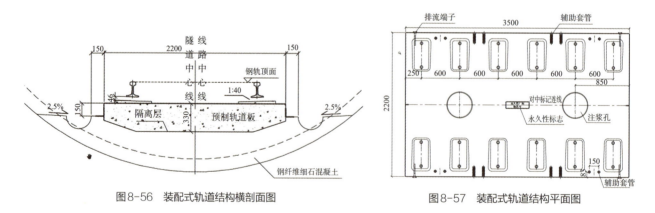

图8-56 装配式轨道结构横剖面图　　图8-57 装配式轨道结构平面图

（1）预制轨道板采用工厂化制作。预制轨道板为非预应力钢筋混凝土结构，混凝土强度C50。共两种板型，分别为P3500预制轨道板及P4700预制轨道板。P3500预制轨道板长×宽×厚=3500mm×2200mm×330mm，应用于半径≤500m的曲线地段；P4700预制轨道板长×宽×厚=4700mm×2200mm×330mm，应用于半径＞500m的曲线地段及直线地段。为提高隧道断面的适应能力，断面两端下部边角倒棱处理。

（2）预制轨道板底部采用了厂内喷涂隔离材料的方法实现预制轨道板与下部填充层的隔离（图8-58）。省去了传统预制轨道板隔离层与限位凹槽采用人工现场铺设施工的工序。在简化施工工序的同时，提高了隔离层的耐久性和绝缘性能，有利于杂散电流防护。

（3）板下填充层采用了C40钢纤维细石混凝土（图8-59），连同两侧水沟一次浇筑成型，取消了传统板式轨道混凝土底座及土工布等，且填充层内无须绑扎钢筋。在确保板下填充层抗裂性满足要求的同时，大幅简化了施工工序。同时相比传统的自密实混凝土填充材料，其拌制、运输及浇筑的要求较低，从而大幅降低了施工质量控制难度。为确保钢纤维细石混凝土应用效果，在实施前通过抗裂性验算及多次的厂内试配与揭板试验后，制定了钢纤维细石混凝土的技术条件。针对该方案，实施前召开了专家评审会，该方案的创新性及可行性得到了与会专家的广泛认可。

图8-58　厂内喷涂完隔离层的预制轨道板

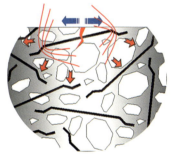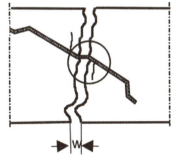

图8-59　钢纤维细石混凝土

（4）灌注孔兼作限位凸台，限位凸台在填充层灌注时，插入钢筋笼，连同填充层同步浇筑完成。

3. 装配式轨道生产工艺

预制轨道板在预制板厂完成预制，各尺寸精度控制高，混凝土强度有保证，具体施工流程如图8-60所示。

4. 装配式轨道施工工艺

装配式轨道的施工工艺流程在传统预制板式轨道的基础上大幅简化（图8-61、图8-62）。轨道板的施工工序仅包括：控制网测设、轨道板的铺设及精调、钢纤维细石混凝土（或自密实混凝土）灌注、板缝回填及水沟防水等。取消了传统的预制板施工过程中的底座放线、凹槽测量定位、钢筋绑

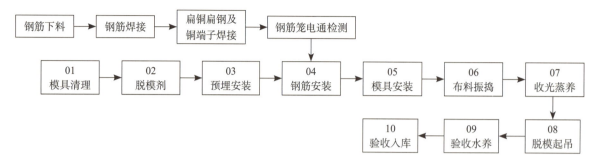

图8-60 预制轨道板生产工艺流程图

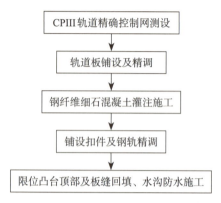

图8-61 装配式轨道施工工艺流程图

图8-62 现场施工照片

扎、模具架立、土工布铺设、缓冲垫板铺设、填充层钢筋网片铺设、底座混凝土浇筑、抗浮支架安装等10余道工序。

四、总结及应用前景

（1）装配式轨道技术已成为当前轨道技术的主要发展方向，对于提高轨道工程建设质量、提高铺轨效率、缓解劳动力紧缺、方便运维及改造等具有重要作用，同时线路精度高的情况下能够进一步减少轮轨之间的振动和噪声影响，进一步缓解对沿线居民的振动、噪声污染，社会效益巨大。装配式轨道技术也引领着城市轨道交通工业化、绿色建造技术的发展，对于推动行业科技进步作用巨大。

（2）杭州机场轨道快线全线约有10km采用该新型装配式预制轨道，施工完成后，轨道平顺度及道床观感质量有较大幅度的提升，施工工效远好于预期。为总体提升该技术在杭州机场轨道快线中的应用，并推动该技术在后续工程项目中的应用，已协助杭州地铁集团制定了3项企业标准：《预制板式无砟轨道铺设用钢纤维细石混凝土技术规程》《预制轨道板生产及验收技术规程》《预制轨道板铺设施工质量及验收技术规程》等。

（3）本工程在易沉降的联络通道位置采取预制可调式框架板轨道技术。可调式框架板结构自上而下包含钢轨、扣件、框架板及混凝土基底。框架板两侧及底部设置缓冲弹性垫板，框架板中间安装无机（复合型）盖板。框架板在端部两侧设置限位隼，基底浇筑时在限位隼位置形成凹槽，实现限位功能。当调高量不足50mm时采用扣件调高；当调高量为50mm的整数倍时采用塑料调高垫板；当调高量累计达到100mm的整数倍时，撤出塑料调高垫板，采用预制钢筋混凝土调高垫块。塑料调高垫板最多只设一层，调高量超过200mm后，其下采用预制钢筋混凝土调高垫块。

第六节
杂散电流防护新技术应用

一、概述

目前国内绝大多数城市轨道交通均采用正极接触网或者接触轨供电、负极通过钢轨回流的直流牵引供电系统，供电电压为直流750V和直流1500V两种电压制式。牵引变电所通过整流变将35kV（33kV）或10kV交流高压电降压整流为1500V或750V直流电，然后通过接触网或接触轨传送至牵引机车，牵引机车拖动列车前进，并通过走行轨将牵引电流返回至变电所。

虽然要求走行轨对地绝缘安装，但受施工、环境条件等各方面因素影响，已开通线路对地过渡电阻值远低于设计要求的15Ω·km（经统计，普遍数值为0.8~3Ω·km），远低于设计要求目标值。走行钢轨中的电流越大或者钢轨与大地之间的绝缘越差，杂散电流也就相应越大。如果轨道下面或附近埋有金属管道、电缆或者其他金属构件时，一部分杂散电流就会从金属导体流回变电所，使金属导体对地电位形成阳极区。在阳极区，杂散电流从金属流出的地方将出现电解现象，这种电解现象会加速金属的腐蚀。如果金属管道或构件长期处于这种环境中，就会受到严重的损害。若杂散电流流入接地系统，就会引起地电位的抬高，严重时不仅影响部分设备的使用，更会影响人身安全，存在安全隐患。

地铁的杂散电流腐蚀不是某个地区所特有的现象，在世界各国的地铁建设中，均出现了地铁的杂散电流腐蚀现象，本节在总结城市轨道交通杂散电流危害及常用防护措施的基础上，阐述杂散电流防护设计原则及防护思路；结合杭州机场轨道快线工程典型隧道、桥梁及轨道工况，重点针对受城市轨道交通杂散电流影响较大的钢桥地段及重要的金属管线地段的防护措施进行研究，为城市轨道交通杂散电流防护措施的进一步推广应用提供参考与借鉴。

二、国内外杂散电流防护现状

1.杂散电流防护基本方法

根据产生杂散电流腐蚀的必要条件，其防护设计出发点是将杂散电流尽可能降到最低限度和将流入结构的杂散电流直接流回变电所。目前归纳起来对结构钢筋杂散电流腐蚀防护不外乎有三种最基本的方法：

方案一：采用专用回流轨回流（也称第四轨回流）或交流牵引供电方式。国内如重庆跨座式单轨系统、北京首都机场T3航站楼内的乘客捷运系统；国外如加拿大温哥华轻轨系统、英国伦敦地铁专用铁轨回流系统、墨西哥地铁和法国巴黎地铁的橡胶轮系统等。这种系统由于负极和正极一样，采用绝缘子支撑，对地电阻可达兆欧级，流出的电流微乎其微，这种方法虽有一劳永逸的效果，但投资大，在全世界轨道交通系统中虽有采用，但为数不多。

方案二：利用走行轨回流的消极防护法。采取了提高走行轨对结构钢筋的过渡电阻值，不上排流（可简称为"只堵不排"）的做法。如我国香港地区地铁走行轨对结构钢筋（大地、下同）的过渡电阻设计值为300Ω·km以上，我国台湾地区地铁为150Ω·km以上，最差不小于20Ω·km。这种做法需投入较多的资金，并需不断加强运营维护，保持结构钢筋对走行轨的过渡电阻值不低于设计要求值。

方案三：利用走行轨回流的积极防护法，即在提高走行轨对结构钢筋的过渡电阻值的同时又需要排流（可简称为"又堵又排"）的做法。其"防"的主要措施是提高走行轨扣件的绝缘电阻值，使其达到15Ω·km以上，其"排"的主要措施是设置排流装置（是否投入视钢轨绝缘情况），使流入结构钢筋的电流不再流入大地而直接流回变电所。这种做法具有投资最少的优点，对结构钢筋和金属管线的杂散电流腐蚀防护是必不可少的。

2. 国内其他城市杂散电流处理方式调研

方案三是国内城市轨道交通工程长期以来所采用的主要杂散电流防护措施，并随着技术的不断进步，研究出了一些加强绝缘措施；方案一在部分城市正在积极探索和研究，具有发展趋势；方案二由于受到材料性能及生产工艺的要求，实现起来较为困难，在国内城市轨道交通中尚无应用案例。下面主要介绍方案一和方案三：

（1）方案一（专用回流轨模式）

专用回流轨模式将回流路径从走行轨上独立出来，走行轨主要用于车辆行进和接地保护，牵引系统的回流路径由轨旁架设的专用回流轨承担。专用回流轨的安装方式决定了其对地绝缘性能好（与正极绝缘水平相同），能够避免杂散电流的产生。专用回流轨回流模式下，牵引网系统组成为：架空接触网+专用回流轨+走行轨（保护通路）。

采用专用回流轨方案，供电专业的主要变化是，牵引所间距可以加大，取消钢轨电位限制装置，在牵引所增加负地单向导通装置，变电所增加回流轨接地装置，钢轨无须对地绝缘，而是与地网直接连接。

专用回流轨中心线距线路中心线的水平距离一般为1470mm，专用回流轨受流面距走行轨顶面的垂直距离为200mm。

（2）方案三（走行轨回流：绝缘+监测+排流）

1）通用绝缘措施

①控制牵引所间距。

②保证牵引回流路径畅通。

③对轨道泄漏电阻提出要求：对扣件节点提出电阻要求达到108Ω，并要求钢轨对地过渡电阻达到15Ω·km。扣件设备主要通过绝缘轨距块和尼龙套管提供绝缘性能。

④设置杂散电流收集网和排流柜：

按照牵引所之间的距离不同，由杂散电流专业提出单个区间的排流网截面积。轨道专业根据排流网面积要求，利用道床内纵向钢筋的面积累加达到所提标准，同时在道床端部设置与纵向钢筋焊接形成闭环的镀锌扁钢和铜端子,铜端子之间通过连接线缆实现线路的排流网连通,达到杂散电流排流的目的,相关道床方案见图8-63。

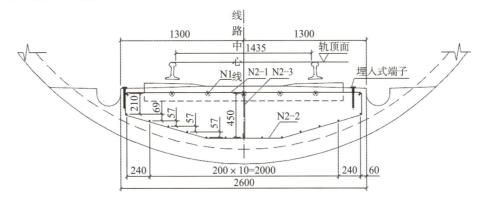

图8-63 地下线圆形隧道道床图(以现浇道床为例)

⑤加强杂散电流监测。

2)加强绝缘措施

①树脂轨枕:

国内城市轨道交通轨枕从材质方面分类主要有木枕、混凝土轨枕和树脂轨枕三类。其中木枕主要用于车辆段碎石道床,由于木材获取难度大、耐久性差等问题,近年来工程已摒弃该种枕型。新建工程主要采用混凝土轨枕,其造价更低,轨枕耐久性更好,轨距保持能力强。

树脂轨枕是将硬质聚氨酯树脂发泡与玻璃长纤维在模具中发泡固化形成,其具有塑料的耐久性和耐腐蚀性,有较强的绝缘性能并且质量更轻,还具有一定的减振降噪效果。在国内城市轨道交通中主要应用于高架桥和地下线需要增强绝缘防护的地段。树脂轨枕应用于地下线现浇道床地段所形成的道床结构与混凝土轨枕一致,在厦门3号线跨海隧道内有所应用。现场效果见图8-64及图8-65。

图8-64 厦门3号线树脂轨枕轨排

图8-65 厦门3号线树脂轨枕道床效果

但树脂轨枕耐久性和使用寿命远低于混凝土轨枕,采用现浇道床后轨枕更换不便。此外,由于树脂轨枕只能通过后锚固螺旋道钉的形式实现与扣件的连接,其扣件抗拔力低于传统地铁扣件,因此需要增加锚固螺栓数量并加强监测和养护维修频次,为运营养护维修带来不便。

②道床收集网连接端子处并联电缆,或在收集网内并联铜排:

由于铜的导电性能优于铁,在杂散电流收集网加入铜质材料,能够提高收集网的联通效果,加强对杂散电流的汇集和定向传送。上海预制轨道板结构,在纵向钢筋网内增加扁铜,以增大排流面积。

③管线单位自行防护:

个别城市在工程穿越重大金属管线地段,与管线产权单位沟通支付一笔专项防护款,由管线单位自行防护。例如,郑州10号线一期工程穿越西气东输项目就采取该做法。

3. 杭州既有及在建线路杂散电流情况

杭州地区轨道交通均为DC1500V走行轨回流的牵引供电制式,采取了控制牵引所间距、保证牵引回流路径畅通、对轨道泄漏电阻提出要求(15Ω·km)、设置杂散电流收集网和排流柜、加强杂散电流监测等方案。

在实际运营中,由于施工或者线路长期运营钢轨绝缘电阻下降等因素,部分区段钢轨对地泄漏电阻较小。

三、杭州机场轨道快线杂散电流防护方案

1. 杂散电流需重点防护区段

(1)钢桥地段

杭州机场轨道快线工程,高架段有多处钢梁,其中以钱塘江钢架桥最长,为共轨合用双层刚性悬索桥,大桥全长1348m,主梁采用钢桁架,梁高11.5m,上层桥面宽36.8m,为双向六车道公路桥,下层桥为双线轨道交通桥,另有3处钢架桥长度为184m,1处钢桥长度为219m。其余桥梁均为混凝土桥或者钢混叠合桥。桥梁效果见图8-66,断面见图8-67。

图8-66 跨钱塘江大桥立面效果图

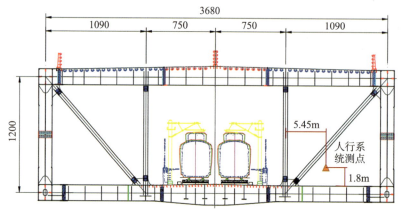

图8-67 跨钱塘江大桥断面图

(2)管线地段

根据《地铁杂散电流腐蚀防护技术标准》CJJ/T 49—2020，新建线路应对沿线埋地金属管线和金属结构单独采取有效的防护措施。对于全线管线收集分类后，从技术性、经济性双重角度考虑，在已采取常规杂散电流防护措施后，重点对燃气管、输油管采取额外措施加强绝缘防护。

2. 杂散电流防护措施方案

（1）通用方案

1）控制牵引所间距：在布点方案中，将过钱塘江区段两端车站设置为牵引所，并在萧山国际机场站两端就近中间风井处设置了区间牵引所。

2）保证牵引回流路径畅通：增加钢轨的均流电缆，降低钢轨的纵向电阻。

3）对轨道泄漏电阻提出要求（15Ω·km）。

4）增加道床收集网的截面：在御道站至平澜路站，高架终点至线路末端区段收集网中每行增焊一根截面不小于50mm×8mm的扁铜。

5）加强排水。

6）严格要求轨道施工完成后进行绝缘电阻测量。

7）增加杂散电流监测点。

8）加强日常维护。

（2）专用回流轨方案（第四轨方案）

对于杭州机场轨道快线现阶段若采用专用回流轨方案，从供电专业、车辆专业、限界专业、土建专业及轨道专业进行了分析。结合工期的要求，现阶段若考虑采用专用回流轨方案，则对车辆和轨道专业影响较大，车辆已基本不具备更改条件，故在杭州机场轨道快线现阶段建设情况下，专用回流轨已不具备实施条件。

（3）新型杂散电流防护措施（基于方案三）

在通用杂散电流防护措施基础上，为进一步提高钢轨对地绝缘，可额外采取防护措施。经调研，可额外采取的防护措施主要如下：

硅基绝缘纳米复合系统是一种新型绝缘技术（图8-68），绝缘系统为双层物理绝缘结构。第一层是利用体积电阻率较高的硅基复合绝缘包裹层对钢轨底部和腰部做绝缘包裹处理，将钢轨与扣件进行绝缘隔离，提高系统的体积电阻。材料通过将自硫化橡胶涂层和绝缘包裹层安装在钢轨轨底，在

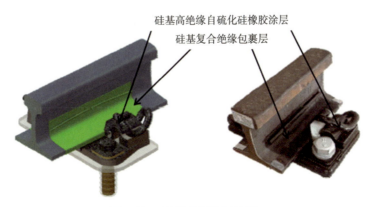

图8-68 硅基绝缘纳米复合系统

扣件节点处形成了多一道的绝缘防护，以进一步提高扣件位置的绝缘性能。第二层是对扣件的金属件喷涂硫化硅基材料，增加扣件表面最小爬电距离，提升系统表面电阻。

1）适应性

包裹层材料厚度为1mm，能够适应扣件零部件制造公差，不影响扣件设备安装。经室内实验表明，采用设备后对扣件系统进行相关室内测试，如刚度测试、纵向阻力测试等，对扣件系统本身性能无影响。

2）绝缘效果

经室内测试验证，采用该系统在扣件疲劳前，干态电阻提升106倍，扣件湿态电阻提高15倍以上；疲劳后干态电阻提升105倍，扣件湿态电阻提高12倍以上，绝缘性能有明显提升。

为验证该项技术的实际效果，在杭州地铁5号线老余杭站至金星站区间铺设200m试验段，并委托中国铁道科学研究院对绝缘效果进行测试（图8-69）。测试结果表明，该技术能够在现有杂散电流防护的基础上，对钢轨对地过渡电阻提高8～10Ω·km，绝缘效果明显。

图8-69　杭州地铁5号线试验段现场照片

3）施工作业

①钢轨打磨。在安装前需将钢轨轨底相应位置做打磨处理。

②粘结安装。系统设备可随钢轨轨排组装同步完成安装，且安装便捷，不影响轨排组装或预制板扣件的安装效率。

4）运营维护

①设备所用胶粘剂表干时间为30min，可在运营天窗期进行维护，无须中断运营。维护效率约为100m/d。

②运营后对扣件零部件进行日常维护时，对设备不产生影响。如遇需对金属件设备进行更换时，可在工务车间内完成绝缘材料的喷涂，现场直接安装即可。

综上所述，如采用硅基绝缘纳米复合技术系统安装便捷，在建设期随轨排拼装或预制板扣件安装即可完成，不影响施工效率；也可在运营期根据需要进行后安装，养护维修便捷。系统安装前后对于扣件设备自身安装及性能无损，兼容性强，技术可实施性强。

(4) 钢架桥杂散电流防护措施

对于钢架桥的防护，主要通过两个方面：

1) 减少钢架桥区段的杂散电流泄漏；

过钱塘江段区域，结合轨道专业的减振需求，道床采用浮置板结构，浮置板与基底之间设置橡胶减振垫，道床结构见图8-70。

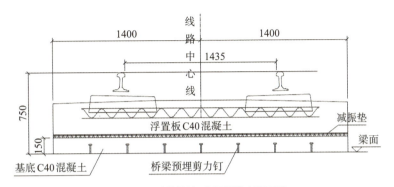

图8-70 过钱塘江高架段道床断面图

实测结果表明，橡胶减振垫绝缘性能可达$9.7 \times 10^8 \Omega$，绝缘性能良好。

2) 防止钢架桥区段外的杂散电流流入钢架桥区段（图8-71）。

为防止钢架桥区段外的杂散电流流入钢架桥区段，对桥体钢筋结构进行腐蚀，具体的防护措施如下：

① 钢架桥区段的架空地线和电缆支架与钢架桥桥体绝缘安装；

② 钢架桥区段与非钢架桥区段的疏散平台需实现电气分断；

③ 接触网立柱和钢架桥体形成良好的电气连接；

④ 钢架桥区段设置一根地线，接触网立柱和疏散平台分别与贯通地线形成良好的电气通路；

⑤ 贯通地线通过1台钢轨电位限制装置与钢轨连接；

⑥ 钢架桥区段，每隔400～500m，架空地线与接地扁钢并联一次。

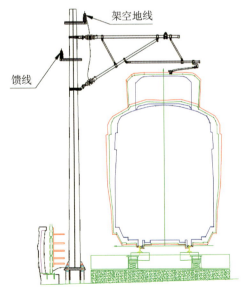

图8-71 接触网双重绝缘安装示意图

（5）全线杂散电流防护措施

1）重点对燃气管、输油管采取额外措施加强绝缘防护，具体里程范围见表8-27。

绝缘措施实施地段　　　　表8-27

序号	管线类型	线位	备注	起点里程	终点里程	单线长度（km）
1	DN1016燃气管	K51+016	高压	K50+316	K51+716	2.8
2	DN300输油管	K53+357	燃油管	K52+657	K55+830	6.346
3	DN219输油管	K53+869	燃油管			
4	DN219输油管	K53+879	燃油管			
5	停机坪加油管	K53+600	燃油管			
6	DN350输油管	K56+530	燃油管	K55+830	K57+230	2.8
合计			11.946km			

2）除特殊管线地段外，采用增加道床收集网的截面措施，具体道床收集网见表8-28。

杂散电流收集网截面要求　　　　表8-28

区段	收集网截面（mm²/行）	备注
起点至西湖文化广场站	3500	—
西湖文化广场站至西湖文化广场站～火车东站站区间牵引所	7200	包含车站及风井
西湖文化广场站～火车东站站区间牵引所至高架线起点	3500	—
高架起点至御道站	3000	—
御道站至平澜路站	4000	每行收集网加焊一根不小于50mm×5mm截面扁铜
平澜路站至耕文路站	3000	—
耕文路站至知行路站	5500	包含车站
知行路站至高架终点	3000	—
高架终点至线路末端	5500	每行收集网加焊一根不小于50mm×5mm截面扁铜
出入场（段）线	3500	—
场段内收集网截面	2000	—

四、结论与总结

（1）通过对各种杂散电流防护措施的介绍及对比分析后，得出如下结论：

1）专用回流轨理论上可彻底解决杂散电流问题，但造价较高，现阶段主要对车辆和轨道专业影响较大。如杭州机场轨道快线采用专用回流轨技术，投资增加约2.35亿元，造价变化较大。

2）钢桥地段采用减振垫浮置板措施可提高道床电阻，能有效减少杂散电流外泄，且能兼顾减振效果。此外，钢桥地段还采用绝缘支架，与混凝土桥地段采用电气分离等保护措施，可以实现对钢桥地段的有效保护。

3）采用树脂轨枕措施虽能提高道床绝缘性能，但轨枕使用寿命降低，运营养护维修工作量大。且该种设备需重新研发以适应于杭州机场轨道快线的扣件系统，研发周期长，影响整体工期进度。且树脂轨枕造价较高，综合公里造价已超过高等减振措施，费用增加较多。

4）硅基绝缘纳米复合技术绝缘效果良好，且施工难度小，施工进度快，运营养护维修便捷，对相关专业无影响，不影响整体工期进度，在本工程中具备可实施性。由于该技术的工程造价相对较高，全线仅选取重点绝缘防护地段采用。

（2）本线杂散电流防护措施实施后对轨道进行了轨地过渡电阻测试，测试结果显示过渡电阻最小值在御道站～平澜路站（通用防护措施），具体值为 $16.0833\Omega\cdot km$，最大在萧山国际机场站～永盛路站（硅基绝缘纳米复合系统），具体值为 $24.362\Omega\cdot km$。从测试结果来看均满足规范上不小于 $15\Omega\cdot km$ 的要求。

第七节 超深埋机械法联络通道关键技术研究

一、概述

区间联络通道是地铁土建工程中的重要一环，往往是区间隧道工程工期和质量安全的关键节点。近年随着机械法联络通道的应用，其工期短、工后沉降小的特点越来越得到参建各方的认可。

目前机械法联络通道基本应用在埋深<30m的范围内，而杭州机场轨道快线新风风井5～火车东站区间3号联络通道顶部埋深达34.6m。本节以杭州机场轨道快线新风风井5～火车东站区间3号联络通道工程为例，对超深埋机械法联络通道设计重难点进行阐述，并结合数值模拟等手段分析超深埋机械法联络通道管片受力，为超深埋机械法联络通道关键技术的研究提供借鉴。

二、工程概况

杭州机场轨道快线新风区间风井5～火车东站区间为单圆盾构区间，共设3座联络通道，其中于K31+328.556设置3号联络通道，线间距12m。3号联络通道采用机械法施工，覆土约34.6m，洞身位于⑧$_1$粉质黏土层。3号联络通道位置如图8-72、图8-73所示。

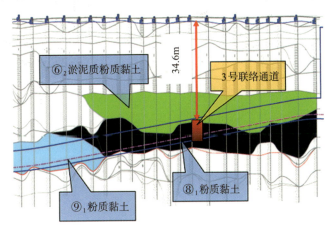

图8-72 联络通道位置剖面图

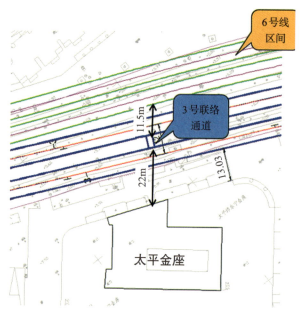

图8-73 联络通道位置平面图

三、机械法联络通道结构设计与重难点分析

机械法联络通道为解决传统矿山法工期久、后期融沉大的缺点，采用的设计思路如图8-74所示。

微加固：采用可切削洞门和特殊结构设计，实现微加固施工。

全封闭：套箱始发、接收，实现施工过程全封闭，提高安全性。

强支护：采用机械化支撑体系，确保施工全过程结构安全。

可切削：实现狭小空间全机械化施工。

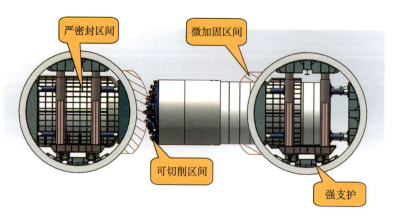

图8-74 机械法联络通道设计思路

以上思路也是各个机械法联络通道设计的重难点，因此，机械法联络通道主要从以下几个方面采取措施：

（1）施工设备

整套设备组成包含顶进主机、始发端套筒、接收钢套筒，具有施工安全性高、机械化程度高、对地层扰动小的特点，如图8-75所示。

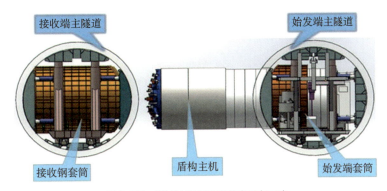

图8-75　机械法联络通道整套设备示意

顶进主机有两种顶进设备，分别是盾构和顶管，两种设备开挖面相同，盾构法的管片规格更小一些。顶进设备的开挖面与配套管片间隙仅1.5cm，机械法联络通道顶进设备参数如图8-76所示。

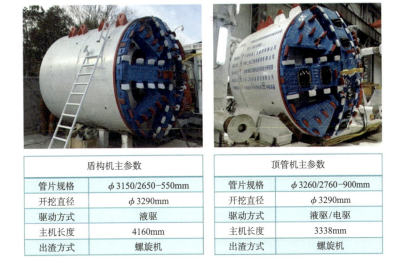

图8-76　机械法联络通道顶进设备

始发、接收均采用了套筒设备，其中始发端采用半钢套筒，设备尾部采用油脂密封，接收端采用全钢套筒，如图8-77所示。

（a）半钢套筒始发　　　　　　（b）全钢套筒接收

图8-77　机械法联络通道套筒图

(2)管片结构

机械法联络通道隧道管片分为普通管片(1.5m环宽)、调节管片(1.2m环宽)、特殊衬砌环管片(左右线各6片),如图8-78所示。

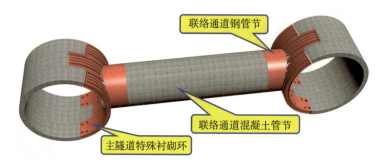

图8-78 机械法联络通道概述图

联络通道接口处每端设置6环特殊衬砌环(线路左、右线各3环),每环由2块型钢混凝土复合管片和4块普通管片组成。

特殊衬砌环采用钢复合管片,包含钢管片段和待切削区域:①钢管片段在洞门位置设置洞门钢圈,便于与套筒连接;②钢管片段洞门周边预留注浆孔,对接收端及始发端进行微加固;③待切削部位采用玻璃纤维筋钢筋骨架。特殊衬砌环采用标准衬砌环,错缝拼装,如图8-79所示。

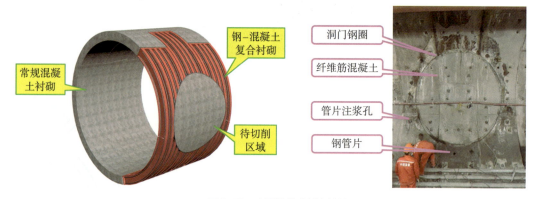

图8-79 主隧道特殊衬砌管片

联络通道普通混凝土管片:外径3260mm,壁厚250mm,环宽900mm,混凝土强度C50、抗渗等级P10,无楔形量环间采用螺栓连接,如图8-80所示。

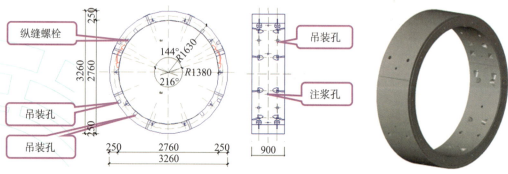

图8-80 联络通道普通混凝土管片

联络通道端头钢管片：联络通道端头为钢管片，外径3260mm，壁厚250mm，环宽根据通道长度进行调整，如图8-81所示。

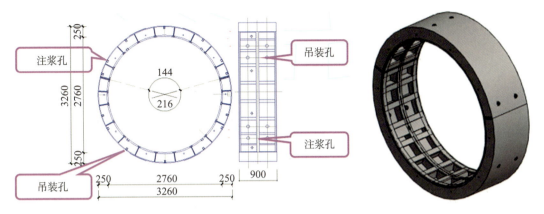

图8-81 联络通道端头钢管片

联络通道端部处理：联络通道与隧道主线接头处首先采用无机防水堵漏材料（通常为双液浆）临时止水，并通过注浆孔填充间隙。在主隧道和联络通道隧道间焊接L形钢圈梁（加肋）浇筑混凝土圈梁（图8-82）。

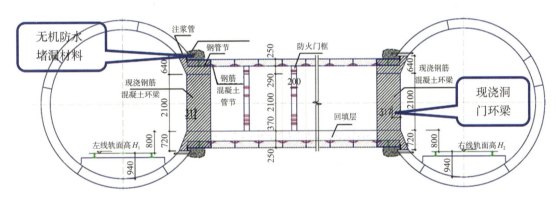

图8-82 联络通道端部处理方案

四、超深埋机械法联络通道管片受力分析

1.管片受力计算

杭州机场轨道快线新风风井5～火车东站站区间3号联络通道埋深约34.6m，主要位于⑧$_1$粉质黏土层。

（1）恒载：

上部水土压力：$19 \times 34.6 = 657.4 kN/m^2$

上部侧向水土压力：$0.54 \times 657.4 = 355 kN/m^2$

下部侧向水土压力：$0.54 \times (657.4 + 19 \times 3.26) = 388.5 kN/m^2$

底部水反力：$10 \times (34.6 + 3.26) = 378.6 kN/m^2$

（2）活载：

上部超载：$20 kN/m^2$

上部侧向超载：$0.54 \times 20 = 10.8 \text{kN/m}^2$
下部侧向超载：$0.54 \times 20 = 10.8 \text{kN/m}^2$

（3）准永久组合：

如图8-83、图8-84及表8-29所示。

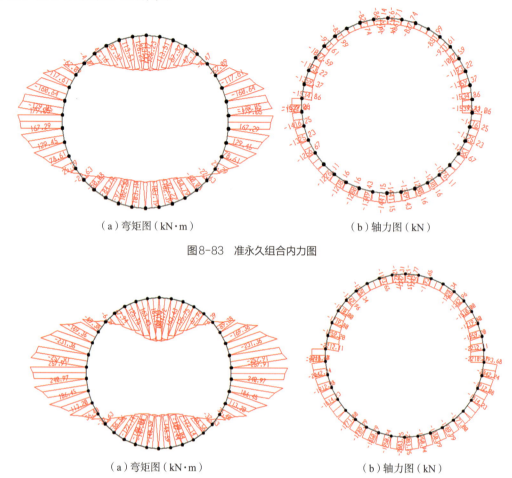

(a) 弯矩图 (kN·m)　　　(b) 轴力图 (kN)

图8-83　准永久组合内力图

(a) 弯矩图 (kN·m)　　　(b) 轴力图 (kN)

图8-84　基本组合内力图

配筋表（联络通道）　　　　表8-29

位置	弯矩(kN·m)	轴力(kN)	配筋
管片内侧	192（134）	1348（934）	$\phi 25@150$
管片外侧	258（180）	2212（1534）	$\phi 25@150$

注：括号内为准永久组合。

2. 数值模拟分析

采用软件Midas GTS进行建模计算，建立模型如图8-85所示。

考虑模型边界效应的影响，横向上取区间隧道结构宽度的3倍。模型的整体几何尺寸确定为45m（X轴方向）×22.5m（Y轴方向）×50m（Z轴方向）。模型中区间隧道覆土深度为32.6m，区间隧道外径为6.9m，管片厚度为0.40m。联络通道长5.1m，外径3.26m。联络通道与区间隧道连接处采用特殊钢管片衬砌环。联络通道洞门直径为3.4m，通道施工前洞门采用C50预制混凝土管片进行封堵，开始施工后破除洞门。

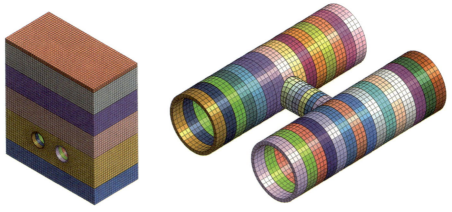

图8-85 地层-结构模型

模型计算范围的端面满足连续性边界条件，模型侧面和底面为位移边界，侧面限制水平位移，底面限制垂直位移，上表面为自由边界。重力荷载方向为沿Z轴方向向下。

采用地层-结构模型模拟施工过程，数值模拟计算基本假定如下：

（1）初始应力场为自重应力场；

（2）岩土体为各向同性、连续均匀的理想塑性介质，采用修正摩尔-库伦屈服准则；

（3）考虑机械化施工联络通道过程中掘进设备台车对始发端特殊衬砌环施加的后靠背推力和竖向的预支撑力，后靠背推力取$178kN/m^2$，竖向预支撑力取$30kN/m^2$。

模型计算步骤及结果如表8-30所示。

模型计算步骤及结果　　　　　　　　　　　表8-30

施工步序	工作内容	最大压应力（kN/m^2）	最大拉应力（kN/m^2）
STEP1	应力平衡	1352.11	42280.3
STEP2	施加后靠背推力及洞门推力	1236.86	42120.8
STEP3	破除始发洞门	1235.04	50118.0
STEP4	联络通道第1环土体开挖，管片拼装	1235.20	48963.4
STEP5	联络通道第2环土体开挖，管片拼装	1235.68	47263.0
STEP6	联络通道第3环土体开挖，管片拼装	1236.40	45822.4
STEP7	联络通道第4环土体开挖，管片拼装	1237.06	44778.4
STEP8	联络通道第5环土体开挖，管片拼装	1239.33	44127.4
STEP9	联络通道第6环土体开挖，管片拼装	1215.53	43958.2
STEP10	接收洞门破除	1540.97	42850.1

钢管片、联络通道、混凝土管片应力分布如图8-86～图8-88所示。

从计算结果可以看出，联络通道施工过程中复合管片最大拉应力为$50118kN/m^2$，最大压应力为$1540.97kN/m^2$，根据《组合结构设计规范》JGJ 138—2016中3.1.6条钢材强度指标规定，Q235强度设计值为$205000kN/m^2$，各施工阶段钢管片应力均小于Q235强度标准值，复合管片强度满足要求。

3. 监测数据

2022年3月6日主机始发、3月15日完成接收，施工完成后的监测数据如下：

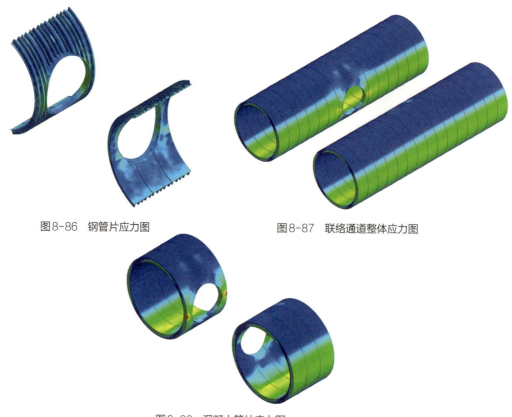

图8-86 钢管片应力图　　图8-87 联络通道整体应力图

图8-88 混凝土管片应力图

①地表沉降：最大累计沉降值为20.7mm，目前变化速率＜0.2mm/d。
②建（构）筑物：最大累计沉降值为9.8mm，最大变化速率为0.21mm/d。
③拱顶竖向位移：最大累计沉降值为4.5mm，最大变化速率为0.16mm/d。
根据以上数据，3号联络通道施工引起的周边变形及自身沉降均在控制范围内。

五、总结

（1）杭州机场轨道快线全线共19座联络通道采取机械法施作，其中杭州机场轨道快线新风风井5～火车东站站区间3号联络通道最大埋深34.6m，沈塘桥站～西湖文化广场站区间1号、2号联络通道最大埋深分别为32m、29.5m，2号联络通道长度达29.7m。

在作业面及机械设备充分保障的情况下，机械法联络通道较常规冻结法联络通道施工工效有较大幅度的提升，单座联络通道平均施工时间为24～30d（含机械组拆）。

机械法联络通道管片成型质量总体良好，工后沉降控制较冻结法联络通道有大幅度提升。

（2）新风风井5～火车东站站区间3号联络通道的成功实施，验证了软土地层埋深＞30m的超埋深段采取机械法联络通道是可行的，管片选用外径3260mm、壁厚250mm、环宽900mm、混凝土强度C50等，满足承载力等相关计算要求。

（3）后期随着联络通道埋深的进一步加深，可以通过调整管片厚度、配筋以及钢套筒、推进设备的相关参数来满足承载力等各项设计要求。

第八节
公安线网平台方案

一、建设背景

随着杭州地铁建设进度的加快，地铁运营已全面进入网络化运营时代，为快速应对各种突发事件、有效化解公共事件带来的各种危机，同时能为线网调度员提供视频服务，实现地铁指挥现代化和管理智能化，构建新的公安通信视频监视线网平台已迫在眉睫，因此本工程实施了公安线网平台。

二、主要建设理念

杭州机场轨道快线公安线网平台（以下简称"新线网平台"）基于开放包容的设计理念进行设计；平台按照硬件云化、功能模块化、服务微化、场景具化的原则进行构建。底层架构全部自主定制化开发，可实现不同厂家的视频平台、结构化平台接入需求；采用云平台的建设架构，资源虚拟化。平台采用模块化设计，满足功能扩展的需要，设置了视频管理及调用模块、流媒体模块、人脸及结构化分析模块、安防集成管理模块、网管模块等应用模块，预留算法仓库、大数据应用模块接口。

新线网平台，可满足20条线路的接入需求，实现了已建线路正线视频和车载视频的全部接入；并可满足线网指挥平台对杭州地铁各线路图像的调用。新线网平台预留接入市局共享平台、分局联网平台、实战平台等上级单位视频监控平台的条件，可实现上级平台对杭州地铁各线路图像资源的调看。

在信息安全防护方面，通过合理的网络规划和信息安全设备的设置，保证各线路平台与新线网平台做到数据互通、网络隔离，保证各自系统的独立性与安全性。

三、主要技术路线

1. 软件平台构建方面

新线网平台由线网中台和线网应用模块两部分组成，线网中台由协议网关、流媒体调度、安防集成接口、集群管理、虚拟机调度、业务调度、运维管理等模块组成，线网应用模块由视频监控模块、流媒体模块、人脸及结构化分析模块、安防集成模块、网管模块等组成，集成度高，满足多个部门的多种应用场景，预留算法仓库、大数据应用模块接口。

新线网平台无任何私有协议，是集合各种标准协议的开放性平台，可根据业务需求集成第三方厂家的各种应用模块。新线网平台设计中包含两部分较为重要的应用解耦：第一部分是整个线网中台部分与各应用模块的解耦，线网中台和应用模块之间采用标准协议进行交互，线网中台不会被任何应用模块的厂家绑定；第二部分是应用模块中视频监控模块和流媒体模块的解耦，视频流媒体应用不会被视频厂家绑定。

新线网平台架构如图8-89所示。

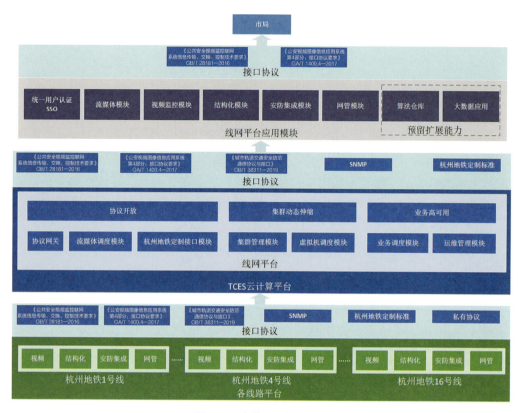

图8-89 新线网平台架构图

2. 硬件资源构建方面

新线网平台承载于虚拟化云平台，云平台为新线网平台提供虚拟机、容器、GPU虚拟机、裸金属、分布式存储等资源；新线网平台与虚拟化云平台采用杭州市地铁公安线网平台接入规范对接，实现新线网平台对虚拟化云平台的资源调度能力。

新线网平台采用双机热备、集群、负载均衡等技术，保证各模块不会影响业务系统的数据处理。新线网平台基于虚拟化云平台部署，当新线网平台各功能模块业务压力超出阈值或资源过剩时，新线网平台可自主监测实现虚拟资源的动态扩容或缩容，保证业务的正常运行及资源的高效利用。

新线网平台构建170路结构化视频系统，包含硬件服务器、结构化分析数据库等应用服务器，人像提取软硬件一体机、结构化存储节点（含存储节点、数据节点、硬盘）等所有硬件，以满足170路视频结构化、人像大数据、脸结构化汇聚管理、视频结构化分析、视频流转化等要求。

新线网平台是融合了云计算、云网络、云存储、云安全等技术，具备城轨行业特色、高度集成、安全可靠、面向服务的云计算平台。该云平台为杭州地铁公安视频线网平台软件中台、视频监视线网平台系统模块、结构化线网系统模块、大安防线网系统模块提供资源，并由软件中台为视频监视线网平台系统模块、结构化线网系统模块、大安防线网系统模块等功能及智能应用提供软件环境基础支撑。

新线网平台硬件架构如图8-90所示。

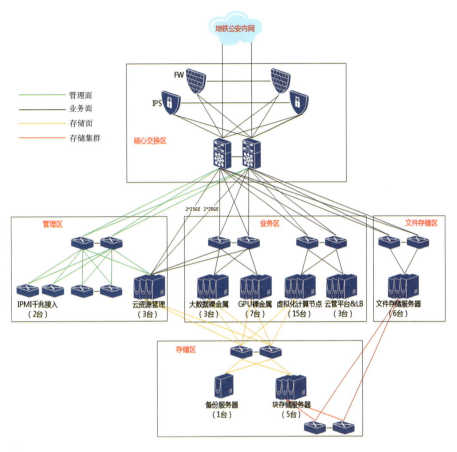

图8-90　新线网平台硬件架构图

云底座是以云基础设施为核心，可运行于标准化硬件设施之上，对外提供虚机、裸机和容器的单一或混合资源服务。TCF提供虚拟机、容器、大数据裸金属、GPU裸金属的资源管理，云存储采用分布式架构保障可靠性。分布式块存储存放虚拟机硬盘，分布式文件存储为业务存放图片等文件，采用NFS接口。

新线网平台云底座架构如图8-91所示。

云管平台TECS Director为IT云提供统一的运营管理，包括：资源的管理、监控和故障上报，面向上层应用提供虚拟化资源池；向企业或者租户提供云资源及其他服务；提供企业云资源的运行维护。

3.线网架构方面

新线网平台具备接入杭州地铁20条线的能力，实现已建线路及后期预留线路正线视频和车载视频的全部接入的能力。硬件核心设置于七堡地铁公安分局，为保证系统稳定性，2台核心交换机进行虚拟化配置，每台核心交换机与各线路通过10GE端口进行级联，线网和线路交换机间做固定路由，实现各线路所有站点与线网平台的网络互通。各线路至线网平台的数据经旁挂于核心交换机的线网防火墙等设备实现网络安全防护。

新线网平台线网架构如图8-92所示。

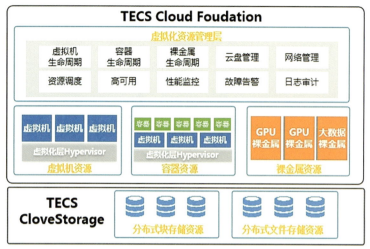

图8-91 新线网平台云底座架构图

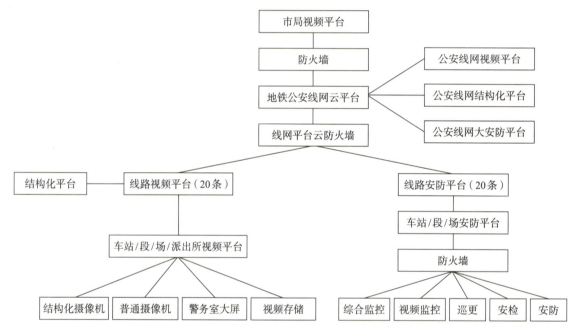

图8-92 新线网平台线网架构图

4. 系统能力方面

新线网平台人脸及结构化分析模块具备接入既有线路1060路图片流,并预留后期规划10条线路视频流结构化接入能力。

人脸及结构化分析模块功能主要对前端或平台的实时(或历史)视频流/图片进行结构化分析,进行人体、人脸识别并输出结构化分析数据,同时对视频中的结构化数据进行按需时长保存。在系统应用模块中,可实现智能检索、一人一档、人体人脸布控、轨迹展示等功能,对结构化信息快速提取及应用。

新线网平台视频管理及调用模块能够接入所有主流品牌的标清摄像机、高清摄像机、编解码器,并适应不同前端设备的码流、码速调整;视频管理模块及调用模块具备20条线路视频接入能力,支持1000个用户同时在线。

新线网平台实现流媒体模块、视频管理及调用模块的解耦，独立于视频管理及调用模块之外，流媒体模块与新线网平台采用杭州市地铁公安线网平台接入规范对接，具备10000路视频转发能力。

5. 协议标准方面

各线路视频平台与新线网平台之间通过统一开放的标准接口实现互联，互联协议符合《公共安全视频监控联网系统信息传输、交换、控制技术要求》GB/T 28181—2016相关条款的规定。

各线路结构化平台与新线网平台之间通过统一开放的标准接口实现互联，互联协议符合《公安视频图像信息应用系统 第4部分：接口协议要求》GA/T 1400.4—2017相关条款的规定。

新线网平台与虚拟化云平台采用杭州市地铁公安线网平台接入规范对接，新线网平台各功能模块能自主感知自身服务运行状态，实现平台资源的动态伸缩和业务高可用。

新线网平台能支持MPEG-4、H.264以及H.265等编码标准。

新线网平台网络架构采用IP全交换方式，实时数据流和存储数据流都为端到端，无须服务器处理，服务器故障不影响实时图像调看、存储。

四、工程实施亮点

本项目既是对《中国城市轨道交通智慧城轨发展纲要》的部分成果深化、转化，也是对轨道安防建设模式、建设方式、运营方式的探索。

新线网平台在架构上考虑了轨道交通智慧安防建设需求，围绕标准化互联、扁平化扩容、智能化模块伸缩、智能化运维等方面进行了功能设计，为未来智慧应用的不断丰富与扩展创造了条件，可以说在行业领先，具有较强的示范作用。

（1）国内首次实现基于虚拟化云平台的线网中台和多系统的线网应用

基于线网中台实现线网级CCTV、人脸与结构化、安防集成、网管等多业务多厂家的数据贯通和整合，为国内线路建设、新旧线路衔接、旧线改造提供了实施指引。

（2）国内首次实现线网中台自主感知以及资源的弹性伸缩

新线网平台承载在虚拟化云平台中，新线网平台各功能模块能自主感知自身服务运行状态，实现模块资源的动态伸缩和业务高可用，为后续智慧安防应用部署模式开创了先例。

（3）实现面向地铁智慧安防的开放式统一融合架构

采用开放包容的设计理念，线网中台与应用模块解耦的架构为业内首创，线网中台无任何私有协议，是集合各种标准协议的开放性平台，统一接入与融合传统分立的系统，实现多系统实时数据共享与联动，为未来地铁智慧安防的智慧化应用提供了支撑条件，提升了系统可持续性与扩展性，减少了新增需求和系统升级对其他业务系统的影响。

（4）建立基于统一数据库的线网智慧安防系统

改变传统的分系统、分专业的分立式系统的做法，融合了数据库，为智慧安防应用的扩展创造了基础平台。

（5）提升了自动化程度，加强了系统联动

建立了基于CCTV智能分析和多事件响应的场景联动，提升了精准管控、调度管理、应急处置、运维管理的便利性和可用性，提升了智慧化水平。

（6）建立统一展示层平台，为综合指挥调度创造了条件

通过将各系统业务数据、界面进行整合，通过一个显示界面实现所有应用展示功能，极大便利了公安、运营人员的使用，为掌握重点区域的实时动向、及时响应指挥调度创造了条件。

（7）智能化运维，提升系统的可靠性

通过录像中断告警、录像完整率统计和视频质量诊断功能，极大减少运维人员的工作量，同时提升了系统的可用性和可靠性。

（8）形成了统一的接入建设标准

项目实施过程中编制完成了杭州市地铁公安线网平台接入标准，确定后续线路平台顺利接入本线网平台所需遵守的原则、要求及建设标准。

第九节
5G专网及混合定位技术

一、建设背景及初衷

5G通信技术在城市轨道交通中的应用是推动城市轨道交通更加自动化、智能化、标准化、系统化、规范化、绿色化发展的关键技术。能够有效增强城市轨道交通通信的灵活性、时效性、全面性，5G技术具备超高速、高可靠、低时延场景，实现网络内部实时通信，如满足高速列车控制系统通信需求，实现状态信息的高效传输，提升高速列车运行稳定性与安全性；5G技术具备大规模物联网业务场景，可满足大规模通信设备连接需求，使运营人员参与到通信事件中，进行同步交流，构建物与物、人与物、人与人相互沟通的"万物物联"网络体系；5G技术具备高体验性场景，即在满足信息无障碍传输的基础上，实现更自由、开放网络的构建，增强网络应用安全性、便利性、高效性、互动性。

随着轨道交通的快速发展，人们逐渐将地铁作为出行的第一选择，而导航作为出行过程中可实实在在提高日常出行效率的应用，也逐渐成为人们日常生活中最为常见的选择，而地铁大多为地下空间，国际/国内既有的定位导航技术均无法实现在地下空间的精确定位，一直是各类终端厂家定位导航的痛点，杭州机场轨道快线通信系统在既有定位导航技术前提下，建设了集成多种定位算力技术的服务平台混合定位系统，由本地铁正线车站、区间、车辆基地等处的无线系统接口获取位置坐标信息，提供高精度、低时延、快切换、广融合的核心能力。为乘坐杭州机场轨道快线的乘客带来极大的便利，有效解决了地下空间精确定位的痛点。本节对杭州机场轨道快线5G专网及混合定位技术展开简要介绍。

二、系统架构设计及应用

杭州机场轨道快线工程通信系统在建设5G系统专网时,做了大量的技术论证与实验验证,考虑到5G技术的发展模式及地铁专网的安全专业性,采用专用5G+边缘云的方式构建轨道交通5G专网,其中边缘云UPF和MEC采用专建专用的建设方式,地铁专网的建设以及各类功能体现均基于MEC实现,MEC部署在控制中心机房,由运营商专业人员运营,UPF部署在控制中心机房,将所有终端业务实现分组路由和转发,实现专网专用。

地铁5G终端主要由乘客、工作人员等公网用户终端以及轨道交通专网设备终端组成,均通过本地运营商基站接入5G网络(图8-93)。

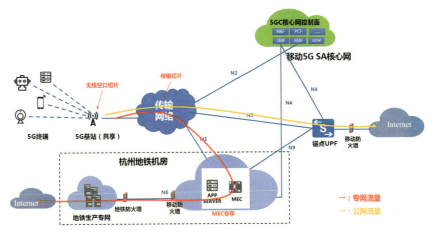

图8-93 5G专网设计架构图

杭州机场轨道快线混合定位系统是在5G的基础上建立的,该系统与本线5G系统、蓝牙定位、WLAN存在接口,并针对接口信息开发,利用多种无线技术定位,可实现人员管理、定位导航、客流统计、资产管理等功能要求。并根据精准定位的要求,在各站点部署蓝牙系统,定位标签采用蓝牙转LORA技术,利用蓝牙定位环境,实现人员、资产、物、车的非连续定位监控。

三、设计理念

基于5G网络高带宽技术,建立"车-地"通信高速通路,实现车载信号数据下载、车载视频数据回传等关键业务应用;依托5G网络广连接特性,对信号、通信、机电、供电、车辆、工务等多专业设备统一管理,实现跨专业的故障诊断、数据分析管理等创新应用;引入5G网络低时延技术,将人工智能和计算能力前置,实现信号处理、列车控制的实时处理,对地铁列车无人驾驶等创新应用提供支持。

该项目采用5G技术构建智慧地铁运营体系的无线网络通道,构建从基础设施层、能力平台层到智慧应用层的一体化平台架构,实现智能感知、智能联动、智能分析的能力,支撑上层运营、服务、运维三大智慧场景及其中九大应用,用数据驱动安全、效率、效益和服务的提升。总体架构如图8-94所示。

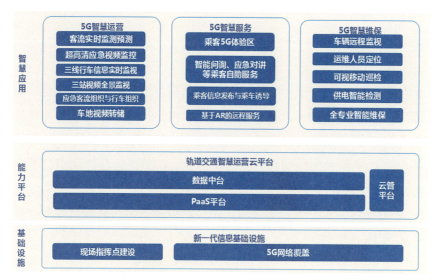

图8-94 设计总体架构

■ 四、场景分析

1. 智慧运营场景

综合地铁列车信号数据、列车称重数据、ARC清分数据、电信信令数据、监控视频数据和移动高清视频数据等多数据源，通过5G高带宽网络实现数据传输，基于数据中台技术进行数据汇总和综合分析，实现对地铁站厅站台的客流感知预警等态势分析应用。

结合BIM技术的站厅站台客流实时热力图，反映客流拥挤情况。

客流热力图，反映整体客流情况。

客流导流示意图，展示当前导流情况。

根据历史数据进行常态分析，实现全天客流趋势，对相关地铁运营客流进行15min后的预测和预警。

2. 智慧服务场景

建立基于5G网络和云服务的乘客体验区，提供包括高速网络下载体验、高清视频现场直播等服务。通过在车站站厅层设置乘客5G体验区，对比手机使用4G信号下载与连接5G CPE下载两者的网速差距，让乘客体验5G的大带宽、低延迟特点。

3. 基于5G的巡检机器人

构建基于识别和跟踪、物体识别、室内定位和导航视觉等多种智能能力的系统。在此基础上，在5G覆盖区域布设车辆巡检机器人，结合5G高速网络，实现对车辆段、停车场大库内车辆的机器人巡检工作。

巡检机器人通过一个自主运行的机动平台，搭载多组高性能监测仪器，对场内设备进行全覆盖监控，可大大减少"智能化巡检"所需的固定式传感器和仪器的安装数量，无须大量布线、无须改造现有开关柜，在降低综合运营成本的同时，提高运营管理水平。5G高带宽网络也可在后期考虑支持机器人对地铁线路、地铁隧道、供电设备和其他设备的自动巡检。可实现机器人巡检的实时监控和数据回传，提升自动巡检的工作效率和后台分析能力。可根据系统内数据分析判断需要重点巡视的某些间隔。

4. 出行辅助

结合地铁线路数据、实时运营数据和历史数据，经分析处理后，为乘客提供出行最佳地铁路径建议，以及预测的通行时间。在车站内，采用基于室内数字化理念的5G分布式微功率基站定位解决方案以及蓝牙米级定位设备对站内或线路内的地铁乘客以及运营人员进行定位，实现对地铁乘客的导航以及工作人员的管理。在隧道内，该方案通过精确比对5G与WiFi定位数据，能够及时、准确地将地铁全线各个区域人员的动态情况反映到中控室的计算机系统，使管理人员能够随时掌握地铁人员的分布状况和运动轨迹，以便于进行更加合理的调度管理。后续更可通过合作的方式，引入第三方导航地图如百度、高德等，以达到乘客出行导航的方便性、舒适性及精确性。

定位服务器主要实现定位坐标计算，支持的5G基站室内定位技术包括三角定位、指纹定位、OTDOA、UTDOA、DL-AOD、UL-AOA、Multi-RTT等算法。定位服务器部署在移动边缘计算中心，形成本地网络，保障用户数据安全性。同时，由于MEC部署可以有效降低时延，基于MEC可以快速实时定位（图8-95）。

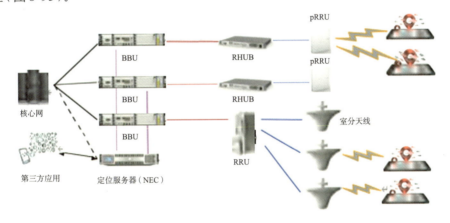

图8-95　5G地铁室分系统框架结构图

5G地铁智慧室分定位系统由"网络层、感知层""平台层""应用层"三层构成，通过"平台层"对应用层进行定位软件系统赋能，将"网络层、感知层"内相关通信、连接协议构成的定位能力汇聚起来，为"应用层"提供强大易用的位置服务能力（图8-96）。

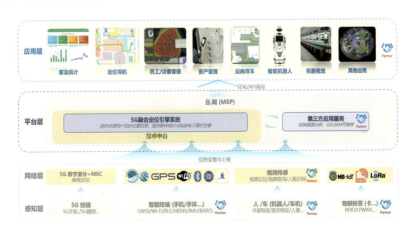

图8-96　5G室分定位架构

5. 其他运营场景分析

大型活动临时组网：针对节假日、特殊活动（亚运会、大型展会、演唱会）期间出现的突发大客流，具有短时、点状分布、可提前预见等特点，可以通过临时增设闸机、安检设备和临时安防布控设备来应对，避免建设期的无效投资。

针对临时系统测试设备或环境（例如，新技术应用前的现场测试、远程设备软件/固件更新、试验站点临时网络搭建等），可以通过CPE灵活接入5G专网，实现免布线的安全可靠大带宽内网连接。

工程车信息回传：通过在工程车上部署工业CPE，完成巡检音、视频信息实时回传，可实现实时检修查看、实时规范指导、实时音视频通过等相关功能。

车地无线传输：包括直播信息、车辆状态信息及车辆CCTV回传，特殊情况还需对实时的视频流数据做进一步开发，判断车厢拥挤情况以安排乘客出行，帮乘客及时寻找丢失物品等。目前地铁内主流的车地传输技术LTE-M专网采用1800MHz专网频谱，带宽最大只有20MHz，且分解成多个部分实现信号系统冗余覆盖以及跨线需要，实际使用单网带宽不超过10MHz，系统带宽尤其是上行带宽受到很大限制；WiFi 5.1/5.8GHz公有频段实现区间覆盖，存在其他WiFi系统的干扰风险且局域网切换技术一直存在可靠性偏低的问题，5G在区间高频宽、漏缆覆盖、切片等技术特点使其可满足车地无线传输的需求。

远程驾驶：随着全自动运行成套技术的应用，对运行的列车增加5G远程驾驶功能需求更加迫切，尤其是当列车出现停车故障时，司机将能远程控制列车运行。5G大带宽和低时延能力可以保证远程驾驶。

应急对讲：乘客车厢、车站的应急对讲实现较为繁琐，需要跨多个系统，如广播系统、TETRA系统、WLAN系统等，尤其是车载广播，二次开发工作量较大。通过设置多种形态的5G终端，可以快速升级既有车站及车辆的应急对讲功能，轻松实现运营中心和司机与乘客的视频可视对讲。而且，对新建线路的车辆要求更简单，界面更清晰。

障碍物检测：采用在隧道列车上设置相关设备、自动巡检车或轨道机器人对电网、轨道障碍物、隧道壁异常进行检测，通过5G技术定位及控制自动巡检车（或轨道机器人），通过5G技术回传采集数据，后台分析数据识别异常，对于异常情况实时通知相关人员，及时处理。

车辆智能运维：车辆智能运维实现高速转储、智能分析，安全高效及辅助决策的智能运维。基于车载CCTV车地通信系统实时回传的海量数据，对乘客行为、司机行为进行智能分析。通过AI技术，智能分析全量司机监控视频数据，自动识别违章点。基于车辆TCMS实时回传的海量数据，实现车载关键部件"预测修"，避免车载关键部件"过度修"，浪费人力物力。变"人防"为"技防"，提升安全和效率。

智慧工地：对于建筑工地，利用多功能头盔、摄像头、手机等终端设备，通过5G网络实现与后台指挥中心的连线，实时调度工地人员及其他资源，实时监察现场工地的EHS情况及工程质量情况，同时支持现场人员实时反馈问题及资源申请。

人员管理：基于地铁5G室分定位系统，结合电子地图可为站方管理人员提供如下服务：签到考勤，面向安保、巡警、站务管理人员，提供基于精准室内定位的无感在岗、离岗考勤及工作状态查看；人员查找，方便安保、巡警、站务人员站内实时位置查找，位置共享，根据人员与事发距离进行紧急调度等；轨迹回放，提供安保、站务人员的站内巡更轨迹回放，便于进行巡更质量分析、路线优化等；电子围栏告警，基于站方管理面向不同管理需求定义的虚拟电子围栏，对危险区域、不开放区域进行实时监控，及时发现工作人员离开值守区域、普通旅客到达危险区域等异常行为，提供越界告警、巡更告警、消失告警、超时停留告警等多种通知，还可与视频联动提供告警效率等。

五、项目特色

1. 大上行（eMBB）支持全专业智能运营

项目采用业界最先进的5G数字化室内分布式Massive MIMO方案，基于100M带宽，小区上行峰值吞吐率达到1Gbps以上，可支持高密度高清视频回传（图8-97）。

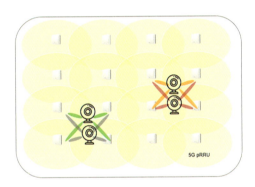

图8-97　5G分布式Massive MIMO

地铁场景中车载信息回传、站台/站厅临时组网、视频终端回传等数据基于5G高速接入网进行无线传输，同时基于切片技术对5G网络中不同业务进行差异化体验保障，使得视频、数采、远控等业务互不影响。支撑后端的城市轨道交通智慧运营云平台进行深入分析处理、管理控制和可视化展示等工作（图8-98）。

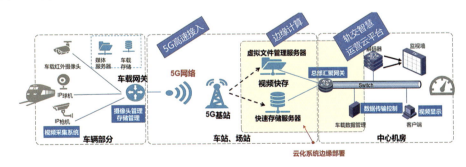

图8-98　5G大上行高速接入

2. 广连接（mMTC）支持全专业智能运维

物联采集平台基于5G接入网实现广连接数据采集，具备全专业大数据规律分析等功能（图8-99）。可进行全专业设备的统一设备状态视图管理，构建网络全专业关键设施设备在线监测知识图谱，利用GIS视角、网络视角、线网图视角、BIM视角呈现路网全专业关键设备设施状态及指标。

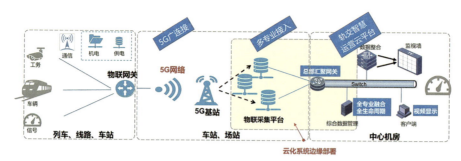

图 8-99　5G 广连接多专业接入

可进行跨专业结合部的故障诊断及预警分析，梳理信号车辆结合部、信号工务结合部、信号供电结合部、通信供电结合部、通信车辆结合部、机电供电结合部、车辆工务结合部的设备及数据关系，实现跨专业结合部的故障诊断及预警分析，排除结合部盲区风险隐患。

可实现对设备全生命周期的健康管理，汇聚设备从出厂至报废的全生命周期维护数据，形成设备动态履历，并连续生成设备健康值，为设备维护计划及决策提供依据。

3. 低时延（uRLLC）支持全专业智能运维

杭州机场轨道快线项目建设 5G 专网时将 UPF 下沉，部署边缘计算节点，缩短数据传输路径，极大降低网络端到端时延，实现对视频和列车运行数据的快速处理。具体包括：

（1）车控连接平台基于 5G 低时延技术，实现 AI 能力前置，对车辆、线路运营运维联动管理提供支持（图 8-100）。

（2）建立一套根据运维数据对列车运行及故障处理事态可预测、可快速自动决策执行的机制。通过全专业运维数据的智能分析，动态生成应急预案，动态预测故障延时，实现可靠、安全的运营交互联动。

（3）城市轨道交通智慧运营云平台将人工智能和计算能力前置，提供对信号处理、列车控制的实时处理，后续可对地铁列车无人驾驶、车站机电设备自动运行、火灾等突发事件应急响应等创新应用提供支持。

图 8-100　AI 能力前置

4. 高精度定位提高地铁乘客体验感

本项目采用室内高精度混合定位方案实现对地铁运营工作人员的高精度定位，实现 5G 一网多用，并采集车站内蓝牙、区间 WLAN 等基站的数据，获取移动终端上的陀螺仪、加速度计、定时信号发射器（蓝牙标签）等传感器的 GPS/北斗、终端移动的惯性姿态、地球磁场场景、WiFi 或蓝牙等传感器数据。采集数据后经过定位引擎软件平台的算法解析和计算还原出终端的三维立体或者二维平面坐标，解析位置传送给终端进行导航应用，并可根据需求设置电子围栏及位置标签。

同时，该项目采集并制作地铁站站内地图数据，包括站内数据、站内公共设施数据、站内路网数据及导航路径数据；站内公共设施数据包括站内各种为乘客服务的公共设施，如卫生间、问讯处等；站内路网数据主要为站内路径规划和语音导航功能提供数据支撑，满足乘客在站内的行驶路线。

后期可根据需求与主流APP或公众号集成，提供站内地图展示、POI搜索、路径规划、语音导航及站内外一体化导航服务，以Native/小程序SDK的方式向相关APP或公众号提供站内导航服务接口，为乘客地铁出行导航提供极大的便利，显著提高地铁出行的体验感，更加实时、准确地为乘客提供站内公共设施等服务数据。站内导航系统可在后期根据实际情况进行公共设施的增加、删除和维护，并能维护设备在地图上的显示级别。

同时，该系统可提供人员定位及轨迹回放、电子围栏、信息预警、一键求助、巡检报修管理、资产定位、资产展示及查找、监控围栏、应急疏散、位置监控、热力图、日志分析等扩展服务。

5. 实用性分析

（1）节约建设成本

利用5G移动网络及终端进行应急指挥、调度、线路运营、应急和维护等需要的各种语音、视频、数据呼叫通信和管理业务。在新建线路中可考虑融合或者备份乘客信息PIS系统、TETRA系统等，节约建设成本。

（2）节约运营成本

基于5G的数字集群系统不仅在功能方面可以满足未来杭州轨道交通的发展，而且其网络维护由运营商及其运维团队提供，可以节省运营成本。

（3）提升安全

通过5G列车升级改造，为列车增加主动障碍物检测功能，对电网、轨道障碍物、隧道壁异常进行检测，通过5G网络完成定位、回传及采集工作，并由后台分析数据识别异常，提高车辆运营安全性。对于建筑工地，利用多功能头盔、摄像头通过5G网络实现实时调度、实时监察、实时反馈等，以提高施工安全性。对于CBTC系统在5G网络上实现备份，当列控系统出现干扰存在问题时，可以自动切换到5G频谱上，实现业务不中断，提高信号控制方面的安全性。

（4）节约时间效益

通过5G智能化的引入，提高地铁的运营效率、行车效率、出行效率，高效进行运营分析和数据获取，大大提高整体的效率。

（5）提升运维效益

利用车辆智能管理和智能运维系统，可以开展智能巡检，快速排除潜在风险，及时进行故障定位，保障列车运行安全。

（6）提升企业服务水平和形象

通过混合定位平台，能够快速响应乘车需求，例如路线查询、特殊乘客进出站帮助等，实时了解乘客动态，优化乘客乘车体验，增强服务水平，提升公司形象。

（7）提升车辆智能化管理水平

通过5G技术，一方面，TCMS的速率可以得到极大提升，将列车其他存储数据实时上传；另一方面，通过智能云平台服务，对列车状态进行实时智能化分析，并生成电子工单等进行任务推送，实现车辆信息的智能管理、检测、预警，大大提高车辆管理水平。

（8）提高杭州地铁的信息化管理水平

通过系统的5G智能化升级改造，提升杭州地铁整体的数字化水平。地铁数字化内容应包括运营数字化、资产数字化、知识数字化三方面，为了实现地铁数字化目标，还可以合理利用轨道交通"新基建"的5G、特高压、云计算、物联网、大数据、人工智能等技术。

参考文献

[1] 董贺祥，John Greenhalph，作田恭一，等.深排隧道钢纤维补强衬砌混凝土-伦敦Lee Tunnel[J].土木工程学报，2020，53（S1）：312-317，324.

[2] 周龙，闫治国，朱合华，等.深埋排水盾构隧道钢纤维混凝土高刚性接头受力特性试验研究[J].建筑结构学报，2020，41（4）：177-183，190.

[3] 赵国藩，彭少民，黄承逵，等.钢纤维混凝土结构[M].北京：中国建筑工业出版社，1999.

[4] Rivaz B D. Twenty Years of FRC Tunnel Final Lining: Lessons Learnt, Design Proposal and New Development[M]. 2019.

[5] Liu X, Sun Q, Yuan Y, et al. Comparison of the Structural Behavior of Reinforced Concrete Tunnel Segments with Steel Fiber and Synthetic Fiber Addition[J]. Tunnelling and Underground Space Technology, 2020（103）: 103506.

[6] Meda A, Rinaldi Z, Spagnuolo S, et al. Experimental Behaviour of Precast Tunnel Segments in Steel Fiber Reinforcement with GFRP Rebars[M]. 2020.

[7] Liao L, Fuente A, Cavalaro S, et al. Design Procedure and Experimental Study on Fibre Reinforced Concrete Segmental Rings for Vertical Shafts[J]. Materials & Design, 2016（92）: 590-601.

[8] 倪坤，石云兴，刘新伟，等.超高性能纤维混凝土管片的抗弯性能[A]//中国硅酸盐学会混凝土与水泥制品分会.中国硅酸盐学会混凝土与水泥制品分会第九届理事会成立大会暨第十一届全国高性能混凝土学术研讨会论文集[C].中国硅酸盐学会混凝土与水泥制品分会：中国硅酸盐学会，2015：4.

[9] Bernardino Chiaia, A P Fantilli, P Vallini. Evaluation of Minimum Reinforcement Ratio in FRC Members and Application to Tunnel Linings[J]. Materials and Structures, 2007（40）: 593-604.

[10] Albert de la Fuente, Pablo Pujadas, Ana Blanco, et al. Experiences in Barcelona with the Use of Fibres in Segmental Linings[J]. Tunnelling and Underground Space Technology, 2012（27）: 60-71.

[11] Gong C, Ding W, Mosalam K M, et al. Comparison of the Structural Behavior of Reinforced Concrete and Steel Fiber Reinforced Concrete Tunnel Segmental Joints[J]. Tunnelling and Underground Space Technology, 2017, 68（sep.）: 38-57.

[12] 孙齐昊.钢筋-纤维混合增强混凝土盾构隧道衬砌结构力学性能研究[D].上海：同济大学，2020.

[13] 杨新文.高速铁路轮轨噪声理论计算与控制研究[D].成都：西南交通大学，2010.

[14] 赵悦，肖新标，关庆华，等.铁路及城市轨道交通减振措施研究综述[J]. Open Journal of Acoustics and Vibration, 2013: 20-31.

[15] 马心坦.轮轨滚动噪声预测与控制研究[D].北京：北京交通大学，2007.

[16] 张小安.轨道交通高架箱梁桥结构噪声辐射的发声机理与特性研究[D].兰州：兰州交通大学，2019.

[17] 李小珍，张迅，刘全民，等.铁路32m混凝土简支箱梁结构噪声试验研究[J].中国铁道科学，2013，34（3）：20-26.

[18] 宋立忠.基于波导有限元法的轨道——箱梁系统振动声辐射机理研究[D].成都：西南交通大学，2019.

[19] 罗文俊，杨鹏奇，张子正.基于FE-SEA混合法箱形梁结构噪声预测分析[J].铁道学报，2019，41（8）：100-107.

[20] 欧开宽，雷晓燕，罗锟，等.混凝土箱梁相似模型面板声学贡献对比分析[J].振动工程学报，2019，32（6）：1011-1018.

[21] 张迅，刘蕊，阮灵辉，等.铁路钢桥结构噪声的研究进展[J].铁道学报，2019，41（1）：132-143.

[22] 刘全民，李小珍，张迅，等.铁路结合梁桥结构噪声的数值预测与试验验证[J].铁道学报，2018，40（6）：120-126.

[23] 马广.客运专线钢板结合连续梁桥结构噪声分析[J].铁道工程学报，2016（12）：72-76.

[24] 唐康文.基于FE_SEA混合法连续板梁钢—混结合梁桥结构噪声研究分析[D].南昌：华东交通大学，2019.

[25] 韩江龙，吴定俊，李奇.板厚和加肋对槽型梁结构噪声的影响[J].振动工程学报，2012，25（5）：589-594.

[26] 刘林芽，许代言，李纪阳.轨道交通箱型梁腔室结构的减振降噪研究[J].应用声学，2016（4）：302-308.

[27] 刘广波，周星德，石星星，等.车-桥耦合系统MTMD振动控制参数研究[J].郑州大学学报（工学版），2012（6）：64-67.

[28] 辜小安，李耀增，刘兰华，等.我国高速铁路声屏障应用及效果[J].铁道运输与经济，2012，34（9）：54-58.

[29] 丁德云，刘维宁，李克飞，等.钢弹簧轨道参数研究[J].中国铁道科学，2011（1）：30-35.

[30] 谢彦.基于ANSYS的钢弹簧轨道结构减振性能分析[D].广州：华南理工大学，2010.

[31] 施仲衡.地下铁道设计与施工[M].西安：陕西科学技术出版社，2006.

[32] 杨秀仁，陈鹏，高亮，等.城市轨道交通智能装配式减振轨道系统成套技术研究[J].都市快轨交通，2019，32（6）：51-55.

[33] 杨秀仁，廖翌棋，陈鹏，等.城市轨道交通智能装配式减振轨道自动铺装测量控制系统的设计与研究[J].都市快轨交通，2020，33（3）：8-11.

[34] 何华武.无砟轨道技术[M].北京：中国铁道出版社，2005.

[35] 赵国堂.高速铁路无砟轨道结构[M].北京：中国铁道出版社，2006.

[36] 史升亮.CRTSⅢ型板式无砟轨道结构技术研究[J].铁道建筑技术，2017（1）：116-120.

[37] 曹德志.板式轨道在地铁中的应用研究[J].都市快轨交通，2018，31（1）：109-114.

[38] 黄健.高速铁路板式无砟轨道结构充填层自密实混凝土技术研究[D].长沙：中南大学，2011.

[39] 衣军勇，刘玲，王晓晖，等.地铁杂散电流腐蚀劣化钢筋混凝土机理及抑制研究[J].材料导报，2022（S2）：1-8.

[40] 董浩.地铁杂散电流的防护与监测[J].电子产品世界，2022，29（7）：74-76.

[41] 王勇，毛中亚，郭其一.基于ANSYS的地铁杂散电流分布仿真研究[J].电子质量，2022（6）：56-59.

[42] 黄晓鹏，马庆安，刘炜，等.城轨供电系统杂散电流对埋地金属管道的动态干扰研究[J].铁道科学与工程学报：1-11.

[43] 付扬威，帅健，吕达，等.地铁杂散电流分布规律及源控制措施研究[J].煤气与热力，2022，42（6）：33-38.

[44] 田德仓，黄德亮，尉大业.城市轨道交通新型装配式轨道与杂散电流防护技术接口研究[J].铁道勘察，2022，48（2）：13-17.

[45] 张开波.城市轨道交通杂散电流防护失效原因及新型防护方案研究[J].都市快轨交通，2022，35（2）：34-41.

[46] 汤彬坤，冯阳，赖文沁，等.埋地管道杂散电流干扰的研究进展[J].失效分析与预防，2022，17（2）：134-140.

［47］龚孟荣.地铁邻近埋地金属管线杂散电流分布特性研究[J].铁道标准设计：1-7.

［48］江永强.长输天然气管道受杂散电流干扰的监测及防护探讨[J].石油和化工设备，2022，25（3）：96-98.

［49］戴丽君，成明华，杨立新，等.轨道交通杂散电流的综合防护措施及关键技术研究[J].新型工业化，2021，11（11）：177-178，181.

［50］李家睿，刘桂云.城市轨道交通系统杂散电流对埋地钢质管道的影响特征及排流对策的研究[A]//中国土木工程学会燃气分会，《煤气与热力》杂志社有限公司.中国燃气运营与安全研讨会（第十一届）暨中国土木工程学会燃气分会2021年学术年会论文集（上册）[C].中国土木工程学会燃气分会，《煤气与热力》杂志社有限公司，2021：183-192.

［51］房冠华.地铁车辆段杂散电流泄漏与应对[A]//中国土木工程学会燃气分会，《煤气与热力》杂志社有限公司.中国燃气运营与安全研讨会（第十一届）暨中国土木工程学会燃气分会2021年学术年会论文集（上册）[C].中国土木工程学会燃气分会，《煤气与热力》杂志社有限公司，2021：101-104.

［52］李刚川.埋地输气管道杂散电流干扰分析与防治措施[J].全面腐蚀控制，2021，35（9）：1-8.

［53］徐朝辉.北京地铁10号线盾构下穿建筑物施工新技术[J].隧道建设，2012，32（S2）：83-87.

［54］张会远.城市地铁下穿既有建筑物施工关键技术[J].湖南交通科技，2015，41（2）：151-154.

［55］孙宇坤，关富玲.盾构隧道掘进对衬砌结构建筑物沉降的影响[J].中国铁道科学，2012，33（4）：38-44.

［56］魏纲，叶琦，虞兴福.杭州地铁盾构隧道掘进对建筑物影响的实测分析[J].现代隧道技术，2015，52（3）：150-159.

［57］陈浩，张建坤.盾构长距离下穿旧式平瓦房沉降监测分析[J].测绘地理信息，2013，38（5）：31-33.

［58］刘承宏，陈宇博.复杂地质条件下穿老旧建筑物盾构法地铁施工技术研究[J].中国设备工程，2019（9）：109-111.

［59］黄小平.软土地区轨道交通地下车站轨排孔结构设计与分析[J].地下工程与隧道，2015（3）：13-18.

［60］孙璕，何肖健.双柱地铁车站轨排孔方案比选及其结构分析[J].结构工程师，2014，30（6）：85-89.

［61］汤友生，孙海明，鲜少华，等.地铁深埋轨排孔受力分析及措施研究[J].河南科学，2021，39（11）：1769-1773.

［62］贾兆平.地下车站轨排井围护结构和主体结构设计研究[J].土工基础，2017，31（3）：264-268.

［63］熊永华，杨卫星，颜勇.某地铁车站轨排井围护结构设计[J].铁道标准设计，2019（9）：76-79.

［64］霍军帅，王炳龙，周顺华.地铁盾构隧道下穿城际铁路地基加固方案安全性分析[J].中国铁道科学，2011，32（5）：71-77.

［65］冯超，高志刚.地铁盾构隧道下穿宁启铁路的变形影响规律及控制技术[J].隧道建设，2015，35（10）：1015-1021.

［66］王坤.宁波地区地铁盾构下穿铁路路基的控制性研究[J].铁道工程学报，2017，223（4）：91-95.

［67］邹浩，陈金国.软土地区盾构下穿施工对铁路路基影响分析——以杭州地铁2号线某区间现场监测为例[J].隧道建设，2018，38（2）：199-206.

［68］石舒.盾构隧道下穿铁路工程风险及对策[J].现代隧道技术，2012，49（1）：138-142.

［69］马伟斌，付兵先，杜晓燕等.地铁隧道下穿铁路桥施工变形分析及处理措施[J].地下空间与工程学报，2013，9（4）：896-901.

［70］Liu X，Sun Q，Yuan Y，et al. Comparison of the Structural Behavior of Reinforced Concrete Tunnel Segments with Steel Fiber and Synthetic Fiber Addition[J]. Tunnelling and Underground Space Technology，2020（103）：103506.

[71] Meda A, Rinaldi Z, Spagnuolo S, et al. Experimental Behaviour of Precast Tunnel Segments in Steel Fiber Reinforcement with GFRP Rebars[M]. 2020.

[72] Liao L, Fuente A, Cavalaro S, et al. Design Procedure and Experimental Study on Fibre Reinforced Concrete Segmental Rings for Vertical Shafts[J]. Materials & Design, 2016(92): 590-601.

[73] 倪坤, 石云兴, 刘新伟, 等. 超高性能纤维混凝土管片的抗弯性能[A]//中国硅酸盐学会混凝土与水泥制品分会. 中国硅酸盐学会混凝土与水泥制品分会第九届理事会成立大会暨第十一届全国高性能混凝土学术研讨会论文集[C]. 中国硅酸盐学会混凝土与水泥制品分会: 中国硅酸盐学会, 2015: 4.

[74] Bernardino Chiaia, A P Fantilli, P Vallini. Evaluation of Minimum Reinforcement Ratio in FRC Members and Application to Tunnel Linings[J]. Materials and Structures, 2007(40): 593-604.

[75] Albert de la Fuente, Pablo Pujadas, Ana Blanco, et al. Experiences in Barcelona with the Use of Fibres in Segmental Linings[J]. Tunnelling and Underground Space Technology, 2012(27): 60-71.

[76] 周龙, 闫治国, 朱合华, 等. 深埋排水盾构隧道钢纤维混凝土高刚性接头受力特性试验研究[J]. 建筑结构学报, 2020, 41(4): 177-183, 190.

[77] Gong C, Ding W, Mosalam K M, et al. Comparison of the Structural Behavior of Reinforced Concrete and Steel Fiber Reinforced Concrete Tunnel Segmental Joints[J]. Tunnelling and Underground Space Technology, 2017, 68(sep.): 38-57.

[78] 孙齐昊. 钢筋-纤维混合增强混凝土盾构隧道衬砌结构力学性能研究[D]. 上海: 同济大学, 2020.